사회주의 잡지 『신생활』 연구

1920년대 초 사상·운동·문예의 교차와 분기

.

한국 언어·문학·문화 총서

15

사회주의 잡지 『신생활』 연구

1920년대 초 사상·운동·문예의 교차와 분기

김현주·정한나·가게모토 츠요시 공편

보고사
BOGOSA

　이 책은 2020학년도 2학기 연세대학교 국어국문학과의 대학원 수업 〈문학과 인접학문〉에서 출발했다. 식민지기 지식과 문화의 변동을 이해하는 것을 목표로 한 이 수업에서 '초기 사회주의 지식인들의 사회/문화 담론'이라는 주제를 다룰 때 선택한 텍스트가 바로 잡지 『신생활』이었다. 『신생활』은 1922년 3월 15일에 창간호(임시호)를 발행한 후 같은 해 11월 11일에 발행한 11호가 발매금지를 당하고 사장과 주필 등 총 6명이 구속, 기소된 '필화사건'을 겪던 중 1923년 1월 8일에 발행한 16호(임시호)를 끝으로 폐간된 잡지다. 발행기간은 1년이 채 안 되지만 『신생활』은 '사회주의'를 전면에 내걸었던 최초의 합법적 정기간행물이었다는 점에서 문화사적 의의가 적지 않다.

　2000년대 이후 박현수, 박종린, 한만수, 한기형, 장신, 최병구, 김종현, 박양신, 이형진, 김경연, 이종호, 김미연, 최은혜, 오노 야스테루 등 문학, 역사학, 사회학, 비교문학 분야의 연구자들이 『신생활』에 대해 중요한 논점과 발견을 제시해왔다. 이로써 신생활사의 창립은 1920년대 초 문화정치에 의해 조성된 식민통치의 상대적인 유화국면에서 사회주의 지식인 그룹의 등장 및 민족주의 그룹과의 경쟁을 배경으로 한다는 점, 『신생활』은 마르크스주의, 아나키즘 등 사회주의 담론 수용의 중요한 매개체였으며, 카프 성립 이전 사회주의 문학의 형성을 관찰할 수 있는 잡지라는 점, 이와 같은 새로운 지식과 담론의 형성에는 일본의 지식장을 매개로 한 번역/번안의 회로가 복선적으로 작동하고 있었다는 점, 필화사건의 재판 및 폐간 과정은 당시 검열 권력의 목표와 작동 양상을 보여준 중요한 사례라는 점 등이 논구되었다.

그럼에도 불구하고 선행 연구에는 미진한 부분이 없지 않았다. 신생활사에 대한 연구는 이사진과 기자단의 조직운동 경력, 이념 성향에 따른 분류에 머물고만 한계가 있다. 그 결과 신생활사 자체의 정치적, 사회문화적 실천에 대한 조사는 상대적으로 부족했다. 『신생활』의 '사회주의'가 마르크스주의와 아나키즘으로 단순화된 것도 아쉬운 점이다. 마르크스주의와 아나키즘이 명시적으로 확인되는 몇 편의 글은 반복적으로 거론되었으나, 그밖의 필자와 글에 대한 관심은 태부족했다. 주필인 김명식과 신일용, 정백, 이성태, 유진희의 글들도 실은 섬세하게 독해되지 못했다. 신생활사 해체 이후 이들은 대개 비합법 사회주의단체의 일원으로 청년운동, 노동운동 등에 합류한바, 사회주의 운동사 연구에서는 희미하게라도 그 자취가 확인된다. 하지만 운동사적 관점의 연구들에서는 이들의 초기 글쓰기 활동이 조명을 받기가 어려웠다. 문학 연구에서도 사회주의 사상과 운동의 교차 속에서 형성된 문학 혁신의 방향과 내용이 깊이 있게 논의되지 못했다.

학기를 마친 후 2021년 1월 초에 바로 연구 모임이 구성되었다. 연세대학교 국어국문학과 대학원생이 주축이 되었고, 식민지기 한국과 일본의 문학, 어학을 전공한 연구자들이 합류했다. 지난 2년여 동안 우리는 잡지 『신생활』의 목차와 필자를 정리하고 가독성이 낮은 텍스트들을 전사하여 공유하면서 연구를 진행했다. 2019년에 박현수, 박종린이 주보 『신생활』 10호와 15호를 소개해주어서 텍스트를 좀더 확장할 수 있었으며, 문화연구 방법론을 응용한 매체 연구, 감정 연구, 번역 연구, 검열 연구, 식민지 사회주의 등 최근 제안된 새로운 시각과 방법론 등을 적용하여 잡지 전체를 다시 읽으면서 의견을 나누고 축적했다.

'1920년대 초 사상·운동·문예의 교차와 분기'라는 부제는 『신생활』에 대한 우리의 시각을 요약한다. 『신생활』은 상이한 배경과 맥락에서 산출된 다양한 참고문헌들이 조각보처럼 짜여있는 텍스트다. 『신생활』의 '사회주의'는 단일한 이념이나 노선으로 환원되지 않는다. 신생활사의 기자들과 필자들은 러시아 아나키스트 크로포트킨의 아나키즘 저술과 자서전 및 문학론, 마르크스와 엥겔스, 레닌, 트로츠키의 저작들, 아르치바셰프에서 고리키에 이르는 사회주의 혁명 이전 러시아 작가들의 소설과 자서전, 일본의 아나키스트 오스기 사카에의 번역과 소설, 레닌주의에 근접했던 사회주의자 야마카와 히토시와 사카이 도시히코, 아라하타 간손의 저작들, 가와카미 하지메, 사노 마나부와 같은 사회주의 경제학자의 글들, 폴 라파르그, 윌리엄 모리스, 레온하르트 프랑크, 막스 슈티르너 등 유럽의 사회주의, 아나키즘의 비평, 소설들을 읽었고, 그 글들과 문장들을 교차시키고 연결하면서 식민지 조선의 정치, 산업, 노동, 빈곤, 교육, 종교, 여성, 예술, 사회운동 등의 문제를 해석하고 비평하고 분석할 수 있는 언어를 모색했다.

제1부 '『신생활』의 발행과 그 이후'에서는 잡지 『신생활』의 발행, 유통 구조의 특징을 재검토한 한편, 신생활사가 기획한 사회주의 대중출판운동이 잡지가 폐간된 이후 어떻게 실현되고 있었는지를 추적했다. 정한나의 「**자료 『신생활』을 읽는 여러 갈래의 길: 국립중앙도서관 및 국회도서관 디지털 자료와 영인본 비교**」는 현재 비교적 큰 제약 없이 접근 가능한 디지털 자료와 영인본 자료의 판본 차이에 주목하여 『신생활』의 판본이 여러 형태로 존재하게 된 이유와 각 판본의 특징을 밝히고 이를 통해 1920년대 초 잡지의 생산 및 검열, 유통 구조를 재구성한다. 김현주·조정윤의 「**『신생활』 이후의 신생활사: 1920년대 전반기 사회주의계열 대중출판운동의 편린**」은 사고, 광고 등 주변부 텍스트를 집중 검토함으로써 잡지 『신생활』의 사회주의 대중출판운동의 기획을 읽어낸 한편, 『신

생활』의 폐간 이후에도 신생활사의 도서출판과 판매, 인쇄 사업이 유지
되었다는 점, 사회주의 대중출판운동이 춘추각서점, 고려공사, 백합사
같은 소형 출판사들을 통해 이어지고 뻗어나갔다는 점을 실증했다.

　제2부 '사회주의 사상과 문학의 교차점'에서는 마르크스주의와 아나키
즘의 내용 및 위상에 착목해온 기왕의 연구를 상대화하면서 러시아의
혁명사 및 문학에 대한 참조를 확인하고, 이와 연계하여 『신생활』에서
시도된 문학 혁신의 자원과 실험의 다양성을 강조하고자 했다. 김현주의
「**사회주의 문화 정치의 역사적 참조항, 러시아의 혁명사와 문학**」은 잡지
『신생활』과 신생활사가 발행한 첫 번째 단행본 『노국혁명사와 레닌』을
통해 러시아혁명 인식의 전환을 확인하고, 신생활사의 기자들이 레닌 이
전 혁명운동의 역사를 주목하고 혁명운동에 반드시 선행해야 하는 문학
혁신 운동의 모델로 러시아의 근대문학과 고리키를 선택했음을 밝혔다.
전성규의 「『**신생활**』의 **문예론: 김명식의 글을 중심으로**」는 주필 김명식과
기자들이 러시아 문학과 오스기 사카에의 민중예술론, 그리고 여기에 깔
려있는 아나키즘과 생철학을 수용해 나가면서 민중이 역사의 새로운 주체
이며 결국엔 언제나 옳은 판단을 하는 집단이라는 강한 믿음을 갖게 되었
고 문학을 통해 민중을 투쟁의 주체로 변모시키기를 원했음을 짚어낸다.
전성규의 「**신일용의 문예론: 이상을 담는 문학에 대하여**」는 주필 김명식
에 뒤이어 『신생활』에서 가장 다양하고 활발한 글쓰기를 선보인 신일용을
조명한다. 이 글은 민중의 감정에 밀착하여 공통체의 합리적 세계인식을
이끌 수 있다는 신일용의 문학관, 그리고 현실에 대한 판단력, 합리성에
기반한 이상세계 사이를 직조해내는 신일용의 문예론을 그의 의사로서의
경험, 유토피아 문학에 대한 관심을 경유하여 살핀다. 정한나의 「**엽서를
통한 운동, 엽서에 담긴 주의: 「엽서운동」, 「사립검사국」 읽기**」는 신일용
의 「엽서운동」의 번안 과정과 문제의식에 주목한다. 이 글은 「엽서운동」이

사카이 도시히코의 「하가키 운동(ハガキ運動)」을 변용하여 운동의 전략을 궁구한 텍스트이며, 여기에서 제안된 재미, 간결함, 끈기라는 운동 전략이 이후 「사립검사국」 등 『신생활』의 글쓰기에 반영되었다고 말한다.

제3부 '사회주의 담론 구성과 그 의미들'에서는 『신생활』의 외부 필진과 비주류 담론을 시야에 넣음으로써 1920년대 전반기 사회주의 관련 사상 지형의 복합성을 강조한다. 정한나의 「『신생활』의 기독교 담론 재독」은 그간의 연구에서 간과되었던 기독교 담론을 초점화함으로써 『신생활』이 기독교와 사회주의의 담론적 결합 가능성을 타진하는 대안적 기독교 담론의 공론장으로 기능했음을 규명하고자 했다. 정윤성의 「『신생활』의 외부 필진 연구: 나경석과 신백우의 '사회주의'와 관련하여」는 이사진이나 기자단에 속하지 않았음에도 불구하고 『신생활』 발간 초기부터 많은 기고를 남긴 나경석과 신백우를 주목했다. 이 글은 두 인물의 문필활동과 사회운동의 이력을 자세히 검토하면서 이들이 이해하고 내세운 '사회주의'가 야기한 논쟁을 정리하고, 더불어 당대 사회주의의 내포를 보충했다. 김현주·가게모토 츠요시의 「초창기 사회주의 지식인의 러시아혁명 인식: 김명식의 「니콜라이 레닌은 어떠한 사람인가」를 중심으로」는 김명식이 러시아혁명과 볼셰비즘에 관해 일본에서 발행된 여러 저자의 서로 충돌하는 텍스트를 교차적으로 짜기움으로써 조각보 모양의 새로운 텍스트를 만들어냈다는 점에 주목하여 조선의 사회주의 지식인들이 공론장에서 러시아혁명과 볼셰비즘을 논제로 삼기 시작했을 때의 문제의식과 인식 내용을 살핀다.

제4부 '신생활사의 사회적 실천과 노동운동'에서는 지식과 담론 차원에 치중한 선행 연구를 보완하기 위해 신생활사의 실천적, 운동적 성격을 부각시켰다. 정윤성의 「『신생활』의 역사적 의미 재론: 잡지사의 사회적 실천을 중심으로」는 신생활사가 1922년 중순 일본에서 발생한 조선

인 노동자 학살사건, 소위 '신석현(新潟縣)사건'을 계기로 형성된 재일조선인 노동자 문제 해결을 위한 운동의 구심점으로 부상하는 장면과 체육대회, 대중강연회, 연설회, 인쇄 및 출판사업 등을 통해 대중문화운동에 주력했던 신생활사의 면모를 생생하게 묘출했다. 백은주의 「**신석현(新潟縣)사건'이 촉발한 노동운동: 『신생활』의 필화와 『동명』, 『前衛』를 중심으로**」는 신석현사건 및 자유노동조합 설립과의 연계 등을 조명함으로써 '필화사건'이 신생활사와 노동운동의 결합을 저지하려는 선제적 탄압이었다는 점을 강조했다. 나아가 이 사건을 계기로 조선과 일본, 사회주의 지식인과 노동자간의 연대가 다각적으로 시도되면서 노동운동의 새로운 지평이 열렸다고 분석한다.

또한, 이 책은 다양한 2차 자료를 작성, 제시하는 보론을 통해 1920년대 전반기 사회주의 문화정치 연구의 교두보를 마련했다. 조정윤은 [**보론1] '신생활사의 잡지 및 단행본 발행 사항**'에서 『신생활』의 발행/발매 사항과 가격, 그리고 신생활사가 발행한 단행본의 목록을 정리했으며, [**보론4] '신생활사의 지역 및 인물 네트워크**'에서는 『신생활』의 사고(社告)를 바탕으로 지사망과 그 구성원을 정리하고 김원벽의 「만주여행기」을 참조하여 만주 지역의 인적 연결망을 조사했다. 김해옥은 [**보론 2] '『신생활』 번역/번안 서사물 목록 및 저본 확인**'에서 번역/번안 서사물을 조사하고 저본을 확인했으며 저본의 표지 및 해당 작품 수록 면의 이미지를 제시했다. 정윤성의 [**보론 3] '『신생활』의 외부 필진**'은 선행연구에서는 자세히 다루어지지 않은 『신생활』의 외부 필자의 인적 사항 및 주요 경력을 조사한 결과를 정리했다. 신생활사의 지역적, 인적, 사상적 네트워크를 조밀하게 조사, 정리한 이 자료들은 『신생활』의 문화적 영향력과 사회주의 담론의 다양한 지적 자원을 두텁게 그려낸다.

그럼에도 불구하고 우리의 작업이 『신생활』의 다면성을 충분히 포괄하지는 못했음을 고백해야겠다. 『신생활』에 수록된 다양한 번역 텍스트에 대한 실증적 작업과 심도 있는 분석, 『신생활』의 '사회주의'를 보다 풍성하게 하면서 다양한 문학적 글쓰기를 수용, 실험한 이성태와 정백 등의 기자들에 관한 연구는 향후의 과제로 남긴다.

책이 완성되기까지 여러 분들의 도움이 있었다. 먼저 『신생활』의 전사 과정에는 연세대학교 국어국문학과의 대학원생 허결, 진화염, 최혜민, 양문정, 고평이 수고해 주었다. 한국학협동과정의 우르반쩨바 에카테리나는 러시아 문학 작품의 원전 확인을 도와주었다. 신생활사가 발행한 단행본 『노국혁명사와 레닌』의 원전을 볼 수 있도록 배려해주신 규슈대학의 오노 야스테루 교수님과 영남대학교 고문서실의 최우경 선생님께 깊이 감사드린다. 아울러 번역 서사물의 저본이 된 일본어 자료의 이미지 사용을 허가해 준 일본 국회도서관에도 감사의 뜻을 전한다. 또한 장기간의 연구가 원활히 진행될 수 있도록 지원해준 연세대학교 BK21 FOUR 교육연구단과, 마지막까지 편집에 힘써준 보고사의 이경민 선생님께 고마움을 표한다.

2023.2.4.

김현주, 정한나, 가게모토 츠요시 씀

차례

제2부
사회주의 사상과 문학의 교차점

제3부
사회주의 담론 구성과 그 의미들

제1부

『신생활』의 발행과
그 이후

자료『신생활』을 읽는 여러 갈래의 길
: 국립중앙도서관 및 국회도서관 디지털 자료와 영인본 비교

정한나

1. 들어가며

2023년 1월 현재 큰 제약 없이 접근 가능한『신생활』제1~9호는 자료 형태에 따라 디지털 자료와 영인본 자료로 나눌 수 있다.[1] 디지털 자료로는 국립중앙도서관 제공 디지털 자료와 국회도서관 제공 디지털 자료가 대표적이며,[2] 영인본으로는 현대사 제작 영인본(1993) 및 도서출판 청운 제작 영인본(2006)이 있다.

이상의 판본들은 어떻게 생산되고 제공되는 것일까. 각각의 자료를 접할 때 유념해야 할 점은 없을까. 본고는 이러한 질문에서 시작하여 각

---

[1] 『신생활』원본은 국립중앙도서관과 일부 대학교 도서관에 소장되어 있으나 접근이 쉽지 않다. 대학 도서관 소장『신생활』은 대부분 자료 보존을 위해 제한적으로만 열람이 허가되며 국립중앙도서관 귀중본서고에 소장된『신생활』은 '신청제한' 자료로 분류되어 있어 접근 자체가 불가능하다.

[2] 몇몇 대학교 도서관에서도『신생활』일부를 PDF로 제공하고 있다. 그러나『신생활』발간 전체를 살피기에는 부족함이 없지 않다. 예컨대, 고려대학교는 1~9호 중 제1호 임시호, 제2호, 제3호, 제5호만을 서비스하고 있으며, 교내 접속시에만 원문보기가 가능하여 접근성이 떨어진다. 한편, 서강대학교 제공 자료는 접속지역과 무관하게 열람할 수 있지만 소장 자료가 제1호 임시호에 불과하다.

기 다른 형태로 존재하는 『신생활』 판본의 의미를 짚어보고, 그 특징을 밝히고자 한다. 이 과정에서 『신생활』의 생산 및 검열 과정을 재구하고 『신생활』의 법적 지위를 검토하는 작업도 동반될 것이다.

　『신생활』의 발행사항에서 특기할 부분은 크게 두 가지이다.[3] 첫째, 발행인의 국적이다. 『신생활』 제1~9호의 발행인인 백아덕(白雅德)은 미국인 선교사 아더 린 베커(Arthur Lynn Becker, 1879~1978)이다. 이는 『신생활』이 어떠한 검열 절차를 거쳤는지 재구하는 데 있어서 결정적인 정보이다. 일찍이 대한제국 시기에 반포, 실시된 광무 신문지법(1907)과 출판법(1908), 신문지규칙과 출판규칙은 병합 이후에도 존속되면서 한반도 내에서 유통되는 모든 인쇄물에 대한 검열을 정당화하는 법적 근거가 되었다. 명목상 미국인이 발행한 잡지 『신생활』는 상대적으로 느슨한 검열을 강제하는 출판규칙의 적용을 받았으나 현실에서는 법적 강제성이 없는 검열 절자를 추가적으로 거쳤다. 『신생활』 제1~9호가 복수의 판본으로 존재하는 이유를 추적하기 위해서는 이러한 정황을 살필 필요가 있다. 둘째, 『신생활』의 발행주기이다. 『신생활』 제1~5호는 순간, 제6~9호는 월간, 제10~15호는 주간으로 발행되었다. 이렇듯 발행주기가 수시로 바뀌었기 때문에 『신생활』의 서지 정보에서 발행시점은 특히 상세하게 명시될 필요가 있다.

　이어질 본론은 이상의 기본적 사실을 토대 삼아 전개된다. 2장에서는 『신생활』의 생산 및 유통과정과 법적 지위를 검토하고, 3장에서는 이러한 현실적 조건들이 각기 다른 판본에 어떻게 반영되어 있는지를 살핀다. 마지막으로 4장에서는 복수의 판본을 겹쳐보면서 판본 이해의 필요성을 짚어본다.

3　『신생활』의 발행사항은 이 책의 〈보론1〉 참고.

2. 『신생활』의 생산과 유통, 인쇄와 검열의 틈

『신생활』제1~9호에 여러 개의 판본이 존재하는 이유는 무엇일까. 이를 설명하기 위해서는 활판 인쇄의 과정과 식민지기의 검열 제도에 대한 이해가 필요하다. 먼저 잡지의 활판 인쇄 공정을 간략히 살펴보도록 하겠다.[4] 참고로, '고본'이나 '제본'과 같은 용어는 현재 시점에서 다소 생소하게 느껴지는 것이 사실이지만 이어서 살펴볼 검열 관련 법조문에 등장하는 단어이므로 최대한 살려 쓰는 편을 택했다.

(1) 고본(稿本) 제작 : 필자의 육필 원고를 수합한다. 이 육필 문고의 묶음을 '고본'이라고 한다.

(2) 문선(文選) 작업 : 여러 명의 문선공(文選工)들이 고본을 균등한 분량으로 분배한 후, 자기 몫의 원고의 글자와 일치하는 납활자를 문선대(文選臺)에서 골라낸다. 골라낸 활자는 작은 상자에 담는다.

(3) 조판(組版) 작업 : 조판공(組版工)은 채자(採字)된 활자가 담긴 상자를 넘겨받아 지면 크기에 맞춰 활자를 배열한다. 한 판이 한 면이 되도록 문자를 배열하는 것이 곧 조판 작업이다.

(4) 교정 인쇄 : 완성된 조판에 잉크를 발라 찍어낸다. 이렇게 인쇄된 것을 교본(校本), 혹은 교정쇄(校正刷)라 한다. 교정쇄를 점검하는 과정에서 오탈자 등 수정사항이 발견되면 이를 바로잡는 교정 작업이 진행된다.

(5) 지형(紙型) 제작 : 교정 작업이 완료되면 지형을 제작한다. 표면에 수지(樹脂)를 바른 두꺼운 종이판에 조판을 찍어 오목하게 새긴 후 건조하면 지형이 완성된다.

(6) 연판(鉛版) 제작 : 완성된 지형을 거푸집 삼아 아연, 주석, 안티몬 합금

4　활판인쇄 과정은 한만수의『허용된 불온』(소명출판, 2015)의 서술, 신문박물관의 전시 내용, 한국신문협회의 정보(http://www.presskorea.or.kr/right/newscts.php?m=8&sm=43&tm=58)를 토대로 정리한 것이다.

을 부어 활자가 양각된 된 연판을 만든다. 연판으로 인쇄를 하면 활자
의 마모를 줄일 수 있고, 하나의 인쇄 작업이 진행되는 동안 다른 인쇄
작업에 활자를 쓸 수 있으므로 경제적이다.

(7) 기계 인쇄 : 연판을 인쇄기에 걸어 인쇄하는 과정이다. 식민지기의 인
쇄기는 크게 윤전인쇄기(輪轉印刷機)와 평활판인쇄기(平活版印刷機)
로 나눌 수 있다. 윤전인쇄기는 월등한 인쇄속도와 품질을 자랑했으나
고가의 장비였다. 따라서 자본력을 갖춘 대형 신문사를 제외하면 거개
의 출판사는 평활판 인쇄기로 인쇄물을 제작했다.

(8) 제본(製本) 제작 : 마지막으로 인쇄된 낱장의 종이를 책의 형태로 묶는다.
'제본'은 곧 완성된 형태의 출판물을 의미한다.

이 일련의 단계를 거치면 책의 형태를 갖춘 인쇄물이 완성된다. 그러
나 이것이 즉시 독자들의 손에 인직할 수는 없었다. 식민지기 내내 검열
이라는 제도 바깥에 존재하는 문서는 모두 불법으로 규정되었으니, 물리
적 과정을 거쳐 생산된 인쇄물은 반드시 검열의 관문을 통과해야 했다.
신문지법, 출판법, 신문지규칙, 출판규칙은 식민지 조선에서 생산되는
문서를 통제하는 촘촘한 합법적 지침이었다.

『신생활』 역시 예외가 아니었다. 결론부터 말하자면 제1~9호가 발행
되는 동안 『신생활』은 미국인 선교사 백아덕을 발행인으로 내세움으로써
출판규칙의 적용을 받아 발간되었다. 출판법은 조선인, 출판규칙은 한반
도에 거주하는 일본인에게 법적 효력이 발생한다.[5] 백아덕은 미국인이므
로 출판규칙의 적용대상이 아닌데, 여기에 대해서는 후술하기로 한다.
일단 『신생활』이 조선인에 의해 발행된다고 가정하면 『신생활』은 출판규
칙이 아니라 출판법의 대상이 된다. 출판법과 출판규칙의 검열 및 처벌수

5   본고의 검열 관련 법조문은 김창록, 「일제강점기 언론출판법제」, 『한국문학연구』 30,
한국문학연구, 2006, 239~317면을 참고했다.

위는 극단적으로 달라진다. 출판법은 '고본' 상태의 검열과 '제본' 상태의
검열을 의무화했다. 따라서 『신생활』이 출판법의 적용을 받는다면, 잡지
사는 육필 원고지를 묶은 상태의 검열을 거쳐 허가를 얻어야 하고(출판법
제2조), 인쇄 공정을 모두 마쳐 잡지가 제작된 후에 '제본'을 제출하여
또 한 차례의 검열을 받는다(출판법 제5조). 만약 허가 없이 국가 관련 금기
사항이나 안녕질서 방해, 풍속괴란의 내용을 출판한다면 저작자와 발행
자는 작게는 벌금에서 크게는 3년 이하의 역형(役刑)에 처해질 수 있었으
며(출판법 제11조), 위법한 도서는 발매 또는 반포 금지처분을 받고 연판과
책자까지 압수될 수 있었다(출판법 제13조). 반면, 일본의 출판법을 준용한
출판규칙의 검열 절차는 한결 간편하였다. 『신생활』의 경우, 출판규칙에
따라 저작자와 발행자가 제본된 잡지에 연인(連印)하여(일본 출판법 제5조)
발행일 3일 전까지 총독부 경무국 고등경찰과에 제본 2부를 제출하는
것으로(일본 출판법 제3조) 필요한 절차는 충족되었다. 물론 출판과정과 출
판물의 내용상에 위법성이 발견되면 출판물의 발매반포를 금지하고 연판
과 인쇄된 잡지를 압수할 수 있었으며(일본 출판법 제19조), 위법성의 정도
에 따라 발행자, 인쇄자, 혹은 저작자에게 최대 1년 이하의 경금고 처분이
내려졌다(일본 출판법 제22~28조). 제본 제출 후에 이루어지는 검열은 피할
수 없었지만 인쇄가 완료된 상태에서 한 차례의 검열만 거치면 되므로
검열 절차가 간단했고 정시 발간을 보장할 수 있다는 장점이 있었다. 조
선의 출판법에 비해 형사처벌의 정도도 가벼웠다.

　검열을 최대한 뒤로 미룰 수 있다는 점은 출판규칙의 특장이었지만
단점도 그만큼 명확했다. 가장 큰 문제는 삭제 지시가 많을 경우 잡지사
가 부담해야 할 경제적 타격이 상당하다는 것이었다. 이미 제작된 잡지는
폐지로 전락하고, 삭제 처분을 이행하여 잡지를 완전히 새로 제작해야
하기 때문이다. 이에 『신생활』은 교정쇄를 해당 부서에 제출해 검열받는

과정을 거쳤다. 오탈자, 오식 등을 점검할 목적으로 만든 교정쇄가 검열
용 텍스트로도 활용되었던 것이다. 교정쇄 검열은 출판규칙에 의해 강제
되지도 않았거니와 법적 근거조차 없었지만 검열주체와 잡지사의 타협점
으로 유효했다. 잡지사 측에서는 교정쇄 단계에서 문제가 될 만한 부분을
미리 삭제하여 잡지를 생산함으로써 경제적 손실을 줄일 수 있었고, 검열
주체 측에서는 처벌의 수위와 빈도를 조정함으로써 여론의 반발을 달랠
수 있었다. 교정쇄 검열은 경제적 손실을 최소화하려는 잡지사의 필요와
통치의 효율성을 기하려는 당국의 필요가 만나는 절충점이었던 것이다.[6]

이상은 『신생활』이 거친 검열의 실제이다. 그런데 현실의 검열과는 무
관하게 『신생활』의 엄밀한 법적 지위를 밝히는 것은 쉽지 않아 보인다.
한반도 내에서 생산, 유통되는 인쇄물에 신문지법, 출판법, 신문지규칙,
출판규칙이 적용되는 방식에는 여전히 의문이 남기 때문이다. 검열 관련
법률을 문리(文理)에 충실하게 해석하고 적용하자면 『신생활』은 출판법
의 대상이 되어야 옳다. 조선의 출판법 제12조는 외국에서 발행한 문서
도화와 또는 **외국인이 내국에서 발행한** 문서도화 중 안녕질서를 방해하
거나 풍속을 괴란한 것으로 인정되는 출판물은 국내에서 발매 또는 반포
를 금지하고 그 인본(印本)을 압수할 수 있음을 명시하고 있기 때문이다
(강조는 필자).[7] 이렇듯 명시적인 법조항이 존재함에도 불구하고 『신생활』

---

6 교정쇄 검열에 대해서는 한만수, 『허용된 불온』, 소명출판, 2015 중 2부 3장 '절충으
   로서의 교정쇄검열 제도' 참고.

7 한반도 내 외국인 발행 출판물을 규제대상으로 명시하는 출판법 제12조는 개정된 신문
   지법의 입법 취지 및 목적과도 조응한다. 대한제국기에 제정된 광무 신문지법(1907)은
   한 차례 개정을 거쳐 병합 이후에도 지속되었다. 1908년 이루어진 신문지법 개정의
   핵심은 새롭게 추가된 제34조이다. 이 조항에 의거하여 국내에서 외국인이 발행하는
   한문, 국한문, 한글 신문뿐 아니라 국외에서 발행되는 한문, 국한문, 한글 신문까지
   취체의 대상에 포함되었다.

은 출판규칙의 적용을 받은 것이 분명해 보인다. '내지인 및 외국인이 출판하는 출판물'을 '출판규칙'에 의거하여 관리한 경성지방검사국의 문서[8]는 이를 방증한다.[9]

이처럼 신문지법, 출판법, 신문지규칙, 출판규칙의 법적 문리와 현실에는 괴리와 어긋남이 상존했다. 검열 관련 법률이 정치하고 세밀하게 규제대상을 획정하지 못한 상태이거나, 정치, 사회적 조건들이 법률의 엄밀한 작동을 가로막은 것일지도 모르겠다. 『신생활』은 이러한 현실 속에서 발화의 임계를 높이기 위해 법리와 현실의 괴리를 적극적으로 파고드는 전략을 취했다. 출판법이 아니라 출판규칙의 적용을 받기 위해 백아덕을 발행인으로 세운 것은 그 근거라 할 수 있다. 법과 현실의 틈에서 발화의 수위와 전략을 고민하는『신생활』의 면모에 대해서는 출판규칙 잡지에서 신문지법 잡지로의 변모, 필화사건과 실질적 폐간을 맞는 신생활사의 도정 속에서 좀 더 깊이 있게 고찰될 필요가 있다.

3. 『신생활』 판본 비교

3장에서는 오늘날 우리가 접하는『신생활』판본을 분류하고 각각의 특징을 검토할 것이다. 활판 인쇄 과정과 실제의 검열 절차가 겹쳐지면

8   경성지방법원 검사국, 문서철명 : 新聞紙出版物要項, 문서제목: 朝鮮內 新聞紙 雜誌 發行 및 其他 出版物 出版狀況 – 內地人 및 外國人의 出版物 出版狀況, 작성일: 1927. (http://db.history.go.kr/id/had_002_0070 accessed. 2023.1.6.)
9   『신생활』에 적용된 법률에 대해서는 신문기사를 참고할 수 있지만 기사에 따라 상이한 정보를 제공하므로 이에 주의할 필요가 있다. 예를 들면, 『신생활』이 제9호까지 '출판규칙'의 취체를 받았다고 설명하는 기사가 있는가 하면(「신생활의 운명」, 『조선일보』 1923년 1월 10일, 3면). "출판법에 의"한 잡지라는 서술도 발견된다(「경무당국자에게 언론압박이 심하다」, 『동아일보』, 1922년 4월 2일, 1면).

서 복수화된 『신생활』 판본은 크게 세 가지로 분류할 수 있다.[10]

① 검열본: 검열을 위해 제출된 교정쇄 혹은 제본을 지칭한다. 검열관들이 남긴 의견과 밑줄, "삭제", "검열제(檢閱濟)" 등의 도장이 남아 있는 것이 특징이다. 총독부는 제출된 출판물을 검열한 후에도 폐기하지 않고 보관했는데, 이 자료는 해방 후 국립중앙도서관으로 이관되었다. 현재 국립중앙도서관은 『신생활』 검열본의 스캔 파일을 제공하고 있다.

② 유통본: 당대의 독자들 사이에서 유통되었던 판본이다. 검열본을 대상으로 한 검열관의 지시사항이 반영된 상태이기 때문에 검열본에 비해 삭제된 부분이 많다. 국회도서관이 제공하는 디지털 자료는 유통본 스캔 파일에 해당된다.

③ 영인본: 현대사 영인본(1993)과 도서출반 정운 영인본(2006)이 있다. 비교적 입수가 쉬운 국립중앙도서관 소장 자료를 저본으로 하여 제작되었다.

이상의 사실을 바탕으로 각 판본의 특징을 구체적으로 살펴보도록 하겠다. 『신생활』 각 호에 접근하는 루트는 아래의 〈표 1〉과 같다. 압수 처분을 받은 제4호의 존재는 어느 곳에서도 확인되지 않는다.

〈표 1〉 『신생활』 각 호 소재 현황

호수		국립중앙도서관	국회도서관	영인본(현대사, 청운)
1호	본호			
	임시호	○		○
2호			○	
3호		○	○	○
4호			압수	
5호		○	○	○

---

10 한만수, 앞의 책, 499면의 분류를 참고한 것이다.

6호	본호	○		
	임시호	○	○	○
7		○	○	○
8		○	○	○
9		○	○	○

1) 국립중앙도서관 제공본

국립중앙도서관은 제2호와 제4호 수록물을 제외한 거의 모든 기사를 제공하고 있다. 국립중앙도서관에서 『신생활』을 열람하기 위해서는 '신생활사'를 검색어로 입력하고, 자료유형은 '잡지/학술지', 자료형태는 '온라인자료'로 선택한 후, 발행연대를 '1922~1922'로 설정한다. 이렇게 검색한 후 '표제/저자사항'이 '新生活/신생활사'로 표기된 자료를 클릭한 후, 팝업창에서 발행연도를 1922로 조정한다.[11] 저작권이 만료된 자료이기 때문에 관외에서도 쉽게 열람할 수 있다.

국립중앙도서관 제공 자료는 『신생활』이 교정쇄 검열을 거쳤음을 시사한다. 국립중앙도서관 제공 자료에서 발견되는 사소한 오자는 이것이 교정쇄라는 근거가 된다. 일례로, 『신생활』 7호에 실린 염상섭의 「지상선을 위하여」 중에는 페이지 오기가 있다. 69쪽이 '96'으로 잘못 표기되어 있는 것이다. 이 오류는 교정 단계에서 수정되어 유통본에서는 발견되지 않는다. 오탈자 등을 바로잡을 목적으로 제작되는 교정쇄의 역할을

11　이상의 서술은 2023년 1월 기준이다. 검색 방법 및 결과는 국립중앙도서관의 내부 설정에 따라 달라질 수 있다. 2022년 11월 기준 '신생활사'를 검색어로 입력하면 『신생활』 수록 기사가 개별적으로 우선 노출되어 150개 이상의 검색 결과가 노출되었으며, 발행연도는 '19uu'로 표기되어 있었다. 다만, 2023년 1월 현재 변경된 검색 결과에서 『신생활』을 클릭하면 뜨는 팝업창에는 1961년 11월에 발행된 『신생활』이 우선 노출된다. 이는 본고에서 검토하는 『신생활』과는 무관한 자료이다. 이 오류에 대해 국립중앙도서관 디지털도서관 디지털자료실의 담당자는 확인 후 조속한 수정을 약속했다. 팝업창에서 발행연도를 1922년으로 조정해야 1922년 3월부터 9월까지 발간된 『신생활』을 열람할 수 있다.

잘 보여주는 지점이다.

국립중앙도서관 제공 자료에서 가장 눈길을 끄는 부분은 검열주체가 남겨놓은 여러 형태의 흔적이다. 컬러로 제공되는 자료의 특성상 검열주체의 붉은색, 혹은 푸른색 필기와 검은 도장은 한층 생생하게 다가온다. 검열관이 어떤 대목을 주의 깊게 보았는지, 어떤 이유로 삭제 처분을 내렸는지 대강의 이유까지 짐작할 수 있다. 『신생활』 8호에 게재된 염상섭의 연재소설 「묘지」(3회) 첫 페이지에는 '삭제' 도장이 뚜렷하게 찍혀 있으며, 검열관이 그어놓은 줄도 군데군데 발견된다. 다만 붉은 선이 그어진 부분이 모두 삭제된 것은 아니었다. 예컨대, 7호의 염상섭의 「지상선을 위하여」 중 76쪽 '동물에 대한 檻柵에 지날 것이 없지 아니한가. 사실'에는 붉은 선이 그어져 있지만 유통본에서 훼손 없이 인쇄되었다.

국립중앙도서관 제공 자료는 유통본의 삭제분을 복원하는 작업에 특히 유용하게 활용될 수 있다. 널리 알려진 바와 같이 이후 「만세전」이라는 제목으로 발표된 염상섭의 「묘지」는 『신생활』에 연재되었으나 3회차(『신생활』 제8호)는 전문 삭제 처분을 받았다. 그러나 국립중앙도서관에서는 16쪽 분량에 달하는 「묘지」 3회차 연재분을 확인할 수 있다.

하지만 국립중앙도서관이 『신생활』 자료를 제공하는 방식에는 몇 가지 아쉬움도 남는다. 첫째, 부정확한 서지 정보이다. 이 책의 [보론 1] 발생사항에서 확인할 수 있듯이 『신생활』 제3호와 제5호는 각각 1922년 4월 1일, 4월 22일에 발행되었다. 그러나 2023년 1월 현재 국립중앙도서관은 『신생활』 제3호와 제5호의 발행일을 '19220401'로 표기하고 있다(〈그림 1〉).[12] 둘째, 제공 자료가 검열본이라는 판본의 특징을 충분히 반영하지

---

12 이러한 오류는 원자료에 대한 검토 없이 기존 디지털 자료의 서지정보를 기계적으로 수정한 결과 발생한 것으로 보인다. 2022년 연말까지 『신생활』의 서지정보는 발행연도와 발행월까지 제공되었다. 즉, 『신생활』 제3호와 제5호는 모두 '192204'로 표기

못하고 있다는 점이다. 검열본의 차별지점은 다름 아닌 검열주체의 흔적
이다. 밑줄, 박스 처리, 체크 표시, 각종 메모, 도장 등 검열주체의 흔적은
다양하고도 생생하다. 이러한 흔적은 검열주체가 어떤 대목에, 어떤 이유
로 주의를 기울였는지 짐작할 수 있는 단서가 된다. 이러한 흔적은 1920년
대 초라는 시기에 특히 중요하게 취급될 필요가 있다. 1920년대 중반에
이르러야 도서과 신설과 『조선출판경찰월보』 발행 등으로 검열 시스템이
체계화되고 정비된 검열 기준이 통용되기 시작했다는 점을 감안한다면,
『신생활』 검열본에 남겨진 검열주체 개개인의 의견은 더욱 심도 있게 분
석될 필요가 있다. 그런데 국립중앙도서관 자료에서 여백에 남겨진 검열
주체의 흔적은 종종 잘려나가고 만다. 기사 본문에만 초점이 맞추어 자료
가 제작되었기 때문이다. 따라서 현재의 자료는 국립중앙도서관 소장 자
료인 검열본의 특징을 십분 반영하고 있다고 보기 어렵다.

⟨그림 1⟩ 국립중앙도서관 『신생활』 팝업창

　잡지 한 호의 유기성과 물질성을 감각하기 어렵다는 점 또한 아쉬움

되었던 것이다. 연월 정보만으로는 순간으로 발행되던 『신생활』 제1~5호의 발행일
자를 정확히 파악할 수 없다. 이를 고려할 때 2023년 1월 현재, 일자까지 밝히는
것으로 서지정보가 보완된 것은 반길 만한 일이다. 그러나 원자료의 판권장을 확인
하지 않은 채 '192204'를 '19220401'로 단순 교체함으로써 또 다른 오류가 발생했다.

중 하나로 언급할 수 있다. 현재의 검색 결과는 한 호에 수록된 전체 기사를 한눈에 확인할 수 있으나 기사들이 잡지의 목차와는 무관하게 정렬되어 있어 편집 체제를 살피기는 불가능하다. 예컨대, 『신생활』 제1호 임시호의 경우, 국립중앙도서관은 춘원의 「금강산유기」, 신생활사의 취지서와 조직, 신일용(辛日鎔)의 「부인문제의 일 고찰: 자유사상과 현모양처주의」 순으로 기사를 제시하는데(〈그림 2〉), 이 순서는 실제 잡지의 편집(〈그림 3〉)과 전혀 무관하다. 기사 배치 순서에는 편집진의 숙고가 담겨 있기마련이다. 그러나 현재 국립중앙도서관의 자료 제공 방식으로는 특정 기사 앞뒤로 어떤 글이 자리하고 있는지 살펴볼 수 없다. 미완성 상태의 교정쇄일 경우 광고나 편집후기와 같은 파라텍스트(paratext)가 소홀히 여겨질 수 있다는 사정을 감안하더라도, 검열본 표지에 찍혀 있을 '검열제(檢閱濟)', '납본(納本)' 등의 도장을 볼 수 없다는 점 역시 아쉽다.[13]

〈그림 2〉 국립중앙도서관의 『신생활』 제1호 임시호 기사 정렬

번호	기사명	저작자	수록잡지명	수록정보	발행자	발행년도	원문
1	金剛山遊記	春園	新生活	창간호	新生活社	19220301	원문보기
2	趣旨書及組織	新生活社	新生活	창간호	新生活社	19220301	원문보기
3	婦人問題의一考察:自由思想과賢母良妻主義	辛日鎔	新生活	창간호	新生活社	19220301	원문보기
4	民衆精神의一考察	鄭栢	新生活	창간호	新生活社	19220301	원문보기
5	新生活新記元의第一年第一日외나의所望	姜邁	新生活	창간호	新生活社	19220301	원문보기

---

13 국립중앙도서관 소장 『신생활』은 귀중본으로 분류되어 있어 일반인의 열람이 불가능하다. 한만수의 저서에서 『신생활』 6호와 8호의 속표지를 확인할 수 있다. 『신생활』 6호의 표지에는 납본을 인증한 고무인과 "大正 十一年 五月 二十七日 差押"이라는 검열관의 붉은색 필기가 선명하다. 『신생활』 8호 속표지에는 납본 도장과 검열이 끝났음을 의미하는 '檢閱濟' 도장, 검열보조원의 도장이 찍혀 있고, 수기로 적힌 '납본'이라는 글자도 발견된다. 한만수, 앞의 책, 2면 및 8면.

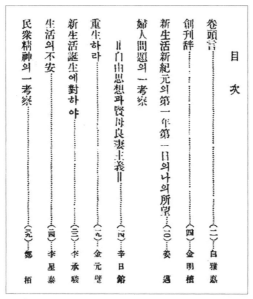

目次

卷頭言 ……………………………(二)…白雅悳

創刊辞 ……………………………(四)…金明植

新生活新紀元의第一年第一日의나의所望 …(一〇)…姜邁

婦人問題의一考察 …(一四)…辛日鎔
‖自由思想과賢母良妻主義‖

重生하라 …(二八)…金元璧

新生活誕生에對하야 …(三三)…李承駿

生活의不安 …(四四)…李星泰

民衆精神의一考察 …(五九)…鄭栢

〈그림 3〉『신생활』 제1호 임시호 실제 목차

자료 열람 방식에 있어서 장단점도 명확하다. 관외 이용 가능 자료로 분류되어 있어 전용 뷰어를 설치하면 시공간의 제약 없이 열람할 수 있으며, 다운로드와 인쇄가 가능하다는 것은 큰 장점이다. 그러나 JPG 파일로만 다운로드 된다는 점은 다소 아쉽다. 범용성과 안정성이 높은 PDF 파일로 저장하기 위해서는 각각의 페이지를 JPG로 다운받아 변환, 통합의 과정을 거쳐야 한다.

2) 국회도서관 제공본

국회도서관은 제1호를 제외한 제2호부터 제9호까지의 유통본을 제공하고 있다. 검색방법은 다음과 같다. '신생활사'를 검색어로 입력한 후 청구기호 '古 051.1 ㅅ571' 자료에서 '권호보기'를 클릭하면 팝업창이 뜬다. 여기서 열람하고자 하는 잡지의 '원문보기'를 클릭하면 해당 잡지의 표지부터 마지막장까지 살펴볼 수 있다. 사회비평에 해당되는 기사는 기사별 열람도 가능하다. 그러나 권두언이나 문예물 등은 개별 기사로 확인할 수 없고 '권호보기'의 한 호 전체 열람을 통해서만 접근할 수 있다.

국회도서관 자료인 유통본은 당대의 독자들에게 『신생활』이 어떻게 받아들여졌는지를 살피기에 가장 적합한 판본이다. 먼저, 국립중앙도서관의 검열본과 대조해보면 교정쇄에서 발견한 오류가 수정되었음이 확인된다. 예컨대, 국립중앙도서관 자료에서 『신생활』 제7호 69면은 '96'로 오기되어 있지만 국회도서관 자료에서 이것은 '96'으로 수정되었다. 또한 검열 주체의 지시 사항이 반영된 모습도 확인된다. 국회도서관 자료에는 식별 불가능한 뭉개진 글자가 적지 않은데, 이는 연판을 긁어내 검열관의 삭제 지시를 이행한 흔적이다. 삭제된 부분을 검열본에서 찾아보면 해당 대목에서는 여지없이 붉은색 밑줄이나 박스가 확인된다. 이러한 점에서 검열본이 '쓰고자 했던 것'에 근접한 텍스트라면, 유통본은 '쓸 수 있었던 것'의 임계를 보여주는 텍스트라 할 수 있다.[14]

표지부터 판권지, 광고, 편집후기 등, 국립중앙도서관의 검열본에서는 확인할 수 없는 지면까지 포함하고 있다는 점 또한 특기할 만하다. 이와 같은 파라텍스트는 자칫 경시되기 쉽지만 『신생활』을 둘러싼 환경을 상상하는 데 적지 않은 도움이 된다. 편집후기에는 편집진들의 진솔한 목소리가 담겨 있고, 광고 지면을 통해서는 신생활사가 맺고 있던 경제적 네트워크의 일단을 엿볼 수 있다. 아울러 이러한 지면들은 잡지 한 호가 가진 물리적 특징을 최대로 구현해내는 역할 또한 담당하고 있다.

---

14 한만수는 염상섭의 「만세전」을 독해하며 작가가 '쓰고자 했던 것', '쓰고자 했던 것'과 길항하는 '쓸 수 있었던 것', '쓰고자 했던 것'을 쓰기 위해 존재하는 '써야만 했던 것'이 뒤엉켜 있는 식민지기 텍스트의 특징을 섬세하게 분석해낸다. 한만수, 앞의 책, 422면.

덧붙이자면, 『신생활』 제7호는 권두언에 앞서 신생활사 사원 일동의 사진이 실려 있다(〈그림 4〉). 성장을 한 13명의 사원들이 앉거나 선 모습으로 카메라를 향해 있는 사진이다. 사진상 인물의 신원을 전부 특정하기는 어렵지만, 일제시기인물감시카드를 참고하면 1열 앉아있는 사람들 중 오른쪽에서 첫 번째가 이성태(李星泰), 세 번째가 박희도, 이성태 오른쪽에 서 있는 사람은 정백(鄭栢)으로 보인다. 사진에서 가장 왼쪽에 위치하는, 기둥 앞에 단장을 들고 선 사람은 신일용으로 추정된다. 이 역시 유통본에서만 확인할 수 있는 선물 같은 지면이다.

同 一 員 々 社 本

〈그림 4〉 신생활사 사원 일동의 사진(『신생활』 제7호 수록)

유통 직전에 추가된 글의 존재도 눈길을 끈다. 『신생활』 제9호에 실린 이윤건(李潤健)의 「『신생활』 구독금지 결정에 취(就)하여」가 그것이다. 이 글은 김명식의 「김익두의 미망을 논하고 기독교도의 각성을 촉(促)하노라」에 반발하여 『신생활』 구독 금지를 결의한 장로교의 황해도 노회

를 강도 높게 비판하고 있다. 판본 비교의 관점에서 이 글의 특이점은
크게 세 가지이다. 첫째, 국립중앙도서관에서는 확인되지 않는 글이라
는 점, 둘째, 사회평론을 보통 전반부에 배치하는 편집 관행을 깨고 『신
생활』 9호의 제일 마지막인 175~176쪽에 자리하고 있다는 점, 셋째, 글
제목이 제9호 목차에서 발견되지 않는다는 점이다.

　이러한 사실을 종합해 볼 때, 이윤건의 글은 『신생활』 9호의 교정쇄를
경무국 고등경찰과에 제출하고 수정사항을 모두 전달받은 이후에 도착
했던 것으로 보인다. 잡지사에서는 이 시점에 이윤건의 글을 싣기로 결
정하고 이 글의 문선, 조판, 교정 작업, 지형 제작, 연판 제작 과정을
따로 거쳤을 것이다. 늦게 도착한 이윤건의 글에 한해 원고지 상태로 검
열을 받거나, 혹은 편집진의 자체적 판단에 따라 제본 검열을 선택했을
것으로 추정된다. 즉, 교정쇄 검열이 아닌 원고지 검열을 받거나, 교정
쇄 검열을 건너뛰고 출판규칙이 강제한 제본 검열만을 받는다면 교정쇄
가 남아있을 수 없다.

　다음으로 게재 위치와 목차에서 글 제목이 누락된 이유를 짚어보자.
이 글의 도착 시점은 최소 『신생활』 제9호의 연판 제작까지 마무리된
상태였을 것이다. 다른 예를 참조해 보건대, 인쇄 막바지 단계에 도착했
을 가능성도 배제할 수 없다.[15] 편집 관행을 고수하여 이윤건의 글을 전
반부에 배치한다면 어떤 일이 벌어질까. 새롭게 삽입된 이윤건의 글 이
후에 배치된 글은 면수를 모두 조정해야 한다. 그렇다면 조판, 교정, 지

15　이윤건의 글과 비슷한 예로 최상현(崔相鉉)의 「종교는 과시 미신일까」(『신생활』 8호)
　　를 들 수 있다. 이 글 역시 목차에서 누락되어 있는, 마지막 부분에 실린 시사평론이
　　다. 이에 대해 편집진은 "최상현 씨의 논문은 인쇄가 거진 끝나게 된 때에야 도착한
　　까닭에 맨 끝에 싣게 되"었다고 설명한다(「편집실에서」, 『신생활』 8, 1922.8.5.). 다
　　만, 이윤건의 글과 달리 최상현의 글은 국립중앙도서관에서도 제공되고 있다.

형 제작, 연판 제작의 과정을 다시 거쳐야 한다. 잡지 출판 공정이 막바지에 다다른 상태에서 이 모든 작업을 반복한다면 잡지사로서는 막대한 경제적 손실을 안게 된다. 이에 『신생활』은 이윤건의 글을 가장 마지막에 배치함으로써 이미 완료된 인쇄 공정에는 영향을 미치지 않도록 했던 것이다. 목차에서 이 글의 제목이 발견되지 않는 이유도 이와 같은 방식으로 설명할 수 있다.

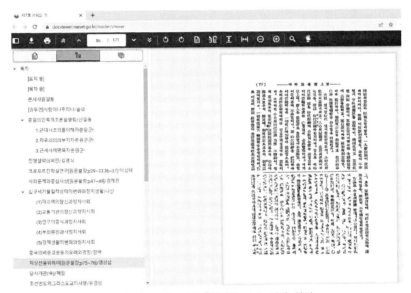

〈그림 5〉 국회도서관 『신생활』 7호 열람 화면

마지막으로 국회도서관의 자료 제공방식을 살펴보자. 국회도서관 제공 자료는 한 호 전체의 열람과 저장이 모두 가능하다. 열람과 저장 방식도 직관적이다. 한 호 전체분에는 책갈피 기능이 효과적으로 적용되어 있어 열람에 편리하다. 좌측의 책갈피 창을 열면 전체 목차가 보기 좋게 정리되어 있으며, 소제목이 있는 글은 소제목까지 기입되어 있다. 책갈

피의 글 제목에는 '원문불량', '삭제'를 함께 표기하여 원문이 훼손된 글이 한눈에 파악된다(〈그림 5〉). 유통본이므로 검열 지시사항은 확인할 수 없지만 어떤 부분에서 검열관의 지시가 있었는지는 쉽게 알아볼 수 있다. 연월일까지 발행일을 표시하여 정확한 서지 정보를 제공하고 있다는 점 또한 장점이다. 그럼에도 불구하고 이 판본은 훼손된 원문의 분량만큼이나 『신생활』이 당초 펼치고자 했던 담론에서 멀어져 있는 텍스트라는 사실을 염두에 두어야 할 것이다.

3) 현대사 영인본(1993) 및 도서출판 청운 영인본(2006)

『신생활』 영인본은 1993년 현대사에서 제작한 것과 2006년 도서출판 청운에서 제작한 두 종류가 있다. 영인본은 총 2권으로 제작되었으며, 1권에는 『신생활』 제1호 임시호, 3호, 5~7호가, 2권에는 8~9호가 수록되어 있다.

현대사 영인본과 도서출판 청운의 영인본은 다음의 사실에 비추어 보아 동일한 판본으로 보아도 무방하다. 먼저, 이 두 영인본의 수록 기사와 낙장은 완벽하게 일치한다. 일례로, 제1호 임시호를 보자. 제1호 임시호는 표지와 목차 이후 곧장 5면으로 이어진다. 목차에 따르면 2면부터 3면까지는 한글과 영문으로 작성된 백아덕의 권두언, 4면부터 9면까지는 김명식의 창간사가 배치되어 있지만 실제 현대사와 청운 영인본에서 백아덕의 권두언 전체와 김명식의 창간사 첫 페이지는 소실되어 있다. 또한, 영인 과정상의 실수도 동일하게 발견된다. 『신생활』 제3호의 27면은 페이지가 접힌 채 영인된 탓에 우측 상단의 일부 글씨를 판독할 수 없는데, 이러한 문제점 역시 일치한다. 따라서 본고에서는 두 영인본을 구분하지 않고 서술할 것이다.

『신생활』 영인본은 무엇을 저본으로 삼아 제작되었을까. 이를 밝히는 것은 실증적 자료 분석의 첫걸음임에도 불구하고 다수의 영인본은 저본을 명기하지 않는 것이 현실이다. 『신생활』 영인본 역시 마찬가지이다. 그러나 판본을 비교해 보면 『신생활』 영인본은 국립중앙도서관 소장 검열본을 저본으로 하여 제작된 것으로 거의 확신할 수 있다. 영인본에서 검열본의 오기가 그대로 발견된다는 점은 이에 대한 가장 확실한 근거이다. 전술한 것처럼 『신생활』 제7호의 검열본은 69쪽이 '96'으로 잘못 인쇄되어 있는데 영인본에서 이 오기가 그대로 발견된다. 또 다른 근거로는 검열본에 남겨진 일부 필기가 영인본에 겹쳐진다는 점을 들 수 있다.

한만수는 영인본이 자료 접근성을 높임으로써 연구의 활성화에 기여했음을 인정하면서도 영인본을 통한 연구에는 간과할 수 없는 문제점이 있음을 지적한다. 그 문제점은 크게 세 가지로 정리된다. 첫째, 저본을 밝히지 않아 판본의 성격에 대한 고찰이 불가능하다는 점, 둘째, 검열 주체의 흔적을 삭제하여 복자 처리되거나 삭제된 부분을 판별할 수 없다는 점, 셋째, 같은 호의 잡지에 정상호와 임시호 등 여러 판본이 있는 경우라도 보통 하나의 판본만을 영인한다는 점이 그것이다. 한만수의 진단에 따르면 '엉터리 영인본'이 만연한 현실에는 귀중본을 소장할 뿐 공개에는 인색한 소장처, 영리를 최우선으로 하는 영인업자, 편의주의에 경도되어 자료를 엄정히 대하지 않는 연구자가 모두 연루되어 있다.[16]

이는 『신생활』 영인본을 대할 때에도 상기되어야 하는 문제점들이다. 이 중에서도 검열 주체의 흔적이 삭제된 이유에 대해서는 좀 더 다각적인 접근이 필요할 듯하다. 영인 제작 주체가 검열 흔적을 삭제한 이유로는 저본의 소장처를 감추기 위한 목적이 클 것이다. 통상적으로 귀중본 소장처는 영인을 불허하는 경우가 많다. 따라서 영인 제작 주체는 판본

---

16 한만수, 앞의 책, 496~498면.

과 소장처를 특정할 수 있는 지표를 삭제하고 음성적으로 영인본을 제작한다.[17] 이와 함께 영인업자들의 적극적이고 주체적인 판단에 의해 검열 흔적 삭제가 이루어졌을 가능성도 배제할 수 없다. 검열 흔적을 지우는 것이 '더 나은' 텍스트 생산의 길이라는 영인 제작 주체의 판단이 개입했을 수도 있다는 것이다. 영인본의 사전적 의미는 '원본을 사진이나 기타의 과학적 방법으로 복제한 인쇄물'[18]이다. 즉, 영인본은 원본의 물성을 최대한 유지하여 원본에 가장 근접한 상태로 복제해내는 것을 목표로 삼는다.[19] 영인 제작 주체는 마치 이제 막 구매한 잡지처럼, 그 누구의 손길도 닿지 않은 깨끗한 상태의 텍스트를 생산하는 것을 목표로 했을 수 있다. 이러한 의미에서 검열의 흔적은 영인본의 목표 달성에 강력한 장해물이 된다. 혹은 '민족적인' 실천으로서 제국의 목소리와 직결되는 검열 주체의 흔적을 지웠을 가능성도 없지 않다.

영인본은 잡지가 가진 고유의 부피감과 유기성에 최대한 근접한 형태의 자료라 할 수 있다. 영인본의 이러한 특장을 극대화하기 위해서는 영인본 제작에 엄격을 기해야 한다. 그러나 『신생활』 영인본은 다음과 같은 결정적 오류를 내포하고 있으므로 주의할 필요가 있다. 첫째, 『신생활』 제7호와 제8호에 동일한 판권지(大正 11년 6월 26일 인쇄, 大正 11년 7월 5일 발행)가 붙어 있다. 『신생활』 제8호는 1922년 8월 5일, 즉 '大正 11년 8월 5일 발행'이므로, 유통본과 비교해야 이 판권지가 잘못된 것임을 확인할 수 있다. 또한, 도서출판 청운 영인본의 『신생활』 제9호에서는 제본상의 오류가 발견된다. 『신생활』 제9호 30~40면에는 「무산계급의 역

---

17 위의 책, 498면.

18 국립국어원 표준국어대사전 참고.

19 엄동섭, 「근대 문학 영인본 서지의 재검토 : 『초간희귀 한국현대시 원본전집』 1권~50권(문학사상사, 1975)을 중심으로」, 『어문론집』 63, 중앙어문학회, 2015, 59면.

사적 사명」(야마카와 히토시(山川均) 저, 정백(鄭伯) 역(譯))이 실려 있는데 38
면과 39면 사이에 광고가 삽입되어 있다. 이러한 오류는 영인업자들의
의식적인 판단에 의한 것이라기보다는 미숙한 제작 과정에서 빚어진 착
오라 하겠다.

4. 판본 이해의 필요성

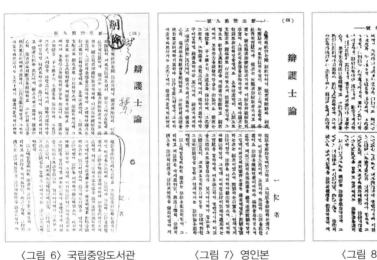

〈그림 6〉 국립중앙도서관   〈그림 7〉 영인본   〈그림 8〉 국회도서관

　이상의 판본 이해를 바탕으로 세 종류의 자료를 비교해 보도록 하겠다.
자료 간의 차이는 '삭제' 처분을 받은 기사에서 특히 현저하게 드러난다.
여기서는『신생활』제9호에 게재되었으나 전문 삭제된「변호사론」의 시
작면(68면)을 살펴보겠다. 먼저, 국립중앙도서관 자료를 보자. 지면에는
붉은색의 방선과 박스 표시, '時事'와 '禁'이라는 필기, 검정색 '削除' 도장
이 선명하다. 검열주체가 이것을 '불온' 기사로 판별했음을 웅변하는 지

표들이다(〈그림 6〉). 그러나 이 자료는 검열 단계에 있기 때문에, 바꿔 말해 검열 지시사항이 이행되기 이전의 텍스트이기 때문에 기사는 원문 그대로 보존되어 있다. 검열본을 저본으로 제작된 영인본에서도 본문 훼손은 일어나지 않았다. 다만, '삭제' 도장, 검열 주체의 필기 흔적은 완전히 삭제되었음을 확인할 수 있다(〈그림 7〉). 마지막으로 국회도서관 제공 자료는 검열 지시사항을 반영한 유통본에 해당되기 때문에 글 전체가 삭제되어 있다. 글의 첫 페이지를 보면 「변호사론」이라는 제목은 남아있지만 본문의 글자가 뭉개진 상태이며(〈그림 8〉), 다음 페이지에는 '이하 5혈(頁) 삭제'라는 문구가 적혀 있어 이후 이어지는 내용이 완전히 삭제되었음을 알 수 있다.

이처럼 각기 다른 판본에 대한 이해가 선행될 때, 보다 정확한 텍스트 독해와 분석을 기대할 수 있다. 예컨대, 1920년내 초 식민지 조선의 크로포트킨 수용 궤적을 추적하며 『신생활』 제6호의 「청년에게 소(訴)함」에 주목한 한 몇몇 선행연구를 보자. 박양신은 "이성태도 크로포트킨의 같은 글을 이듬해 최초의 사회주의 잡지인 『신생활』 6호에 게재하였으나 전문 삭제 당하였다"[20]고 서술하며 이 글을 분석의 대상에서 제외하고 있으며, 박종린 역시 "검열로 인해 전문이 삭제되어 지금까지 그 내용을 확인할 수 없었던 것"[21]던 이성태의 글을 최근에 들어서야 확인할 수 있게 된 것으로 적고 있다. 이상의 진술은 완전히 옳다고도, 완전히 그르다고도 할 수 없다. 『신생활』 제6호 정기호는 발매반포 금지 처분을 받았고 시중에는 임시호가 유통되었다. 전문 삭제 처분을 받은 「청년에게 소

---

20 박양신, 「근대 일본의 아나키즘 수용과 식민지 조선으로의 접속 : 크로포트킨 사상을 중심으로」, 『일본역사연구』 35, 일본사학회, 2012, 148면,

21 박종린, 「1920년대 크로포트킨의 수용과 『청년에게 호소함』의 번역」, 『사학연구』 142, 2021, 88면.

함」은 임시호에서 제목만 확인되고 본문은 '이하 10혈 삭제'라는 문구로 갈음된다. 반면, 검열본에서는 복자 처리된 대목이 몇 줄 있기는 하지만 10면에 가까운 분량의 내용을 확인할 수 있다. 그리고 이 글은 검열본을 복제한 영인본에서도 동일하게 확인된다. 이러한 사례는 판본간 교차 검토의 필요성을 역설하는 실례라 할 수 있을 것이다.[22]

---

22 거듭 언급하듯이 2022년 11월 30일과 2023년 1월 초 현재 국립중앙도서관의 『신생활』 자료 제공방식은 큰 차이를 보인다. 〈표 1〉에서 확인할 수 있듯이, 국립중앙도서관은 『신생활』 제6호의 본호와 임시호를 모두 제공하고 있다. 이 때문에 개별 기사를 검색 결과로 노출하던 2022년 11월에는 제6호 수록기사가 두 건씩 노출되는 문제점이 있었다(〈그림 9〉). 이 검색 결과에 판본에 관한 정보는 없다. 검열본과 유통본의 존재를 모르는 사용자들은 이 글이 두 건으로 검색되는 이유를 알 수 없다. 검열본과 유통본의 존재를 알고 있다고 해도 검색 결과만으로는 어떤 것이 검열본 수록 기사인지, 유통본 수록 기사인지 확인이 어렵다.

〈그림 9〉 김명식의 「김익두의 미망을 논하고 기독교도의 각성을 촉(促)하노라」 검색 결과 (2022년 11월 현재)

2023년 1월 현재, 기사별 열람에서 호별 열람으로 열람 방식이 바뀌면서 적어도 특정 기사가 검열본에 속한 것인지, 유통본에 속한 것인지는 확인할 수 있게 되었다. 그러나 문제는 여전히 남아 있다. 검열본 수록 기사가 유통본 수록 기사로 잘못 분류된 사례가 확인되는 것이다. 〈그림 9〉의 「김익두의 미망을 논하고 기독교도의 각성을 촉(促)하노라」를 예로 들면, 현재 임시호(유통본) 수록 기사로 분류된 자료의 시작면에 '시사'라는 붉은색 글씨가 씌어 있어 의구심을 품게 한다. 통상적으로 검열주체의 흔적은 검열본에 남기 때문이다. 실제로 『신생활』 제6호 임시호 전체 파일에서 동일 지면을 찾아보면 검열주체의 흔적이 없이 깨끗한 것을 확인할 수 있다. 검열본과 유통본을 모두 제공하는 경우, 해당 기사의 소재를 보다 엄밀히 확인하여 데이터베이스를 구축할 필요가 있다.

5. 나가며

지금까지 자료『신생활』에 접근하는 여러 경로의 길을 살펴보았다. 『신생활』 제1~9호는 출판규칙에 의거하여 발행되면서 교정쇄 단계에서 당국의 검열을 받았다. 이 때문에 현존하는『신생활』 자료는 검열본과 유통본으로 분리된다. 국립중앙도서관은 검열 목적으로 제출된 인쇄물을 제공하고 있다. 국립중앙도서관 제공 자료는 검열 주체의 흔적이 생생하게 남아 있다는 점, 검열로 훼손되기 이전의 텍스트를 확인할 수 있다는 점이 특징적이다. 그러나 서지정보가 부정확하며 검열 주체의 흔적이 소홀히 다루어지고 있으므로 주의할 필요가 있다. 국회도서관은 시중 유통본을 제공하고 있다. 국회도서관 제공 자료는『신생활』이 당대에 향유된 방식을 재구하는 데 가장 유용한 텍스트이지만 검열에 의한 텍스트 훼손이 크다는 점에 유념해야 한다. 장점으로는 잡지 한 호 전체 열람이 가능하여 잡지의 편집 체제를 살피기에 적합하며, 자료 열람 및 저장 방식이 직관적이고 편리하다는 점을 들 수 있다. 마지막으로 국립중앙도서관 소장 자료를 바탕으로 제작된 현대사와 도서출판 청운의 영인본은 원본 잡지의 물질성과 유기성에 근접한 형태의 자료이지만 제작 과정 중의 제본 착오를 포함하고 있으므로 각별히 주의해야 한다.

일차자료에 대한 깊이 있는 이해가 연구의 방향성에도 영향을 미친다는 사실에는 재론의 여지가 없다. 다양한 형태로 존재하는『신생활』 자료를 교차 검토하고 각각의 특징을 분석하는 작업은『신생활』의 생산 및 유통 과정을 추적하고『신생활』의 담론을 다각적으로 이해하는 데 기여할 뿐 아니라, 1920년대 초 매체 환경에 대한 사례연구로서도 의미를 지닐 수 있다.

• **참고문헌**

[자료]

『신생활』 영인본, 현대사, 1993.

『신생활』 영인본, 도서출판 청운, 2006.

[논저]

김창록, 「일제강점기 언론출판법제」, 『한국문학연구』 30, 한국문학연구, 2006.

엄동섭, 「근대 문학 영인본 서지의 재검토 : 『초간희귀 한국현대시 원본전집』 1권
　　　~50권(문학사상사, 1975)을 중심으로」, 『어문론집』 63, 중앙어문학회,
　　　2015.

박양신, 「근대 일본의 아나키즘 수용과 식민지 조선으로의 접속 : 크로포트킨 사상
　　　을 중심으로」, 『일본역사연구』 35, 일본사학회, 2012.

박종린, 「1920년대 크로포트킨의 수용과 『청년에게 호소함』의 번역」, 『史學硏究』
　　　142, 2021.

한만수, 『허용된 불온』, 소명출판, 2015.

[기타자료]

국립중앙도서관 https://www.nl.go.kr

국회도서관 https://www.nanet.go.kr

네이버 뉴스 라이브러리 https://newslibrary.naver.com

현담문고 http://www.hyundammungo.org

한국신문협회 http://www.presskorea.or.kr

한국사데이터베이스 http://db.history.go.kr

국립국어원 표준국어대사전 https://stdict.korean.go.kr

『신생활』 이후의 신생활사

: 1920년대 전반기 사회주의계열 대중출판운동의 편린

김현주 · 조정윤

1. 서론

『신생활』은 1922년 3월 15일에 창간호(임시호)를 발행한 후 같은 해 11월 11일에 발행한 11호가 발매금지를 당하고 사장과 주필 등 총 6명이 구속, 기소된 '필화사건'을 겪던 중 1923년 1월 8일에 발행한 16호(임시호)를 끝으로 폐간된 잡지다.[1] 발행기간은 1년이 채 안 되지만 『신생활』은 '사회주의'를 전면에 내걸었던 최초의 합법적 정기간행물이었다는 점에서 문화사적 의의가 적지 않다. 잡지 『신생활』을 발행한 출판사 신생활사는 1922년 1월에 창립되었고 『신생활』이 폐간된 후에도 도서 출판과 판매, 인쇄 사업 등을 유지하면서 1923년도 중반까지 존속했다.

신생활사와 잡지 『신생활』에 대한 연구는 대략 세 가지 계열로 나뉜

---

1   기왕의 연구에서는 『신생활』의 종간호를 15호(1922.12.23. 발행)로 보았으나 1923년 1월 8일자 『동아일보』 「신간소개」와 『조선일보』 광고에서 1월 1일에 발행된 16호가 압수되었고 8일에 임시호가 발행되었음을 확인할 수 있다. 『신생활』이 공식적으로 발행 금지 처분을 받은 것은 1월 8일이었다. 1월 12일자 『조선일보』의 논설 「신생활 발행금지에 대하여」에서는 『신생활』의 총 발행 호수를 16호로 집계했다. 이에 잡지 『신생활』은 16호(임시호)를 발행하고 폐간된 것으로 판단한다.

다. 첫 번째 계열은 신생활사의 창립과 그에 참여한 사회주의계열 기자들의 조직적, 담론적 실천을 민족주의세력과 사회주의세력의 연합과 길항, 그리고 이를 둘러싼 사회주의운동그룹들 사이의 노선 투쟁이라는 맥락에서 검토, 해석해주는 역사학계의 연구다.[2] 두 번째 계열은『신생활』이 내세운 3대 편집 원칙인 신사상 소개, 민중문예 연구, 일반 사회현상 비평의 구현 양상을 검토한 연구다.[3] 그 하나는『신생활』에 번역, 소개된 사회주의사상에 대한 연구다. 사상사 연구자들은 마르크스주의, 아나키즘 등 다양한 사회주의사상이 유입된 경로 중 하나로『신생활』을 주목해왔다.[4] 둘은 민중예술론의 수용 및 실천에 대한 연구다. 문학연구자들은『신생활』에서 프롤레타리아예술운동이 카프(KAPF)로 조직화되기 이전 민중 지향의 문예운동이 어떻게 구상, 구현되고 있었는지를 살폈다.[5] 셋은 김윤식 사회장(金允植社會葬)반대운동, 이광수의 민족개조론,

---

2 신생활사의 창립을 민족주의세력에 대한 사회주의세력의 노선 갈등의 맥락에서 해석한 연구로는 박종린, 「김윤식사회장' 찬반논의와 사회주의세력의 재편」, 『역사와현실』 38, 2000이 있다. 박종린은 신생활사의 사회주의 지향 기자들('신생활사그룹')이 『신생활』에서, 그리고 그 잡지가 폐간된 이후 결성한 새로운 사상단체('민중사')를 통해 전개한 담론적 실천을 민족주의세력과의 투쟁이라는 현실운동의 맥락에서 분석해준다. 박종린, 「1920년대 전반 사회주의사상의 수용과 맑스주의 원전 번역:『임금노동과 자본』을 중심으로」, 『한국근현대사연구』 51, 한국근현대사학회, 2009.

3 신생활이 내세운 3대 편집원칙은 신사상 소개, 민중문예 연구, 일반 사회현상 비평이다. 「편집을 마치고」, 『신생활』 1호, 신생활사, 1922.3., 71면.

4 『신생활』의 사상에 대한 종합적 검토와 특히 마르크스주의 수용에 대해서는 박종린, 『사회주의와 맑스주의 원전 번역』, 신서원, 2018, 89~107면 참조. 크로포트킨을 중심으로 한 아나키즘의 수용에 대해서는 박양신, 「근대 일본의 아나키즘 수용과 식민지 조선으로의 접속-크로포트킨 사상을 중심으로-」, 『일본역사연구』 35, 일본사학회, 2012; 김미지, 「동아시아와 식민지 조선에서 크로포트킨 번역의 경로들과 상호참조 양상 고찰」, 『비교문화연구』 43, 경희대학교 글로벌인문학술원, 2016 등이 있다.

5 대표적 연구로 최병구, 「사회주의 문화 담론과 프로문학-신경향과 문학 탄생의 주변(1920~1923)」, 『민족문학사연구』 49, 민족문학사학회·민족문학사연구소, 2012; 김경연, 「1920년대 초 '공통적인 것'의 상상과 문화의 정치-『신생활』의 사회주의 평민

일본 니가타현[新潟縣]에서 발생한 조선인 노동자 학살사건 등 당대의 주
요 사건이나 사회현상에 대한 비판적 개입을 분석한 논문들이다.[6] 세 번
째 계열은 '필화사건'으로 대표되는, 사회주의자들의 잡지 발간에 대한
검열 당국의 제동의 의미를 연구한 것이다.[7]

　이 글은 잡지 『신생활』이 아니라 그 잡지를 간행한 신생활사라는 단
체에 주목한다는 점에서 첫째 계열에 가깝고 이 단체의 실천을 문화정
치기 사회주의 출판운동의 전개라는 차원에서 검토한다는 점에서 셋째
계열과도 연결된다. 첫째 계열의 연구가 사회주의지향 기자들(편집실)의
담론과 조직 실천에 주목했다면, 본고는 신생활사 차원의 출판 기획과
실천에 관심을 가진다. 특히 신생활사가 출판부, 인쇄부, 판매부를 잇달
아 설치하면서 조직을 확대해간 점에 주목한다. 본고가 셋째 계열의 연
구와 구별되는 점은 잡지 『신생활』이 종간된 이후 신생활사의 활동에도
관심을 기울인다는 것이다. 신생활사가 조직을 확대한 이유는 잡지 『신
생활』과 연계하여 사회주의를 대중적으로 선전할 출판운동을 구상했기
때문이었다. 필화사건으로 사장과 기자들이 구속되고 검열 당국의 압박
이 심화되어 사회주의 선전 출판운동을 애초에 계획한 형태로 추진하지
는 못했지만, 그 시도는 끊어졌다 이어지고 또 변형되면서 지속되었다.
본고는 이 흐름이 신종석(愼宗錫)의 『개인적 사상과 사회적 사상』(초판

　　　문화운동과 민중문예의 기획」, 『한국문학논총』 71, 한국문학회, 2015 등이 있다. 이
　　　형진은 신경향파 문학의 등장에 아나키즘 사상의 영향을 논의하면서 『신생활』의 기
　　　사들을 분석했다. 이형진, 「1920년대 신경향파 문학과 아나키즘 사상 간의 상관성에
　　　관한 논고」, 『석당논총』 73, 동아대학교 석당학술원, 2019, 이 책의 2부 3장 전성규
　　　의 논의 참고.
6　　김윤식사회장사건과 이광수의 민족개조론에 대한 『신생활』의 비판적 개입에 대해서
　　　는 김현주, 『사회의 발견』, 소명출판, 2013, 이 책의 4부 1장 정윤성의 논의 참고.
7　　필화사건 재판의 과정과 의미를 상세하게 검토한 논문으로 박현수, 「『신생활』 필화
　　　사건 재고」, 『대동문화연구』 106, 성균관대학교 대동문화연구원, 2019가 있다.

1924.5.), 조명희의 시집『봄잔듸밧 위에』(초판 1924.6.)를 출판한 춘추각
서점(春秋閣書店)을 거쳐 염상섭의 소설『만세전』과 전무길(全武吉)의『설
음의 빗』(초판 1924.8.)을 출판한 고려공사(高麗公司)에 닿기까지의 단절/
연속을 검토한다.

　신생활사의 실천에 접근할 수 있는 일차 통로는 잡지『신생활』일 수밖에
없는데, 결호가 많은 것이 아쉬운 점이다.『신생활』은 총 16호가 발행되었
는데 현재 원본이 확인되는 것은 월 3회 발행된 1호~3호와 5호(순간지),
월 1회 발행된 6호~9호(월간지), 그리고 주 1회 발행된 10호와 15호(주보)로
총 10개호에 불과하다. 4호와 11호~14호, 그리고 16호는 발매금지, 압수,
또는 망실되어 원본이 남아있지 않다. 한편 최근 주보『신생활』(10호, 15호)
이 공개됨으로써 후기 신생활사의 실천을 검토하기에 유리한 조건이 마련
되었다.[8] 또 잡지의 주변부 텍스트[paratexts], 즉「사고」,「광고」,「편집실
에서」등이 신생활사의 구상과 실천에 대해 말해주는 바도 적지 않다.

　업무일지나 회의록 같은 내부 자료나 비망록, 일기 등의 기록이 남아
있지 않은 상황에서 공간된 간행물만을 읽고 100년 전에 단기간 존속했
던 사회주의계열 출판단체들의 사회적 연결망과 실천을 온전하게 복원
하기는 불가능하다. 춘추각서점이나 고려공사 같은 소규모 출판사의 경
우는 더더욱 그렇다. 이 출판사들에 대해서는 설립과 해체, 조직 등을
실증하기가 여전히 매우 어렵다. 이는 '사람들'의 움직임을 최대한 숨겨
야 했던 사회주의 계열 출판사의 존재조건을 보여주는 바, 본고에서는
신문 기사나 광고 같은 이차 자료에 나타나는 '책들'의 이동 경로를 추적

8　주보『신생활』에 대한 연구로는 박현수,「신문지법과 필화의 사이:『신생활』10호의
　발굴과 연구」,『민족문학사연구』69, 민족문학사학회·민족문학사연구소, 2019; 박
　종린,「또 하나의 전선: 신생활사그룹의 민족일치론 비판을 중심으로」,『한국학연구』
　61, 인하대학교 한국학연구소, 2021이 있다.

하여 그 편린이나마 드러내볼 것이다.

　2절에서는 신생활사가 잡지 『신생활』과 연계하면서 사회주의를 선전하는 시리즈 출판물과 단행본을 발행할 계획을 수립하고 출판부, 인쇄부, 판매부를 확충한 과정을 살펴본다. 3절에서는 잡지 『신생활』이 폐간된 이후 신생활사의 단행본 출판, 인쇄, 판매 사업을 검토한다. 4절에서는 신생활사 해체 이후 춘추각서점과 고려공사로 이어진 대중출판운동을 추적한다. 신생활사에서 출발한 출판운동은 두 개의 출판사로만 이어진 것이 아니고 거기서 종결된 것도 아니었다. 결론에서는 춘추각출판부(春秋閣出版部), 백합사(百合社) 등으로도 이어진 점선들을 흐릿하게라도 복원해보고 이러한 다양하고 다층적인 흐름들을 식민지의 검열과 출판시장의 역동 안에서 어떻게 해석, 논의해야 할지에 대해 생각해보겠다.

2. 신생활사의 출판운동 기획

　『신생활』을 창간한 1922년 3월 당시 신생활사의 실무부서는 두 개, 즉 편집부와 영업부뿐이었다.[9] '출판부'가 설치된 것은 6월이었다. 9월 15일에 신문지법에 의한 발행을 허가받자 신생활사는 사업을 확장할 계획을 세웠고, 이는 10월에 '인쇄부'의 설치로 구체화되었다. 이어서 '판매부'도 신설되었다. 이 절에서는 신설된 출판부, 인쇄부, 판매부의 활동을 중심으로 신생활사가 계획, 추진한 대중출판을 조명할 것이다.

9　1922년 3월 15일에 발행된 『신생활』 창간호에 따르면, 姜邁가 편집부장을, 李京鎬가 영업부장을 맡았다. 편집실의 실질적 수장은 주필인 김명식이었다. 창간 당시에 참여한 기자는 신일용, 정백, 이성태였다. 10호에서 유진희, 이혁로가 기자단에 합류했다. 이들이 신생활사에 기자로 합류하기까지의 활동에 대해서는 박종린, 앞의 책, 2018, 81~83면을 참조할 수 있다.

창간호조차 임시호로 발행했던 신생활사 편집부는 이후에도 까다로운 검열에 대응하느라 애를 많이 먹었다. 매호 잡지 끄트머리에 실린「편집실에서」,「편집 여언(餘言)」,「편집을 마치고」는 발매금지, 주의처분, 압수, 임시호 발행, 발행 일자 연기, 삭제 처리 등에 대해 알리고 한탄하고 사과하는 내용이 주를 이룬다. 5호(1922.4.22. 발행)의「社告」는 교정쇄 검열 이후 편집의 마지막 단계에 끼워 넣어진 텍스트로 보이는데, 여기서 편집부는 창간호부터 4호까지 받은 검열 처분의 내용을 요약한 후 5호에 대해 급기야 "정식 최후통첩을 받게 되었"음을 알렸다. 그리고 경영의 곤란과 편집의 고충에서 벗어나기 위해 6호부터 월간지로 발행하기로 결정했다고 했다.[10]

발행주기는『신생활』의 목표와 긴밀하게 연결된 문제였다. 신생활사 운영진은 애초에 월간 발행을 고려했으나 "월간만으로는 빈약한 느낌이 있"어 "우선 순간(旬刊)으로" 창간했다고 했는데,[11] 순간 발행을 택한 것은 "시사평론"을 싣기 위함이었다. 출판법에 의거해 발행되는 잡지는 정치시사 관련 기사를 실을 수 없었으므로 순간지로는 이 목적을 제대로 실현하기가 어려웠다. 신생활사가 신문지법에 의한 발행 허가를 청원해 놓은 이유가 이것이었다.[12] 5호에서 '최후통첩'을 받기에 이르자 신생활사는 신문지법에 의한 발행 허가가 요원하다고 판단하고 6호(1922.6.1. 발행)에서는 월간으로 물러서게 된 것이다.

7호(1922.7.5. 발행)에서 신생활사는 월간『신생활』과 연계하면서 사회

---

10 「사고」,『신생활』 5, 신생활사, 1922.4.「사고」는 본문 1면 앞에 삽입되어 있다. 신생활사는 신문지법에 의한 발행을 허가받은 후 새로운 포부와 계획을 밝힌 광고에도 "검열관계로 경영이 곤란하여" 월간지로 전환했었다고 적었다.『동아일보』, 1922.10.22.(광고)
11 「편집을 마치고」,『신생활』 1, 신생활사, 1922.3., 71면.
12 「사고」,『신생활』 5, 신생활사, 1922.4.

주의사상을 보다 체계적으로 확산할 수 있는 시리즈물('사회문제총서')과 단행본(『노국혁명과 레닌』)을 간행하기로 방향을 전환했다. 이를 위해 '출판부'를 신설했다.[13] 부서의 책임자나 부원을 따로 공표하지 않은 것으로 보아, 편집진이 출판을 기획했을 성싶다.

사회문제총서는 매월 한 권씩 발행할 예정이고 "통속적으로" 쓰겠다고 했다. 책 가격을 권당 30전으로 정한 것으로 미루어 50면 내외의 작은 팸플릿을 구상한 듯하다.[14] 총서 각 권의 제목과 필자는 아래와 같다.

〈표 1〉 사회문제총서 기획안

권	제목	필자
제1권	사회문제개요	신일용
제2권	현대사회의 歸趨	김명식
제3권	부인문제	신일용
제4권	노동문제	김명식
제5권	사회주의의 이상	신일용

창간호에서 '신생활', '평민문화', '자유사상' 같은 용어로 잡지의 목표를 표현했던 데 비하면,[15] 총서의 제호나 각 권의 제목들에서 다소 변화가 느껴진다. 주지하다시피 '사회문제'는 자본주의체제에 대한 사회주의

---

13 「사회문제총서예고」, 『신생활』 7, 신생활사, 1922.7; 「신간예고」, 위의 책, 116면.
14 「사회문제총서예고」, 위의 글. 『신생활』의 호당 면수와 가격은 아래와 같다.

〈표2〉 『신생활』의 가격 비교표(1부 기준)〉

호	평균 면수	정가	郵稅	합계
1~3, 5호 (旬刊)	61면	20전	1전	21전
6~9호 (月刊)	177면	50전	2전	52전
10, 15호 (週報)	22면	10전	5리	10전 5리

15 창간호에서 밝힌 잡지의 목표는 '신생활을 제창함, 평민문화의 건설을 제창함, 자유사상을 고취함'이었다. 「신생활主旨」, 『신생활』 1, 신생활사, 1922.3., 69면.

의 분석과 평가를 표현한 용어로서 일본 사회주의자들이 일찍부터 사용
해온 것이다. 이 용어가 『신생활』의 기사 제목에 처음 등장한 것은 제6
호에서다.[16] 마지막 권의 제목인 '사회주의의 이상'은 총서의 목표가 자
본주의체제의 모순을 비판하면서 사회주의사상을 계몽, 보급하는 것임
을 드러낸다

　필진은 『신생활』의 대표 기자들로 구성되었다. 김명식은 신생활사 창
립총회 때 이미 이사에 이름을 올렸는데, 이사진의 면면을 살펴보면, 이
때 이미 그가 잡지의 주필을 맡기로 예정되었을 것으로 짐작된다. 그는
기자단을 구성하는 데에도 주도적 역할을 했다.[17] 김명식은 대외적으로
도 잡지 『신생활』을 대표했다. 창간호 표지 디자인은 제호 옆에 '주필
김명식'을 도드라지게 강조하고 있으며, 본문에서 발행인인 백아덕(白雅
悳, A. L. Becher)의 짧은 권두언에 이어 장문의 「창간사」를 집필한 이는
김명식이었다. 2호부터는 김명식이 직접 권두언을 작성했다.[18] 신일용은
김명식에 바로 이어 권두언을 집필한 기자였으며 창간호부터 이성태(李
星泰)와 정백(鄭栢, 본명 鄭志鉉)에 비해 밀도가 높은 평론과 사회비평을
발표해왔다. '사회문제총서'는 김명식과 신일용이 『신생활』에서 이미 다
루었거나 다룰 예정인 주제를 좀 더 넓은 범위의 독자들을 대상으로 간
략하게 재서술하여 출간하려는 구상이었다. 예컨대 『신생활』 1호~5호

16　李順鐸, 「사회문제에 대한 河上肇 博士의 태도와 견지」, 『신생활』 6; 金壽觀, 「사회
　　문제와 중심사상」, 『신생활』 7.
17　필화사건 공판에서 신일용, 유진희가 진술한 바에 따르면, 이들은 모두 김명식의 소개
　　로 신생활사의 기자가 되었다. 「조선 초유의 사회주의 재판 신생활사건 제1회 공판」,
　　『동아일보』, 1922.12.27.
18　창간호의 표지 디자인은 제5호까지 유지되었다. 현재 남아있는 『신생활』(순간과 월간)
　　8권 중에 김명식은 2, 5, 6, 9호의 권두언을 썼고 백아덕, 신일용, 정백이 각각 1,
　　3, 8호의 권두언을 썼다. 7호의 권두언에는 필자명이 없다.

에 걸쳐 '부인문제의 일고찰-자유사상과 현모양처주의'를 연재했던 신
일용은 총서에서 '부인문제'를 집필할 계획이었다. 총서 제5권으로 '사회
주의의 이상'을 출간할 계획이었던 신일용은 같은 제목의 글을 『신생활』
9호에 발표했다. 신생활사 편집부는 월간지인 『신생활』과 시리즈 팸플
릿(총서)을 연계하여 사회주의를 대중적으로 계몽할 계획이었다.

　『노국혁명과 레닌』은 김명식이 『동아일보』에 재직하던 1921년 6월 3
일부터 8월 31일까지 61회에 걸쳐 연재한 「니콜라이 레닌은 어떠한 사람
인가」를 저본으로 구상한 단행본이었다.[19] 『신생활』의 주도 사상에 대해
서는, 마르크스주의, 아나키즘 등 넓은 의미의 사회주의사상이 다양한
영향을 끼치고 있었으며 주보 형태로 발행된 10호 이후에는 마르크스주
의와 함께 레닌주의, 코민테른주의 등을 내세우게 된다는 데 대해 어느
정도 동의가 형성된 듯하다. 그런데 러시아혁명이나 레닌에 대한 관심이
주보 단계에서 처음 등장한 것은 아니었다. 김명식은 『신생활』 2호에 실
은 「구문화와 신문화」에서 이미 러시아에서 시작된 사회주의운동의 세
계적 확산을 전망한 바 있는데,[20] 월간 『신생활』에서는 그 시야가 볼셰비
키 정부의 정책과 제도, 사회동향, 혁명운동의 역사 등으로 넓어지고 있
었다.[21]

　7호의 예고에 따르면 신생활사 출판부는 『노국혁명과 레닌』을 바로
7월 20일에 발행하고 사회문제총서는 10월 10일부터 매월 한 권씩 발행할

19　「니콜라이 레닌은 어떠한 사람인가」, 『동아일보』, 1921.6.3.~8.31.(총 61회 연재).
20　김명식, 「구문화와 신문화」, 『신생활』 2, 신생활사, 1922.3., 6면.
21　정백, 「勞農露西亞의 文化施設」(6호); 千眼子, 「世界欄」(6호); 飢雁生, 「지식계급의
　　실패」(7호); 千眼子, 「쏘뷔엣트노서아의 근황」(7호) 등 참조. 1920년대 초 지식인들
　　의 러시아혁명 인식에 대한 최은혜의 최근 논문에서 『신생활』의 기사들이 중요하게
　　다뤄졌다. 최은혜, 「민족과 혁명: 1920년대 초 사회주의 수용에서 러시아혁명 인식
　　의 문제」, 『민족문학사연구』 77, 민족문학사학회·민족문학사연구소, 2021.

계획이었다. 김명식의 책은 신문에 연재한 원고가 있었기 때문에 바로
발행이 가능하다고 예상했을 것이다. 하지만 계획대로는 되지 않았다.
8호(1922.8.5. 발행)에서는 「편집실에서」 및 「사고」를 통해 '인쇄소 형편'으
로 책의 발행을 한 달 연기하게 되었다고 알렸다.[22] 9호(1922.9.5. 발행)에서
편집실은 약속을 지키지 못한 데 대해 출판부를 대신해 다시 사과하면서
『노국혁명과 레닌』이 9월 20일 이내에 출판될 거라고 예고했다.[23]

   신생활사가 『노국혁명사와 레닌』이라는 제목으로 단행본을 발행한 날
은 1922년 10월 30일이다.[24] 11월 3일자 『동아일보』에 신생활사는 "재검
열, 인쇄, 기타 사정으로 지난 8월에 발행할 것을 이제야 발행하게 되었
음"을 사과하면서 책의 출간을 알렸다.[25] 책에는 8월 27일에 작성된 후
기("나문 말삼")가 실려 있는데, 여기서 김명식은 이 책과 저본인 「니콜라
이 레닌은 어떠한 사람인가」와의 관계, 일본어 저본들과의 관계, 그리고
레닌과 1917년의 혁명을 러시아의 혁명운동의 역사 속에서 살펴야 하는
이유 등을 밝혔다.[26]

   『노국혁명사와 레닌』의 출판을 지연시킨 '인쇄소 형편'이 무엇이었는지
는 정확히 알 수 없다. 그때까지 『신생활』의 인쇄는 한성도서주식회사가
맡았는데, 잦은 출간 지연과 기사 삭제, 발매금지 등은 이 회사의 경영에도
악영향을 끼쳤을 것이다. 앞서 『동아일보』 광고에 밝혔듯이, 이 책은 재검

---

22   「편집실에서」, 『신생활』 8, 신생활사, 1922.8., 176면; 「사고」, 앞의 책.
23   「편집실에서」, 『신생활』 9, 신생활사, 1922.9., 179면. 『신생활』 8호, 9호에는 계속
      사회문제총서와 『노국혁명과 레닌』의 광고가 실렸다.
24   김명식, 『노국혁명사와 레닌』, 신생활사, 1922.10.30. (판권장에는 저자가 백아덕으
      로 표기되어 있다.)
25   『동아일보』, 1922.11.3.(광고); 『동아일보』, 1922.11.10.(광고). 『신생활』 10호
      (1922.11.4.)의 17면, 『신생활』 15호(1922.12.23.)의 9면에도 『노국혁명사와 레닌』
      의 광고가 실려 있다. "김명식 編"으로 표기되었다.
26   김명식, 앞의 책, 1922, 1~3면.

열의 관문도 통과해야 했다. 이러한 문제를 피하기 위해 문예물 등 '상대적으로 안전한' 출판물을 선호했던 당시 출판계의 추세를 고려했을 때, 한성도서뿐만 아니라 다른 인쇄소들도 이 책을 기피했을 가능성이 있다.

신생활사는 계획한 총서와 단행본 출판을 성사시키고 사회주의 계몽 출판운동을 확대하기 위해서는 인쇄 능력의 확보가 관건이라고 판단했던 듯하다. 신생활사는 9월 15일에 신문지법에 의한 발행이 허가된 후 자본금을 증자했는데,[27] 이 투자금의 주된 용처는 인쇄소 매입이었다.[28] 10월에 신생활사는 계문사(啓文社) 인쇄소를 매수하고[29] 회사를 견지동 80번지로 이전하고[30] 대동인쇄주식회사에 근무하던 인쇄관리인 김중환(金重煥)을 영입하여 인쇄부장에 임명했다.[31] 『신생활』 10호(1922.11.4.)에 실린 '개업광고'는 신생활사가 새로운 사업에 진출하려했음을 보여준다.

개업광고

본사에서 금번 사업을 확장하고 계문사인쇄소를 매수하야 <u>인쇄부를 置</u>하고 鍊熟한 직공을 多數히 고용하야 가장 신속하고 저렴하게 주문에 응하오니 마음대로 사용하시고 시내 독자 제위의 편리를 위하야 <u>경성판매부를 신설하고</u> 직접 배부키로 하오니 四海 형제 제위는 倍前 애독하여주시기를 바랍니다.

경성부 견지동 신생활사 告[32]

---

27 1922년 9월 15일에 신문지법에 의한 발행이 허가된 잡지로는 『신생활』 이외에 『개벽』, 『신천지』, 『조선지광』이 있었다. 이 조치의 중요한 의미는 '정치시사' 기사를 허용한 것이었다.

28 박희도는 필화사건 공판에서 증자금 '일만 오천 원 중 다른 설비를 하고 인쇄소를 일만 삼천 원에 계약하고 팔천 원만 치르고 그 나머지는 아직 치르지 못했다'고 진술했다. 「조선 초유의 사회주의 재판 신생활사건 제1회 공판」, 『동아일보』, 1922.12.27.

29 「개업광고」, 『신생활』 10, 신생활사, 1922.11.4., 17면.

30 「사고」, 위의 책.

31 「謹啓」, 위의 책.

32 「개업광고」, 『신생활』 10, 신생활사, 1922.11.4., 17면.(밑줄은 인용자)

하나는 인쇄업이다. 인쇄 설비의 용도가 비단 신생활사 발행 도서의 인쇄에 제한되지 않았다는 것을 알 수 있다. 다른 하나는 판매업이다. 그때까지 신생활사는 『신생활』을 경성과 지방의 각 서점을 통해 배포했는데, 경성에 따로 직할 '판매부'를 설치한 것이다. 도서 판매업에도 나설 작정이었다.[33] 인쇄부의 설치는 출판운동의 기술적, 물질적 하부구조를 갖춘다는 의미가 있었으며,[34] 판매부의 설치는 유통로를 확보한다는 의미가 있었다.

두 번째 단행본 『엘렌의 공(功)』이 발행된 때는 1922년 12월이었다.[35] 『엘렌의 공』은 1921년 2월 21일부터 같은 해 7월 1일까지 '천리구(千里駒)'라는 필명으로 김동성(金東成)이 『동아일보』에 번역, 연재했던 탐정소설이다. 원작은 미국 소설가 아서 B. 리브(Arthur Benjamin Reeve)의 '크레이그 케네디 시리즈(The Craig Kennedy Series)' 중 하나인 『The exploits of Elaine』으로 크레이그 케네디라는 탐정이 연인인 엘렌과 함께 엘렌 아버지의 살해범이자 연쇄살인범인 악당을 추적하여 잡는 이야기다. 그는 미국의 셜록 홈스로 불렸는데, 과학기술을 사용해 위기를 극복하여 '과학탐정'이라는 별명도 있었다. 문제를 해결하는 인물은 물론 크레이그 케네디 탐정이었지만 여주인공 엘렌이 범인을 잡기 위해서는 위험도 무릅쓰는 '용감한 소녀'로 형상화된 것이 특징이었다.[36]

---

33 신생활사는 1922년 12월 23일부로 '경성판매부'를 폐지하고 본사에서 직접 경영하기로 한다. 「사고」, 『신생활』 15, 신생활사, 1922.12.23., 9면. 이는 『동아일보』에도 보도되었다.(1923.1.8.)

34 신생활사 임원들이 필화사건 재판에서 압수된 인쇄기를 돌려받기 위해 노력한 일은 당시에 이들이 인쇄사업을 얼마나 중요하게 여겼는지를 보여준다. 이에 대해서는 박현수, 앞의 2019 논문 참조.

35 원본을 확인하지 못해 출간일자를 확정할 수 없으나 『신생활』 15호(1922.12.23. 발행)의 광고를 참조하여 추정했다.

36 『엘렌의 공』이 번역 소개된 데에는 남성중심적 가부장제의 모순을 비판하고 여성의

『엘렌의 공』이 신생활사의 두 번째 단행본으로 선택된 이유나 경로는 알 수 없다. 김동성은 『동아일보』 창간 당시부터 김명식과 함께 기자로 근무했던 만큼 그와 신생활사 사이에는 어느 정도 교감이 있었을 수 있다. 또 신생활사는 동아일보사와 서로 긴밀히 협조하는 관계이기도 했다.[37] 하지만 연재를 마친 지 1년여가 지난 후에 『엘렌의 공』의 원고가 신생활사 출판부에 전달된 경로에 대해서는 따로 알려진 게 없다. 물론 용감한 여성이나 과학기술의 진보적 이미지는 『신생활』의 지향과 상통하는 면이 있지만, 『엘렌의 공』은 신생활사가 애초에 추진하려 했던 출판 계획에 부합하는 책은 아니었다. 이 책은 '사회문제총서'의 구상이나 앞서 발행한 『노국혁명사와 레닌』과 결이 다른 것은 물론이고 『신생활』이 주력했던 민중문예 연구나 외국문학 수용의 맥락으로부터도 동떨어져 있다. 『신생활』 11호로 말미암아 사장과 기자들이 구속되고 그 후에 편집한 주보들이 잇달아 발매 금지되던 상황에서 출판된 점을 고려하면, 이 책은 기획에 따른 출판이라기보다 임시방편의 선택이었을 가능성이 크다.

사회문제총서는 결국 한 권도 발행하지 못했다. 15호(1922.12.23. 발행)에 "사회문제총서 제1편 『사회문제개론』은 필자의 사정으로 발행 정일(定日)을 연기"한다는 출판부 명의의 「광고」가 있는데, 필자의 사정이란 필화사건으로 신일용이 구속된 상황을 가리킨다.[38]

자립과 해방을 주장하는 목소리가 높아지던 1920년대 초의 사회 분위기가 영향을 끼쳤다. 정혜영, 「1920년대 조선과 직역의 의미: 「The exploits of Elaine」의 조선어 번역과정을 중심으로」, 『민족문화연구』 84, 고려대 민족문화연구원, 2019, 535~548면 참조.

37 『동아일보』는 신생활사의 활동을 자주 보도했으며 개성에서 신생활사와 개벽사가 공동 주최한 정구대회(1922.7.8.~9., 1922.9.29., 1923.5.11~12.)를 후원하는 등 협조 관계를 유지했다.

38 「광고」, 『신생활』 15, 신생활사, 1922.12.23., 9면. 신일용이 경찰에 소환되었다는 기사는 『동아일보』 1922년 11월 26일자 「四隊에 分하야 八方으로 수색」에서 볼 수

지금까지 신생활사가 출판부, 인쇄부, 판매부를 설치하면서 출판운동을 확대해간 과정을 살펴보았다. 잡지를 발행하면서 잡지에 게재했던 글들을 묶어 총서나 단행본을 출판하는 방식은 일본의 사회주의계열 출판사에서는 이미 일반화되었던 바, 신생활사 역시 잡지-총서·단행본을 연계하여 사회주의 계몽 대중출판을 체계화하려고 구상했던 것으로 보인다. 이를 위한 기술적 토대와 사업적 기반을 구축하기 위해 인쇄업과 판매업에 진출했던 것이다. 『신생활』 10호는 신생활사에서 직접 인쇄, 판매되었다.[39]

3. 『신생활』 폐간 이후 신생활사의 출판활동

『신생활』은 1923년 1월 8일 발행한 제16호(임시호)를 마지막으로 폐간되었다. 필화사건 재판이 종결된 것은 1월 16일이었다. 사장 박희도(朴熙道)는 2년 6개월, 주필 김명식은 2년, 기자 신일용, 유진희는 1년 6개월의 징역형이 확정되었다. 이 절에서 살펴볼 내용은 잡지 『신생활』이 폐간되고 사장, 주필, 기자들의 형이 확정된 이후 신생활사의 활동이다.

먼저, 신생활사는 1923년 2월에 새 월간지 『신사회(新社會)』의 창간을 추진했으나 1호, 2호의 원고가 모두 압수되었다. 3호를 편집하는 중이라는 기사가 있으나 발행하지는 못했다.[40] 사회주의를 선전하는 잡지-총서·단행본 연계 출판의 꿈은 좌초되었다.

신생활사가 『엘렌의 공』에 이어 출판한 단행본은 『(연애소설)이리앳트

있다.

39   『신생활』 15호는 대동인쇄주식회사(경성부 공평동 55번지)에서 인쇄되었다.

40   「신사회 발행」, 『조선일보』 석간 3면, 1923.1.27.; 「월간 신사회 발행 신생활 대신에」, 『동아일보』 석간 3면, 1923.1.27; 「잡지 신사회 발행」, 『매일신보』, 1923.1.28.

니야기』(1923.8.29. 발행)다.[41] 『이리앳트니야기』는 호머의 『일리아스』를 최초로 번역한 사례로 꼽히는데, 번역자인 노자영(盧子泳)은 원작인 『일리아스』의 트로이아 전쟁 이야기를 가운데 두고 앞에는 전쟁의 발단이 된 파리스와 헬레나의 사랑 이야기를, 뒤에는 전쟁이 종료된 후 메넬라오스와 헬레네가 함께 귀향하는 행복한 결말을 덧붙였다. 노자영은 원작에는 없는 연애소설의 요소들과 연애지상주의의 이념을 집어넣어 『이리앳트니야기』를 '연애소설'로 재구성했다.[42]

　김헌은 『이리앳트니야기』의 번역, 출판을 가능케 한 조건으로 당시에 세계문학에 대한 지식과 감상이 교양의 조건으로 여겨지기 시작한 점, 출판사들이 세계문학에 관심을 가지게 된 점, 그리고 연애소설이 검열 권력을 우회하면서 출판사의 수익을 높일 수 있는 장르였던 점 등을 들었다.[43] 이 조건들은 상호 긴밀히 연관된 것이시만, 두 번째 조건은 신생활사의 경우에는 적용되지 않는다. 『엘렌의 공』처럼 이 소설 역시 신생활사가 주력했던 민중문예 연구나 외국문학 소개의 맥락으로부터는 동떨어져 있기 때문이다. 잡지의 폐간, 사장과 기자들의 구속 수감, 그리고 새로운 월간지 창간의 좌초를 겪은 신생활사의 상황을 고려하면, 마지막 조건이 주요했을 것이다.

　질문의 방향을 바꿔서 '노자영이 『이리앳트니야기』의 원고를 신생활사에 건넨 이유'에 대해 생각해볼 필요가 있겠다. 『신생활』 6호(1922.6.)와 9호(1922.9.)에 春城이라는 필명으로 「청춘의 시체(屍體)」, 「진주의 별」

41　노자영 역, 『이리앳트니야기』, 신생활사, 1923.

42　『이리앳트니야기』의 내용과 구성에 대해서는 김헌, 「식민지 조선의 『일리아스』 읽기: 연애소설로 읽은 노자영 연구」, 『인문논총』 76(3), 서울대학교 인문학연구원, 2019, 135~136면, 141~162면 참조.

43　김헌, 위의 2019 논문, 161~162면.

등 총 4편의 시를 발표한 노자영은 신생활사 편집진과 두텁게 교감하던 사이였을 가능성이 있다. 또 그는 황해도 송화군에서 태어나 숭실중학교에서 공부를 했던 바, 신생활사의 임원들과 지역 기반, 교육 경력에서 마주치는 면도 있다. 하지만 이것들이 "연애의 서간집"『사랑의 불꽃』(1923.2.), 소설『반항』(1923.4.)을 연이어 발표하면서 '연애소설' 작가로막 유명세를 타기 시작한 노자영이 자신의 원고를 신생활사에 넘긴 이유의 전부는 아니었을 것이다. 『이리앳트니야기』나 이에 앞선『엘렌의 공』의 출판은 당시 신생활사의 사회적 연결망이 넓고 두터웠으며 문화적영향력이 상당했음을 방증하는 사례라고 할 수 있다. 이는 사회주의에전적으로 동조하지는 않더라도 그에 대한 지식을 필수적 교양으로 여기는, 새로운 사상적, 문화적 분위기가 형성되고 있었던 것과 관련된다.

　아래는 신생활사가 발행한 단행본 세 권의 목록과 발행사항을 정리한것이다.

〈표3〉 신생활사 발행 저서의 목록과 발행 사항

저자	제목	발행인	발행 겸 발매소/주소	발행일	인쇄인/주소	인쇄소/주소
김명식편역	노국혁명사와레닌	백아덕	신생활사/견지동 73	1922.10.30.	김중환/공평동 55	대동인쇄주식회사/공평동 55
김동성역	엘렌의 功	미상	미상	1922.12.(추정)	미상	미상
노자영역	이리앳트니야기	李秉祚	신생활사 판매부/견지동 80	1923.8.29.	김중환/견지동 80	신생활사 인쇄부/견지동 80

　『이리앳트니야기』의 판권지에 발행 겸 발매소가 '신생활사 판매부'로적힌 것은 다소 의외인데, 그즈음 다시 등장한 「엘렌의 공」 소개에도 동일하게 적힌 것을 볼 때,[44] 단순 오기는 아닌 듯하다. 주필과 기자들이

44　『이리앳트니야기』를 출간한 즈음 『엘렌의 공』이 다시 '신간'으로 소개되었는데, 이때

구속, 수감된 후 편집부, 출판부는 해체되고 판매부가 도서 출판과 판매의 기능을 겸하고 있던 상황을 보여주는 것일 수 있다.

또한 『이리앳트니야기』 판권지에서 발행인이 이병조로 교체되었음을 확인할 수 있다. 사장이 궐위되자 전무이사 이병조가 신생활사를 운영할 책임을 넘겨받은 것이다. 이병조는 신생활사의 창립 및 경영에서 중요한 역할을 했을 뿐만 아니라, 4절에서 살펴보겠지만, 신생활사가 해체된 이후에도 연계된 출판운동을 지속한 인물이다. 아래 표는 신생활사에 참여하기까지 그의 이력을 간략하게 정리한 것이다.

〈표4〉 이병조의 이력(신생활사 입사 전까지)[45]

1892.11.31.	황해도 안악군(安岳郡) 출생
1916.5.	서북학생친목회 文會 인악학생친목회 설립, 회장 여인(부회장 김원벽)
1919.3	보성법률상업학교 졸업(1921.12.28. 보성전문학교 인가)
1919.11.	文興社 설립, 종합지 『서광(曙光)』 창간(1919.11.~1921.1) 발행, 제6호부터는 편집인 겸함.
1920.5.	조선학생대회 창립총회 참여(고원훈, 임경재, 장덕수, 김명식, 박중화 등 교육언론계 인사들과 함께), 100원 기부, 문예지 『문우(文友)』 창간, 편집 겸 발행인
1920.6.	갈돕회(총재 이상재, 부총재 이승준) 고문 (박중화, 김명식, 신흥우, 장응진, 장덕수, 김기동, 박일병, 윤치소, 최장 등과 함께), 1921년 5월 회계감독에 선임
1920.6.	고학생회 동정 강연회 찬조사 (김명식 강연)
1920.7.	조선청년회연합회 기성회 지방부 임원 (김명식, 윤자영 등과 함께)
1921.3.	중앙기독교청년회(YMCA) 간사, 고학생후원회 발기인
1921.5.	조선교육개선안 제출 발기인

발행소는 "경성부 견지동 80번지 신생활사(서적)판매부"로 기재되었다. 「신간소개」, 『동아일보』 1923.8.12. ; 「신간소개」, 『매일신보』, 1923.8.15.

45 이병조의 이력은 국사편찬위원회 한국사데이터베이스 '한국근현대인물자료'와 『동아일보』, 『조선일보』, 『매일신보』 등의 기사를 참조하여 정리했다. 밑줄은 필자. 이병조는 1926년 치안유지법 위반(공산주의 선전)으로 구속되어 재판을 받을 때 일본대 사회과에서 잠시 수학했다고 진술했으나 정확한 시기를 말하지는 않아서 표에는 넣지 않았다. 공판 진술 내용은 「家産전부는 사업에 탕진」, 『조선일보』, 1926.12.10.

1921.6.	중앙유치원후원회(이사장: 윤치호) 발기인, 10월에 이사에 선임
1921.8.	경성전차임금문제 시민대회 발기위원회(위원장: 박이규) 위원 (유진희 등과 함께)
1921.10.	여자교육회 강연단 위로회 참여 (박이규, 김명식 등과 함께)
1921.11.	기자단체 無名會 간사 (신백우 등과 함께)

이병조의 이력 중 신생활사와의 관계에서 주목할 점은 두 가지다. 하나는 그가 신생활사의 인적 연결망의 중심이었다는 점이다. 필화사건 공판에서 사장 박희도는 이병조의 소개로 김명식을 만났다고 진술했는데,[46] 앞서 살폈듯이 김명식은 사회주의 지향의 활동가 출신 기자들을 이끌고 잡지『신생활』의 편집을 책임졌던 인물이다. 박희도, 김원벽 등의 황해도 인맥과 김명식, 신일용, 유진희 등의 사회주의 활동가를 연결한 사람이 바로 이병조였다.

이병조는 3·1 이후 문화적 계몽운동에 앞장선 한편 청년운동과 사회운동에도 활발히 참여한 일본유학생 출신 지식인이었다. 그는 1920~21년에 고학생친목자조단체 갈돕회, 조선청년회연합회기성회, 중앙기독청년회 (YMCA), 중앙유치원후원회, 기자단체 무명회 등 기독교계 청년단체, 사회단체에서 활약했는데, 그의 활동반경은 후에 신생활사에 기자나 필자로 참여하게 되는 사회주의계열의 활동가 김명식, 유진희, 신백우 들과 상당히 많이 겹쳤다. 글을 남기지 않았기 때문에 이병조의 생각을 정확히 파악할 수는 없지만, 그는 1920년 초부터 1921년 말까지 사회주의 경향의 지식인, 운동가 들과 접촉하면서 사회주의에 공감하게 된 것 같다.

신생활사에서의 활동과 관련된 또 하나의 중요한 이력은 출판인으로서의 경험이다. 박희도가 잡지 출간을 이병조와 상의한 것은 같은 황해도 출신이기 때문만이 아니었다. 이병조는 1919년에 문흥사를 설립하고

---

46 「조선 초유의 사회주의 재판 신생활사건 제1회 공판」, 『동아일보』, 1922.12.27.

종합지 『서광』을 발행했다. 1920년 4월 2일자 『동아일보』 광고를 보면 동아일보사는 문흥사를 동아일보경성판매소로 지정하고 신문의 배달 주문, 대금 지불 일체를 일임했다. 이병조는 1920년 5월에는 휘문고보 출신 문학청년들이 주축을 구성한 문예지 『문우』를 발행했다. 그는 신생활사의 이사진 가운데 유일하게 출판사를 경영하고 잡지를 출판, 판매해본 경험이 있었다.

2절에서 살핀 바, 신생활사가 서적의 출판, 인쇄, 판매로 사업 영역을 확장해간 데에는 이병조의 경험과 능력이 주효했을 것으로 짐작된다. 예컨대 대동인쇄주식회사에 근무하던 인쇄관리인 김중환을 신생활사로 이끈 사람이 이병조였을 가능성이 크다. 방효순에 따르면, 김중환은 조선복음인쇄소, 대동인쇄주식회사 등 주요 조선인 인쇄소들을 거쳐 신생활사로 이직한 직공 출신의 인쇄관리인인데,[47] 이 인쇄소들에 근무하던 시절 그는 문흥사가 발행한 잡지 『서광』과 『문우』의 인쇄를 관리했었다.[48]

『신생활』 폐간 이후 신생활사는 인쇄부 영업에 중점을 두었다. 신생활사 인쇄부는 1923년 2월 24일자 『동아일보』에 제법 큰 광고를 실었는데, "전(前) 계문사(啓文社)를 매수하여 제반 설비를 갱신하고 숙련 직공을 다수 고빙하여 가장 신속하고 저렴하게 일반 주문에 응"할 수 있다는 내용이었다. "영업목록"으로는 "각종 도서 인쇄, 구문(歐文), 일문(日文), 선한문(鮮漢文) 각호활자 주조 판매·아연판·동판 제조·각종 자모 제조 판매·석판 기타 제본 일식(一式)"을 제시했다.[49] 1923년 5월 2일자 『동아

---

47 김중환은 대표적인 조선인 인쇄소들에서 근무한 인쇄공 출신의 관리자였다. 방효순, 「근대 지식의 물적 생산자 인쇄공」, 『근대서지』 9, 근대서지학회, 2014, 92면 참조.

48 『서광』 1호~3호(1919.11.~1920.2.)는 조선복음인쇄소, 5호~6호(1920.6.~7.)는 대동인쇄주식회사에서 인쇄되었으며, 인쇄인은 모두 김중환이었다. 『문우』 창간호(1920.5.)는 대동인쇄주식회사에서 인쇄되었고 인쇄인은 김중환이었다.

49 『동아일보』, 1923.2.24.(광고); 『동아일보』, 1923.2.27.(광고)

일보』는 메이데이에 경찰의 삼엄한 경계 때문에 노동단체의 시위가 계획한 대로 진행되지 못했으나 경성 시내 각 공장, 제조소에서 개인 혹은 단체로 휴업한 경우가 있었다는 보도를 하는 중에 신생활사 인쇄부의 휴업 소식을 전하기도 했다.[50] 〈표3〉에 보았듯이 『이리앳트니야기』를 출판한 1923년 8월경에도 신생활사 인쇄부는 경성부 견지동 80번지에서 여전히 영업을 했다. 김중환은 계속 인쇄부를 책임졌다.

4. 신생활사, 춘추각서점, 고려공사를 잇는 점선들

신문에서 확인되는 신생활사(서적)판매부의 활동은 1923년 8월 29일 『이리앳트니야기』의 발행이 마지막이다. 이로부터 약 4개월 후인 1924년 1월 8일과 9일에 고려공사와 춘추각서점이 각각 『동아일보』에 광고를 냈는데, 춘추각서점은 신생활사가 출판한 책 『노국혁명과 레닌』을 발매한 한편 자체적으로 단행본 두 권을 새로 발행했다. 이후 고려공사는 신생활사, 춘추각서점이 출판한 책 총 다섯 권을 발매하면서 자체적으로 단행본 두 권을 새로 발행했다. 이 절에서는 책들의 이동을 쫓아서 신생활사 해체 이후 사회주의 계열 대중출판운동의 조각들을 맞춰본다.

춘추각서점은 1924년 1월 9일에 『동아일보』에 "내외 도서 일체를 구비하고 있으니 주문해달라"는 광고를 낸다. 서점 주소는 경성부 견지동 80번지, 즉 신생활사 주소와 동일하다.[51] 이어서 춘추각서점은 1월 29일 자 『동아일보』에 김명식의 『노국혁명사와 레닌』의 발매를 광고한다. 책 소개는 지지난해 10월 말에 초판을 발행했을 때의 광고 내용을 요약한

---

50 「경계 엄중한 노동일」, 『동아일보』, 1923.5.2.
51 「내외도서」, 『동아일보』, 1924.1.9.(광고)

것이며, 레닌을 추모하는 뜻으로 특가 판매한다는 내용이 추가되었다. 춘추각서점은 '총발매소'로 표기되었고 주소, 진체 구좌는 앞의 광고와 동일하다.[52] 1924년 1월에 신생활사 터에 자리를 잡은 춘추각서점은 서적 판매업을 개시하고 『노국혁명사와 레닌』을 발매한 것이다.

1924년 6월에 춘추각서점은 두 권의 신간 발행을 광고했다. 하나는 적로(笛盧) 조명희(趙明熙)의 『봄잔듸밧위에』다. 조명희는 일본 동양대학 동양철학과에 재학 중이던 1921년 여름 재동경유학생동우회 순회연극단에서 공연한 『김영일의 사(死)』가 호평을 받았다. 1923년 11~12월에는 「희곡 파사(婆娑)」를 『개벽』 제41호와 42호에 연재했고, 1924년 3월 10일에는 톨스토이의 희곡을 번역한 『산 송장』을 평문관(平文館)에서 출판했다. 6월 15일에 춘추각서점에서 발행한 『봄잔듸밧위에』는 동경 유학 시절에 쓴 습작시와 고향에 돌아와 쓴 최근 시를 모은 조명희의 첫 시집이었다.[53] 신진 작가의 창작시 원고가 자체 출판 이력이 거의 없는 신생 출판사에 건네진 셈이다.

1924년 6월 17일자 『동아일보』의 「신간소개」는 이 시집에 대해 매우 간략한 정보만 준다. "봄잔듸밧위에(시집) 적로 작(作)"[54] 반면 이튿날인 6월 18일자 『동아일보』에 실린 춘추각서점의 자체 광고는 "조선 시단의 첫 수확!"이라면서 꽤 강한 조명을 비췄다.[55] "슬픔 만흔 조선 혼의 우름

---

52 『동아일보』, 1924.1.29; 1924.1.30.(광고) 이때 "김명식 編"이 아니라 "김명식 著"로 표기되었다. 제목이 『노국혁명과 레닌』으로 표기되었는데, 오기로 판단된다. 레닌은 1924년 1월 21일에 사망했다.

53 김은철, 「조명희의 시 연구」, 『한민족어문학』 86, 한민족어문학회, 2019 참조.

54 「신간소개」, 동아일보, 1924.6.17.

55 김은철에 따르면, 최초의 근대시집은 1923년에 발행된 김억의 『해파리의 노래』이고 『봄잔듸밧위에』는 두 번째로 나온 시집이다. 이학인의 『무궁화』가 『봄잔듸밧위에』보다 5일 먼저 발간되었으나 바로 압수되어 그 다음해에 발간되었다. 김은철, 앞의 2019 논문, 178면.

/ 신비로운 잔듸밧의 봄 노래”라는 소개와 함께 “교수대를 향하는 미인
은, 거문고를 잡으라 눈물을랑은 멈추고 봄마지하자! / 칼 맞은 장사는
봄잔듸밧위로 오라, 상한 가슴 헷치고 빗의 영광을 받자!”면서, 시집의
전언을 비극적 현실에서 희망과 생명력을 고양하는 수사로 표현해냈다.
김정설(金鼎卨)[56]의 추천사 일부를 인용해주고 서문으로 저자의 시론(詩
論)이 포함되어 있음을 밝혀주는 등 꽤 공들인 광고문이었다.[57]

　다른 한 권은 신종석(慎宗錫)의 『개인적 사상과 사회적 사상』이다. 이
책은 본문이 총 28면밖에 되지 않는 작은 팸플릿으로 목차는 개인주의
의 체계, 개인과 사회의 관계, 산업상의 개인주의, 사회 본위의 제도와
개인으로 구성되었다. 현대사상의 2대 조류를 개인주의와 사회주의로
보고 사회주의의 관점에서 개인주의(자본주의)를 비판한 책인데, 목차는
마치 두 사조를 평면적으로 비교하는 것처럼 구성했다. 흥미로운 점은,
신생활사가 기왕에 시도했던 “사회문제총서”를 연상케 하는 “사회총서”
라는 제호를 사용하면서 연속 출판을 기획했다는 것이다. 춘추각서점은
이 책을 실제로는 1924년 5월 3일에 발행했는데 『봄잔듸밧위에』의 발행
과 때를 맞춰 함께 소개, 광고했다.[58]

　6월 17일자 『동아일보』의 「신간소개」는 『개인적 사상과 사회적 사상』
의 저자명을 밝히지 않고 목차를 제시한 한편 “사회총서 1편”을 드러냈
다.[59] 6월 18일자 『동아일보』에 실린 춘추각서점의 자체 광고에서 이 책
에 대한 소개는 『봄잔듸밧위에』의 1/4에 지나지 않을 정도로 소략하다.

56　김정설(호는 凡夫)은 조명희와 마찬가지로 동양대학 동양철학과에서 수학했다.
57　『동아일보』, 1924.6.18.(광고)
58　춘추각서점이 발행한 초판본은 현재 확인되지 않는다. 원본이 남아 있는 재판(신종
　　석, 『개인적 사상과 사회적 사상』, 백합사, 1926.5.8.)의 판권장에 초판 발행일자가
　　1924년 5월 3일로 적혀 있어 이를 따랐다.
59　「신간소개」, 『동아일보』, 1924.6.17.

역시 저자명을 드러내지 않았고 목차 대신 개인주의와 사회주의를 평면
적으로 비교하는 간략한 설명만을 넣었다. '사회총서'라는 문구도 떼어냈
다.[60] 『봄잔듸밧위에』 뒤에 숨겨 가급적 주목을 피하려는 의도가 느껴진
다. 아래는 춘추각서점이 발행한 저서의 목록과 발행사항을 정리한 표다.

<표5> 춘추각서점 발행 서적의 목록과 발행 사항

저자	도서명	발행인/주소	발행소/주소	발행일	인쇄소/인쇄인/주소
신종석	개인적 사상과 사회적 사상	신종석/미상	춘추각서점/미상	1924.5.3.	미상
조명희	봄잔듸밧위에	신종석/송현동 39	춘추각서점/ 수창동 153	1924.6.15.	한성도서주식회사/ 노기정/견지동 32

춘추각서점이 발행한 『개인적 사상과 사회적 사상』 초판본은 현재 실
물이 확인되지 않아 당시 춘추각서점의 위치나 인쇄소 정보를 확인하기
가 어렵다. 저자이자 발행인인 신종석에 대해서도 알려진 것이 별로 없
다. 박종린에 따르면, 신종석은 1920년대 후반에 춘추각출판부의 대표
(발행인)로서 바쿠닌, 크로포트킨의 사상을 번역, 출판한 아나키스트다.[61]
그런데 신종석이 문필활동을 시작한 것은 이보다 훨씬 이전인 1920년
잡지 『서광』을 통해서였다. 그는 창간호부터 신종석이라는 본명과 송하
생(松下生), 쇠돌生이라는 필명으로 여러 편의 글을 발표했는데,[62] 앞서
언급한 것처럼 『서광』은 문흥사 잡지부가 발행한 종합지로 발행인은 이
병조였다. 5호까지의 편집을 맡은 이는 휘문고보 교감 장응진(張膺震)이

---

60 『동아일보』, 1924.6.18.(광고)

61 박종린, 「1920년대 사회주의사상의 수용과 『社會改造の諸思潮』의 번역」, 『역사문제
    연구』 35, 역사문제연구소, 2016, 338~345면 참조.

62 1호에는 「성공과 其人」, 「시대의 변천과 오인의 각성」, 「늣김만흔 청년」을 발표했다.
    2호에는 「현대청년의 가치」를, 3호에는 「우리 가정의 관습」을, 5호에는 「생활현상의
    개조를 요함」, 「생활난은 목전에 급박한 사회의 대문제」를 발표했다.

었는데, 6호(1920.7.5. 발행)부터는 이병조가 편집도 맡게 된다. 이어 7호 (1920.9.1. 발행)에서 장응진은 직접 서명한 「근고(謹告)」를 통해 편집사무를 이병조와 신종석에게 일임한다고 알렸다.[63] 신종석은 이병조가 편집을 맡은 6호에 「세계적 사조와 문화운동」을 발표했고 이병조와 함께 편집 업무를 담당한 7호에는 「노동문제의 연원과 유래」를 실었다.[64] 정백이 『서광』에 처음 글을 실은 것이 이병조와 신종석이 편집을 맡은 7호였다는 사실도 기억해둘 필요가 있겠다.[65]

1920년도의 『서광』에서 확인되는 이병조-신종석-정백 등의 연결선 이외에도, 춘추각서점이 초기에 신생활사와 동일한 주소를 사용한 것, 신생활사가 기왕에 발행한 저서를 넘겨받아 발매한 것은 두 출판사 사이의 연계성을 뒷받침한다. 추가할 수 있는 연관성은 자체 발행 서적이 신생활사의 출판 기획을 잇고 있는 점이다. 하나는 사회주의사상을 선전하는 『개인적 사상과 사회적 사상』을 발행하고 '사회총서'라는 제호를 붙인 것이고, 다른 하나는 『신생활』이 주력했던 민중문학에 대한 관심을 이어간 것이다. 조명희의 『봄잔듸밧위에』 발행은 신생활사의 민중문예 연구의 지향에 닿아 있다.[66]

---

63 「근고」, 『서광』 7호, 서광사, 1920.9., 58면. 장응진이 편집권을 내려놓은 일은 6월 한 달 동안 경성을 떠들썩하게 했던 휘문고보 학생들의 '학교개혁운동'의 여파였을 것으로 추정된다.

64 1921년 1월 18일에 발행한 8호 목차에는 신종석의 「출판물검열제도의 철폐설을 聞하고」가 있는데, 16면에 이 글의 전문 380행이 "당국의 기휘로 인하여 삭제됨"이라는 알림이 있다. 「편집餘滴」에 문흥사를 주식회사로 전환할 계획이 알려지기도 했으나 (80면), 『서광』은 8호로 종간되었다.

65 『서광』 7호에서 정백은 "栢"이라는 필명으로 속표지에 시를 게재했으며, "정백"이라는 필명으로 「조선부인의 직업문제」를, "黙笑"라는 필명으로 「송도잡감」을 발표했다.

66 『신생활』의 민중문예 기획의 사상적 배경 및 내용에 대해서는 김경연의 연구가 정밀하고 설득력이 높다. 김경연, 앞의 2015 논문 참조. 다만 『신생활』의 민중문예 실천의 전모, 즉 창작과 외국문학의 번역, 문학론(문화론), 기자들의 문학적 글쓰기 등에

　　춘추각서점의 출판운동은 이병조가 운영한 고려공사로 이어진다.[67] 고려공사는 통신판매업으로 이름을 알리기 시작했다. "고려공사통신판매부" 명의의 광고는 『동아일보』 1924년 1월 8일자에 처음 나타나는데, 『조선일보』 1924년 1월 17일자에는 내용이 좀 더 자세하다. 이에 따르면, 판매부의 책임자는 유양호, 이병조, 최승달이었다.[68] 취급 물품이 문방구, 운동기구, 악기, 완구, 시계·안경·만년필, 국내외 서적 등 무려 17종에 달했다. 주소는 경성부 서대문정 2정목 88번지였다.[69] 그런데 '통신판매'가 고려공사가 주력하려던 사업은 아니었던 것 같다.

　　고려공사가 자체 발행한 책은 총 두 권으로 하나가 『만세전』이다. 주지하다시피 염상섭은 『신생활』 7호에서 9호에 걸쳐 「묘지」를 연재했다. 그는 1924년 4월 6일부터 6월 4일까지 「만세전」이라는 제목으로 『시대일보』에 총 59회에 걸쳐 나머지 부분을 연재한 후, 1924년 8월 10일 고려공사에서 『만세전』을 발행했다.[70] 이 원고가 고려공사의 손에 들어간 데는 분명히 신생활사와의 인연이 작용했을 텐데, 그 경위에 대해서는 알려진 게 없다.[71] 다른 한 권은 전무길(全武吉)의 소설 『설음의 빗』이다.[72] 전무길은

　　대해서는 더 자세한 검토가 필요하다. 신생활의 민중문예 기획과 조명희 문학의 연결성은 차후의 과제로 남긴다.

67　1926년에 이병조는 자신의 주요 경력으로 잡지 『서광』과 『신생활』의 발행, 그리고 고려공사 경영을 꼽았다. 「家産 전부는 사업에 탕진」, 『조선일보』, 1926.12.10.

68　柳養浩는 중앙유치원의 설립자로 원장을 역임했고 종로여학교 교감을 지냈다. 崔承達은 독립을 목표로 한 사회주의자들의 모의에 참여한 혐의로 1921년 10월 해주지방법원에서 징역 1년 6개월을 언도받고 수감된 경력이 있다. 이병조와 이들은 사회운동 이력과 지연으로 연결되어 있었다.

69　「고려공사통신판매」, 『동아일보』, 1924.1.8.(광고); 「고려공사통신판매」, 『조선일보』, 1924.1.17.(광고)

70　염상섭, 『만세전』, 고려공사, 1924.8.10.

71　『만세전』을 연재할 당시 염상섭은 신생활사의 객원기자였으며(「사고」, 『신생활』 7호, 1922.7., 113면.), 7호에 「至上善을 위하야」, 8호에 「여자단발문제와 그에 관련하야」

황해도 재령 출신으로 휘문고보와 일본 동양대학에서 수학했으며 프로문학파에 속하지는 않았으나 경향적 문학을 창작했다는 평가를 받고 있는 작가다. 『설음의 빗』은 전무길의 첫 번째 작품이며, 박경석이란 인물이 러시아에서 유학을 하고 경성에 돌아와 사회운동을 하는 이야기로 러시아혁명과 사회주의에 대한 관심을 짙게 표현한 소설이다.[73]

『만세전』, 『설음의 빗』의 판권장과 광고를 보면 고려공사–춘추각서점–신생활사의 연계성이 드러난다. 우선, 『만세전』의 판권장 내용을 오른쪽부터 차례로 옮겨 적으면 아래와 같다.

〈표6〉 만세전의 판권장[74]

구분	성명/회사명	주소
저작자	梁奎龍	경성부 종로 2정목 9번지
발행자	淺井義陽	경성부 서대문정 2정목 88번지
인쇄인	김중환	경성부 견지동 80번지
인쇄소	신생활사 인쇄부	경성부 견지동 80번지
발행 겸 총판매소	고려공사	경성부 종로 2정목 9번지

저작자 이름인 "양규용"은 오기다. 책 표지에는 "염상섭 작"이라고 표시되어 있다. 저작자의 주소는 맨 아래 발행 겸 총판매소인 고려공사의 주소와 동일하게 "종로 2정목 9번지"인데, 이는 광고에 자주 등장하는 "종로 청년회관 下層"의 공식 주소인 듯하다. 발행자에는 일반적으로 출판사 대표(사장) 이름을 적는데, "淺井義陽"은 현재로서는 정체를 확인하

라는 평론도 발표했다. 그런데 신생활사와 염상섭의 관계는 다소 복잡했다. 이 문제에 대해서는 박현수, 앞의 2019 논문을 참조할 수 있다.

72 전무길, 『설음의 빗』, 고려공사, 1924.8.10.

73 조경덕, 「전무길 소설 연구」, 『우리문학연구』 52, 우리문학회, 2016, 486~489면 참조.

74 『설음의 빗』의 판권장은 '저작자: 전무길(황해도 안악군 안악면 훈종리 318)' 이외에는 『만세전』의 판권장과 내용이 동일하다.

기가 어렵다.[75] 인쇄인은 김중환이고 인쇄소는 '신생활사 인쇄부'이며 주
소는 경성부 견지동 80번지다.

『만세전』과 『설음의 빗』에 실린 광고면에는 신생활사, 춘추각서점과
의 연계성이 더 잘 나타난다. 『만세전』의 광고면은 총 6면인데, 1면에는
고려공사의 사업 전체를 선전했다.[76] 이어 2면부터 5면에 걸쳐 "고려공
사발매名著" 총 16권을 광고했는데,[77] 목록은 아래 〈표7〉에 정리했다.

〈표7〉 고려공사 발매 서적 목록과 발행 사항(1924.8.10.)

면	도서명	저자/역자	발매소	발매 시기	인쇄소/ 인쇄인/ 주소	비고
2	허생전	이광수	고려공사 (경성 종로 청년회관 下層) 전화 광화문 963번 진체 경성 12833번	1924. 8.	신생활사 인쇄부/ 김중환/ 경성부 견지동 80번지	
	사랑과 설음	李相洙 역				
	봄잔듸밧위에	조명희				초판 춘추각서점 발행 1924.6.
	만세전	염상섭				초판 고려공사 발행 1924.8.
	설음의 빗	전무길				초판 고려공사 발행 1924.8.
	민중의 敵	李京鎬				
	愛의 진경	崔山月				
3	노국혁명사와 레닌	김명식				초판 신생활사 발행 1922.11.

[75] '淺井義陽'은 아직 신원을 확인하지 못했다. 이 이름은 정백과 이성태가 참여한 민중
사가 번역, 출판한 책의 발행인으로도 기재된 바가 있으므로 주의를 요한다. 조선총
독부 경무국 도서과, 「思潮─鮮內 발행의 사상 관계 출판물」, 『조선출판경찰월보』8,
1929.5.1.

[76] 이에 따르면, 고려공사는 "도서출판, 문방구, 운동구, 기타 물품"을 취급하며 "지방이
면 통신판매, 경성이면 전화용달"로 주문에 응한다. 앞서 살핀 고려공사통신판매부
명의의 광고에서 17종의 물품을 취급한다고 알렸던 것과 비교하면, 도서출판 및 판
매를 중심으로 취급 물품이 간소화되었음을 알 수 있다. 『설음의 빗』의 광고면은 고
려공사 자체에 대한 광고가 생략되어 총 5면이다.

[77] 6면에는 장백산인 이광수 작 『허생전』 광고가 있는데, 이 책의 총발매소는 詩文社이
고 고려공사는 분매소로 적혀 있다. 『허생전』은 2면의 "고려공사발매명저"에도 포함
되어 있다.

	개인적 사상과 사회적 사상	愼宗錫			초판 춘추각서점 발행 1924.6.
4	(신편)조선역사	黃義敦			
	조선연표	張道斌			
	(신찬)조선어법	李奎昉			
	神壇實記	金敎獻			
	동명왕실기	장도빈			
5	(정탐소설)엘렌의 공	김동성 역			초판 신생활사 발행 1922.12.
	(연애소설) 이리앳트이야기	春城·孤月 共編			초판 신생활사 발행 1923.8.

2면에 소개된 것은 문학류 서적으로 창작이 다섯 권, 번역이 한 권이다. 춘추각서점이 초판을 발행한 조명희의『봄잔듸밧위에』와 고려공사가 초판을 발행한 염상섭의『만세전』, 전무길의『설음의 빗』이 포함되어 있다. 번역서인『사랑과 설음』의 저자 '이상수(李相洙)'는 '이상수(李相壽)'의 오기다. 그는 1920년대 상반기에 활약이 컸던 번역가로서『사랑과 설음』은 조제프 베디에의 작품으로 문우당(文友堂)에서 1923년 5월에 초판이 발행되었다.[78] 3면에는 이념서적으로 분류될 만한 책들로 신생활사에서 초판을 발행한『노국혁명사와 레닌』, 춘추각서점에서 초판을 발행한『개인적 사상과 사회적 사상』이 있다. 4면에 소개된 다섯 권은 민족주의 지식인들의 조선학 연구서다. 이 책들은 대체로 1910년대 이래 여러 출판사에서 재발행되었다. 예컨대 장도빈의『조선연표』는 1917년에 백산서원에서 초판이 발행되었고 1921년에는 한성도서주식회사로 옮겨 다시 발행되었던 책이다.[79] 5면의『엘렌의 공』과『이리앳트이야기』는 모

78　박진영,「문학청년으로서 번역가 이상수와 번역의 운명」,『돈암어문학』24, 돈암어문학회, 2011, 71면. 문우당이 발행한 책을 춘추각서점이 발매하게 된 맥락은 확인하지 못했다.

79　다른 책들의 출판 사항은 다음과 같다. 황의돈,『(신편)조선역사』, 이문당, 1923.(2판); 이규방,『(신찬)조선어법』, 이문당, 1922; 김교헌 편,『신단실기』, 대종교본사,

두 신생활사에서 발행한 번역소설이다.[80]

　"고려공사발매명저"의 성격을 총괄하면, 고려공사는 창작 문예와 조선학, 그리고 사회주의 사상서의 발행, 판매에 주력한 출판사라고 할 수 있다. 문예물 중에 번역물이 있지만, 자체 발행된 단행본 『만세전』과 『설음의 빗』을 고려하면, 창작물 발굴에 중점을 두었다고 평가할 수 있다. 신생활사와 춘추각서점이 발행한 사회주의 사상서를 이어 받은 한편, 조선학 연구를 추가한 것도 특징이다.[81]

　『만세전』과 『설음의 빗』의 인쇄를 맡은 것은 신생활사 인쇄부였으며 관리 책임자는 여전히 김중환이었다. 이즈음 신생활사 인쇄부의 활동에 주목한 사회면 기사가 여러 개 있다. 5월 1일자 『시대일보』에는 신생활사 인쇄부 직공 30여 명이 메이데이에 휴업할 것을 회사 측에 요구했으나 거절되자 동맹휴업을 했고 그에 따라 사원들도 휴업했다는 기사가 있다. 유사한 내용이 『동아일보』와 『조선일보』에도 보도되었다.[82] 인쇄

　　1914; 장도빈, 『동명왕실기』, 한성도서주식회사·동양서원, 1921. 고려공사가 이와 같은 조선학 연구서를 발매한 배경에 대해서는 더 조사가 필요하다.

80　초판과의 차이는 『이리앳트이야기』가 '편서'로 표기되고 편자가 두 사람(春城과 孤月)으로 표시된 것이다. 저작권 관련 문제가 있었던 것으로 추정되는데, 내막은 확인하지 못했다. 광고 문안에서는 『엘렌의 공』을 "여 탐정 엘렌과 과학탐정 케네디가 상호연락하여 神計와 묘책으로 대활동을 한 것"으로 요약한 점이 눈에 띈다. 엘렌을 케네디와 동등한 탐정으로 소개한 것이다. 『이리앳트이야기』에 대해서는 "희랍천지를 사랑의 전장으로 만든 헬레나 미인을 위한 長恨歌"라고 소개하고, 트로이아 전쟁을 주인공 헬레나를 가운데 두고 스파르타 왕과 트로이 왕이 벌인 "삼각연애"의 "쟁투전"으로 해석했다.

81　고려공사가 위의 16권의 저서 모두를 실제로 발매했는지에 대해서는 조사가 더 필요하다. 『민중의 적』의 저자는 신생활사에서 이사직을 맡았던 이경호와 성명이 동일하나 직업과 연배를 고려할 때 동일인일 가능성이 크지 않다. '민중의 적'은 입센의 희곡 제목이지만, 원본이 없으므로 이 역시 확인할 수 없다. 최산월이라는 저자와 『애의 진경』도 찾을 수 없었다. 저자의 신원과 원본이 확인되지 않은 경우 발행/발매를 확언하기가 어렵다.

소 직공이 30여 명이었다면 작은 규모는 아니었는데,[83] 신생활사 인쇄공들의 단결력에는 인쇄소의 규모와 함께 인쇄관리자 김중환의 영향도 있었을 것으로 짐작된다.[84]

　1924년 11월 5일자『동아일보』에는 박문서관·신구서림이『노국혁명사와 레닌』,『(정탐소설)엘렌의 공』,『(연애소설)이리앳트이야기』의 발매를 광고하고 있다.[85] 단행본 소설을 자체 발행하면서 나름의 레퍼토리를 구성하여 발매 광고를 했던 서적들 중 일부를 불과 석 달 만에 다른 출판사에 넘긴 일은 고려공사의 운영이 쉽지 않았음을 보여주는 듯하다. 고려공사의 활동을 보도한 마지막 신문기사는 1925년 9월 11일자『동아일보』의「수재동정금」이다.[86] 고려공사가 폐업을 한 시기나 이유에 대해서는 아직 밝히지 못했다. 이병조는 1925년 하반기에 고향인 황해도 안악에 내려가 전무길과 함께 사회주의 계열의 사상운동, 교육운동을 시작했다.[87]

82　「인쇄직공휴업 메이데이로」,『시대일보』, 1924.5.1.;「신생활사 휴업」,『동아일보』1924.5.2.;「신생활사 직공은 휴업」,『조선일보』, 1924.5.2. 1925년 5월 3일자『조선일보』의 논설은 1922년에 시작된 메이데이기념행사의 전개를 정리하는 중에 1924년에 있었던 신생활사 인쇄 직공들의 '파업'의 의의를 강조했다.(「제4회 메이데이를 마치고」(논설),『조선일보』, 1925.5.3.)

83　1923년도 경성 소재 인쇄소의 직공 수를 조사한 바에 따르면, 박문관인쇄소의 직공이 39명이었다. 직공이 165명이었던 조선인쇄주식회사인쇄소에는 비할 수는 없지만, 직공이 30여 명이었다면 작은 규모는 아니었다. 방효순, 앞의 글, 99~100면 참조.

84　1916년경 수십 명의 인쇄공들이 모여 조직한 '고본계(股本契)'는 1920년경에 '조선인쇄직공구제회'로 발전했는데, 발기인 중 한 명이 조선복음인쇄소의 직공감독이었던 김중환이었다. 이 단체에는 경성 내 인쇄공 1,300여 명이 참여했다고 한다. 인쇄공 단체들은 경영자조합의 횡포에 대항하여 노동조건 처우의 개선을 주장했다. 방효순, 앞의 2014 논문, 113~115면 참조.

85　『동아일보』, 1924.11.5.(광고);『조선일보』, 1924.11.8.; 1924.11.13.; 1924.11.17.(광고)

86　「수재동정금」,『동아일보』, 1925.9.11.

87　신문기사를 참조하면, 1925년 후반에 이병조는 전무길과 함께 황해도 안악에서 '명륜강습소'를 설립하고(1925.11.) 청년단체 '명성회'를 조직했다(1926.2.). 이들은 1926년

5. 결론

한기형은 1920년대 전반기의 '문화정치'를 식민지민의 독자적인 표상 체계와 지식문화 수립의 한계선을 두고 조선총독부와 조선의 저항세력이 서로의 요구와 능력을 시험했던 기간으로 기술한다. 중요한 결절점이 된 것은 1922년 11월 하순에 『신천지』와 『신생활』에 대대적인 탄압이 가해진 일이다. 특히 신생활 필화사건은 사회주의자들의 잡지 발간에 제동을 걸었는데, 이는 조선총독부의 대중매체 정책의 내적 위기를 알리는 하나의 징후였다.[88] 본고는 검열 당국이 사회주의 미디어에 대한 공세 수위를 높여가던 시기에 신생활사가 구상하고 실천한 사회주의 대중출판운동이 어떤 길로 나아갔는지를 추적한 것이다.

1922년 1월에 창립한 신생활사는 『신생활』과 연계하여 사회주의 사상을 선전할 팸플릿 시리즈('사회문제총서') 및 단행본을 출판, 판매할 체계를 구축하고자 했다. 이를 위해 출판부, 인쇄부, 판매부를 설치했다. 그 첫 번째 결과물은 김명식의 『노국혁명사와 레닌』의 출간이었다. 그러나 1922년도 말에 불거진 필화사건에 따른 사장과 기자들의 구속 수감, 『신생활』의 폐간, 새로운 월간지 『신사회』 창간의 좌절로 잡지와 연계하여 사회주의사상을 대중적으로 선전한다는 계획은 실패했다. '사회문제총

6월에 치안유지법위반으로 구속, 수감되었고 1927년 3월에 '적화 선전, 레닌주의 교육'을 했다는 이유로 징역형을 언도받았다. 이병조의 형기는 1년 6개월이었다. 출소 후 한동안 이병조는 황해도 지역에서 활동했으며 1930년에는 월간잡지 『대조(大潮)』를 창간했다. 전무길이 주간을 맡았다.

88 한기형에 따르면, 식민정책과 조선인 매체 사이의 공조 관계는 1925년 하반기에는 파국의 전조를 보였다. 1925년 8월에 『개벽』은 창간 이후 처음으로 발행정지(정간) 처분을 받았고 9월 8일에는 『조선일보』도 발행정지 처분을 받았다. 1926년 8월 『개벽』의 폐간으로 문화정치는 종언을 고했다. 한기형, 『식민지 문역: 검열 이중출판시장 피식민자의 문장』, 성균관대학교출판부, 2019, 165~175면 참조.

서'의 발행도 좌초되었다. 이후 신생활사는 판매부를 기반으로『엘렌의 공』과『이리앳트니야기』등 대중적 번역 소설을 발행, 판매하는 한편, 인쇄부 영업에 주력했다.

신생활사가 기획한 대중출판운동은 춘추각서점과 고려공사로 이어졌다. 춘추각서점은 1924년 1월에 신생활사가 발행한『노국혁명사와 레닌』을 발매한 한편, 5~6월에는 신종석의『개인적 사상과 사회적 사상』, 조명희의 첫 시집『봄잔듸밧위에』를 자체 발행했다. 고려공사는 1924년 8월에 신생활사와 춘추각서점이 기왕에 발행한 다섯 권의 서적을 발매한 한편, 염상섭의『만세전』과 전무길의『설음의 빗』을 자체 발행했다. 아울러 조선학 학술서와 문예물을 발매했다.

신생활사에서 출발한 사회주의계열 대중출판운동은 춘추각서점-고려공사로만 이어진 것은 아니며, 또 고려공사의 해체와 함께 이 흐름이 멈춘 것도 아니었다. 사회주의 대중출판은 끊어졌다 이어지고 모습을 드러냈다 숨기를 반복하면서 다양한 갈래와 층위로 뻗어나간 것으로 보인다. 그 흐름을 '실선'으로 표시할 수 있는 확고한 증거들, 예컨대 출판사의 운영진이나 실무진 등의 인적 연결을 드러내는 업무일지나 회의록, 비망록 같은 자료들을 찾기는 어렵다. 다만 지금까지 조사해온 것처럼 책들이 이동한 궤적을 쫓으면, 예컨대 춘추각서점이 발행한 조명희의『봄잔듸밧위에』와 신종석의『개인적 사상과 사회적 사상』이 고려공사(1924.8.)를 거쳐 百合社(1926.1.)[89] → 춘추각출판부(1926.10.)[90] → 백합사(1928.11.)[91]로 이동한 것을

89　『조선일보』1926.1.15.(광고) 이 광고에는『우슴의 꼿』,『봄잔듸밧위에』,『개인적 사상과 사회적 사상』이 있다. "발행 겸 총판매소 백합사"

90　춘추각출판부가 발행한『현대사회사조개관(現代社會思潮槪觀)』,『과거사회와 부인(婦人)』에 '시집'『봄잔듸밧위에』, '사회총서 제1편'『개인적 사상과 사회적 사상』의 광고가 실려 있다.

91　『조선일보』1928.11.21.(광고). 이 광고에 조명희의 시집은 보이지 않는다.

확인할 수 있다.

백합사는 1925년 하반기에 설립된 출판사로 대표는 강봉회(姜鳳會)였다. 이 출판사는 내부에 문화소년회, 소년소녀문예회 등을 두고 아동문학에 주력하여 『우슴의 꽃』, 『진담동요동화』를 발행한 한편, 연애비극, 연애애화 같은 표제를 단 대중소설들을 발행했다. 또한 백합사는 1926년에 춘추각서점으로부터 『봄잔듸밧위에』와 『개인적 사상과 사회적 사상』을 이어받고 『사회사상해설대요』 같은 이념 서적을 자체 발행했다. 1928년 12월의 광고에서 백합사는 발행, 발매도서를 사회소설총서 제1편 『(비극소설)청춘의 난무』/ 사회총서 제1편 『(개인적 사상과) 사회적 사상』/ 사회총서 제2편 『레닌일생기』/ 사회총서 제3편 『사회사상해설대요/ 아동문고 제1집 "(세계명작동화선집) 우슴의 꽃"으로 구분해 소개했는데, 일련의 '사회' 시리즈에서 신생활사 및 춘추각서점의 흔적이 감지된다.[92]

춘추각출판부는 춘추각서점을 계승한 출판사로서 대표는 신종석이었다. 춘추각서점을 운영하면서 『개인적 사상과 사회적 사상』을 발행했던 신종석은 1926년 이후 춘추각출판부의 대표이자 저작자로서 3권의 책을 편역했는데, 『현대사회사조개관』(1926.10.8. 발행), 『과거사회와 부인』(1926.11.29. 발행), 『생존경쟁과 상호부조』(1928. 원본 미상)가 그것이다.[93] 1926년에 출판한 두 권의 책의 광고면에 춘추각서점에서 발행한 '시집' 『봄잔듸밧위에』와 '사회총서 제1편' 『개인적 사상과 사회적 사상』이 실려 있다.

신생활사, 춘추각서점, 고려공사, 춘추각출판부, 백합사 등 짧은 기간 존재했던 소규모 출판사들의 활동을 자세히 파악하기는 쉽지 않고 그 위상이나 영향력을 객관적으로 평가하기도 어렵다. 단행본 출판에 한정

---

92 『조선일보』 1928.12.15. (광고).

93 이 가운데 『現代社會思潮槪觀』의 일본어 저본과 구성에 대해서는 박종린, 앞의 논문, 2016, 338~345면 참조.

해 보자면, 1920년부터 26년까지는 조선인이 발행한 단행본에 대한 공식적 조사 자료가 없다. 뿐만 아니라 1932년까지는 조선어 단행본의 발행 허가 건수 및 그 추이도 정확히 파악할 수가 없다.[94] 출판 양상을 파악하는 데 신문의 신간소개나 광고가 참조가 되지만, 이로부터 객관적이고 정확한 통계를 얻기는 쉽지 않다.[95] 이 글 역시 몇 권의 책들이 건네지고 이동한 좁은 길(군소출판사들)을 겨우 확인할 수 있었을 뿐이다.

1929년 5월에 발행된『조선출판경찰월보』의 '사상 관계 조선어 출판물' 목록에는 총 45권의 단행본 제목과 발행인 이름이 목록에 올라 있는데, 2번에『노국혁명사와 레닌』(발행자: 백아덕)이 올라 있다. 9번, 27번에『개인적 사상과 사회적 사상』(발행자: 신종석)이 등록되어 있다. 43번에 등록된『사회적 사상』(발행자: 신종석)도 같은 책이다. 17번『과거사회의 부인』, 41번『사회사조개관』은 춘추각출판부에서 발행한 신종석의 책이다. 백합사가 출간한『사회사상해설대요』(발행자: 강봉회)는 37번에 올라 있다. 신생활사, 춘추각서점, 고려공사, 춘추각출판부, 백합사 등 사회주의 계열 출판사들이 발행한 사상 관계 출판물들은 1920년대 말에는 거의 모두 검열당국에 의해 '신원(身元)'이 파악되었다.[96] 사회주의 사

---

94 조선총독부 경무국에 검열체제의 중심기구인 도서과가 설치된 것은 1926년 4월이며 이때부터 조선의 출판시장에 대한 더욱 정치한 '경찰'이 시행되었다. 한기형, 앞의 책, 2019, 100~103면.

95 『동아일보』에 게재된 사회주의 관련 단행본 서적의 광고 통계는 이기훈, 「독서의 근대, 근대의 독서: 1920년대의 책읽기」, 『역사문제연구』 7, 역사문제연구소, 2001, 29면을 참조할 수 있다.

96 조선총독부 경무국 도서과, 「思潮-鮮內 발행의 사상 관계 출판물」, 『조선출판경찰월보』 8, 1929.5.1. 이혜령은『조선출판경찰월보』의 통계표에서 출판물의 '신원' 기술 항목이 보여주는 제국 일본의 자기 표상을 분석한 바 있다. '책의 신원'이라는 비유는 이 글에서 가져왔다. 이혜령, 「식민지 검열과 "식민지-제국" 표상: 『조선출판경찰월보』의 다섯 가지 통계표가 말해주는 것」, 『대동문화연구』 72, 성균관대학교 대동문화연구원, 2010.

상 관계 서적의 망실 비율이 높은 것은 이러한 추적 때문이었을 것이다.

• 참고문헌

[자료]

『동아일보』, 『매일신보』, 『서광』, 『시대일보』, 『신생활』, 『조선일보』, 『조선출판경
찰월보』

노자영 역, 『이리앳트니야기』, 신생활사, 1923.8.29.

신종석, 『개인적 사상과 사회적 사상』, 백합사, 1926.5.8.

염상섭, 『만세전』, 고려공사, 1924.8.10.

전무길, 『설음의 빗』, 고려공사, 1924.8.10.

조명희, 『봄잔듸밧위에』, 춘추각서점, 1924.6.15.

山川菊榮·山川振作 編, 『山川均全集 3』, 勁草書房, 1967.

[논저]

김경연, 「1920년대 초 '공통적인 것'의 상상과 문화의 정치: 『신생활』의 사회주의
　　　평민문화운동과 민중문예의 기획」, 『한국문학논총』 71, 한국문학회, 2015.

김명식, 『노국혁명사와 레닌』, 신생활사, 1922.10.30.

김미지, 「동아시아와 식민지 조선에서 크로포트킨 번역의 경로들과 상호참조 양상
　　　고찰」, 『비교문화연구』 43, 경희대학교 글로벌인문학술원, 2016.

김종현, 「『신생활』의 사회주의 담론과 문예의 특성」, 『인문논총』 32, 경남대학교
　　　인문과학연구소, 2013.

김헌, 「식민지 조선의 『일리아스』 읽기: 연애소설로 읽은 노자영 연구」, 『인문논총』
　　　76(3), 서울대학교 인문학연구원, 2019.

김현주, 『사회의 발견』, 소명출판, 2013.

박노자, 『조선 사회주의자 열전』, 나무연필, 2021.

박양신, 「근대 일본의 아나키즘 수용과 식민지 조선으로의 접속: 크로포트킨 사상
　　　을 중심으로」, 『일본역사연구』 35, 일본사학회, 2012.

박종린, 「'김윤식사회장' 찬반논의와 사회주의세력의 재편」, 『역사와현실』 38, 한
　　　국역사연구회, 2000.

＿＿＿, 「1920년대 사회주의사상의 수용과 『社會改造の諸思潮』의 번역」, 『역사문

제연구』 35, 역사문제연구소, 2016.

박종린, 「1920년대 크로포트킨의 수용과『청년에게 호소함』의 번역」, 『사학연구』 142, 한국사학회, 2021.

_____, 「또 하나의 전선: 신생활사그룹의 민족일치론 비판을 중심으로」, 『한국학연구』 61, 인하대학교 한국학연구소, 2021.

_____, 『사회주의와 맑스주의 원전 번역』, 신서원, 2018.

박진영, 「문학청년으로서 번역가 이상수와 번역의 운명」, 『돈암어문학』 24, 돈암어문학회, 2011.

_____, 「신문지법과 필화의 사이:『신생활』 10호의 발굴과 연구」, 『민족문학사연구』 69, 민족문학사학회·민족문학사연구소, 2019.

박현수, 「『신생활』 필화사건 재고」, 『대동문화연구』 106, 성균관대학교 대동문화연구원, 2019.

_____, 「근대 지식의 물적 생산자 인쇄공」, 『근대서지』 9, 근대서지학회, 2014.

방효순, 「조선도서주식회사의 설립과 역할에 대한 고찰」, 『근대서지』 6, 근대서지학회, 2012.

손성준, 「代理戰으로서의 세계문학: 검열된『김영일의 死』와 번역된『산송장』」, 『민족문학사연구』 65, 민족문학사학회·민족문학사연구소, 2017.

유병관, 「한국 근대문학의 형성과정에서 아나키즘이 갖는 의미와 영향: 일본의 문예사상과 연관하여」, 『국제어문』 71, 국제어문학회, 2016.

이기훈, 「독서의 근대, 근대의 독서: 1920년대의 책읽기」, 『역사문제연구』 7, 역사문제연구소, 2001.

이형진, 「1920년대 신경향파 문학과 아나키즘 사상 간의 상관성에 관한 논고」, 『석당논총』 73, 동아대학교 석당학술원, 2019.

이혜령, 「식민지 검열과 "식민지-제국" 표상:『조선출판경찰월보』의 다섯 가지 통계표가 말해주는 것」, 『대동문화연구』 72, 성균관대학교 대동문화연구원, 2010.

전성규, 「'감정'과 '노동'이라는 意味素:『신생활』에 실린 신일용의 글을 중심으로」, 『사이間SAI』 31, 국제한국문학문화학회, 2021.

정윤성, 「『신생활』의 역사적 의미 재론: 잡지사의 사회적 실천을 중심으로』, 『한국학연구』 66, 인하대학교 한국학연구소, 2022.

정혜영, 「1920년대 조선과 직역의 의미:「The exploits of Elaine」의 조선어 번역과정을 중심으로」, 『민족문화연구』 84, 고려대학교 민족문화연구원, 2019.

조경덕, 「전무길 소설 연구」, 『우리문학연구』 52, 우리문학회, 2016.
최병구, 「사회주의 문화 담론과 프로문학: 신경향파 문학 탄생의 주변(1920~1923)」, 『민족문학사연구』 49, 민족문학사학회·민족문학사연구소, 2012.
최은혜, 「민족과 혁명: 1920년대 초 사회주의 수용에서 러시아혁명 인식의 문제」, 『민족문학사연구』 77, 민족문학사학회·민족문학사연구소, 2021.
한기형, 『식민지 문역(文域): 검열 이중출판시장 피식민자의 문장』, 성균관대학교 출판부, 2019.

[보론 1] 신생활사의 잡지 및 단행본 발행 사항

조정윤

1. 『신생활』의 발행/발매 사항

호	출간일	발행형태	발행유무	쪽수	편집/발행인	발행/발매소	인쇄소/인쇄인
1	1922.3.11.	旬刊	발매 금지		백아덕 (白雅悳) -경성부(京城府) 정동(貞洞) 34번지	신생활사 -경성부 견지동 (堅志洞) 80번지 -장전화(長電話): 경성 본국 1623번 -진체(振替): 경성 7005번	한성도서 주식회사, 노기정 (魯基禎) -경성부 견지동 32번지
1	1922.3.15.	旬刊	임시호	88	백아덕 (白雅悳) -경성부(京城府) 정동(貞洞) 34번지		
2	1922.3.21.	旬刊		47			
3	1922.4.1.	旬刊		53			
4	1922.4.11.	旬刊	압수				
5	1922.4.22.	旬刊		60			
6	1922.6.1.	月刊	발매 금지			신생활사 -경성부 견지동 73번지 (장전화, 진체 동일)	
6	1922.6.6.	月刊	임시호	166			
7	1922.7.5.	月刊		171			
8	1922.8.5.	月刊		175			
9	1922.9.5.	月刊		170			
10	1922.11.4.	週刊		23	박희도 (朴熙道) -경성부 견지동 80번지	신생활사 -경성부 견지동 80번지	신생활사, 김중환 (金重煥) -경성부 견지동 80번지
11	1922.11.11.	週刊	발매·반포금지 및 압수				
12	1922.11.18.	週刊	발매·반포금지 및 압수				
13	1922.11.28.	週刊	발매·반포 금지				대동(大東)인쇄 주식회사, 김중환(金重煥) -경성부 공평동 55번지
14	1922.12.13.	週刊	압수				
15	1922.12.23.	週刊		12			
16	1923.1.1.	週刊	압수				
16	1923.1.8.	週刊	임시호				

* 1호는 고려대 소장본, 3호 및 5~9호는 국회도서관에서 제공하는 자료를, 10호와 15호는 현담
문고에서 제공하는 자료를 기준으로 작성된 표이다.
* 발매 금지, 압수된 11~14호에 대해서는 『동아일보』, 『매일신보』 등의 기사를 참조하여 출간
일자를 확인하였다.

2. 『신생활』의 가격표

1호(旬刊) 정가			
책 수	先金	郵稅	합계
1책	20전	1전	21전
1개월분(3책)	60전	3전	63전
3개월분(9책)	1원 80전	9전	1원 89전
6개월분(18책)	3원 60전	18전	3원 78전
1개월분(36책)	7원 20전	36전	7원 56전

6호(月刊) 정가			
책 수	先金	郵稅	합계
1책	50전	2전	52전
3책	1원 50전	6전	1원 56전
6책	3원	12전	3원 12전
12책	6원	24전	6원 24전

10호(週報) 정가			
수	先金	郵稅	합계
1부	10전	5리	10전 5리
10부	15전	5전	20전
26부	2원 30전	30전	2원 60전
52부	4원 50전	26전	4원 76전

* 조선은행권은 원(圓)을 화폐 단위로 채택했을 때의 산식이 '1원=100전'이며, 필요한 경우에는 '1전=10리(厘)'가 사용되기도 하였다. 이에 맞춰 가격표를 원, 전, 리로 표기하였다.
* 1922년 3월 1일에 발행된 『개벽』21호는 월간이었으며 190면으로 구성된 1권이 50전, 3권에 145전, 6권에 290전, 12권에 580전이었다. 월간 『신생활』 6호가 1권 166면에 50전이었으니, 두 잡지의 가격은 비슷하다고 볼 수 있다. 『개벽』은 잡지 대금을 선입금한 경우 가격을 할인해주었으나, 『신생활』은 할인 판매 전략을 택하지 않았다.

3. 단행본 발행 목록

저자	제목	발행인	발행 겸 발매소/주소	발행일	인쇄인/주소	인쇄소/주소
김명식 편역	노국혁명사와 레닌	백아덕	신생활사 /견지동 73	1922.10.30.	김중환 /공평동 55	대동인쇄주식회사 /공평동 55
김동성 역	엘렌의 功	미상	미상	1922.12.(추정)	미상	미상
노자영 역	이리앳트니야기	李秉祚	신생활사 판매부 /견지동 80	1923.8.29.	김중환 /견지동 80	신생활사 인쇄부 /견지동 80

제2부

사회주의 사상과
문학의 교차점

사회주의 문화 정치의 역사적 참조항, 러시아의 혁명사와 문학

김현주

1. 역사적 참조항으로서의 러시아혁명사

조선에서 신문이나 잡지에 '민중'과 '문예(예술)'를 결합한 담론이 등장한 것은 1920년에 들어서였다. 1920년 『조선일보』에 실린 「민본주의와 예술」에서 동치라는 필자는 '귀족주의 예술'의 반대항으로 '데모크라시 예술'을 주장하면서 예술이 모든 사람의 인생의 발전과 생장에 도움을 줘야 한다고 주장했다.[1] 1921년에 같은 신문에 게재된 「예술과 민중」은 로맹 롤랑의 민중예술론을 인용하고 '예술의 민중화'의 의미를 검토하면서 인생 또는 인간성을 향상시키는 예술의 역할을 강조했다.[2] 『개벽』에는 1921년부터 시마무라 호게츠[島村抱月] 등의 영향 속에서 현철, 이광수 등이 예술의 보급을 통한 민중의 교화를 주장하는 논의를 펼쳤다.[3]

---

[1] 동치(東痴), 「민본주의와 예술」, 『조선일보』, 1920.8.4.

[2] 「예술과 민중」 (1)~(4), 『조선일보』, 1921.5.9~12.

[3] 현철, 「문화사업의 급무로 민중극을 제창하노라」, 『개벽』 1, 1921.4.; 신식, 「오인(吾人)의 생활과 예술」, 『개벽』 18, 1921.12.; 경서학인(京西學人: 이광수), 「예술과 인생」, 『개벽』 19, 1922.1.

이어서 잡지 『신생활』이 창간호에서 '민중문예 연구'를 편집원칙으로 내 걸었다.[4]

『신생활』의 민중문예론은 기왕의 민중예술론과 발화 주체의 성격이 달랐다. 『개벽』에서 민중예술을 주창한 현철, 이광수 등이 민족주의 계열의 문화(주의)적 지식인이었다면, 신생활사의 기자이자 편집진으로 활약한 김명식, 신일용, 이성태, 정백, 유진희 등은 사회주의 계열의 운동가였다. 『동아일보』의 논설을 집필했던 김명식을 위시하여 다수가 1920~21년에 이미 사회주의 계열의 비밀단체에 속해 있으면서 조선노동공제회, 조선청년회연합회 같은 운동단체에서 활약했고 신문과 잡지에 사회주의사상을 해설, 계몽하는 글을 발표했다.[5] 1920년대 초에 창간 된 잡지들 가운데 『공제』(1920.9.~1921.6.)는 사회주의 경향 잡지로 분류되기도 하는데, 조선노동공제회는 본래 사회주의 계열과 민족주의 계열이 연합한 단체였고 그 기관지인 『공제』도 민중문예를 편집 원칙으로까지 내세우지는 못했다. 이런 점을 고려할 때 이제 가까스로 집단적 목소리를 낼 수 있게 된 『신생활』의 편집진들이 창간호에서부터 민중 문예를 편집원칙으로까지 내세웠다는 것이 흥미롭다.

잡지 『신생활』을 대상으로 사회주의사상과 문예의 결합 관계를 검토한 연구는 최병구와 김종현 등에 의해 시작되었다. 최병구는 『신생활』을 1920년대 초반에 프로문학을 발아시킨 매체로 평가하고 주요 기사들의 분석을 통해 아나키즘과 마르크스주의의 영향을 읽어낸 한편, 기사들에 등장하는 자기 인식, 자유, 평등, 윤리 같은 개념이 자유주의 휴머니즘과 두텁게 연결되어 있다는 점을 강조했다. 그리고 이 보편적 휴머니즘

---

4   「편집을 마치고」, 『신생활』 1, 1922.3.15., 71면.

5   신생활사 기자들의 이력에 대한 종합적 논의는 박종린, 『사회주의와 맑스주의 원전 번역』, 신서원, 2018, 81~83면 참조.

이『신생활』의 문학 담론의 자양분이 되었다고 보았다.[6] 신생활사에 모인 사회주의 지식인들의 담론 실천을 '민중문예의 기획'이라는 차원에서 적극적으로 의미화한 이는 김경연이다.[7] 그는 문학청년 정백(본명 鄭志鉉)이 휘문고보 시절의 지우인 박종화, 홍사용과 함께 문예지『백조』를 창간하는 데로 나아가지 않고『신생활』에 참여하게 된 궤적을 화두로 삼아 신생활사에 결집한 사회주의자들이 실천한 문화 정치의 내용과 의미를 분석했다. 이에 따르면, 잡지『신생활』의 문화 정치의 핵심은 '제국주의(자본주의)'를 적대하는 동시에 '민족주의'를 초월하는 '공통적인 것'에 대한 새로운 상상, 즉 비–지배적, 비–재현적 공동체로서의 '사회'와 그 구성원으로서 '민중'을 제시한 데 있었다.『신생활』은 진정한 생의 요구('자아', '자유')를 추구하며 상호적 사랑에 바탕을 둔 새로운 교류와 연합(사회–민중)을 창안하는 감성적 실천을 문학의 정치로 실행하고자 했다.

이러한 새로운 주체성, 즉 자아–사회(민중)에 대한 상상은 어떻게 가능했을까? 김경연은 우선『신생활』의 사회주의 담론을 마르크스주의로 단일하게 파악해온 경향을 비판적으로 검토하고 아나키즘의 영향을 주목했다. 그는 '사회'에 대한 자본주의적 감각의 근본적 전회('상호부조와 사랑')의 이론적 참조처가 바로 크로포트킨의 사상이었다고 보았다. 아울러 김경연은『신생활』에 나타난 자아(주의)나 자기 인식, 자유와 평등 개념, 그리고 감각적인 것에 대한 강조를 자유주의 휴머니즘의 흔적으로 해석하는 논의를 비판하면서 그 이론적 참조처로 마르크스주의를 제시

---

6 최병구,「1920년대 프로문학의 형성과정과 '미적 공통성'에 관한 연구」, 성균관대학교 박사학위논문, 2013, 56~63면.『신생활』에 사회주의 문예론과 문학작품(창작, 번역)이 수록된 양상에 대해서는 김종현,「『신생활』의 사회주의 담론과 문예의 특성」,『인문논총』32, 경남대학교 인문과학연구소, 2013을 참조할 수 있다.

7 김경연,「1920년대 초 '공통적인 것'의 상상과 문화의 정치:『신생활』의 사회주의 평민문화운동과 민중문예의 기획」,『한국문학논총』71, 한국문학회, 2015.

했다. 그는 『신생활』에 나타나는 "자아(개성)"나 "자유" 개념을 '마르크스 사상을 지식으로 학습한 결과'로 해석하고 감각의 변혁이라는 의제 역시 "마르크스 자체에 대한 천착"에 의해 가능해졌으리라 추정했다.[8]

　그런데 『신생활』의 문화 정치의 자원으로 마르크스를 소환하려는 시도는 난항을 겪을 수밖에 없다. '마르크스 자체'에 대한 강조는 『신생활』의 문화 정치의 원천을 "소위 강령화된 코민테른형 마르크스주의"[9]에서 분리해내려는 논리의 파생물이다. 그런데 『신생활』에서 '본래의 마르크스주의'라는 단계를 설정하거나 그 요소를 추출하기가 쉽지 않다. 마르크스 본인의 목소리가 직접 들리는 경우가 적고 그의 사상에 대한 번역, 주석 작업도 아직 활발하지 않았기 때문이다.[10] 『신생활』에서는 '본래의 마르크스'가 인간과 세계에 대한 새로운 상상의 자원으로 작용한 양태를 구체적으로 설명해내기가 어렵다.

　이 글은 『신생활』의 문화적 기획을 논의할 때 이론적 참조항과 함께 역사적 참조항을 고려하자고 제안한다. 『신생활』의 사상에 대한 기왕의 연구는 대체로 마르크스주의와 아나키즘의 내용 및 위상에 주목해왔으며, 볼셰비즘의 영향에 대한 논의는 주보(週報) 형태로 발행된 10호(1922.11.4.)가 학계에 소개된 이후에야 비로소 진행되었다.[11] 11호(1922. 11.11. 발매금지, 압수)가 '러시아혁명 5주년 기념호'로 편집된 점을 고려하면, 이 시기에 볼셰비즘에 대한 논의가 심화되었다는 해석은 설득력이

8　선행 연구에 대한 비판적 검토와 크로포트킨, 마르크스의 영향에 대한 논의는 김경연, 앞의 글, 364~367면; 374~377면; 382면.

9　김경연, 앞의 글, 376면.

10　『신생활』에서 마르크스의 원전 번역은 신일용의 「임용노동(賃傭勞働)과 자본」(『신생활』 10, 1922.11.4.)이 처음이었다.

11　『신생활』 10호에 대한 종합적 소개로는 박현수, 「신문지법과 필화의 사이: 『신생활』 10호의 발굴과 연구」, 『민족문학사연구』 69, 민족문학사연구소, 2019가 있다.

있다. 그런데『신생활』의 사상은 '아나키즘을 포함한 다양한 사회주의'
→ '마르크스주의' → '볼셰비즘'의 순서로 전개된 것이 아니었다. 레닌의
러시아 소식이 마르크스의 이론보다 더 일찍 들어왔고 더 광범위하게
참조되었다. 러시아혁명은 추상적 이론이 아니라 역사적 모델이자 경험
적 참고 자료로서 지식인 운동가들의 정치적, 문화적 상상력을 자극했다.

  식민지 사회주의의 러시아혁명 인식을 연구한 최은혜는『신생활』의
사회주의자들에게 "러시아혁명 및 볼셰비즘은 후진성의 역전 그 자체를
보여준 산 표본"이었다고 강조한다. 이들은 "자본주의 경제 제도와 전제
정치로부터 공산 경제와 소비에트 정치로 단번에 상황을 뒤엎을 수 있었
던 러시아혁명"에서 식민지 조선이 처한 후진의 상황을 역전할 기회를
타진하고자 했다는 것이다.[12] 이러한 파악에 대체로 동의하지만, 최은혜
는 러시아혁명 인식이『신생활』의 문화 정치에 끼친 영향에 대해서는 충
분히 논의하지 않았다. 신생활사에 모인 사회주의자들이 러시아혁명에
서 무엇을 참고했고 그 자료를 활용하여 무엇을 하고자 했는지에 대해
구체적으로 논의해야 한다. 본고의 2절에서는 주필인 김명식이 1921년
도에『동아일보』에 연재한 「니콜라이 레닌은 어떠한 사람인가」와 대비
함으로써『신생활』에서 일어난 러시아혁명 인식의 전환을 확인했다. 3
절에서는『신생활』에서 전개된 러시아혁명 담론의 주제들, 즉 혁명 후의
사회문화적 변화상과 볼셰비키의 혁명 이념 및 정책 변경에 대한 논의를
검토했다. 4절에서는 잡지『신생활』과 신생활사가 발행한 첫 번째 단행
본『노국혁명사와 레닌』에서 레닌 이전 혁명운동의 역사가 집중적으로
조명되었음을 밝히고 그 의미를 논의했다. 5절에서는『신생활』이 혁명

---

12 최은혜, 「민족과 혁명: 1920년대 초 사회주의 수용에서 러시아혁명 인식의 문제」,
    『민족문학사연구』 77, 민족문학사연구소, 2021, 348~353면.

운동에 반드시 선행해야 하는 문학 혁신 운동의 모델로 러시아의 근대문
학과 고리키를 선택했음을 밝혔다.

2. 세계사의 기형(畸形)에서 역전(逆轉)의 모델로

조선의 사회주의자들이 신문, 잡지에 마르크스주의와 함께 볼셰비즘을
본격적으로 소개하기 시작한 것은 1921년도에 들어서였다.[13] "조선의 미
디어에 최초로 게재된 본격적인 볼셰비즘 소개 기사"[14]는 김명식이 6월
3일부터 8월 31일까지 장장 61회에 걸쳐 『동아일보』 1면에 연재한 「니콜
라이 레닌은 어떠한 사람인가」(이하 「레닌」으로 표기함)다. 레닌론이나 레
닌일대기에 맞춤한 제목을 달고 있지만, 이 글에서 레닌 이야기는 1/2
정도에 불과하다. 김명식은 일본에서 레닌주의를 지지한 대표적 사회주
의자인 야마카와 히토시[山川均]의 레닌 전기(傳記) 및 인상기(『사회주의연
구』 제3권 제3호, 1921.4)와, 그와는 반대로 반볼셰비즘의 주장을 담은 우
치야마 쇼조[內山省三]의 『세계혁명사론』(江原書店, 1919.5.)과 나카메 히사
요시[中目尚義]의 『볼셰비즘 비판: 원제 과격파의 본령』(大鐙閣, 1921.5.)
등에서 발췌한 근대 러시아의 역사와 혁명운동사, 1905년 혁명 후 러시
아 내 혁명운동의 전개, 1917년 혁명 이후 법과 제도로 구현된 프롤레타
리아 독재의 모습을 교차하여 배치함으로써 러시아혁명의 역사와 현재
를 이해하고자 했다.

그런데 여러 이론과 해석이 뒤섞여 러시아혁명에 대한 「레닌」의 인식

---

13   小野容照, 「1920~21년 조선 내 합법 출판물의 일본 문헌을 통한 맑스주의 학설 소개」,
      고려대학교 석사학위논문, 2007, 32~41면 참조.
14   小野容照, 『朝鮮独立運動と東アジア: 1910~1925』, 思文閣, 2013, 167면.

과 평가는 다소 혼란스럽다. 김명식은 레닌의 사상("마르크스주의")과 실제 정치("독재정치") 사이에, 그리고 더 넓게는 혁명 당시의 사상·정책과 현재의 사상·정책 사이에 "변환(變幻)"과 "배치(背馳)"가 있다는 점을 지적하면서도 야마카와 등 일본 사회주의자의 분석을 수용하여 러시아혁명의 의의를 평가하고 그 미래를 긍정적으로 전망했다.[15] 한편 그는 볼셰비즘을 상부상조라는 자연의 원리로의 귀의로 설명하거나 유럽에서의 슬라브족의 부상으로 설명하기도 했다.[16] 또 레닌과 레닌주의를 전제군주제와 관료정치, 그리고 자본의 탐욕이 낳은 공포를 먹고 자란 '극단적'이고 '과격한' 인물과 사상으로 평하기도 했다.[17] 김명식 스스로 작성한 서론과 본론에 표출된, 이러한 해석의 착종은, 앞서 언급한 바, 러시아혁명을 상이한 시각에서 접근, 평가하는 여러 입장을 결합하고 조합한 결과였다.[18]

김명식은 동아일보사를 퇴사하고 신생활사에 참여하게 된 이유가 사회주의, 특히 '신러시아'에 대한 담론을 확산하기 위해서였다고 회고한 바 있거니와,[19] 그는 『신생활』에서 러시아혁명 담론을 재개했다. 잡지의 목표[主旨]인 신생활 제창, 평민문화 건설. 자유사상 고취의 관계를 상세히 해설한 「구문화와 신문화」(2호)에서 그는 평민문화=노동문화=신문화 운동을 '먼저 착수'한 사례로 러시아를 꼽았다.[20] 김명식은 지금까지의

15 「니콜라이 레닌은 어떠한 사람인가 (1)」, 『동아일보』, 1921.6.3.; 「니콜라이 레닌은 어떠한 사람인가 (61)」, 『동아일보』, 1921.8.31.
16 「니콜라이 레닌은 어떠한 사람인가 (59)」, 『동아일보』, 1921.8.29.
17 「니콜라이 레닌은 어떠한 사람인가 (60)」, 『동아일보』, 1921.8.30.
18 「레닌」의 일본어 저본들과 러시아혁명 인식에 대한 논의는 이 책의 3부 3장 김현주·가게모토 츠요시의 글, 314~345면 참고.
19 김명식, 「필화와 논전」, 『삼천리』 6(11), 1934.11., 36면.
20 「주지」, 『신생활』 1, 1922.3.15., 69면; 김명식, 「구문화와 신문화」, 『신생활』 2,

모든 문화는 일정한 윤곽과 내용 안에서 유동, 변천했을 뿐, 인류는 아직 그 틀을 벗어난 문화를 건설치 못했다고 진단하고, 자본주의를 포함한 역사상의 모든 문화는 "소수의 문화이오 계급의 문화"라는 점에서 "구문화"라고 평했다. 그는 "전체문화이며 대중문화"인 "노동문화"야말로 "과거 역사에 일찍이 있지 못한 문화" 곧 "신문화"라고 주장했다. 이때 '신'은 앞선 것에 비하여 새롭다는 단순한 의미가 아니라 역사적 단절 또는 비약을 의미했다. 글을 마무리하면서 김명식은 '러시아가 먼저 개시한 신문화 운동이 빠르게 확산되어 인류는 머지않아 신문화 건설이라는 목표를 성취하리라'고 전망했다.[21]

「노서아의 산 문학」(3호)은 러시아혁명에 대한 김명식의 인식 변화를 매우 인상적으로 보여준다. 제목이 암시하듯이 이 글의 중심 소재는 러시아의 문학이다. 출처를 제시하지 않았는데, 본론의 내용은 1921년에 발표한 「레닌」의 3절 '노국 혁명운동의 유래'의 일부를 옮겨온 것이다. 주목할 점은 글을 옮기는 과정에서 행한 내용 생략이다. 해당 부분의 원전은 우치야마 쇼조의 『세계혁명사론』10장 '노국 혁명운동의 발달' 중 8절 '민중예술의 영향'이다. 「레닌」에서 우치야마 글의 해당 부분을 그대로 번역했던 김명식은 「러시아의 산 문학」에서는 뒷부분을 잘라냈다. 「레닌」에는 혁명운동에 대한 민중예술의 기여에 대한 서술 바로 뒤에 아래와 같은 문단이 있었다.

> 그런데 자(玆)에 언(言)치 아니치 못할 것은 노서아의 정치와 사회의 실체이라. 노서아에 재(在)하여는 모든 것이 총(總)히 기형적이니 정치, 법률, 사회가 모두 그러하도다. 톨스토이, 고리키 등의 사상, 예술에 기형적

1922.3.21., 2~6면.
21 김명식, 위의 글, 6면.

분자가 많은 것도 본래 저들이 기형적 정치, 법률, 사회에 반항하기 위하여 생(生)한 것임을 사(思)하면 하등의 불사의(不思議)가 무(無)할지라. 그러므로 칼 막쓰의 사회주의도 노서아에 입(入)함과 공(共)히 심(甚)히 기형적이 되었나니 차는 노서아의 자본주의라하는 것이 서구의 자본주의와 이(異)하야 심히 기형적인 때문이라. 노서아의 자본주의는 구제도 파괴 후 일약(一躍)하여 급래(急來)한 것이오 서구에 在함과 여(如)히 당연히 경과할만한 계단을 경(經)치 아니하였으며 […] 고로 막쓰의 사회주의가 이러한 기형적 사회에 환영(歡迎)이 되어 문득 극단 급격한 혁명주의가 되게 된 것은 족히 경이(驚異)할 바이 무(無)하도다.[22]

논지의 전환을 표시하는 '그런데'를 앞세운 위 글에서 톨스토이나 고리키 같은 문인들의 사상과 예술은 러시아의 기형적 정치, 법률, 사회에 저항하는 과정에서 생성되었기 때문에 기형적 요소가 많았다고 평가된다. 이어서 마르크스주의도 러시아에 수입되자 똑같이 심하게 기형적으로 변했다고 평한다. 러시아의 자본주의는 '갑자기 도래했고 서구와는 달리 당연히 밟아야 할 단계를 거치지 않아' 매우 기형적이었기 때문이다. 우치야마는 서구의 제도, 사상, 예술의 전개를 정상(보편)으로 간주하고 러시아의 역사를 타자화하는 논리 위에 러시아의 기형성이라는 명제를 구축한 것이다. 「노서아의 산 문학」에서는 바로 위와 같은 내용이 생략되었다. 위 인용문에서 1917년의 혁명이 러시아의 '후진성'의 노정(露呈)이었다면, 「노서아의 산 문학」에서 그것은 '후진성의 역전'의 증거로 제시되었다.

---

22 「니콜라이 레닌은 어떠한 사람인가 (16)」, 『동아일보』, 1921.6.28.

서철(西哲)이 말하기를 앞선 자는 뒤지고 뒤진 자는 앞선다 하더니 이 말은 진실로 노서아를 두고 이른 말인가 합니다. 과거에 있어서 세계 각국 가운데 제일 문화가 뒤졌던 노서아가 금일에 이르러서는 제일 앞선 듯하외다. 노서아에서는 공산경제(共産經濟)와 위원정치(委員政治)를 행합니다. 이것은 세계인류가 총(總)히 이상(理想)하는바 제도이올시다. 그러나 역사가 오래고 문화가 앞선 다른 나라에서는 아직까지 이러한 제도를 실행치 못하고 오직 후진한 국가 즉 노서아에서만 이 인류의 이상하는바 공산경제 위원정치를 먼저 실행함이다. [...] 그리하여 저 노서아는 과거의 문화권 내에서 뒤지었던 위치를 초탈하고 신문화권 내에서 급선봉이 되어 표연(飄然)히 앞서게 된 것이외다. 이러한 사실은 단순히 역사적 진화로만 관찰하면 도저히 상상치 못할 일이외다.[23]

위 인용문의 핵심은 러시아혁명을 역사적 진보의 시간성을 전도(顚倒)시킨 사례로 제시한 데 있다. 세계에서 문화가 가장 뒤쳐져있던 러시아가 인류 전체가 희구해온, 그러나 역사가 오래고 문화가 앞선 다른 어떤 나라도 이루지 못한 이상적 제도, 즉 공산주의(경제)와 소비에트(정치)를 가장 먼저 실행했다는 것이다. 유럽의 변방이자 세계의 후진국이었던 러시아는 혁명을 통해 선진 문명국을 추월하여 세계사의 반전을 이루어냈다. 여기서 「주지」(1호)의 "평민문화", 「구문화와 신문화」(2호)의 "노동문화"의 내용이 '공산경제와 위원정치'로 정의되었다.

'앞선 자는 뒤지고 뒤진 자는 앞선다.'는 경구를 김명식이 역사적 진보의 섭리를 표현하기 위해 '전용(轉用)'한 것이 이번이 처음은 아니었다. 그는 1920년 8월 『동아일보』 논설 「중국의 신 희망」에서 다음과 같이 쓴 바 있다. "경(經)에 말하기를 앞선 자 뒤지고 뒤진 자 앞선다 하였으니 이는 일종 종교에만 한(限)한 진리가 아니라 또한 사회 진보에 응용할

23 김명식, 「露西亞의 산 文學」, 『신생활』 3, 1922.4.1., 4~5면.

만한 진리라 하리로다.”[24] 논설의 주장은 중국이 일본을 제칠 수도 있다
는 것이었다. 김명식은 당시 일본 국회가 보인 '추체(醜體)'와 중국 민족
운동의 발전을 대비하면서 “일본은 지(止)할 바에 지(至)하고 중국은 진
(進)할 바에 래(來)”했다고 생각했다. 이어 유럽에서 진행되고 있는 역사
의 역전을 환기했다. “노서아를 보라. 그는 일찍이 천하에 례가 없는 압
제국이오 전제국이었도다. 그러나 금일에는 오히려 전일의 자유국이 보
수국이 되어 그 급격한 자유주의를 방어하기에 박몰(泊沒)하도다.”[25] 과
거 전제국이자 압제국이었던 러시아는 자유국으로 탈바꿈한 반면, 자유
국으로 자부하던 나라들은 보수국이 되어 러시아로부터 밀려오는 급진
적 자유주의를 차단하기에 급급하다는 것이다. 유럽에서 선진과 후진이
반전되었다는 인식이었다.

　사회주의에 대한 김명식의 최초 인식은 일본 유학 시절에 형성된 것이
다. 김명식은 1915년 9월에 도쿄 와세다대학 정치경제과에 입학하여
1918년 7월에 졸업을 했는데 그사이 〈조선유학생학우회〉의 회장, 〈조선
기독교청년회〉의 간부로 활약했다. 그는 '제국주의 타도와 새로운 아시
아 건설'을 목표로 내건 비밀단체인 〈신아동맹당〉에 참여했으며, 『학지

24　「중국의 신희망」, 『동아일보』, 1920.8.6. 이 시기 『동아일보』의 논설은 장덕수와 김
　명식이 번갈아가며 집필했는데, 표현과 주제를 고려하여 이 글을 김명식이 쓴 것으
　로 판단한다. 김명식은 「이월 혁명과 신사상의 발달」에서 프랑스혁명에 의해 아주(亞
　洲)와 구주(歐洲)의 위치(야만/문명)가 반전되었다고 설명할 때도 같은 표현을 사용
　했다. “서인(西人)이 유언(有言)하되 전(前)한 자(者) 후(後)하며 후한 자 전한다 하니
　실로 아주와 구주를 운(云)함이로다.” 「이월 혁명과 신사상의 발달 (1)」, 『동아일보』,
　1921.11.7. 이 글도 필자명이 없지만 본문 중에 '앞서 「레닌」을 발표했다'는 문장이
　있으므로 김명식의 글로 판단한다.(1921.12.17.)
25　이어서 유럽에서의 역사적 반전의 또 다른 사례로 '독일혁명'도 거론했다. “독일을
　보라 그는 일찍이 천하만국이 일구여출(一口如出)로 저주하던 군국주의이오 전제국
　이었도다. 그러나 금일은 오히려 전일에 저주하던 소위 문명국이 군국주의와 침략국
　이 되었도다.” 「중국의 신희망」, 『동아일보』, 1920.8.6.

광』에 발표한 글에는 자본주의경제조직의 타파를 목표로 하는 사회주의 운동, 공산주의운동에 대한 인식이 나타난다.[26]

1920년『동아일보』논설에서 김명식은 러시아를 역사적 반전의 실례로 소개하면서도 '러시아혁명'을 한 단어로 발음하지는 못했다. '자유국'이나 '급격한 자유주의'라는 표현은 그가 러시아혁명을 신자유주의 또는 사회적 자유주의의 언어로 이해하고 있었음을 보여준다.[27] 1921년「레닌」에서는 일본의 볼셰비즘 연구를 바탕으로 러시아혁명을 설명했는데, 한편으로는 자유주의의 설명법("기형", "과격", "극단")도 사용했다. 1922년『신생활』에 이르러 김명식은 러시아혁명을 러시아의 기형성의 노정이 아니라 인류 이상의 선구적 실현으로 제시하고 그 내용을 볼셰비즘의 언어로 설명하려고 했다.

3. 러시아혁명 담론의 지형

「러시아의 산 문학」(3호)에서 김명식은 러시아혁명이 공산경제와 위원정치를 수립함으로써 세계사의 반전을 이루어냈다고 평하고서도 그에 대해 자세히 주석하는 대신 시간을 거슬러 19세기의 사상과 문학을 소개했다. 정백은 「노농로서아의 문화시설」(6호)에서 러시아의 '무산계급독재'와 '적색제도'에 대한 판단을 유보하면서 교육정책과 문화시설을 조명했다. 글의 서두에서 그는 러시아에 대한 '몰비판적 찬양·칭송'('유행

---

26   허호준, 「일본 유학시기(1915-1918) 송산 김명식의 사회인식과 활동」, 『탐라문화』 39, 제주대학교 탐라문화연구원, 2011, 385~406면 참조.

27   1920년 김명식의 사상을 사회적 자유주의(Social Liberalism) 또는 신자유주의(New Liberalism)로 논의한 글은 최선웅, 「1920년대 초 한국공산주의운동의 탈자유주의화 과정」, 『한국사학보』 26, 고려사학회, 2007, 300~301면.

병적 볼셰비즘 환자')과 '허위와 모함에 찬 중상·저주'('부르주아') 모두로부터 거리를 둔다는 입장을 밝히기도 했다.[28]

『신생활』에서 러시아 담론이 문학이나 문화에 대한 논의로 시작된 것은 검열의 압박 때문이었다. 『신생활』은 애초에 출판법 적용 대상 잡지여서 정치시사 관련 기사를 게재할 수 없었기 때문이다. 창간호를 임시호로 발행한 데 이어 편집진은 검열에 대응하느라 애를 많이 먹었다. 4호를 발매금지, 압수당한 후 신생활사는 편집의 고충과 경영의 곤란을 타개하기 위해 잡지를 월간으로 발행하기로 결정했다. 월간 『신생활』(6~9호)은 순간 『신생활』(1~5호)에 비해 호당 면수가 세 배 늘었고,[29] 이에 따라 기사의 규모, 주제, 장르가 변화했다. 이러한 편집 변화에 연동하여 러시아 관련 기사의 수와 분량이 확대되었으며 장르도 다양해졌다. 편집진은 검열 기구의 눈치를 살피고 지식인·운동가 독자와 대중 독자의 요구를 함께 고려하면서 러시아 담론의 내용과 수위를 이리 저리 조정해나갔다.

이 가운데 1917년의 혁명 관련 담론은 크게 두 가지로 나뉜다. 하나는 혁명 러시아의 사회문화적 동향에 대한 긍정적 표상화 작업이다. 주로 19세기의 사상과 문학을 조명한 「노서아의 산 문학」에 대비할 때, 「노농로서아의 문화시설」은 혁명 후의 교육제도와 문화시설을 소개했다는 점에서 주목된다. 이 글은 야마카와 히토시[山川均]와 야마카와 기쿠에[山川菊榮] 공저 『노농로서아의 연구』의 9장 '문화시설'을 중심 내용으로 삼고 같은 책의 8장 '노농로국의 교육제도'의 앞부분과 러시아문학 연구자인 노보리 쇼무[昇曙夢]의 『예술의 승리-노서아연구』의 일부를 참조, 발췌하여 작성한 것이다.[30] 노농정부의 교육인민위원회(위원장: 루나차르스키)

---

28 정백, 「노농로서아(勞農露西亞)의 문화시설」, 『신생활』 6, 1922.6.6., 8~18면.
29 순간(1~3호, 5호)는 평균 61면이고 월간(6~9호)은 평균 177면이다.
30 山川均·山川菊栄, 『労農露西亜の研究』, アルス, 1921. 8~10장은 야마카와 기쿠에

가 과거에 소수의 특권계급을 위한 것이었던 교육제도와 문화시설을 다수의 인민(민중)을 위한 것으로 전환시켰다는 점을 설명하는 데 주안이 있었다.

러시아사회의 근황을 소개한 단신들도 실렸다. 천안자는 「세계란」(6호)에서 중국의 학생운동, 인도의 국민운동, 미국의 실업문제 동향과 함께 소비에트러시아노동협회가 발표한 「세계노동기념일의 선언」(1921.5.1.)을 전달했다.[31] 같은 필자가 쓴 「쏘뷔에트 노서아의 근황」(7호)은 중국 상해 소재 국문통신사(國聞通信社)의 기사를 번역한 것으로 노동자와 빈농 주도의 공산당, 소년공산당, 예술생활, 종교문제, 혼인법 개정, 부인해방 등 러시아사회의 변화상을 스케치했다.[32] 이러한 기사들에서 '러시아'는 노동자와 농민, 여성, 소년의 주체화(해방), 교육의 세속화, 예술의 민주화(민중화) 등 '개조시대'에 걸맞은 가치들을 앞서 구현해가는 사회로 재현되었다.

러시아사회에 대한 이러한 긍정적 표상화는 반(反)사회주의, 반(反)러시아 담론을 반박하려는 시도였다. 박헌호에 따르면, 1920년대 전반기에 총독부 기관지 『매일신보』에 나타난 반사회주의 담론 가운데 압도적인 양을 차지한 것이 혁명러시아, 노농러시아에 대한 '흑색선전'이었다. 『매일신보』는 사설, 외신, 르포, 풍문 등을 이용해 혁명 후 러시아사회를 성적 타락, 반(反)인륜성, 기근과 생활난, 혼란과 무질서, 인종차별 등으로 재현했다.[33] 러시아사회의 동향을 전한 『신생활』의 기사들은 이

가 썼다. 山川菊栄·山川振作 編, 『山川均全集 3』, 勁草書房, 1967, 434~436면 참조. 일부는 昇曙夢, 『芸術の勝利—露西亜研究』, 日本評論社, 1921에서 발췌했는데, 분량은 『労農露西亜の研究』에서 가져온 것에 비해 매우 적다.

31 천안자(千眼子), 「세계란」, 『신생활』 6, 1922.6.6., 97~100면.

32 천안자, 「쏘뷔에트 노서아의 근황」, 『신생활』 7, 1922.7.5., 109~110면.

33 박헌호, 「1920년대 전반기 『매일신보』의 반사회주의 담론 연구」, 『한국문학연구』 29, 동국대학교 한국문학연구소, 2005, 41~49면.

같은 부정적 표상을 반박하고 수정하려는 의도였다.

다른 하나는 레닌과 볼셰비키의 정치(볼셰비즘)에 대한 논의다. 「레닌」에서 이미 김명식이 문제화했듯이, 레닌의 '독재정치'를 어떻게 평가할 것인가는 사회주의자들 사이에서 관건적인 문제였다. 사회주의 지향의 지식청년, 운동가들이 관심을 기울였을 이 주제에 대해 맨 처음 해설을 낸 이는 신일용이었다. 선행 연구에서 「맑스사상의 연구: 계급투쟁설」(6호)은 마르크스의 사상 가운데 특히 계급투쟁론을 적극적으로 소개한 글로 평가되었는데,[34] 이 글의 궁극적 목적은 프롤레타리아 독재의 정당성을 설명하는 것이었다고 생각된다.

신일용은 1절 '계급, 계급의식'에서 마르크스의 계급, 계급의식, 계급투쟁 개념을 설명한 후 2절 '노동운동의 사명과 무산계급의 독재'에서는 '마르크스가 자신의 새로운 고찰은 계급론이나 계급투쟁론이 아니라 계급투쟁은 필연적으로 무산계급 독재에 도달한다는 점, 그리고 그 독재가 사회주의사회로 나아가는 과도단계라는 점을 밝힌 것'이라고 말한 것을 전하면서『고타강령비판』,『불란서내란기』,「공산당선언」 등에서 마르크스가 무산계급 독재에 대해 논의한 내용을 해설했다.[35] 여기에는 레닌에서 일본의 야마카와 히토시 등으로 이어진 논리의 영향이 확연하다. 마르크스가 혁명 단계에 프롤레타리아 독재를 상정했다는 레닌의 주장과 논거를 적극적으로 수용한 야마카와는『고타강령비판』,『프랑스내전』 그리고 엥겔스의 「1888년 판『공산당선언』 서문」에서 마르크스와 엥겔스가 프롤레타리아 독재를 어떻게 논했는지를 검토했다. 마르크스가 프롤레타리아 독재를 처음 언급한 글인『고타강령비판』을 사카이 도시히코가 번

---

34   박종린, 앞의 글, 102~104면.

35   신일용, 「맑스사상의 연구: 계급투쟁설」,『신생활』 6, 1922.6.6., 35~46면.

역한 것은 1921년 10월이었다.[36] 신일용은 야마카와 등 일본 사회주의자들의 논의와 논거를 수용하여 프롤레타리아 독재의 필연성과 정당성을 해설했던 것이다.

　레닌과 볼셰비키의 정치 노선에 대한 논의는 월간 발행기에는 활발하지 못했다. 신일용이 「맑스사상의 연구: 계급투쟁설」을 시작하면서 굳이 "계급투쟁의 학설적 부분을 객관적 지위에서 소개하는 데 그치고자"한다고 밝힌 것은 검열을 의식했기 때문이었다.[37] 8호에 실은 조우의 「노농로국의 노동법규」가 전문 삭제를 당한 일은 러시아 담론에 대해 어떤 한계선을 그어주었던 것으로 보인다.[38] 「원시사회의 파멸과 귀족사회의 변천」(9호)에서 김명식은 사회구성체의 장기적 변천 과정(원시사회→귀족사회→자본제)을 서술하면서 러시아의 차르와 독일의 카이저를 들어 귀족계급의 속성을 설명하고 러시아혁명과 독일혁명의 의의를 간략하게만 언급했다.[39]

　볼셰비즘에 대한 논의가 본격화된 것은 9월 15일 신문지법에 의한 발행이 허용되어 정치시사에 관한 기사를 게재할 수 있게 된 후 발행한 주보 『신생활』 10호(1922.11.4.)에서였다. 프롤레타리아 독재에 대한 논의를 이어간 기자는 유진희였다. "兪"(유진희)는 「볼셰비즘에 관한 일고찰」에서 볼셰비즘의 핵심은 노동자계급이 권력을 장악한 것이라고 규정하고, 트로츠키가 1905년 혁명 후 쓴 「노동계급집정권론」과 1917년 혁

36　야마카와 히토시 등 일본의 사회주의자들이 레닌의 구도를 수용하여 프롤레타리아 독재를 정당화한 데 대한 자세한 검토는 이 책의 3부 3장 김현주·가게모토 츠요시의 글, 324~325면 참고.

37　신일용, 앞의 글, 35면.

38　조우(趙宇), 「노농로국의 노동법규」, 『신생활』 8, 1922.8.5., 102~106면. 전문이 삭제되어 내용은 알 수 없다.

39　김명식, 「원시사회의 파멸과 귀족사회의 변천」, 『신생활』 9, 1922.9.5., 9~20면.

명 후 쓴 글, 레닌의 주장, 마르크스의 공산당선언 등을 인용하여 사회주의라는 목적을 실현하기 위한 수단으로 노동계급 독재를 요구한 볼셰비키가 마르크스주의에 충실했다고 평가했다.[40] 프롤레타리아 국제주의를 논의한 글로는 "솔뫼"(김명식)의 「민족주의와 코스모폴리타니즘(1)」이 있다. 김명식은 마르크스의 「공산당선언」의 유명한 구절 '노동자에게는 조국이 없다'를 인용하면서 코스모폴리타니즘('세계주의')의 정당성을 주장하고 그 원칙을 구현한 사례로 러시아혁명을 들었다. 그는 러시아혁명의 참된 정신은 민족주의(국수주의)에 의해 초래된 국제전쟁(제1차 세계대전)을 거부하고 그 대신 계급투쟁을 고조해 세계혁명을 이루려는 코스모폴리탄 인도주의였다고 평가하면서 레닌의 입장을 지지하고 케렌스키의 실각을 민족주의의 실패로 해석했다.[41]

레닌의 반(反)제국주의, 세계혁명론은 「레닌」에서 이미 주목된 사상이었다. 1918년 3월 볼셰비키가 교전국인 독일 등과 체결한 강화조약(브레스트리토프스크조약)에서 폴란드나 우크라이나의 독립을 인정한 일에 대해 우치야마 쇼조는 『세계혁명사론』에서 "독일의 강요에 대해 레닌 정부는 절대적 무저항주의를 수용하며 오로지 복종할 수밖에 없었다."고 평했는데, 김명식은 이를 번역한 후 '러시아는 독일에 물질적으로 패배했으나 정신적으로는 독일을 포로로 만들었다'는 레닌의 말을 인용하고 주석을 달았다. 그는 러시아혁명이 러시아 제국뿐만 아니라 독일이라는 또 하나의 제국을 위기로 몰아넣었다는 점을 제시했다.[42] 「민족주의와 코스

---

40   俞, 「볼셰비즘에 關한 일고찰」, 『신생활』 10, 1922.11.4., 11면.

41   솔뫼, 「민족주의와 코스모폴리타니즘(1)」, 『신생활』 10, 1922.11.4., 3면. 김명식이 '코민테른'이나 '국제주의'라는 용어 대신 '코스모폴리타니즘', '코스모폴리탄 인도주의' 같은 용어를 사용한 것은, 확언하기는 어렵지만, 검열을 의식한 '언어순화'로 보인다.

42   「레닌」에서 김명식이 독일과의 강화조약에 대한 우치야마의 해석을 레닌의 평가를

모폴리타니즘(1)」의 결론에 등장하는 '지노비에프도 레닌의 판단이 옳았다고 평했다'는 언술은 야마카와의 「레닌의 생애와 사업」에서 가져온 것이지만,[43] 러시아혁명을 제국의 와해, 세계혁명의 비전과 연계하여 해설한 것은 식민지의 입장을 강조한 의미가 있다.

또 하나 주목할 점은 김명식이 러시아혁명의 세계주의를 전거로 삼아 조선에서 민족주의에 대응한 투쟁의 필요성을 피력한 한편,[44] 그해 8월 초에 『동아일보』에 보도된 '일본 니이가타현[新潟縣]의 조선인 노동자 학살사건'이 계기가 되어 긴급한 문제로 부상한 '재일조선인 노동자 문제'에 대한 대응에서 조선과 일본의 노동운동의 연대 필요성을 언급했다는 것이다. 정윤성에 따르면, 이른바 '신석현사건'에서 신생활사는 조선의 여러 언론·사회운동단체와 제휴하고 '민족적 차별'을 규탄하는 조직적 움직임을 주도함으로써 재일조선인 노동자의 사망사건을 둘러싸고 제국(의 언론)에 대응하는 '공동전선'을 구축했다.[45] 김명식의 글에는 노동운동의 국제적 공동전선에 대한 의식이 나타난다는 점이 주목된다.[46]

인용하여 수정한 데 대해서는 이 책의 3부 3장 김현주·가게모토 츠요시의 글, 337~339면 참고. 김명식은 다른 글에서도 러시아 사회주의에 대한 우치야마 쇼조의 해석에 전적으로 동의하지는 않음을 표시한 적이 있다. 「이월 혁명과 신사상의 발달」(『동아일보』, 1921.11.7.~1921.12.22. 총22회 연재)은 우치야마의 『세계혁명사론』8장 '2월 혁명의 의의'를 번역한 글인데, 마지막 절인 '마르크스주의의 세계적 확산'을 서술할 때 김명식은 '러시아의 불건전한 정세의 영향으로 사회주의가 과격하고 파괴적인 성격을 띠게 되었다'는 우치야마의 의견을 그대로 옮겼지만 맨 뒤에서 "노서아에 재(在)하여는 사회주의의 발달한 역사가 복잡"하다고 부연하여 우치야마의 판단으로부터 다소 거리를 두었다(1921.12.17.).

43 山川均, 「レーニンの生涯と事業」, 『社会主義研究』 3-3, 平民大學, 1921.4., 138~140면.

44 박종린은 김명식의 글을 잡지 『동명』의 '민족일치론'에 대한 비판과 연계하여 해석한다. 박종린, 「또 하나의 전선-신생활사그룹의 민족일치론 비판을 중심으로」, 『한국학연구』 61, 인하대학교 한국학연구소, 2021, 38면.

45 신석현사건에서 형성된 민족적 공동전선에서 신생활사의 구심적 역할에 대한 정윤성의 논의는 이 책의 4부 1장 정윤성의 글, 355~369면 참고.

혁명 후 볼셰비키정부의 정책 변화를 해설한 글도 실렸다. 유진희("蕪芽")는 혁명 3년 후의 시점에서 레닌이 서민과 노동자, 당과 관료 등에게서 보이는 혁명정신의 감퇴, 부패 등에 대해 실망과 우려를 느끼면서 해외에 망명한 사회당원과의 "화친"과 "타협"을 고려한 서한 「혁명에 대한 환멸」을 번역했다.[47] "辛"(신일용)의 「무산계급의 외교」는 거의 같은 시기에 레닌이 '세계혁명이 불가능해진 상황에서 러시아혁명을 구출할 방법은 농민계급과 타협하거나 자본주의국가로부터 경제적 지원을 받는 길 뿐'이라고 말한 데 대해 주석을 단 글이다. 자본주의 국가들로부터 경제원조를 받는 "타협"이 자본주의에 항복하는 것이 아니라 무산계급혁명의 성공을 위한 것임을 강조했다.[48]

주보 『신생활』에서 전개된 볼셰비즘 담론은 「레닌」의 연장선상에 있었지만, 차이도 있다. 「레닌」은 실은 1917년 혁명 성공까지의 역사에 초점을 맞춘 글이었다. 야마카와의 레닌 전기는 레닌이 혁명에 성공하여 권력을 장악하기까지의 행적을 서술한 것이며, 우키야마 쇼조의 책에서 가져온 주요 내용은 근대혁명운동의 역사와 1905년 혁명에서 1917년 혁명까지의 역사였다. 나카메 히사시요의 책에서 가져온 것은 프롤레타리아 독재의 이념이 혁명 후 법으로 구현된 데까지였다. 이 글의 서론에서 김명식은 당시(1921년도) 볼셰비키의 사상·정책이 혁명 당시의 그것들로

---

46 박현수는 주보 『신생활』 10호의 편집 및 디자인에서 프롤레타리아 국제주의가 강조된 점을 지적한 바 있다. 박현수, 앞의 글, 272~280면 참조 바람.

47 레닌 작, 무아(蕪芽) 역, 「혁명에 대한 환멸」, 『신생활』 10, 1922.11.4., 14면.

48 辛, 「무산계급의 외교」, 『신생활』 10, 1922.11.4., 11면. 이외에 러시아혁명을 제재로 한 짧은 글로 아(芽: 유진희)의 「저능아의 오산」(3면), 공민(公民, 나경석)의 「적빈중백빈(赤貧中白貧)」(13면)이 있다. 「열풍급치(熱風急馳)」는 해외의 민족운동, 혁명운동 소식을 전한 지면인데 「포염(浦鹽)은 적군(赤軍)의 천하」, 「적군의 포염 점령을 축복하는 트로츠키」, 「백군(白軍)과 일본군은 생명재산의 적(敵)」 같은 뉴스가 있다.

부터 변화되었고 심지어 반대되는 점이 있다고 지적했지만, 그 내용에 대해서는 '주안점이 사상 실현에서 경제 안정으로, 사회 주도에서 국가 주도로 변했다'는 요약적이고 종합적인 평가를 제시한 데 그쳤다.[49] 「레닌」에서 제기된 볼셰비키의 사상과 정책에 대한 평가 문제는 『신생활』에서 비로소 자세하게 논의되었다고 말할 수 있다. 『신생활』은 프롤레타리아 독재, 프롤레타리아 국제주의 등 주요 사상을 이론적으로 연구, 주석했을 뿐만 아니라 혁명 당시의 정책으로부터의 변화, 예컨대 망명 정치세력이나 자본주의 국가와 타협을 시도하게 된 배경이나 목적에 대해서도 해설을 제공했던 것이다.

볼셰비키의 정치에 대한 정보와 해설의 원천은 『사회주의연구』를 위시한 일본 사회주의자들의 연구였다. 1920년 중반부터 일본의 사회주의자들 사이에 러시아혁명에 대한 관심이 고조되있는데, 특히 야미기와 히토시와 사카이 도시히코(堺利彦)가 공동 주필을 맡았던 잡지 『사회주의연구』는 볼셰비즘에 대한 이론적 논의를 진행한 한편, 혁명 후 러시아 내부의 계급투쟁과 내전 상황, 경제 곤란, 그리고 외교 및 국제관계 같은 문제들을 검토했다.[50] 코민테른(제3인터내셔널)의 요청으로 일본공산당이 창당한 것은 1922년 7월 15일이었으며 공산당 결성에 참여한 8인 중에 야마카와 히토시와 사카이 도시히코도 있었다. 하지만 초창기의 일본공산당은 조직과 강령이 매우 취약했다.[51] 『신생활』의 필자들이 번역하거

---

49 「니콜라이 레닌은 어떠한 사람인가 (1)」, 『동아일보』, 1921.6.3.
50 『社會主義研究』는 1920년 중반부터 마르크스주의와 볼셰비즘을 동시에 소개, 논의했다. 小野容照, 앞의 논문, 32~40면 참조.
51 일본공산당은 11월에 코민테른 지부로 정식 발족했다. 이때 코민테른이 만들어준 규약과 강령의 초안을 심의하게 된다. 정혜선, 「1920년대 일본사회주의 운동과 평화공간: 일본공산당과 사노 마나부의 활동을 중심으로」, 『인문사회 21』 7(5), 인문사회 21, 2016, 927~930면 참조.

나 소개한 글들은 그 이전에 작성된 것들이었는데, 맥락을 더 상세히 고
려해야 하지만, 망명 정치세력이나 자본주의 국가와의 타협 같은 주제들
을 선택하여 해설한 것은 그와 같은 정책 변화를 '자본주의 국가에의 항
복'으로 해석하는 담론이 조선에도 넓게 확산되었음을 보여준다고 생각
된다. 『신생활』은 이러한 해석을 차단, 수정하고자 했던 것이다.[52]

  '러시아혁명 5주년 기념호'로 발행된 11호는 발매금지, 압수되어 내용
을 알 수 없는데,[53] 재판부의 판결 내용을 참조하면, 필화사건의 빌미가
된 「노서아혁명 오주년 기념」과 「오년 전 금일을 회고」는 러시아혁명을
전 세계 인민을 위한 호소로 보면서 자본주의의 모순과 부정을 타파하기
위해서는 조선에서도 러시아혁명을 모델로 한 혁명이 일어나야한다는
주장을 폈다.[54] 이러한 주장은 10호에서 김명식이 러시아혁명의 사상을
전거로 삼아 조선의 정치적, 사회적 사안들을 비평, 전망했던 데서 '좀
더 나간' 것이라고 할 수 있지만, 필화사건이 순전히 글의 논조에 의해
야기된 것이 아닐 뿐더러,[55] 이 글들이 실제로 그런 내용을 주장했는지는

---

52 4절에서 논의하겠지만, 김명식은 「레닌」을 저본으로 한 단행본 『노국혁명사와 레닌』
    을 발행하면서 저본을 거의 그대로 옮겼는데, 책의 맨 마지막에 "근일에 조(至)하야 소비
    에트정부의 정책이 다소 완화되어 자본주의에 항복이라는 외관을 정(呈)하였으니 과
    연 금후의 레닌이 가관(可觀)이며 금후의 소비에트가 가관이다."라는 문장을 추가했
    다. 김명식, 『노국혁명사와 레닌』, 신생활사, 1922, 235면. 잡지 『신생활』에는 정책
    변경이 사회주의혁명을 성공시키기 위한 방책이었다고 주장하는 글을 실었지만, 단
    행본에서는 그러한 판단을 내세우지 않았다. 검열을 의식한 조정으로 보인다.
53 11호에는 두 편의 글 이외에도 러시아혁명 관련 기사가 여러 편 실렸다. 「신간소개」,
    『동아일보』, 1922.11.13.
54 「신생활사건의 언도」, 『조선일보』, 1923.1.17.
55 필화사건의 배경과 의도, 결과에 대한 해석은 한기형, 『식민지의 문역』, 성균관대학
    교 출판부, 2019, 165~175면 참조. 신석현사건 및 자유노동조합 설립과의 관계 등을
    조명함으로써 '필화사건'이 신생활사와 노동운동의 연계를 저지하고자 한 당국의 선
    제적 탄압이라는 측면을 강조한 논의는 이 책의 4부 2장 백은주의 글, 383~415면
    참고.

확인할 수 없다.[56]

이제까지의 논의를 정리하면, 잡지 『신생활』의 러시아혁명 담론은, 당시 러시아의 사회문화적 동향에 대한 긍정적 표상을 제공함으로써 반사회주의, 반러시아 담론을 반박, 수정한 한편, '자본주의에의 항복' 같은 담론의 영향력을 차단하고자 했다. 다른 한편 무산계급 독재나 세계주의(반제국주의, 세계혁명론) 등 러시아혁명의 사상을 연구하고 전파했다. 마르크스에 대한 주석도 볼셰비즘의 영향을 많이 받고 있었는데, 이러한 사상을 적용하여 조선의 사회운동을 비평, 전망하려는 시도도 했다. 하지만 이것이 하나의 통일적인 운동론으로 수렴되지는 않았다. 신생활사의 이론가들은 일본 사회주의자들 가운데 레닌주의에 가까웠던 사상가들의 분석과 해석을 참조, 수용했지만, 이때는 일본사회주의운동에서도 어떤 통일적인 입장, 목적, 방침, 계획이 수립되기 전이었다.

4. 레닌 이전의 혁명운동사

『신생활』에서 주목되는 또 하나의 담론은 1917년 혁명 이전의 혁명운동사다. 이 담론은 두 가지 측면에서 흥미를 끈다. 하나는 3절에서 살핀 러시아혁명 관련 기사에 비해 오히려 분량이 많았고, 대화, 전기, 에세이, 소설 같은 문학적, 서사적 양식을 활용하여 독자의 접근성을 높였다는 점이다. 다른 하나는 단행본 『노국혁명사와 레닌』의 발행 기획과 연계되었다는 점이다. 『신생활』을 월간지로 전환한 후 신생활사는 출판부를 신설하고 월간 『신생활』과 연계한 대중출판을 기획했는데, 이 가운데

---

56 12~14호도 발매금지, 압수되어 내용을 알 수 없다. 15호(1922.12.23.)는 지면이 광고 포함 총 12면으로 줄었고 러시아 관련 기사가 거의 없다.

하나가 김명식의 「레닌」을 단행본으로 편성하여 발행하는 일이었다.[57]
이 책에서 강조된 시각이 바로 레닌의 혁명을 제대로 이해하기 위해서는
그 이전 혁명운동의 역사를 알아야한다는 것이었다.

신뷘벌(신백우)이 번역한 아르치바셰프(1878~1927)의 『血痕』(6호~9호,
총 4회 연재)은 "1905년 노서아 제1회 혁명 와중에서 작자 자신이 체험한
사실을 제재로 하여 쓴 혁명소설"이다.[58] 제목이 암시하듯이 이 소설에
서 군중 봉기는 군대에 의해 무참히 진압된다. 소설은 작은 기차역의 평
범한 역장 '아니시모프'의 시선을 따라가면서 봉기 당시 사회 분위기와
민중들의 움직임을 전달한 동시에 그의 심리 묘사를 통해 민중들이 느꼈
던 희망과 기대, 좌절감, 불안과 공포를 상세히 전한다. 기안생의 「지식
계급의 실패」(7호)는 영국에 망명해있던 크로포트킨이 1905년 혁명의 실
패 원인과 혁명운동의 지도계급 변화에 대해 러시아 청년과 대화한 내용
이다. 크로포트킨은 1905년 혁명에서 실패한 것은 러시아 국민 전체가
아니라 '지식계급(인텔리겐치아)'이었다고 보았다. 그에 따르면, '이론의
수표를 너무 써버려서 실행에 관한 현금을 가지지 못한', 즉 자신들의
지식과 권위를 과신하여 국민의 소리를 들으려하지 않고 국민을 지도하
려고만 한 인텔리겐치아가 파산한 것이다.[59]

「프레쓰코쓰카야 여사 소전」(8호)은 1917년의 혁명이 수많은 혁명가
가 흘린 피의 결정체라면서 혁명운동에 투신한 여성들을 열거하고 '노
국혁명의 조모(祖母)' 프레스코스카야의 생애를 조명했다. 글의 후미에

---

57   대중출판 기획 중 다른 하나는 '사회문제총서'였으나 필진인 김명식과 신일용이 구속
    수감되어 무산되었다. 자세한 논의는 이 책의 1부 2장 김현주·조정윤의 글, 51~53면
    참고.

58   알틔빠세푸 작, 신뷘벌 역, 「혈흔」, 『신생활』 6, 1922.6.6., 135면.

59   기안생(飢雁生), 「지식계급의 실패」, 『신생활』 7, 1922.7.5., 107~108면.

서 번역자인 일기자는 프레스코스카야의 "그 주의에 공명"해서가 아니라 "그 생활과 열정과 노력을 소개함을 위함"이라는 말을 덧붙였다.[60] 이는 프레스코스카야가 케렌스키정부의 일원으로 활동하다가 레닌이 정권을 장악한 후 망명을 하게 된 점에도 불구하고 혁명가로서의 생애를 높이 평가한다는 입장을 표현한 것이다. 이성태의 에세이 「상편」(9호)은 크로포트킨을 혁명가 또는 사회운동가라는 관점에서 형상화한 글이다. 『신생활』에서 이성태는 크로포트킨의 아나키즘 사상 소개에 주력했는데,[61] 크로포트킨의 자서전 본문과 게오르그 브란데스의 서문에서 인용한 내용이 글의 4/5를 차지하는 이 독서 에세이에서는 젊은 크로포트킨이 지리학 연구에 몰두하며 학문적 환희를 맛보다가 그 환희를 소수만 누리고 있다는 깨달음에서 고통을 느끼고 자연과학자가 되려던 마음을 돌려 사회운동가가 되기로 결심하는 대복에 수복했나. 어기서 부각된 것은 아나키즘의 개념(이론)이나 자본주의체제에 대한 근본적 비판이 아니었다. 그보다는 실천적 "열정", 노동자에 대한 사랑, "분노"와 "발분" 같은 적극적 감정, 그리고 투쟁의 의지를 가진 새로운 지식인의 형상이었다.[62]

일기자라는 필명으로 게재된 「노서아농민사경개」(9호)는 사노 마나부(佐野學)의 『노서아경제사연구(露西亞經濟史研究)』(大鐙閣, 1921)를 발췌 번

60　일기자, 「프레쓰코쓰카야 여사 소전(小傳)」, 『신생활』 8, 1922.8.5., 65~71면(8행 삭제). 이 글은 佐野學, 『社會制度の諸硏究』, 同人社書店, 1920.(초판, 1921년 재판)에서 발췌 번역한 것이다.

61　박양신, 「근대 일본의 아나키즘 수용과 식민지 조선으로의 접속-크로포트킨 사상을 중심으로」, 『일본역사연구』 35, 일본사학회, 2012.

62　이성태, 「상편(想片)」, 『신생활』 9, 1922.9.5., 89면. 크로포트킨의 자서전 번역에 관한 논의는 김미지, 「동아시아와 식민지 조선에서 크로포트킨 번역의 경로들과 상호참조 양상 고찰」, 『비교문화연구』 43, 경희대학교 글로벌인문학술원, 2016 참조.

역한 글이다. '사회주의에서 말하는 프롤레타리아(무산자)는 러시아에서
는 곧 농민이었다.'고 보고 러시아혁명에서 농민문제 해결의 중요성을
강조하면서 고대에서 농노제를 거쳐 근대에 이르기까지 러시아 농민의
비참한 생활과 농민 반란의 역사를 개괄했다. 농민의 심리와 요구를 통찰
한 레닌이 정권을 장악함과 동시에 토지국유화를 선언하고 농업의 사회
화를 추진했다는 내용으로 마무리를 하고 있지만, 이 글에서 중요하게
서술된 내용은 "노서아농민의 과거"였다. 특히 중요한 대목은 1861년 농
노해방 이후에도 봉건적 생산조직과 자본주의적 약탈의 질곡에 빠져있던
농민이 1905년 봉기부터는 스스로 혁명적으로 행동했다는 점이었다.[63]

신생활사는 잡지『신생활』에 1905년 혁명을 앞뒤로 한 역사와 인물,
집단들을 조명한 다양한 기사를 수록한 한편, 단행본『노국혁명사와 레
닌』을 발행했다.[64] 책의 주제와 발행 목적을 이해하기 위해서는 이 책이
저본들과 맺고 있는 관계에 대한 김명식의 설명을 자세히 검토할 필요가
있다. 8월 27일에 작성한 후기「나문 말삼」에서 그는 1년 전에『동아일보』
에 연재했던「레닌」을 "증보삭감(增補削減)"하여 책을 편성했다고 밝혔다.
아울러 일본어 원본에 대해서도 자세히 소개했는데, 흥미로운 점은 그가
우치야마의 사상(반볼셰비즘)이 야마카와의 사상(볼셰비즘)과 모순을 일으

63 일기자,「노서아농민사경개(梗槪)」,『신생활』9, 1922.9.5., 57~67면. '일기자' 명의
로 발표된 이 글과「프레쓰코쓰카야 여사 소전」(8호)은 사노 마나부의 책에서 발췌
번역한 것이다. 사노 마나부(1892~1953)는 도쿄제대 대학원에서 농업사를 연구했고
사회주의단체〈신인회〉에 참여했으며 와세다대 강사 시절 일본공산당에 입당했다.
사노 마나부의 연혁과 활동은 김정호,「좌야학의 전향 논리와 그 사회적인 반응」,
성균관대학교 석사학위논문, 2007, 16면; 정혜선, 앞의 글, 928~929면 참조. '일기
자'는 김명식으로 추정된다.
64 김명식,『노국혁명사와 레닌』, 신생활사, 1922.10.30. 표지 바로 다음 장에 레닌의
초상이 있으며 총 235면이다. 책의 기획, 출간 과정에 대해서는 이 책의 1부 2장 김
현주·조정윤의 글, 53~55면 참고.

킬 가능성을 인지하고 있었다는 것이다. 그는 "사상 계통이 서로 빙탄간 (氷炭間)이라 할" 우치야마와 야마카와의 글이 "스스로 각(各)히 유입"되면 혹시 "전후모순부조화"가 발생할 수 있으므로 "내산(內山) 씨의 저서에서 는 다만 역사적 사실만을 차래(借來)"함으로써 "사상상(上)의 부조화 우 (又)는 모순이 배제"되도록 처리했다고 했다.[65] 이는 단행본『노국혁명사 와 레닌』을 편성한 당시가 아니라 그 이전, 그러니까 1921년도에「레닌」 을 저술할 당시 취했던 조치에 대한 서술로 판단된다. 왜냐 하면 1921년 도의「레닌」과 1922년도의『노국혁명사와 레닌』은 내용이 거의 동일하기 때문이다. 자신이 썼던 서론과 결론, 그리고 일본어 원본에서 발췌하여 번역한 본론을 거의 그대로 옮겼다.「러시아의 산 문학」에서는 생략했던 우치야마의 문단도 이 책에는 원래대로 남겼다. 전체 20장이었던「레닌」 을 14장으로 조정하고 장마다 일본어 저본의 설 제목을 되살리고 그에 맞춰 제목을 달아주는 정도로만 내용을 손봤다.

사상적 모순과 부조화를 우려하면서도 우치야마의 책에서 가져온 내 용을 단행본『노국혁명사와 레닌』에 옮긴 이유는 책을 통해 전달하려한 핵심 내용이 '러시아의 혁명운동사'였기 때문이었다. 김명식은 책의 원 래 목적이 레닌을 소개하는 데 있다고 하면서도 "레닌을 산출한 노서아 혁명사를 일람치 아니하고 단(單)히 레닌의 사실만을 거두절미하고 단편 적으로 기술할 것 같으면 이야말로 너무 돌발적이 되어 레닌의 사업 그 것을 능히 요해(了解)치 못하는 것은 물론이요 이와 동시에 그 사업의 요 소가 일조일석에 성취한 것이 아니라 기(旣)히 역사적으로 장구한 시일 에 배태성숙(胚胎成熟)하였다가 마침내 실현된바 일정(一定)의 필연의 이 로(理路)가 자재(自在)함을 망각하게 될 우려가 무(無)치 아니"하다고 했

---

65   김명식,「나문 말삼」,『노국혁명사와 레닌』, 신생활사, 1922.10.30., 1면.

다.[66] 이것이 바로 애초에 김명식이 야마카와의 레닌 전기만으로는 만족할 수 없었던 이유인데, 『노국혁명사와 레닌』에서는 맨 앞에 이러한 안내 문장을 넣어서 독자들이 '레닌의 사실과 사업' 이전에 그것을 '배태'하고 '성숙'시킨 혁명운동의 장구한 역사에 주목하도록 했다. 책 제목을 '노국혁명'에서 '노국혁명사'로 수정한 것도 이런 취지를 살리기 위해서였다.

후기의 말미에서 김명식은 러시아 혁명운동사의 구성 요소를 '인간 감정에 대한 활(活)문학의 호소, 농노의 비참한 생활에 대한 윤리적 분노, 반란의 선봉에 섰던 투사들의 용감한 희생, 사치 방탕한 귀족과 부호들의 횡포, 질곡에 빠진 인민들의 생활과 희생' 등으로 요약했다.[67] 앞서 살핀 잡지 『신생활』의 기사들을 함께 고려하면, 신생활사의 사회주의자들이 러시아의 혁명운동사에서 특별히 주목한 것은 19세기 후반에서 20세기 초에 '새로 등장한' 지식인들의 인간애와 노동자에 대한 사랑, 혁명적 열정, 노동자와 농민의 비참한 생활과 희생 등이었음을 알 수 있다. 김명식이 혁명운동의 원동력으로 맨 먼저 꼽은 '활문학'은 바로 이를 기록하고 재현한 문학을 가리켰다.

5. 러시아문학과 고리키

『신생활』의 편집원칙인 '민중문예 연구'의 방향을 구체화한 글은 「노서아의 산 문학」이다. 이 글에서 김명식은 러시아 근대 문학과 사상의 초석을 놓은 고골, 게르첸, 푸시킨, 벨린스키의 민중에 대한 애정과 민

---

66 김명식, 위의 글, 2면.
67 김명식, 위의 글, 2~3면.

중을 각성시킨 공로를 개괄하고, 투르게네프(1818~1883), 도스토예프스키(1821~1881), 톨스토이(1828~1910), 고리키(1868~1936)의 문학을 차례로 소개했다. 아래는 네 명의 작가에 대한 서술을 마무리한 소결이다.

> 그런데 이상에 말씀한 "투르게네프" "도스토옙스키" "톨스토이" "고리키" 등의 주장을 예술로써 볼 지경이면 각(各)히 다른 색채가 없지 아니하되 그 철두철미하고 인류적 의식의 위에 서서 민중적 정신 가운데에서 생활한 것은 다 동일하며 자못 이 네 사람이 같을 뿐만 아니라 당시의 문인과 사상가 모두 이와 공통한 의식 위에 서서 공통한 정신으로 생활하였습니다. 저들의 주장과 창작으로 말미암아 노서아 민중은 인류적 의식과 민중적 정신을 환연(煥然)히 각성하게 되었습니다. 이른바 노서아의 맑스주의라 하는 것도 오로지 이 의식과 이 정신 우에 건설이 된 것이외다. 그리하고 이것이 구체적 형식을 이룸에 이르러서 사회민주당 사회혁명당이 성립이 되어 1905년의 혁명이 있었으며 또 혁명이 1917년에 폭발이 되어 <u>금일의 노서아 즉 공산경제 위원정치의 노서아를 산(産)</u>하였습니다.[68]

위 인용문은 앞서 언급한 대로 우치야마 쇼조가 『세계혁명사론』에서 러시아의 혁명운동의 발달에 미친 민중예술의 영향에 대해 서술한 내용을 번역한 「레닌」의 해당 부분을 그대로 옮겨온 것이다. 여기에 김명식은 마지막 문장의 밑줄 친 부분, '현재의 러시아, 즉 공산주의 경제, 소비에트 정치라는 이상적 제도를 이룩한 러시아'를 추가했다. 이 글의 주장은 러시아에서 마르크스주의의 성장과 발전, 그리고 궁극적으로 혁명의 성취에는 민중들을 각성시킨 문학(인들)의 공로가 컸다는 것이다.[69]

비단 「레닌」뿐만 아니라 그 글의 연재를 마친 후 바로 이어서 연재한

---

68 김명식, 「노서아의 산 문학」, 『신생활』 3, 1922.4.1., 11면.(밑줄은 인용자)
69 김명식, 위의 글, 4~5면.

「불란서혁명과 문학의 혁신」(9.1.~10.29., 총 47회)에도 문학 혁신 운동의
중요성에 대한 인식이 나타난다. 이 글도 우치야마의 『세계혁명사론』를
번역한 것인데, 결론에서 김명식은 '프랑스혁명의 원동력은 문학 혁신'
이었다면서 "혁명운동이나 개조사업을 선(先)하여 반드시 문학의 혁명이
나 개조가 유(有)하여야 할지니 이 곧 사회와 국가의 문학을 혁신하고
신문학을 주출(做出)하는 운동이라. 고로 사회개조를 운(云)하는 자는 필
히 차(此)를 찰(察)하지 아니치 못할 것"이라고 했다.[70] 사회의 혁명, 개조
를 추구하는 운동에 앞서 반드시 문학을 혁명, 개조하는 운동이 있어야
한다는 뜻이었다.

　『신생활』이 제시한 문학 혁명의 모델은 프랑스문학이 아니라 러시아
문학이었다. 「노서아의 산 문학」에 따르면, 러시아문학은 다른 국가에서
는 일찍이 보지 못한, 문학에 대한 종래의 관념을 깨는 산 문학=생(生)文
學=활문학이다. 이는 '러시아 문학의 기형성'이라는 우치야마 쇼조의 평
가(를 그대로 수용한 「레닌」의 평가)를 전도시킨 대목이다. 서구 문학의 경
로에서 벗어난 것을 기형이나 후진이 아니라 오히려 살아있음의 증표로
평가했기 때문이다. 러시아문학이 '산 문학'인 이유는 '민중의 감정과 실
생활을 그대로 기록하고 인류의 이상을 그대로 표현하고 시대의 압력과
주위의 위협을 두려워하지 않았기 때문'이었다. 결론에서 김명식은 러시
아의 문학을 모범으로 삼아 조선의 문학을 혁신해야 한다고 주장하면서
그러기 위해서는 우선 작가들이 "민중에게로 가야할 것"이라고 말했다.[71]

70　「불란서혁명과 문학의 혁신」, 『동아일보』, 1921.10.29. 이 글의 본론은 우치야마의
　　『세계혁명사론』의 3장 '불란서의 혁신문학', 5장 '불국혁명의 경과', 6장 '세계혁명사
　　상에 있어서 나폴레옹의 위치', 7장 '불란서 혁명 이후 사회상태의 일변'을 번역한
　　것이다.
71　김명식, 앞의 글, 5~6면. 이 글의 주장과 주요 개념을 활용한 현장평론으로 「서화협회
　　제2회 전람회를 보고」가 있다. 일기자, 「서화협회 제2회 전람회를 보고」, 『신생활』

문학 혁신의 노력이 구체화된 것은 월간지로 전환한 6호부터다. 창간호에 '민중문예 연구'를 내걸고 3호에서 주필인 김명식이 그 방향성도 제시했지만, 순간 발행기(1~5호)의 편집에서는 적극성을 실감하기가 어렵다. 조금이라도 정치시사를 다루자는 취지에서 순간 발행을 선택했기 때문에 문학 기사는 뒤로 미뤄졌던 것 같다. 검열기관의 압박에 밀려 월간지로 전환한 6호부터 문학 지면이 확대되어 창작 소설과 번역 소설이 다수 게재되었고 산문시, 풍자, 일기, 기행 등 장르도 다양해졌다. 염상섭의 『묘지』(『만세전』)가 연재된 것도 이때다(7~9호). 기자들의 문학 기사도 풍부해졌다.[72] 문학 관련 번역물은 총 12편이었는데, 이 중 11편이 6호 이후에 게재되었다. 아래는 러시아 문학 관련 번역물 7편의 목록이다.

5, 1922.4.22., 39~42면. 필자는 김명식으로 추정된다.

72 신생활사의 기자들은 『신생활』에 창작 10편(소설 1편, 시 6편, 수필·일기 2편, 현장비평 1편), 번역/번안 8편(소설 5편, 문학론·비평 3편)을 발표했는데, 대체로 6호 이후에 실렸다. 이들은 자신들이 주로 참조했던 사카이 도시히코나 오스기 사카에처럼 문학적 형식을 활용하여 검열 권력을 우회하면서 사회주의사상에 입각한 비평과 계몽을 수행했다.

〈표1〉 신생활사 기자단의 문학 관련 기사 목록

이름	제목(종류, 수록 호)
김명식	「노서아의 산 문학」(문학론_번역, 3호)
신일용	「희생」(소설, 6호), 「엽서운동」(풍자_번안, 7~8호), 「밤비」(산문시, 8호), 「민중문호 고리끼의 面影」(문학평론_번역, 10호)
정백	「노농로서아의 문화시설」(문학론_번역, 6호), 「암흑을 깨트리고」, 「비오는 빈촌」, 「광야에 누어」(시, 6호), 「머리 둘 곳은 어데?」(시, 7호), 「이상향의 남녀생활」(소설_번역, 8호), 「일기 중에서」(일기, 9호), 「두만강가에서」(시, 10호)
이성태	「父」(소설_번역, 8호), 「鎭공장」(소설_번역, 9호), 「想片」(수필, 9호)
유진희	「신앙과 주의」(소설_번역, 10호)
일기자	「서화협회 제2회 전람회를 보고」(평론_5호)
창작(소설 1편, 시 6편, 수필·일기 2편, 현장비평 1편, 총 10편) 번역/번안(소설 5편, 문학론·비평 3편, 총 8편)	

〈표 2〉 러시아 문학 관련 번역물 목록

(문학론·비평 포함, 저자명은 현대어 표기로 바꿈)

호	저자	제목	번역자(본명)	비고
3	우치야마 쇼조	露西亞의 산 文學	김명식	「니콜라이 레닌은 어떠한 사람인가」 3절 일부의 재수록
6	야마카와 기쿠에	勞農露西亞의 文化施設	정백(정지현)	노보리 쇼무의 글 일부 포함
6~9	아르치바셰프	血痕	신뷘벌(신백우)	완역
7	고리키	意中之人	秦瞬星(진학문)	
10	고리키	信仰과 主義	蕉芽(유진희)	
10	크로포트킨	民衆文豪 고리끼의 面影(1)	赤唳(신일용)	미완
15	에로셴코	公主와 漁夫	時白(미상)	미완

　1920년대 초 로맹 롤랑의 민중예술론의 수용 경로를 추적한 박양신은 당시에 "민중예술의 주장은 사회주의계열로부터도 등장했다"고 지적하고 김명식의 「노서아의 산 문학」과 정백의 「노농로서아의 문화시설」을 검토하여 이 논의가 "사회주의체제를 발족시킨 러시아 사례를 원용하는 형태"였다고 평가한 바 있다.[73] 이는 『신생활』의 민중예술론의 러시아 맥락을 짚어준 의미가 있는데, 위 목록을 보면 『신생활』에서 민중예술에 대한 관심이 김명식과 정백의 글로 완료된 것은 아니었다.

　러시아문학 관련 작품 7편 중 소설이 4편이고 문학론 및 비평이 3편이다. 제일 먼저, 그리고 길게 연재된 소설은 앞서 살핀 아르치바셰프의 『혈흔』이었고 주목을 가장 많이 받은 작가는 고리키였다. 김명식이 「노서아의 산 문학」에서 거론한 문호 4명 가운데 『신생활』이 관심은 가진 작가는 맨 마지막의 고리키였다. 진학문의 「의중지인」은 조선에서 번역된 최초의 고리키 소설이었다(1922.7.5.). 이어 유진희가 소설 「신앙과 주의」를 번역했다(1922.11.4.). 신일용의 「민중문호 고리끼의 면영 (1)」은,

---

비록 미완이지만, 고리키의 자서전과 크로포트킨의 고리키 비평을 발췌 번역한 글이었다.[74]

위 글들을 앞뒤로 한 고리키의 수용사를 일별하면, 조선에서 '고리키'는 1910년대 후반 『청춘』에 실린 이광수의 소설 「김경(金鏡)」과 『학지광』에 실린 극웅(極熊) 최승만의 「노서아 국민성」에 이름 정도가 등장하며, 『신민공론』 창간호(1921.5.11.)에 고월(孤月)이라는 필자가 「노문호(露文豪) 고리키 약전(略傳)」를 통해 생애와 문학세계를 소개했다. 한편 고리키 소설의 번역으로는 현진건의 「가을의 하로밤」(『개벽』 25호, 1922.7.10.)이 있고, 이어서 진학문의 「첼캇슈」(『동아일보』 1922.8.2.~9.16. 총 47회 연재)가 있다.[75]

주보 『신생활』 10호가 2019년에 처음 학계에 소개되었기 때문에 유진희의 소설 번역과 신일용의 평론은 고리키 수용사에서 아직 논의된 적이 없는데, 볼셰비즘에 대한 논의를 본격화한 『신생활』 10호에서 두 명의 기자가 고리키의 소설을 번역하고 고리키의 자서전과 그에 대한 평론을 참조하여 소개문을 작성했다는 점이 주목된다. 고리키를 '민중문호'로 호명한 점을 고려하면, 『신생활』의 '민중문예 연구'의 귀착점은 고리키였던 것으로 짐작된다. 현진건이나 진학문과 함께, 어떤 의미에서는 그들보다 먼저, 조선에서 러시아문학의 추천도서를 투르게네프나 톨스토이에서 고리키로 이동시키고 있었던 것은 사회주의 운동가들이었다.

---

74 『동아일보』의 신간소개를 참조하면 이 글은 최소 3회까지 연재되었는데, 해당 호가 발매금지, 압수 처분을 받아 현재는 실물을 확인할 수 없다. 「신간소개」, 『동아일보』, 1922.11.13.; 「신간소개」, 『동아일보』, 1922.11.20. 13호, 14호의 내용에 대해서는 알려진 바가 없다.

75 1910년대 말에서 1920년대 초 조선에서의 고리키 수용에 대해서는 한설야 외 지음, 『고리키와 조선문학』, 김송본 엮음, 좋은책, 1990; 조진기, 「1920년대 고리키의 수용과 그 영향」, 『모산학보』 10, 동아인문학회, 1998 참조.

6. 고리키를 만나 마르크스와 크로포트킨에게로

3.1운동기의 혁명적 열기가 점차 사그라지고 1921년 말 워싱턴회의의
종결과 함께 외교적 방법에 의한 즉각 독립의 기대는 무산되었다. 1922
년에는 '조선은 어디로 어떻게 가야할 것인가'를 두고 대결의 정치가 개
막했다. 사회 각 방면의 자본주의적 근대화를 통한 실력양성이나 자치론
이 부상한 한편, 노동자, 청년, 여성, 소작인, 학생, 지게꾼 등 새로운
사회적 주체들의 목소리와 움직임이 커졌다. 1922년 벽두에 있었던 '고
김윤식 사회장 반대운동'은 기왕에 사회운동, 교육, 언론 영역을 주도하
던 기성의 지식인 집단에 대항하여 신진의 사회주의 운동가 집단이 정치
적 실력을 과시한 사건이었다. 『신생활』은 이러한 쟁론의 과정이자 그
산물로 탄생한 잡지였다. 본고는 조선에서 최초로 발행된 사회주의 잡지
『신생활』의 문화 정치에서 '러시아혁명사' 담론의 내용과 의미를 종합적
으로 고찰한 것이다.

논의 내용을 요약하면 다음과 같다. 첫째, 『신생활』은 공론장에서 러
시아혁명의 이념을 볼셰비즘의 언어로 정의하고 정당화한 첫 번째 집단
적 시도였다. 둘째, 『신생활』은 당시 러시아의 사회상에 대한 긍정적 표
상화를 통해 반사회주의, 반러시아혁명 담론을 반박하는 한편, 청년지
식인과 운동가들에게는 볼셰비키의 혁명 이념과 혁명 진행과정에서 나
타난 정책 변경의 배경과 의미를 해설했다. 일본 사회주의자들의 분석을
전달한 성격이 강했지만, 볼셰비즘 노선을 참조하여 조선의 사회운동을
비평한 시도도 있었다. 셋째, 잡지 『신생활』과 단행본 『노국혁명사와 레
닌』(1922.10.30.)에는 레닌 이전 혁명운동의 역사와 그 구성 요소를 자세
히 형상화하려는 시도가 나타난다. 특히 혁명적 지식인의 민중에 대한
사랑과 열정, 희생, 그리고 노동자, 농민의 비참한 생활과 희생을 생생

하게 전달하고자 했다. 넷째, 신생활사에 모인 사회주의 운동가들은 사회주의혁명 이전 문학 혁신 운동의 필요성을 인식하고 그 모델로 러시아 근대문학을 참조했다. 새로운 문학의 모범으로는 고리키를 선택했다.

　10호부터 발행된 주보는 제2의 창간이라 할 만큼 잡지『신생활』의 성격을 크게 변화시켰지만, 전반적으로 보면, 신생활사의 담론 정치의 핵심은, 레닌과 볼셰비키의 혁명론에 대해 최신의 지식과 정보를 제공한 한편, 러시아혁명을 배태하고 성숙시킨 혁명운동의 역사를 제시한 것이었다. 이는 검열의 압박을 포함한, 조선의 정치상황에 의해 강제된 방향이었다. 봉건적 질곡과 전제정치, 자본주의의 억압이 결합된 사회에서 일약 사회주의혁명을 성공시킨 레닌과 볼셰비키는 주변부(반)식민지의 지식인들에게 사회주의혁명의 가능성을 상상할 수 있게 했지만,[76] 신생활사에 모인 사회주의 운동가들이 처한 정치상황은 19세기 소 전제싱치 하의 러시아에 비견될 수 있는 수준이었다.[77] 이들은 20세기 초를 전후한 러시아의 혁명운동사에서 조선인들의 생활과 감각을 혁신할 새로운 형상을 길어 올리고자 했다. 레닌의 형상보다 '구' 혁명가들의 형상이 두드러진 것은 이 때문이다. 문학 혁신 역시 이 같은 정세 판단에 따른 것이었다.

　본고는 신생활사의 사회주의 운동가들이 문학 혁신의 모델로 러시아 근대문학과 고리키를 선택했다고 보았는데,[78] 보완해야 할 사항이 많다.

76　권보드래, 「김기진의 '클라르테(Clarté)' 번역과 한국문학의 레닌적 계기」, 『사이間 SAI』 31, 국제한국문학문화학회, 2021, 219면.

77　김명식은 19세기 초반 니콜라이 1세가 전제정치 폐지와 입헌국가 수립을 위한 지식인들의 운동을 억압하기 위해 언론과 교육을 탄압한 내용을 번역하고 "1828년 이래의 노서아에 재(在)하여서는 20세기의 조선과 조금도 달치 아니하였"다고 첨언한 바있다. 「니콜라이 레닌은 어떠한 사람인가(9)」, 『동아일보』, 1921.6.20.

78　본고는『신생활』의 문학 혁신에서 러시아 맥락에 주목했지만, 『신생활』의 문학을 러

진학문, 유진희가 번역한 고리키의 단편소설 「의중지인」, 「신앙과 주의」
에 대한 자세한 분석이 필요하고, 그 작품들이 선택된 이유나 수용 경로
를 밝혀야 한다. 김명식의 고리키 비평은 앞선 고월의 글에 비해 '이데올
로기 비평'의 성격이 두드러진다. 이 지향을 잘 설명하기 위해서는 원
저자인 우치야마 쇼조의 고리키 인식의 형성 경로 및 특징을 조사해야
한다. 그리고 신일용의 글을 해석하기 위해서는 고리키의 자서전과 크로
포트킨의 고리키 비평의 수용 맥락을 해명해야 한다. 이를 바탕으로 서
구와 일본에서 선택된 고리키에게 조선의 사회주의 운동가들이 어떤 새
로운 숨결을 불어넣고 있었는지를 검토해야 할 것이다.

　이 같은 시각에서 신일용의 「민중문호 고리키의 면영」이 흥미롭다. 이
글은 실은 고리키의 문학세계를 소개하는 것이 주목적이 아니었다. 신일
용은 '고리키'의 의미를 더 깊은 곳에서 길어 올리고 있다. 그는 마르크
스의 "사상적 계통"을 따를 결심이며 크로포트킨의 "연소적(燃燒的)인 인
간애"와 "혁명적 사색적인 정열을 사모"한다고 밝힌 후 자신이 이 두 사
람을 "정면(正面)으로" 이해하게 된 것, 즉 그들의 "혁명사상의 세례를 받
고, 그들의 학도"가 된 데에는 고리키의 영향이 결정적이었다고 적었다.
고리키의 문학에 대한 소개는 말하자면 그 점을 서술하기 위한 기초 작
업이었다.[79] 고리키를 만나 마르크스와 크로포트킨에 가닿는 길이란 어
떤 길이었는가? 신일용의 고리키 소개문은 잡지 『신생활』의 이념적 복
합성과 함께 식민지 사회주의의 주체 형성 경로에 대해 시사해주는 바가
크다.

시아 맥락으로만 설명할 수는 없다. 『신생활』의 문학 혁신의 자원과 방향은 복합적이
었다. 이에 대한 자세한 논의는 이어지는 전성규, 정한나의 논문 참조 바람.
79　적소, 「민중문호 고리키의 면영(一)」, 『신생활』 10, 1922.11.4., 15면.

● **참고문헌**

[기본자료]

『신생활』, 『동아일보』, 『조선일보』, 『개벽』, 『공제』, 『社會主義硏究』.

김명식, 『노국혁명사와 레닌』, 신생활사, 1922.

山川均·山川菊榮, 『勞農露西亞の硏究』, アルス, 1921.

昇曙夢, 『藝術の勝利-露西亞硏究』, 日本評論社, 1921.

山川菊榮·山川振作 編, 『山川均全集 3』, 勁草書房, 1967.

[논저]

권보드래, 『3월 1일의 밤』, 돌베개, 2019.

_____, 「김기진의 '클라르테(Clarté)' 번역과 한국문학의 레닌적 계기」, 『사이間
　　　　SAI』 31, 국제한국문학문화학회, 2021.

김경연, 「1920년대 초 '공통적인 것'의 상상과 문화의 정치 : 『신생활』의 사회주의
　　　　셍빈문화운동과 민중문예의 기획」, 『한국문학논총』 71, 한국문학회, 2015.

김미지, 「동아시아와 식민지 조선에서 크로포트킨 번역의 경로들과 상호참조 양상
　　　　고찰」, 『비교문화연구』 43, 경희대학교 글로벌인문학술원, 2016.

김정호, 「佐野学의 轉向 論理와 그 社會的인 反應」, 성균관대학교 석사학위논문,
　　　　2007.

김종현, 「『신생활』의 사회주의 담론과 문예의 특성」, 『인문논총』 32, 경남대학교
　　　　인문과학연구소, 2013.

_____, 「1920년대 초기 사회주의 잡지의 문예론과 소설의 양상 연구」, 『민족문화
　　　　논총』 60, 영남대학교 민족문화연구소, 2015.

김현주, 『사회의 발견』, 소명출판, 2013.

박양신, 「근대 일본의 아나키즘 수용과 식민지 조선으로의 접속 : 크로포트킨 사상
　　　　을 중심으로」, 『일본역사연구』 35, 일본사학회, 2012.

_____, 「다이쇼시기 일본·식민지 조선의 민중예술론 : 로맹 롤랑의 '제국' 횡단」,
　　　　『한림일본학』 22, 한림대학교 일본학연구소, 2013.

박종린, 『사회주의와 맑스주의 원전 번역』, 신서원, 2018.

_____, 「또 하나의 전선 : 신생활사 그룹의 민족일치론 비판을 중심으로」, 『한국학
　　　　연구』 61, 인하대학교 한국학연구소, 2021.

박헌호, 「1920년대 전반기 『매일신보』의 반사회주의 담론 연구」, 『한국문학연구』

29, 동국대학교 한국문학연구소, 2005.

박현수, 「신문지법과 필화의 사이:『신생활』10호의 발굴과 연구」, 『민족문학사연 구』69, 민족문학사연구소, 2019.

_____, 「신생활 필화사건 재고」, 『대동문화연구』106, 성균관대학교 대동문화연 구원, 2019.

小野容照, 「1920~21년 조선 내 합법 출판물의 일본 문헌을 통한 맑스주의 학설 소개」, 고려대학교 석사학위논문, 2007.

이형진, 「1920년대 신경향파 문학과 아나키즘 사상 간의 상관성에 관한 논고」, 『석 당논총』73, 동아대학교 석당학술원, 2019.

정혜선, 「1920년대 일본사회주의 운동과 평화공간: 일본공산당과 사노 마나부의 활동을 중심으로」, 『인문사회 21』7(5), 인문사회 21, 2016.

조진기, 「1920년대 고리키의 수용과 그 영향」, 『모산학보』10, 동아인문학회, 1998.

최병구, 「1920년대 프로문학의 형성과정과 '미적 공통성'에 관한 연구」, 성균관대 학교 박사학위논문, 2013.

최선웅, 「1920년대 초 한국공산주의운동의 탈자유주의화 과정」, 『한국사학보』26, 고려사학회, 2007.

최은혜, 「민족과 혁명: 1920년대 초 사회주의 수용에서 러시아혁명 인식의 문제」, 『민족문학사연구』77, 민족문학사연구소, 2021.

한기형, 『식민지의 문역』, 성균관대학교 출판부, 2019.

한만수, 『허용된 불온』, 소명출판, 2015.

한설야 외, 『고리키와 조선문학』, 김송본 편, 좋은책, 1990.

허호준, 「일본 유학시기(1915-1918) 송산 김명식의 사회인식과 활동」, 『탐라문화』 39, 제주대학교 탐라문화연구원, 2011.

小野容照, 『朝鮮独立運動と東アジア: 1910~1925』, 思文閣, 2013.

『신생활』의 문예론
: 김명식의 글을 중심으로

전성규

1. 연구사 검토

이 글에서는『신생활』에 실린 김명식의 글을 중심으로 그의 문예론의 특성을 살펴보고자 한다. 김명식은 신생활사의 이사 겸 주필로 활동하면서『신생활』을 이끌어간 중심인물이다. 특히 김명식은『신생활』내에서『신생활』이 주창한 신문화 운동의 방향성을 '문학운동'과 관련하여 노정하고 있다는 점에서『신생활』의 신문예론의 중심에 서 있었다.[1]『신생활』

---

1 『신생활』에 실린 김명식 글의 목록.

권호	발행일	제목
『신생활』1	1922.3.15.	創刊辭
『신생활』1	1922.3.15.	社會葬은何?
『신생활』2	1922.3.21.	卷頭言 - 舊時代와 新時代
『신생활』2	1922.3.21.	文化와 新文化
『신생활』3	1922.4.1.	露西亞의산文學
『신생활』5	1922.4.22.	설낭탕의頌
『신생활』5	1922.4.22.	朝鮮靑年會聯合會第三回總會를맛치고
『신생활』6	1922.6.1.	機會主義者와功利主義者
『신생활』6	1922.6.1.	金益斗의迷妄을論하고―基督教徒의覺醒을促하노라

제3호에 실린 김명식의 「로서아의 산문학」은 이후 정백의 「노농로서아의
문화시설」(『신생활』제6호)나 「이상향의 남녀생활」(『신생활』제8호), 강매가
쓴 「자유비판의 정신」(『신생활』제9호) 등 『신생활』 내부에서 논의된 민중
예술론을 견인하였으며, 이를 통해 민중예술론 및 민중문예론의 정초가
놓이면서 현좌건(玄左健)의 「人」, 신일용의 「희생」과 같은 창작소설을 비
롯하여 「血痕」, 「意中之人」과 같은 러시아 문학이 번역되어 실리기 시작
한다.

　그간 『신생활』에서 김명식의 활동은 여러 측면에서 활발히 논의되어
왔다. 김명식과 『신생활』에 관한 연구로는 김명식의 기초적인 생애사를
밝힌 연구[2], 사회주의 운동사 속에서 김명식의 혁명 노선을 파악하고 마
르크스주의의 보급 통로와 상해파 고려공산당의 국내거점을 형성하기
위한 움직임으로서 『신생활』을 파악한 연구[3], 『신생활』 필화사건과 관련

『신생활』6	1922.6.1.	朝鮮女子教育協會의使命
『신생활』7	1922.7.5.	戰爭哲學의批判
『신생활』7	1922.7.5.	十九世紀物質的狀態의變化와政治生活
『신생활』7	1922.7.5.	孫義庵의長逝를吊하노라
『신생활』8	1922.7.5.	教育의原理를論하고七校長의議案을評함
『신생활』8	1922.7.5.	戰爭哲學의批判
『신생활』9	1922.9.5.	蘇秦과項羽와石崇
『신생활』9	1922.9.5.	原始社會의破滅과貴族社會의變遷
『신생활』10	1922.11.4.	민족주의와 코쓰모포리타니즘(1)

2　허호준, 「혁명가 김명식의 생애와 사상」, 『4.3과 역사』5, 제주4.3연구소, 2005; 허
　호준, 「일본 유학시기(1915-1918) 송산 김명식의 사회인식과 활동」, 『탐라문화』39,
　2011; 김동윤, 「송산 김명식의 생애와 문학」, 『한국문학논총』63, 한국문학회, 2013.
3　박종린, 「'김윤식사회장' 찬반논의와 사회주의세력의 재편」, 『역사와 현실』38, 한국
　역사연구회, 2000; 박종린, 「1920년대 초 사회주의사상의 수용과 『신생활』」, 『사림』
　49, 수선사학회, 2014; 이현주, 『한국 사회주의 세력의 형성: 1919-1923』, 일조각,
　2003; 최선웅, 「1920년대 초 한국공산주의운동의 탈자유주의화 과정: 상해파 고려
　공산당 국내지부를 중심으로」, 『한국사학보』26, 2007.

하여 총독부의 검열체제와 언론정책과 갖는 상관성에 대한 연구[4], 신생활사의 주요필진들이 『신생활』의 발간 뿐 아니라 신석현(新潟縣) 사건과 같은 동시대 사회 현안에도 적극 개입하며 주변 언론들과 연합하여 전선을 짜는 운동을 벌임으로써 꾸준한 사회적 실천을 하였다는 연구[5] 등이 있다.

또한 『신생활』의 문예론을 다룬 연구들도 확인할 수 있다. 김종현은 「『신생활』의 사회주의 담론과 문예의 특성」에서 『신생활』의 문예론을 "사상의 문학, 생활과 이상의 문예화"로 정리하면서 『신생활』의 문예는 인격 개조를 통해 '개성'의 중요성을 인식하고 '개성'을 억압하는 현실의 비참함을 묘사하면서 '개성'이 자유롭게 발현되는 사회주의적 이상 세계를 지향했다고 보았다.[6] 김경연은 『신생활』의 문화운동과 민중예술은 문학과 정치가 별개가 아닌 문학의 정치, 혹은 정치미학의 가능성을 보여주는 시도였으며 이것이 곧 『신생활』이 기획한 평민문화 건설의 주요 내용이었음을 밝힌 바 있다.[7] 이들은 공히 『신생활』 제3호에 실린 김명식의 「로서아의 산문학」을 다루면서 그의 글이 『신생활』의 특징적인 문예론을 형성하는 데 중요한 좌표가 되고 있음을 지적한다.

그간 『신생활』의 문예론은 현실에 대한 예술과 문학의 관계를 규명하는 데에 주로 초점이 맞춰져 왔다. 그 과정에서 예술과 사회, 문학과 현

---

4   한기형, 「문화정치기 검열체제와 식민지 미디어」, 『대동문화연구』 51, 성균관대 대동문화연구원, 2005; 박현수, 「『신생활』 필화사건 재고」, 『대동문화연구』 106, 성균관대 대동문화연구원, 2019.

5   이 책의 4부 1장 정윤성의 글, 353~382면 참고.

6   김종현, 「『신생활』의 사회주의 담론과 문예의 특성」, 『인문논총』 32, 경남대학교 인문과학연구소, 2013.

7   김경연, 「1920년대 초 '공통적인 것'의 상상과 문화의 정치: 『신생활』의 사회주의 평민문화운동과 민중문예의 기획」, 『한국문학논총』 71, 한국문학회, 2015.

실, 예술과 노동의 관계가 주된 논의의 대상이 되었다. 이상과 현실의 매개로서 '문학', 이상과 현실의 불가능한 화해와 통일이 문학을 통해 가능할 수 있다는 생각은 『신생활』의 문예론을 관통하는 중요한 특징이다. 하지만 이러한 문학에 대한 관점이 어떤 지식적 경로와 문제의식을 거쳐 형성되었는가에 대해서는 충분히 논의되었다고 보기에는 부족한 부분이 없지 않다. 특히 김명식의 「로서아의 산문학」이 『신생활』의 문예론의 방향성을 노정하는 중요한 글임이 공통적으로 인정되는 가운데에서도 김명식이 러시아 문학에 대해 높은 관심을 갖고 있었던 이유나, 관심을 갖게 된 경로, 구체적으로 그가 러시아의 어떠한 문학적 상황에 대해 관심을 기울였는지 충분히 밝혀진 바는 없다.

　김명식의 러시아 문학에 대한 관심은 러시아에서 농노해방의 물결을 촉진한 자유주의 담론의 성장, 현실과 예술, 예술과 노동의 관계에 대한 러시아 지식인들의 고찰, 혁명과 문학의 관계에 대한 담론들 속에서 배태된 것이었다. 그리고 이것은 일본에서 발흥된 민중예술론의 영향을 경유하여 이루어진 것이었다.[8]

　김명식의 「로서아의 산문학」은 사실 그 이전 1921년 6월부터 약 3개월 동안 『동아일보』에 연재된 「니콜라이 레닌은 어떠한 사람인가」에 그 모태를 두고 있는 글이다.[9] 「니콜라이 레닌은 어떠한 사람인가」는 레닌

8　권보드래는 1920년대 이후 왕성했던 러시아 문학의 소개에 일본어 문학장의 상황을 생각해 볼 것을 제안한다. 러시아 작가들의 문학이 조선에 직접 번역된 기록이 적은 상황에서 조선인 지식인과 독서 대중에게 러시아 작가가 갈려지게 된 계기는 일본에서 나온 전집, 선집류, 독립적 간행물 등을 통해서 였을 것이다. 권보드래, 「파제예프와 조선의 동지들 : 소비에트 모델과 조선의 사회주의 문학」, 『민족문학사연구』 80, 민족문학사연구소, 2022, 21~22면.

9　최근 김명식이 『동아일보』에 연재한 「니콜라이 레닌은 어떠한 사람인가」가 어떠한 저작들을 바탕으로 쓰였는지에 관해 주목할 만한 연구성과가 제출되었다. 김현주·카케모토 츠요시, 「초창기 사회주의 지식인의 러시아혁명 인식-김명식의 「니콜라이

의 생애에서부터 혁명가로서 활약, 혁명 노선에 대해 풍부히 다루고 있는 글이지만, 이 글에서 김명식이 "레닌이 러시아 혁명을 産하였는가 러시아의 역사가 레닌을 産하였는가"를 여러 번 자문하는 만큼 레닌주의로 수렴되지 않는, 러시아에서 10월 혁명이 가능했던 다층적이고 복잡한 혁명 사상과 근대 지식장 및 문학장의 성립문제에도 많은 관심을 기울인다. 「로서아의 산문학」에서도 톨스토이, 투르게네프, 도스토예프스키, 고리키 등이 중요하게 언급되는 것을 확인할 수 있듯이, 김명식은 특히 러시아 혁명 이전 1800년대 후반 부흥했던 러시아 리얼리즘 문학에 관심이 매우 많았다. 김명식의 러시아 문학에 대한 우선적인 관심은 "경제로 보나 문화로 보나 후진인 러시아에서 혁명이 가능할 수 있었던 이유는 무엇이었는가"라는 질문에서 비롯되었다. 그는 러시아에서 혁명이 가능할 수 있었던 이유를 여러 가지로 탐색하면서 러시아의 고대 농민부락체의 성격에 대한 탐구에도 관심을 기울이지만 여러 시행착오 끝에 결국 1800년대 리얼리즘 문학의 형성이 러시아 혁명의 성공을 이끈 주된 요인이었다는 결론을 갖게 된다. 특히 리얼리즘 문학의 형성이 러시아의 근대 문학장을 개시하고 새로운 문학의 언어모델을 구체적으로 제시하였다고 보았다.

러시아 문학에 대한 깊은 관심 속에서 김명식은 '민중문학'을 정립함으로써 평민문화를 주창하고자 하였다. 여기서 민중문학은 단순히 민중의 고통스러운 현실을 반영하는 데에 그치는 것이 아니라 그들이 가지고

레닌은 어떠한 사람인가」(1921)를 중심으로」(이 책 3장 3부 김현주, 가케모트 츠요시의 글, 314~347면 참고)에서는 「니콜라이 레닌은 어떠한 사람인가」가 야마카와 히토시(山川 均)나 우치야마 쇼조(內山省三) 등 레닌주의자와 반 레닌주의자들의 글을 교차 배치하는 글쓰기를 취하고 있음을 밝히며 배치의 의도를 제국주의론과 식민지 현실과 관련지어 면밀한 분석을 수행한다.

있는 '증오감'이나 '분노'와 같은 감정적 에너지를 격발하거나 최대한으
로 증폭시켜 이들이 현실을 바꾸고자 하는 의지를 끝까지 추구하게 하는
것에 목적이 있었다. 이때 지식인의 역할은 기존처럼 민중을 교화하거나
포섭하는 데에 있지 않고 민중이 스스로의 미래를 개척을 할 수 있도록
최대한으로 조력하는 것에 있었다. 러시아 문학이 민중감정의 '분노'와
'증오'를 어떻게 다루고 있는가에 대한 주목은 오스기 사카에(大杉榮)를
거쳐 김명식이나 신일용 등『신생활』의 필진들에게 옮겨갔다. 이들은 공
통적으로 투르게네프와 고리키 등이 민중현실의 고통을 구체적으로 묘
출하면서 변혁에 대한 의지와 희망의 섬광을 균형감있게 그리고 있다는
점을 고평한다.

『신생활』의 민중문예론에서는 예술과 생활의 본연적 관계와 이를 매
개하는 민중의 본능과 반역의 의지에 주목한다는 점에서 아나키즘의 영
향이 농후하게 깔려 있음을 확인할 수 있다.[10] 특히 민중의 분노와 증오
의 감정에 주목한 김명식의 민중문예론은 "생철학과 로맹 롤랑의 민중예
술론, 아나키즘 사상을 접합하여 특유의 생명주의 사상을 주창"한 오스
기 사카에로부터 영향을 받은 것이었음이 확인된다. 오스기 사카에는 새
로운 사회의 주체인 민중을 생명의 발현과 확충, 창조성 등으로 조명하
고, 민중의 본능을 억압하는 일체의 것이 반역의 대상이 될 수 있음을
강조하였으며 민중의 감정과 사상, 생명력을 표출할 수 있는 투쟁기관이
자 민중이 주체가 되는 민중예술을 정립하고자 하였다.[11]

---

10 1920년대 초 문학예술에서 아나키즘의 계보를 쉽게 확인할 수 있으며 카프 이전의
미분화된 사회주의 예술의 이념적 기반을 아나키즘/마르크시즘의 이분법에서 벗어
나 자유주의적 경향 속에서 논의한 연구로 최병구, 「사회주의 소식운동과 문학, 소설
과 비평의 사이: 1927년 카프 1차 방향전환기 재독(再讀)」,『국제어문』 60, 국제어문
학회, 2014; 이형진, 「1920년대 신경향파 문학과 아나키즘 사상 간의 상관성에 관한
논고」,『석당논총』 73, 2019.

그간 『신생활』에 대한 연구에서 크로포트킨, 슈티르너, 라파르그와 윌리엄 모리스, 마르크스 등의 영향에 있어서는 적극적으로 논의된 바 있지만[12] 오스기 사카에의 민중예술론의 영향에 대해서는 충분한 논의가 이루어지지 않은 측면이 있다.[13] 본고에서는 『신생활』에 실린 김명식의 문예론이 『신생활』의 평민문학의 방향성을 노정하는 데에 중요한 역할 을 했음을 규명하고 그의 러시아 문학, 혁명과 문학의 관계에 대한 관심 이 오스기 사카에의 민중예술론을 경유하여 형성된 것이었음을 드러내 고자 한다.

2. 김명식의 러시아 문학의 수용: 이상과 현실, 예술과 노동의 문제와 관련하여

김명식에 의해 쓰인 「로서아(露西亞)의 산 문학(文學)」은 러시아 혁명 이전 문학들을 개괄한 러시아 문학론이다. 이 글에서는 고골, 투르게네 프, 도스토예프스키, 톨스토이, 고리키 등 러시아의 문호들에 의해 쓰인 대표작품들을 중심으로 민중문학의 발흥과 혁명의 관계를 심도 있게 탐

---

11 이형진, 앞의 글, 186면.

12 박종린, 「1920년대 초 사회주의사상의 수용과 『신생활』」, 『史林』 49, 2014, 88면.

13 예를 들어 박양신은 다이쇼 시기 일본의 민중예술론이 조선의 민중예술론 형성에 어 떠한 영향을 주었는지에 논의하는 과정에서 혼마 히사오(本間久雄)과 오스기 사카에 의 민중예술론의 차이에 대해 구체적인 논의를 한 후 식민지 조선의 민중예술론의 전개와 관련하여 『개벽』, 『신생활』 등을 폭넓게 검토하지만 『신생활』의 민중예술론 을 평가(여기에서도 김명식의 「로서아의 산문학」이 주요 분석 대상이다.)하는 데에 서 오스기 사카에와의 영향보다는 혁명 이전 러시아 문학과 소비에트 러시아의 예술 정책에 대해서 설명하는 데에 초점을 맞춘다. 박양신, 「다이쇼 시기 일본·식민지 조 선의 민중예술론: 로맹 롤랑의 '제국' 횡단」, 『한림일본학』 22, 2013.

구하고 있다.

하지만 「러시아의 산문학」을 보다 넓은 시야에서 분석하기 위해서는, 김명식이 『동아일보』에 1921년 6월 3일부터 게재한 「니콜라이 레닌은 어떠한 사람인가」와 함께 살펴볼 필요가 있다. 「니콜라이 레닌은 어떠한 사람인가」의 서술 초반부에서는(특히 6월 연재분) 훗날 「러시아의 산문학」의 모태가 되는 러시아 문학론이 집중적으로 연재가 된다. 「니콜라이 레닌은 어떠한 사람인가」에서 러시아 문학론에 대해 서술한 부분에서는 카트리나 여제 때 자유주의사상의 유입과 농노제 해방을 중요하게 언급하고 있으며 이를 통해 확대된 자유주의 정신과 비평정신을 강조하고 있다. 이후 「러시아의 산문학」에 이르러서는 투르게네프에서부터 도스토예프스키까지 구체적인 작가와 작품이 '평민문학'이라는 이름으로 검토된다.

「니콜라이 레닌은 어떠한 사람인가」는 6월 3일부터 8월 31일까지 총 61회에 걸쳐 연재된다. 주로 격일로 연재되었지만 매일 연재되는 시점도 중간 중간 있어 이 글이 매우 정력적으로 집필되었음을 알 수 있다. 레닌의 생애사와 가족관계에 대한 언급에서부터 혁명가로서 레닌의 사상적 지평과 실천, 혁명 노선에 대해서도 다양한 평가들을 전유하여 촘촘히 논지를 구축하고 있다. 주지하다시피 러시아 혁명은 조선에 사회주의가 수용되는 중요한 계기가 된다. 마르크스주의와 볼셰비즘이 동시다발적으로 흡수되는 상황에서 '소비에트 러시아'에 대해 높아진 사회적 관심을 기반으로 김명식은 레닌을 초점화하면서도 러시아혁명에 대한 전반적인 상황을 기술하는 기사를 싣게 된다.[14]

---

14   러시아 혁명을 기점으로 조선인들은 세계혁명이라는 구상 속에서 제국주의와 식민주의를 재검토하며 식민지 조선의 민족 해방 운동의 방향성을 노정하였다. 최은혜, 「민족과 혁명 : 1920년대 초 사회주의 수용에서 러시아혁명 인식의 문제」, 『민족문학사

러시아 혁명에 대한 다양한 목소리와 움직임들이 분출되었던 시기에 「니콜라이 레닌은 어떠한 사람인가」가 쓰였던 만큼 김명식은 레닌의 혁명적 노선을 고구하면서도 한편으로는 레닌주의로 수렴되지 않은 러시아의 초기 사회주의의 다양한 상상력들과 자유주의 담론, 민중문학에 두루 관심을 기울이고 있었다.

김명식은 러시아의 10월 혁명이 전제정치, 압제정치, 관료정치를 전복한 운동으로서 그 일련의 과정이 '혁명'이라고 부를 수 있는 일반적 정률을 보여주고 있다고 생각하였다. 그래서 김명식은 10월 혁명 이후에 그려진 세계에 대한 평가보다는 오히려 러시아에서 혁명이 가능할 수 있었던 '조건'에 대한 탐색에 더욱 착목하였다. 이 과정에서 무엇보다도 그는 러시아가 공산주의 혁명의 공식화된 단계를 거치지 않았다는 점을 수수께끼로 생각했다. "막스의 사상도 러시아로 입래히였고, 자본주의도 또한 노국에 입래"하였지만 "보다 진보한 다른 나라에서는 인류가 이상(理想)하는 공산경제 위원정치를 아직까지 실행하지 못"하였는데 보다 후진인 러시아가 "모든 곤란과 장애를 배척하고 위연(威然)히 전인류의 최선두에 입(立)하여 그 이상향으로 돌진"[15]할 수 있었던 그 이유에 대해 알기를 원하였다.

초기에는 이에 대한 탐색으로 미하일롭스키 등이 착목한 슬랍민족의 원시적 공동체성에 관심을 가졌던 것으로 보인다. 1921년 6월 9일자 『동아일보』에 게재된 「니콜라이 레닌은 어떠한 사람인가」에서는 니콜라이 미하일롭스키의 주장을 자세하게 소개하고 있기도 하다. 그에 따르면 미

연구』 77, 민족문학사연구소, 2021에서는 사회주의 수용의 측면을 "멘탈리티의 형성 원리"로 바라보면서 민족자결주의, 3.1운동과의 흐름 속에서 러시아혁명 및 볼셰비즘, 레닌의 민족자결주의가 조선내 인식을 변모해간 과정에 대해 논의한다.

15 김명식, 「러시아의 산 문학」, 『신생활』 3, 1922.4.1.

하일롭스키는 "노국의 농민간에 잔재한 원시적 토지공유의 제도와 이에
따르는 공산주의의 본능과 습관이 슬랍민족에게 특유한 것이라고 하여
그 존귀한 제도와 본능을 애호하고 자본주의 발달의 계단은 통과하지
아니하고 곧 완전한 공산주의가 건설될 것이라고 주장"한 대표적인 학자
이다.[16] 이 글에서는 "밀"이나 "도볼"과 같은 슬라브 민족의 오래된 농민
부락체가 "순연한 자치를 행하고 개인 간 하등의 차별은 인정치 아니하
는 전혀 평등의 관념에 기초하여 조직된 것"으로 소개되며 "자본주의에
대한 무산계급의 쟁투에 의해 비로소 실현될 수 있을 것이라 믿는 사회
적 이상"으로 평가된다.[17]

러시아가 유럽의 산업화의 길을 밟아야 한다고 생각한 사람들에게
'밀'은 러시아 사회의 후진성과 저발전의 상징이었지만, 미하일롭스키
등 러시아 농민생활에 있어 공동체의 중요성을 강조하며 '밀'을 주목한
학자들은 서구사회에서 만연한 사유제나 자본주의의 병폐를 피하면서
러시아가 서구식 사회발전 코스와 다른 혁명 노선을 취할 수 있다고 생
각하였다.[18] 김명식은 1921년 6월 13일 연재분에서 밀과 도볼에 대해 자
세히 소개하면서 자신이 1920년에 「지방자치의 로서아」라는 글도 신문
에 실었다고 적고 있다.[19] 『동아일보』에는 1920년 5월 24일부터 6월 16
일까지 일기자라는 필명으로 「지방자치의 개념」이 연재된다. 15회 연재

16   김명식, 〈노국혁명운동의 유래〉, 「니콜라이 레닌은 어떠한 사람인가」, 『동아일보』, 1921.6.9.
17   김명식, 〈노국혁명운동의 유래〉, 「니콜라이 레닌은 어떠한 사람인가」, 『동아일보』, 1921.6.13.
18   김학준, 「19세기 제정러시아 사상가들의 혁명이론에 대한 고찰」, 『국방연구』 19, 국방대학교안보문제연구소, 1976, 425면.
19   1921년 6월 13일 기사에서는 "此 밀制度를 參考하려면 昨年本紙에 기재한 地方自治의 露西亞章을 參照하시오"라고 적혀있다.

분(1920년 6월 10일)이 「로서아 자치의 추세」라는 소제목을 갖고 있는데 여기에서 슬랍 민족의 '밀 제도'가 소개된다. 비록 김명식이 회고하는 제목과는 같지 않지만 1년 전 『동아일보』에 연재된 글이고 러시아의 고대 자치제에 대한 내용을 다루고 있어 「자방자치의 개념」 역시 김명식의 글로 보아도 무리가 없을 듯하다. 여기에서 김명식은 러시아의 고유한 향촌 자치와 조합적 자치가 결합하여 만들어진 견고한 정치단위가 결국 차르의 정치를 전복하였으며 레닌의 포부 또한 "밀제도로 조직된 통일적 조합정치를 실현"하는 데 있다고 주장한다.[20]

하지만 원시공동체성에 대한 탐색만으로는 러시아 혁명을 설명하기에는 부족함이 없지 않았다. 김명식이 보기에 러시아 혁명은 공산경제의 실현이기도 하였지만 보다 근본적인 의미에서 근대성을 극복한 "신문화"의 출현이었기 때문이다. 정치와 사회의 제도, 종교의 양식, 경제의 조직에 있어서 구습의 뿌리가 뽑혀 나가고 어떠한 역사를 갖지 않은 새로운 뿌리가 러시아에서 자생하게 된 상황에 대한 해답을 찾기 위해서는 보다 다른 접근이 요청되었다.

김명식은 『신생활』 제2호에 실린 글 「구문화와 신문화」에서 '문화'라는 것이 인간생활에서 갖는 가치와 그것의 특수한 성격에 대해 설명한다. 그에 따르면 새와 물고기가 공중과 물을 떠나 생활할 수 없는 것과 같이 인간도 문화를 떠나서는 생존도 생활도 불가능하다. 하지만 문화가 동물의 환경과 다른 점이 있다면 인간은 스스로 문화를 "창작도 하고 변형도 하"면서 생활해 나간다는 것이다. 자신이 속한 환경을 주어진 것으로 받아들이는 것이 아니라 "자연계에 인공(人工)을 가함"으로서 "생활의 안태를 도모하는 일"이 인간과 문화의 관계라고 설명한다. "자본주의는

---

20 일기자, 〈노서아자치의 추세〉, 「지방자치의 개념」(15), 『동아일보』, 1920.6.10.

현대문화의 원천이며 실체이고 현대인의 사상과 정신을 지배하는 동시에 그 생활의 전부를 총이 솔(率)한다." 문화가 비록 변천하고 유동한다고는 하지만 "그 변천과 유동이 오직 일정한 윤곽 내에서 행하였을 뿐 새롭게 윤곽를 만들고 방향에 변화를 주어 신문화를 건설치 못하였다"는 점이 자본주의 현대문화의 한계로 지적된다. "신문화는 신(新)과 구(舊)의 자의(字意)가 같지 아니한 것과 같이 그 윤곽도 같지 않다. 같지 아니할 뿐만 아니라 근본적으로 구문화의 윤곽을 파괴하고 신(新)히 윤곽을 작(作)하는 것이 곧 신문화이다."[21] 러시아 혁명이 '신문화운동'으로 평가될 수 있는 이유는 그것이 자본주의 현대문화의 윤곽을 넓히거나 변형한 것이 아닌 그것과 아예 다른 새로운 윤곽을 만들어 낸 문화를 탄생시켰기 때문이다.[22]

자본주의의 구문화가 "소수의 문화" "계급의 문화"라면 신문화는 "소수의 문화가 아니라 전체문화이며 대중문화이고 노동문화"이다. 그렇다면 러시아에서 노동문화, 민중문화로서 신문화의 탄생은 어떻게 가능하였을까. 김명식은 러시아의 문학과 예술의 영역이 새로운 문화의 탄생을 견인하였으며 결국에는 혁명을 통해 구조적 변혁을 야기하였다고 보았다. 「로서아의 산 문학」에서 김명식은 "로서아가 과거의 문화권 내에서 뒤졌던 위치를 초탈하고 신문화권 내에서 급선봉이 되어 표현이 앞서게

---

21 김명식, 「구문화와 신문화」, 『신생활』 2, 1922.3.21.
22 김현주는 1920년대 초 사회주의가 사회비평 장르에 끼친 영향을 논의하며 1920년대 전반기에 사회주의적 지식인들은 그때까지 부르주아 계몽주의적 비평이 사회적 현실에서 발견하고 이루려고 한 목표, 현실을 이해하는 데 전제로 삼은 가정들, 현실을 관찰하고 판단하는 데 사용한 방법과 도구들, 주장을 뒷받침하는 데 사용된 증거들의 틀을 교정하고 수정하고자 했다고 파악한 바 있다. 김현주, 「1920년대 전반기 사회주의 문화담론의 수사학: 사회주의는 사회비평을 어떻게 변화시켰는가」, 『대동문화연구』 64, 성균관대학교 대동문화연구원, 2008.

된""미적(謎的-수수께끼적) 사실을 산출한 가운데 있어서의 하나의 큰 원인을 이룬 것은 로서아의 문학이라고 한"다고 말한다.[23] 이것은 곧 혁명이란 것이 언어에 의해 창조된 세계와 그것의 외부에 존재하는 현실 세계와의 정합성을 찾아가는 과정에 다름 아닌 것임을 말하는 것이기도 하다.

「로서아의 산문학」은 새로운 문학을 견인한 러시아의 문학 작가로 대표적으로 투르게네프, 도스토예프스키, 톨스토이, 고리키 등을 언급한다. 이들 작품은 "민중의 고통"과 "강자의 횡포"를 "사실 그대로 기록"하고자 한 문학이며 "인류의 이상(理想)이 무엇이면 그 이상을 그대로 토출(吐出)하고자"한 문학이라는 점에서 높이 평가 된다. 이들 중 고리키는 "미온적 언어로는 도저히 형용키 어려울만한 열렬한 정신으로써 오저계급(奧底階級)을 위하여 기염을 토한" "민중을 위하여 싸운" 작가(「로서아의 산문학」)이자 "혁명사상의 선전자"이면서 "사실주의와 이상주의의 조화에 성공한 자"로서 평가된다. 신일용은 「민중문호 고리키의 면영」에서 고리키의 글을 읽으면서 "인습의 철망"을 벗었고 "구도덕의 질곡에서 해탈"했으며 고리키에 대한 글을 쓰고자 할 때 "감정의 정화"될 뿐만 아니라 "가슴에는 감격이 넘치도록 흐르고 두 눈에는 희망의 섬광이 번쩍"인다고 쓰고 있다.[24] 혁명 이전 러시아 작가의 작품은 문학을 경유하여 현실의 한계와 이상 사이에 놓인 다양한 연속성과 불연속성을 경험하게 하면서 새로운 문화라고 부를만한 형상을 띠는 것으로 직조될 가능성을 보여주고 있었다.

예술은 개념에서 출발하지 않지만 잠재적으로는 개념을 실현하고 있

23   김명식, 「로서아의 산 문학」, 『신생활』 3, 1922.4.1.
24   신일용, 「민중문호 고리키의 면영」, 『신생활』 10, 1922.11.4.

으며 인식 또는 도덕이 달성해야 할 것을 직관적(감성적)으로 실천하고
있다. 낭만주의 이후의 철학자들은 예술이야말로 본래의 '지(知)'이며 예
술에서 이미 이루어진 '종합'을 바탕으로 과학과 도덕이 파생한다고 생
각했다.[25] 과학적 사유는 인과론적 필연성에 따라 현상적 경험세계를 인
식하지만 그것은 주어진 현실세계를 넘어선 물음에 대해서는 알지 못한
다. 인간의 도덕적 사유는 자유의지의 원리에 따라 이 세계의 초월적 목
적과 의미를 요청하지만 그에 대한 대답을 현실세계 내에서는 찾을 수
없다. 예술은 이러한 사유의 분열을 '매개'하는 독자적인 역할을 한다.[26]

「니콜라이 레닌은 어떠한 사람인가」는 "레닌이 러시아 혁명을 産하였
는가 러시아의 역사가 레닌을 産하였는가"라는 중요한 질문으로 시작한
다.[27] 김명식은 이 질문에 스스로의 답을 가지고 논의를 전개한다. 김명
식은 이 글에서뿐만 아니라 이후의 글에서도 꾸준히, 러시아 혁명은 레
닌이라는 영웅적 인물의 등장으로 갑자기 일어난 것이 아니라 적어도
혁명 이전 30여년 간의 지속적인 사상운동과 문학운동의 결과물이었다
는 입장을 견지하고 있었다. 김명식은 고리키와 같은 민중문학의 창시자
들이 현실의 고통(사실)과 이상을 적극적으로 매개하는 문학적 체험을 사
회전반으로 확장시켰고 그 과정에서 실존의 한계를 넘어서고자 하는 다
수의 주체가 생산되었기 때문에 혁명이 가능했다고 보았다.

「니콜라이 레닌은 어떠한 사람인가」에서는 투르게네프, 도스토예프스
키, 톨스토이, 고리끼 등의 작가 등장 이전에 러시아의 리얼리즘 문학을
가능하게 한 중요한 언어모델을 제공한 자로 비사리온 벨린스키(Vissarion

---

25 가라타니 고진, 송태욱 역, 『트랜스크리틱』, 한길사, 2005, 74~75면.
26 안성찬, 『숭고의 미학』, 유로서적, 2004, 166~167면.
27 김명식, 〈노국혁명운동의 유래〉, 「니콜라이 레닌은 어떠한 사람인가」, 『동아일보』, 1921.6.3.

Grigorievich Belinskii)와 니콜라이 체르니셰프스키(Nikolai Chernyshevksy)
를 언급한다.

비사리온 벨린스키는 「니콜라이 레닌은 어떠한 사람인가」에서 다음과
같이 평가된다.

> "노국의 智와 情의 백과전서"라 칭하는 페린스키와 같은 대비평가가 나
> 와 당시의 문학자의 眼을 開하고 광히 인도주의의 입지에서 정치, 사회 등
> 현실의 제문제와 문학과의 접촉을 促하고 "예술 때문에 예술주의"를 배척
> 하고 "인생 때문에 예술주의"를 唱하였도다. 그중에는 농부의 가련한 생활
> 을 묘사한 것, 귀족의 횡포를 풍랄한 것, 잔학을 받는 빈민의 생활을 묘출
> 한 것. 여하한 방면으로든지 문학은 그 시대의 반영이 되는 동시에 시대를
> 動하는 가장 큰 힘이 있는지라. 창작에 觸한 노서아인민은 사회적 자각을
> 促하였나니 피등은 농노제로 시작하여 幾多의 악세도, 악습관의 존재기 여
> 하히 인민을 고통케 하였음이 多하였는지를 통절히 覺하였으며[…][28]

근대 러시아의 지식장에 관해 이야기할 때 비사리온 벨린스키의 위치
는 매우 중요하다. 그는 1834년에 「문학적 공상」라는 비평에서 '우리에
게 문학은 없다'라는 선언을 하며 등단하였다. 벨린스키는 18세기 초 표
트르 대제에 의해 시작된 근대화 이후의 역사만이 본원적인 러시아의
역사에 속하며 문학 역시 서구에서 도입된 문학만을 진정한 문학으로
간주했다.[29] "노국의 智와 情의 백과전서"라는 김명식의 언급은 서구적
인 문학 개념의 번역을 통해 러시아 근대 문학의 정초를 닦고자 했던

---

28 김명식, 〈노국혁명운동의 유래〉, 「니콜라이 레닌은 어떠한 사람인가」, 『동아일보』,
    1921.6.22.

29 최진석, 「근대 러시아 지식장과 역사철학 논쟁: 서구주의 비평가의 내면적 초상으로
    부터」, 『탈경계인문학』 9, 이화여자대학교 이화인문과학원, 2016, 41면.

벨린스키의 노력을 평가한 것이었다. 김명식이 "예술 때문에 예술주의를 배척하고 인생 때문에 예술주의를 주창하였"다고 평가한 것처럼 벨린스키는 예술에서 개인성과 사회성에 대한 요구는 분리된 것이 아니며 서로를 견인하고 반발하는 변증법의 역동적 관계에 놓여있다고 보았다. 벨린스키는 문학을 통해 자신의 의지를 능동적으로 현실에 투사하는 인간으로서 개인을 정립시키고자 하였으며 개인의 정립을 통해 사회를 변혁시키고자 하였다. 이러한 개인에 대한 인식은 자연스럽게 문학의 사회성을 향해 나아가게 된다.

또한 김명식은 벨린스키 이후 러시아 혁명을 본격적으로 견인한 인텔리겐챠의 성장을 중요하게 평가한다. 여기에서 체르니셰프스키, 투르게네프, 톨스토이, 도스토예프스키 등이 호명된다.

> 농노해방의 전후는 노서아 사상계, 문예계가 가장 활기를 띤 시대라. 모스크바에서는 각종 자유주의 신문잡지가 발행되었으며 젤뉴세후스키(체르니셰프스키)는 그 책 '무엇을 할것인가.'하는 소설 중에 미래사회의 조직방법을 보여 사회주의적 인생관을 술하고 줄케네후(뚜르게네프)는 귀족의 家,그 前夜, 아버지와 아들, 등 명편을 썼으며 그 외 톨스토이 도스토예프스키 등 일대 문호가 배출되어 명론과 탁설을 제창하였나니 이들 작품은 인도적, 민주적 견지로부터 러시아의 정치, 사회 등을 관찰한 바 심각한 문명비평이라. 이와 동시에 박콜, 밀, 콘트 등 현실적 인생관에 입각한 영불의 유물주의자의 학설은 다대한 감격으로 다수의 인중이 애독하였나니 그 경향은 자연과학을 중히하고 종교의 미신과 우상을 배척하며 일절의 인습적 제도를 부인하는 지식계급의 발생이 되었도다. 이른바 허무주의도 출래한지라. 허무주의가 사회주의와 결합하게 되는 동시에 가공할 혁명운동을 개시하였도다.[30]

---

30 김명식, 〈노국혁명운동의 유래〉, 「니콜라이 레닌은 어떠한 사람인가」, 『동아일보』,

김명식은 체르니셰프스키의『무엇을 할 것인가』, 투르게네프의『아버지와 아들』등을 기점으로 러시아의 지성사에 있어 새로운 시대가 개막되었다고 보았다. 투르게네프의『아버지와 아들』이 보여주듯, 이 시기는 새로운 지식계급이 혁명 주체로 등장하던 시기이기도 하였는데 이들은 이전 세대의 귀족 출신의 인텔리겐챠와는 구별되게, 허무주의를 보다 과격한 사상으로 전용하면서 불평등으로 가득 차 있는 정치적 민주주의의 기만성을 비판하고 보다 경제적 의미에서 평등주의를 실현하기 위해 정치혁명은 불가피하다고 보는 입장을 가지고 있었다. 김명식의 말대로 새로운 지식계급의 출현이 "허무주의가 사회주의와 결합하게 되는 동시에 가공할 혁명운동"을 개시하게 된 것이었다.

『신생활』의 필진들은 '지식계급'으로서 자신을 인식하며 경제적 계급적 불평등을 자연화하는 언론, 교육, 정치 기관 등의 역할을 비판하였다. 사상가, 작가, 혁명가가 구분되지 않는 종합적인 인격으로 자신을 인식하며 자신의 글쓰기가 현실과 이상을 매개하기를 욕망했다는 점에서 인텔리겐챠와 유사한 지점이 존재한다. 『신생활』의 필진들은 예술과 노동이 합일되는 단계로 나아가기 위해서는 '증오'와 '폭로', '반항', '변혁'이라는 앞선 단계를 충분히 제대로 거쳐야 한다고 생각하였다. 이 문제와 관련하여『신생활』제9호(1922.9.5.)에 실린 강매(姜邁의 글「자유비판의 정신」이란 글이 주목된다.

> 생활은 종합이요, 예술도, 또한 통일이라. 종합과 통일이 무(無)한 생활과 예술에는, 힘 그것이 무(無)하도다.
> 생활은 각각의 찰나에 추이(推移)하는지라, 연(然)이나, 그것은, 다만 추이하여 갈뿐만이어서는, 아니될 것이라, 추이하여가는 것이, 곧 성장하

1921.6.24.

여가는 것이며 심원하여가는 것이라야만, 될 것이다. 그리고 생활의 그것
이 성장하며 심원하여가는 데는 비평의 정신과 창조의 력이 잠시 동안이라
도, 서로 떠나지 못할 힘이 되어 생활의 내부에서 발동치 않으면 아니될
것이다. 비평의 정신과 창조의 력이 포화혼융(飽和渾融)되는 곳에, 비로소
생활의, 새로운 성장이, 있을 것이다. 그리고 비평에 기초를, 둔 창조가 처
음으로 생활을 심(深)케 하며 또 강(强)케 할 것이다. 그리하여 생활이 신
(新)히 성장되며 신(新)히 심(深)케 된 곳에 생활의 통일된 형상(形相)을 인
(認)할지로다.

　　[…]

　　예술은, 이 생활의 성장, 창조, 내지 통일의 표현에 한 것이라. 구(舊)에
서(전부) 새로운(전부) 것에, 옮기어가는 표현이라. 차라리 적절히 언(言)
하자면, 새로운 자기의 생활의(전부) 통일된, 새로운 자기의(전부)를 표현
하는 곳에, 예술의 기쁨이 있으며 광채가 있으며, 힘이 있는지라. 이 새로
운 자기의 표현이 ○한 예술, ○○ 새로이 창조되고 통일된 자기의 생활의
표현이 무(無)한 예술은, 위선 언어 그것에 대하여 모순이 될지로다. 예술
은 항상 새로운 생활의 통일을 여(與)하며, 또 새로운 생활의 창조의 기쁨
을 여(與)하는지라.[31]

여기서 비평정신이란 자신에 대해, 자기의 생활에 대해 그것을 "변호
하지 않고 속이지 않고 폭로하는 듯한 정신의 긴장과 용렬"에서부터 시
작한다. "비평이 무(無)한 생활은 신(信)도 무(無)하고 순(順)도 무(無)하며
반항도 무(無)한 생활"이다. "비평이 무(無)한 생활"은 자유가 무(無)한 생
활이며 유인(幽因)된 생활이다. 비평정신이 투영된 예술을 통해서만 인
간은 새로운 생활로 옮겨 갈 수 있다. 예술과 삶의 일치에 대한 주장이
단순한 위안이나 쾌락의 향유가 되지 않으려면 예술은 우선적으로 현실

---

31 강매, 「자유비판의 정신」, 『신생활』 9, 1922.9.5.

에 대한 날선 언어들을 제공해야 하며 민중의 투쟁의 몸짓을 불러 일으
킬 수 있는 것이어야 했다.

3. '분노'와 '증오'라는 민중 감정과 "창조적 변혁의 의지"로서 문학: 오스기 사카에의 민중예술론과 관련하여

『신생활』은 "자유사상의 고취", "평민문화의 제창", "신생활의 제창"
을 목적으로 삼았다. 자유사상의 고취가 전제되어야 평민문화가 제창
될 수 있고 구문화와 근본적인 단절이 가능한 새로운 문화 생활이 전개
될 수 있다는 점에서 이 세 가지의 구호는 상호보완적이고 단계적인 의
미를 갖는다. 하지만 이들 중이 가장 핵심은 단연코 "평민문화의 제창"
이었다.

> 신생활은 신생활이라. 대중의 동무로다. 불합(不合)한 구생활을 배척하
> 나니 따라서 자본의 탐람(貪婪)을 인습의 무리(無理)를 위압의 폭력을 배
> 척하는도다. 다시 말하면 대중의 의사를 체(体)하야 대중의 배척하는 바를
> 신생활도 배척하나니 그럼으로 신생활이며 그럼으로 대중의 동무로다 자
> 유사상을 고취하는지라 이것이 그것이며 평민문화를 제창하는지라 이것이
> 그것이며 신생활을 제창하는지라 이것이 곧 그것이로다. […] 대중이 흥
> (興)하라 신생활도 흥할지오 대중아 쇠(衰)하라 신생활도 쇠할지라 대중이
> 쇠하고 흥함을 따라 신생활도 쇠하고 흥할지니 신생활이여 너는 오즉 대중
> 의 동무가 되야 (삭제)뿐이로다.[32]

위의 창간사에서는 '대중'이 『신생활』의 언론 활동에 있어 가장 중심

이 됨을 말하고 있다. 특히 "대중이 흥해야 신생활도 흥하고 대중이 쇠하면 신생활도 쇠한다"는 말은 대중과 신생활 집단이 공동운명체임을 강조함으로써『신생활』이 단순히 대중을 대변한다는 의미를 넘어, 대중이 중심이 된 사상과 문화를 창안해 내는 것에 담론적 실천의 본질적 의미가 있음을 드러내는 것이었다.『신생활』의 사상과 문학, 예술에 대한 글쓰기에서 드러나는 대중주의, 민중주의는 이전 시대의 계몽주의나 부르주아 문예 미학에 대한 반발에서 비롯된 것이라기보다는, 민중 삶의 조건에 대한 세심한 관찰과 종합적인 이해, 현실적 필요에서 주창된 것이었다. 그렇기 때문에『신생활』에 실린 글들에는 스스로가 역사의 옳은 길을 가고 있다는 신념과 자신감, 당당함이 일관되게 흐르고 있었다.

　『신생활』의 글들은 아주 복잡한 참고문헌들의 그물망으로 짜여있다. 글쓴이들은 크로포트킨, 바쿠닌, 플레이하노프 등 러시아의 아나키스트나 초기사회주의자들의 글들, 마르크스와 엥겔스, 레닌의 저작들, 고골에서부터 고리키까지의 혁명 이전 러시아 작가들의 작품들, 일본의 아나키스트 오스기 사카에의 글이나, 가와카미 하지메와 같은 사회주의 경제학자의 글, 러시아와 영미권에서 발간되었던 유토피아니즘 소설들을 읽으며 이 언어들을 조각내어 지금 여기와 부단히 접속시켰다. 이런 조각보같은 글쓰기 속에서 서로 충돌하는 이념이나 사상도 한 자리에 놓이며 의미가 새로워지기도 하는데 이러한 글쓰기의 유연함은 이들이 일정한 이념이나 노선을 추구하는 것이 아니라 현실의 문제를 해결하는 다양한 방법을 모색하는 데에 지식을 '사용'하고 있었음을 보여준다.

　지식의 실리적인 이용들 기저에는 지금이 '변화의 때'라는 매우 강한 신념이 깔려 있었다.『신생활』의 곳곳에서 확인할 수 있는 "구시대의 몰락"과 "신생활의 시작"에 대한 강한 믿음은 "극하면 변하는 것은 사물의 원리"라든가 "덕(德)의 유행(流行)함은 우(郵)를 치(置)하여 명(命)을 전(傳)

하는 것보다 일층 속(速)한 것"이라고 하는[33] 혁명의 때를 민중의 삶의 형편과 민중 감정의 동요의 정도로 판단하는 고전의 논리와도 맞닿아 있었다.

　'孔子曰: 德之流行, 速於置郵而傳命[덕이 유행하는 것은 파발마로 명(命)을 전달하는 것보다 빠르다]'은 『맹자』 「공손추장구(公孫丑章句) 상(上)」에 나오는 구절로, 공자가 제나라에 오랜 학정이 지속되는 상황 속에서 마치 목마른 사람이 물을 기다리고 배고픈 사람이 음식을 기다리는 것처럼 백성이 왕자(王者)의 출현을 갈구하게 되었을 때, 비로소 세(勢)와 시(時) 또한 왕도(王道)를 실현하기에 충분한 조건을 갖추었음을 보며 한 말이다. 특히 『신생활』 안에서는 『맹자』가 자주 원용되는데 이는 『맹자』가 민심(民心)을 따르는 것이 곧 천명(天命)을 따르는 것임을 통치의 원리로 삼았기 때문이기도 하였다.

　『신생활』의 지식인들은 민중을 계몽의 대상이나 지도의 대상으로 생각하는 것이 아니라 올바른 역사의 길을 선택하는 판단력을 가진 주체로서 생각하였다. 김명식에게 있어 이러한 경향성은 보다 이른 시기에 시작되었던 것으로 보인다. 1917년 『학지광』에 실린 「안거연래」[34]에서는 "톨스토이가 말하기를 굳은 신앙(信仰)은 지자(知者)나 현자(賢者)에게 있지 아니하고 오직 이론을 알지 못하는 사람 가운데에 있다함과 같이 우리의 뜨거운 정성도 인격자(人格者)에게 있지 아니하고 또한 반드시 더운 감정(感情)을 가진 사람에게 있으리라고 믿음으로써니라."라고 하여 민중계층이 갖고 있는 강한 힘(굳은 신앙과 더운 감정)에 주목한 바 있다. 이 강한 힘은 비이성적이고 충동적인 성질을 두드러지게 띠고 있어 인격자

33　김명식, 「구시대와 신시대」, 『신생활』 2, 1922.3.21.
34　김명식, 「안거연래(雁去鷰來)」, 『학지광』 13, 1917.7.19.

의 이성에 대한 동경과는 대비된다. 김명식은 이 글에서 지식계급을 완전무결한 인격 숭상에 치중한 나머지 현실적 위기에 대응하는 데 실패하고 사회적 책임을 방기하여 스스로 사회 안에서 고립을 자초한 존재로 평가한다. 이와 대비되는 민중은 언제나 현실을 살고 있고 거기서 비롯되는 어려움을 대처해 나가고 있다. 게다가 이들은 곤궁한 현실 속에서 "선한 일이나 선치 못한 일을 불구하고 오직 폭발약이 터지는 듯하는 것과 같이 원한을 억제하지 못하는 분개한 마음"을 품고 있는데 이 뜨거운 감정이 어떤 굳은 신앙에 기반한다면 그것을 끝까지 추구할 수 있는 끊기와 인내도 갖추고 있다. 이 글에서는 민중을 새로운 역사의 주체로서 탐색하고 있다.

민중을 새로운 역사의 주체로 인식하는 지식인 계급의 입장은 1920년대 초반 국내외로 활발히 논의되기 시작한 민중예술론과의 관련 속에서 더욱 강화되어 간다. 『개벽』에는 1922년 8월부터 3회에 걸쳐 김억이 번역한 오스기 사카에의 『민중예술론』의 일부가 소개된다.

> 평민은 엄밀히 말하면 미(美)같은 것은 없어도 삽니다. 진실(眞實)만은 없어서는 못삽니다. 또 없이 산다 하여도 그것은 아니됩니다. 우리는 평민이 알지도 못하는 것을 존경하며 숭배하기를 결코 평민에게 요구하지 않습니다. 그런 것은 전제주의에 정신을 잃은 관리들의 평민을 만들기에 좋을 것입니다. 우리는 평민이 모를 것이면 결코 인정치 아니하도록 감동하지 않는 것이면 결코 찬미치 아니하도록 평민에게 요구할 것입니다. […] 평민은 그 속에 나오는 모든 위대와 진리의 원천을 조금도 허물내지 않고 보존하여 둡니다. 나는 이러한 평민의 장래에 대하여는 안심하고 있습니다.[35]

---

35 로맨 롤랑, 김억 역, 「민중예술론」, 『개벽』 28, 1922.10.1.

  김억이 『개벽』에 연재한 「민중예술론」은 오스기 사카에가 로맨롤랑의 『민중극』을 『민중예술론』이란 제목으로 번역한 일역본을 중역한 것이다.[36] 평민은 "진실만은 없어서는 못 살"기 때문에 '나'는 "평민의 장래에 대해서 안심"한다. 평민과 지식인 및 예술가의 관계는 평민이 알지 못하는 것을 그들에게 알도록 요구하는 것이 아니라 오히려 평민이 감동하는 것을 지식인 및 예술가 역시 감동하고 평민이 모르는 것은 지식인 및 예술가 역시도 인정하지 아니하는, 그들과 앎과 감정을 공유하고 일치하는 데에 목적이 있다.

  주지하다시피 로맹 롤랑의 『민중극』은 프랑스의 평민극을 대상으로 쓰였다. 여기에서는 프랑스의 고전극작가 몰리에르(Molière), 라신(Jean Baptiste Racine), 코르네유(Pierre Corneille) 등의 작품들이 민중극의 관점에서 분석된다. 오스기 사카에는 이들 『민중예술론』으로 번역하는 과정에서 생명주의와 아나키즘 사상을 접합하여 투쟁적으로 각색한다. 그는 민중예술을 "구사회에 대한 신흥계급—민중—의 '전투의 기관'"[37]으로 의미화하면서, 이를 러시아 문학과도 적극적으로 관련지어 자신만의 민중예술론을 전개하였다.

  「새로운 세계를 위한 새로운 예술」에서 오스기 사카에는 '개인'의 권위를 부르짖는 문예는 '무익'한 것이며 '증오'와 '반항'에 의한 '생의 확충' 속에서만 '생의 최고의 아름다움'을 볼 수 있다고 주장한다.[38] 또한 「민

---

36 박양신, 「다이쇼 시기 일본·식민지 조선의 민중예술론: 로맹 롤랑의 '제국' 횡단」, 『한림일본학』 22, 2013, 48면. 박양신에 따르면 김억의 번역과 일역본을 대조해보면 문체를 '습니다'체로 바꾸었을 뿐 일역본에서 사용된 한자어를 대부분 그대로 옮기고 있어 이 글은 오스기 사카에의 『민중예술론』 일역본의 축자적 번역이라는 점을 알 수 있다.

37 박양신, 앞의 글, 41면.

38 大杉栄, 「新しき世界の為の新しき芸術」, 正義を求める心: 大杉栄論集, アルス, 1921,

중예술의 기교」에서 "5년전 2년간의 옥중 생활 동안 러시아 문학을 접하면서 톨스토이, 도스토예프스키, 투르게네프, 고리키의 평민적 태도를 비교 관찰을 한 적이 있다."고 말하면서, 톨스토이와 도스토예프스키가 평민의 온순과 인내를 그렸다면 고리끼는 평민의 방자(放恣)와 반항(反抗)을 인생의 진리로 여김으로써 톨스토이와 도스토예프스키의 평민적 태도와 대조되는 모습을 보인다고 평가한다. 계속해서 "톨스토이와 도스토예프스키의 온순의 덕을 존경하지만 노예적 처지에 있을 때 인욕(忍辱)은 오히려 부덕(不德)이라고 생각한다"면서 오히려 "고리끼의 주인공의 방자(放恣)와 반항에 강하게 동감하였다."고 말한다.[39] 러시아 리얼리즘 작가 중 톨스토이와 도스토예프스키, 투르게네프와 고리키로 논의의 대상을 초점화하고 이들을 민중예술을 대표하는 작가들로 평가하는 오스기 사카에의 언어들은『신생활』의 주요 필진들에게 전이되는 양상을 보인다.

김명식은 투르게네프나 고리키의 작품이 사회문제를 그려내었다는 것보다 더 중요하게 평가할만한 지점이 바로 "괴로운 인부(人夫)"들에게 "절망과 자포자기를 가르치지 않고 용기와 힘을 고취"하였다는 데에, 민중에게 자신이 원하는 바를 끝까지 싸워 구하는 마음을 먹게 하였다는 것에 있다고 평가한다. 기존의 문학이 "연(軟)하고 약(弱)한 것, 미(美)와 교(巧)"에 치중한 것이었다면, 이들의 문학은 "강(强)하고 격(激)한 것이고 의(義)와 용(勇), 투(鬪)와 노(怒)를 발케 하며" 민중의 감정을 주로 하고 "인생의 실생활을 그리며 강자에 대한 후매(詬罵)"를 주로 하는 특징을 갖는다고 평한다. 김명식은 민중의 감정을 한계지우거나 억제하지 않

---

p.300.

39   大杉栄「民衆芸術の技巧」,『正義を求める心: 大杉栄論集』, アルス, 1921, p.329.

고 오히려 그 뜨거운 감정을 최고조로 격발시키는 일이 문학이 해야 하는 매우 중요한 역할이라고 보았다.

『신생활』 안에서는 혁명기 러시아의 다양한 문학 작품들을 비롯 여러 문예물들이 번역된다. 그중 아르치바셰프가 쓴 「혈흔」과 오스기 사카에가 쓴 「쇄공장」은 민중 감정의 다양한 결들 속에서 반역적 의지와 생명 일치에 대한 욕망을 확인할 수 있는 작품으로 주목된다.

『신생활』 제6호부터 제9호까지에는 신백우가 번역한, 러시아 문학가 미하일 페트로비치 아르치바셰프(Mikhail Petrovich Artsybashev)의 소설 「혈흔(血痕)」이 실린다. 아르치바셰프의 작품은 1905년에 나온 것으로 러시아 1차 혁명의 상황을 담고 있다. 이 소설에서 눈길을 끄는 것은 군중의 감정에 대한 묘사이다. 전쟁의 기운이 감도는 상황 속에서 다른 지역의 패전 소식을 들으며 군중들은 공포와 두려움을 느끼지만 곧 이를 강한 저항심으로 전이시킨다.

"무슨 말이요, 그것이. 응 그게 무슨 소리여…… 지금 그 ……" 하고 저는 주위에 모여든 사람에게 기계적으로 물었다.

그러나 아무도 그 말에 대답하는 사람은 없었다. 어떤 사람의 눈이든지 뚱그렇게 된 눈동자만 광휘를 발하고 같은 공포의 빛을 띠고 섰을 따름이다. 지금 이 위에 일 분만 한 소리의 절망의 부르짖음이 일어나게 되면-그러면 누구나 다-슬피 울고 절망하여 부르짖고 흩어져 버리고 말 것 같이 보인다. 참 무엇이라 형언할 수 없이 두려운 순간이었다. 아니시모프는 일종 이양(異樣)의 찬 기운이 전신에 삼투하여옴을 느꼈다. 이 때에 저의 뒤에서 어떠한 젊은 대학생 한 사람이 여러 사람 틈에서 발돋움을 하고 일어선다. 그 대학생은 모자를 벗어 들고 사면으로 내어두르며 날카로운 목소리로 전신의 힘을 다하여 부르짖는다.

"동포제군! 그런 일이 있을 리가 만무합니다.…… 그것은 …… 그것은 분명히 ○○놈들의 책략이요, 제군."

　　무거운 것에 눌려있는 듯하던 군중의 기분은 갱생하였다. 두려운 그 순간은 지나갔다. 먼저 지나가든 그 기관차가 보도한 말이 진실하다 믿는 동시에 두렵고, 무엇이라 형언할 수 없는 절망의 무저갱(無底坑)으로 떨어져서 악연자실(愕然自失)하여 도저히 어찌 할 수 없던 공포를 이길 원기를 얻은 군중은 돌연히 실망과 공포가 격노와 결심으로 변하게 되었다.

　　아니시모프도 이제야 자기의 감각을 회복하게 되었다.[40]

　앞선 전차역에서의 패배 소식을 듣고 군중은 침울에 빠지지만 그 순간 일어선 어느 한 대학생의 연설에 군중은 "공포"와 "악연자실"을 "격노"와 "결심"으로 바꿔 기분을 "갱생"시킨다. 이 대학생의 형상은 마치 김명식이 「로서아의 산문학」에서 고리키를 언급하면서 말한 민중의 감정을 격발케 하는 '문학'의 역할에 비유될 수 있다. 또한 김명식이 강조한, 무수한 사람들의 의지를 총합하여 용기와 힘을 고취시키는 '지식계급'의 모습이기도 하다.

　주인공 아니시모프는 봉기를 준비하는 과정에서 얼굴빛이 바뀐다. "전보다 오히려 원기가 생생하고 신체가 별안간에 건강해진 것같이 보이"며 "형언할 수 없는 만족한 빛이 얼굴에 넘치고 거룩한 환희가 혼신에 충일하여 보인다." 불과 얼마 전까지만 해도 그는 "과도한 노동, 압박, 굴욕, 학대, 분노, 화"에 사로잡혀 있던 인간이었다.[41] 그의 얼굴빛이 변한 것은 단연코 봉기를 준비하면서부터이다. 이 고양감 때문에 새로운 인간으로 스스로를 느끼게 되었기 때문에 아니시모프의 얼굴빛은 이전과 차이가 생긴 것이다.

40　알틔빠세푸, 신빈벌 역, 「혈흔」, 『신생활』 7, 1922.7.5.
41　알틔빠세푸, 신빈벌 역, 「혈흔」, 『신생활』 6, 1922.6.1.

하지만 봉기는 실패하고 군중들은 막대한 피해를 입는다. 아니시모프는 전쟁의 과정에서 정말 살육이 벌어지는 것을 처음 겪었고 조금 전까지 옆에 있던 동료가 온기가 식은 채로 누워있는 상황에 공포와 분노가 뒤섞여 적절히 대응하지 못하기도 한다. 그런 와중에 그는 생포되어 유치장에 갇히게 된다. 내일 사살될 것이라는 생각과 함께 그동안의 삶을 정리하면서 아니시모프는 봉기 이전의 생활로는 스스로가 다시 돌아갈 수 없으므로 죽음을 받아들여야 한다고 생각한다.

> 그렇게 저의 생활은 둔한 회색으로 계속해왔었다. 그것이 이번에 엄연히 발발(勃發)한 전국 일반민심의 반항과 긴장에 제회(際會)하야 저는 눈에 감촉되는 일체 만물에 전광(電光)을 비치운 것처럼 새롭게 분명히 볼 수가 있었다. 자기 자신도 그 전광(電光)에 부딪쳐서 지상에 넘어져있는 것 같이 생각했다.
> '아닛시모푸'는 우뚝 섰다. 저의 심신은 극도로 긴장되었다. 다시 그 순간으로부터 점점 쇠퇴사멸(衰退死滅)하여 가는 듯하였다. 그때에 저는 느끼었다. 이렇게 목숨을 잃어버리는 것은 호말(毫末)도 아까운 것이 아니라고.
> 그런 생활을 반복해 흥 그것보다도 죽는 편이 얼마큼 다행하다…… 이렇게 되어서 죽는대야 무슨 공포가 있으랴? 이 죽음은 필요하다. 자연으로 은도(隱道)하는 절대필요의 길이다……
> 그런 생활 지금까지의 그런 생활! 얼마나 불쾌하였을까 교각(交覺)하였다.
> 이런 박각(博覺)이 없어지면 저는 심신이 평문(平間)하게 된다. 고생에 젖은 색택(色澤) 좋지 못한 저의 얼굴은 다시 평정(平靜)한 가운데 결연(決然)한 표정을 띠이게 되었다.[42]

---

42 알틔빠세푸, 신뷘벌 역, 「혈흔」, 『신생활』 9, 1922.9.5.

아주 짧은 봉기의 기간 동안 아니시모프는 이전과 다른 삶을 살 수 있었다. 그는 그 이전 궁핍한 생활, 가정의 문제 속에서 "둔한 회색"과 같은 삶을 살았다. 하지만 봉기의 기간 동안 그의 삶에는 색채가 입혀졌고 봉기에서 역장으로서 선봉에 서면서 스스로가 삶의 주인으로 생각되었다. 이제 아니시모프는 이전의 생활이 "불쾌"하였던 것이라는 자각을 한다. 죽음에 대한 공포가 내면에서 정리되어 가자 그의 얼굴은 "고생에 젖은 색택"에서 다시 "결연한 표정"을 찾게 된다.

「혈흔」은 봉기의 준비와 저항, 실패를 겪으면서 민중이 느끼는 다양한 감정의 소용돌이를 잘 보여주고 있는 작품이다. 특히 아니시모프가 결국 살해당하지만 그 이전에 스스로 죽음을 결심하는 장면은 자신이 원하는 바(새로운 생활)를 끝까지 지키고자 한 '선택'이다. 「혈흔」은 군중에 속한 아니시모프라는 개인이 자신의 생애 대한 욕망을 실현하기 위해 공포와 불안과 같은 억압에 기반한 감정들을 통제하면서 자아를 완성해 나가는 과정을 그리고 있다.

이형진에 따르면 1920년대 조선에 수용된 아나키즘은 여러 굴절과 변형을 일으키고 있었지만 기본적으로 두 가지 특성을 띠며 전개된다. "첫째, 새로운 사회 건설은 더이상 지식인과 지도자 등의 특정 주체가 아니라 민중(혹은 인민)의 역동적이고 창조적인 활동을 통해서만 가능하다는 인식이 이전보다 확산되었다. 둘째 1920년대 조선의 신흥적인 분위기는 민중의 출현으로 정의되고 새로운 사회 건설을 위한 방법으로 직접행동, 폭력투쟁, 파괴적이고 야만적인 봉기가 강조되었다."[43] 「혈흔」을 통해 민중이 창조적인 삶을 욕망하기 시작하면서 저항의 주체가 되어가는 경로를 확인할 수 있다면, 이성태에 의해 번역된 오스기 사카에의 「쇄공

---

43   이형진, 앞의 글, 183면.

장」은 삶을 억압하는 요소를 민중 스스로가 목도하면서 보다 파괴적인 직접행동의 필요성을 자각하는 과정을 보여주고 있다.

「쇄공장」에서 '나'는 어느 날 '나'뿐 아니라 주위의 동료들이 차례가 오면 당연하다는 듯이 쇠사슬을 자신의 몸에 저절로 두르는 모습을 발견하게 된다. 여기서 쇠사슬은 단순히 공장노동자가 당하는 억압과 부조리를 넘어 "정부, 경찰, 국가, 언론"에 의한 전방위적 억압을 상징하는 알레고리로 기능한다. '나'는 쇠사슬을 풀고자 하지만 이 고리가 '나'뿐만 아니라 다른 사람들과 "서로 얽혀지고 서로 이어져서" 연결되어 있는 구조를 가지고 있다는 것을 깨닫고는 절망한다. 절망 끝에 깨닫는 것은 "그러나 나는 오늘날 이미 생긴 조직과 제도에 대하여서는 거의 만능이라고 생각할 큰 세력을 표연히 무서워하지 아니치 못한다. 그것을 파괴하는 것을 제쳐놓고서 개인의 완성을 말하는 놈들은 꿈속에서 꿈꾸는 놈들이다."라는 점이다. 개인의 자유와 해방은 나를 감고 있는 쇠사슬을 풀어야 가능한 것인데 이 쇠사슬은 나 혼자만 풀고 나올 수 있는 구조가 아니므로 결국 나와 동료를 감고 있는 쇠사슬을 모두 제거해야만 '나'의 자유가 가능하다는 깨달음 끝에 그것을 파괴하는 직접 행동이 불가피함을 주장하게 되는 것이다.[44]

「혈흔」에서 보이는 민중 개인이 자신의 생활을 새롭게 창조하려는 의지와 「쇄공장」에서 보이는 직접 행동, 폭력에 대한 요청은 상호 분리된 것이라 할 수 없다. 스스로 쇠사슬을 매는 누구나, 아니시모프처럼 자신의 생활을 "불쾌"한 것으로 인식하고 새로운 생활을 창조하려는 의지가 있어야 직접 행동 또한 가능하기 때문이다. 그 과정에서 설혹 움직임이 실패하게 되더라도 자율성과 창조성을 가진 개인이 남아있다면 새로운

---

44 RST(이성태) 역, 「쇄공장」, 『신생활』 9, 1922.9.5.

운동의 모색은 가능하게 된다.

『신생활』에는 「혈흔」과 「쇄공장」 외에도 현좌건의 「인(人)」, 신일용의 「희생」, 염상섭의 「묘지」와 같은 창작물, 고리끼의 「의중지인(意中之人)」, 레온하르트 프랑크의 「부(父)」와 같은 번역 문학이 활발히 실린다. 「인」이나 「희생」과 같은 창작물에서는 공히 '부랑자'들이 등장하는데 이는 투르게네프의 여러 소설에서 등장하는 부랑자의 의미지를 환기시킨다. 노동계급으로 전화될 잠재성을 갖고 있지만 보다 개인적 영역에서 의식적인 성장을 하는 인물들이 등장한다. 고리키의 「의중지인」은 학생에게 연애편지를 써줄 것을 부탁하는 부인이 등장하는데 학생에게는 편지를 받는 사람도 보내는 사람도 없는 가상의 관계를 만들어내는 부인이 처음에는 해괴하게 느껴지지만 결국에는 함께 빠져들어 일을 도모한다. 작품 안에는 창조적 개인이 보여주는 자유로움이 투영되어 있다. 이렇게 『신생활』의 문예물은 민중의 역동적이고 창조적인 움직임을 보여주는 데에 노력을 기울였다는 점에서 보다 의미화될 필요가 있다.

4. 결론

이 글은 『신생활』에 실린 김명식의 글을 중심으로 『신생활』의 문예론을 살펴보는 것에 목적을 두었다. 김명식은 1917년의 10월 혁명이 있은 직후 러시아에서 혁명이 가능할 수 있었던 이유에 대해 매우 궁금해 하였다. 가장 문화적으로 경제적으로 후진인 러시아가 공산혁명을 성공시켜 인류 역사의 최첨단의 진보를 성공시킨 이유를 알길 원하였다. 그 과정에서 평등주의와 공산경제의 단초를 확인할 수 있는 러시아의 원시부락체인 '밀', '도볼'과 같은 자치체에 대한 탐색을 벌였지만, 러시아 혁명은 김명식에게 있어 정치와 사회의 제도, 종교의 양식, 경제의 조직에 있어 근원적 뿌리가 뽑혀나가고 새로운 기반이 형성되는 사건으로 평가되었기 때문에 고대 부락체에 대한 탐색으로는 답을 얻는 데에 한계가 있었다. 여러 탐색 끝에 김명식이 착목한 것은 19세기 중반의 러시아 문학이었다. 1800년대 중후반부터 작품활동을 한 톨스토이, 투르게네프, 도스토예프스키, 고리키 등의 작가들이 주로 초점화되는데 이들 작품들은 민중 현실에 대한 반영과 현실에 대한 민중의 반역적 의지를 균형있게 그렸다는 점에서 높이 평가된다. 『신생활』에 게재된 「로서아의 산문학」의 모태가 되는 텍스트는 『동아일보』에 연재된 「니콜라이 레닌은 어떠한 사람인가」였다. 「니콜라이 레닌은 어떠한 사람인가」에서는 투르게네프, 고리키 등이 등장할 수 있었던 기반형성에 서술의 초점을 맞추고 있다. 김명식은 벨린스키, 체르니셰프스키 등으로 대표되는 자유주의 담론을 서번으로 하여 민중 현실과 예술, 노동과 예술의 관계를 적극적으로 재사유한 비평가들의 활동이 작가들의 창작을 견인할 수 있었다고 본다.

김명식은 러시아문학을 『신생활』에 소개하면서 『신생활』의 새로운 문예론을 구축하는 데에 중요한 역할을 하였다. 『신생활』은 주지하듯이 부르주아 문학론 및 문화론을 "소수의 문화" "계급문화"로 비판하며 "전체의 문화" "대중의 문화"를 주장하였다. 이것은 개인과 사회, 예술과 현실에 대해 적대적이고 화해불가능한 대립적 관계를 강화시킨 부르주아 예술주의를 비판하며 현실을 반영하고 현실에 개입하여 현실을 변화시키는 문학 예술을 요청한 것이었다. 김명식은 이러한 문예론을 러시아 문학을 읽어가면서 구축한 것으로 보인다. 아니 더 정확하게는 1920년대 초 일본에서 생철학과 아나키즘 사상을 접목시켜 로맹 롤랑의 『민중극』을 재해석한 오스기 사카에의 『민중예술론』으로부터 영향을 받은 것으로 보인다. 오스기 사카에는 『민중예술론』뿐만 아니라 「민중예술의 기교」, 「새로운 세계를 위한 새로운 예술」과 같은 일련의 민중예술론과 관련된 글들에서 톨스토이, 도스토예프스키, 투르게네프, 고리키 등에 관한 비평을 시도한다. 『신생활』은 혁명이 성공한 러시아에서 예술이 어떻게 사회화, 대중화되는가에도 관심을 기울였지만, 혁명이전의 러시아문학의 상황에 보다 논의의 초점을 맞춘다. 러시아 문학과 오스기 사카에의 민중예술론 여기에 깔려있는 아나키즘과 생철학을 수용해 나가면서 『신생활』 필진들은 민중이 역사의 새로운 주체이며 결국엔 언제나 옳은 판단을 하는 집단이라는 강한 믿음을 갖게 되었고 문학을 통해 민중을 투쟁의 주체로 변모시키기를 원했다. 이는 민중에 대한 계몽적 의도를 갖고 있다기 보다 그들이 가진 잠재력과 감정에 기반한 에너지를 최대치로 끌어올리는 데에 문학이 사용될 수 있음을 인식하는 것이었다. 이를 위해서는 지금의 생활을 인식하고 새로운 생활을 원하는 개인으로서 민중이 새롭게 등장할 필요가 있었다. 생에 대한 의지가 기반하지 않는 이상 집단행동은 무의미하기 때문이다. 『신생활』에 번역된 아르치바셰프의 「혈흔」과 오스기 사카에의 「쇄공장」은 민중감정의 다양한 결들과 감정에 대한 솔직한 표현들, 생명일치에 대한 욕망이 반역적 의지와 결부되는 과정에 대해 확인할 수 있는 글이다. 이렇듯 『신생활』은 새로운 예술이 혹은 새로운 예술만이 새로운 세계를 견인할 수 있다고 믿었다.

● **참고문헌**

[자료]

김명식, 〈노국혁명운동의 유래〉, 「니콜라이 레닌은 어떠한 사람인가」, 『동아일보』 1921.6.9.

최승구, 「감정적 생활의 요구」, 『학지광』 3, 1914.12.

김명식, 「안거연래(雁去鷰來)」, 『학지광』 13, 1917.7.19.

로맨 롤랑, 김억 역, 「민중예술론」, 『개벽』 28, 1922.10.1.

大杉栄, 「民衆藝術の技巧」, 正義を求める心: 大杉栄論集, アルス, 1921.

_____, 「新しき世界の為の新しき芸術」, 正義を求める心: 大杉栄論集, アルス, 1921.

니콜라이 체르니솁스키, 김정아 역, 『무엇을 할 것인가』, 지만지, 2011.

윌리엄 모리스, 서의윤 역, 「예술과 노동」, 『노동과 미학』, 좁쌀한알, 2018.

[논저]

가라타니 고진, 송태욱 역, 『트랜스크리틱』, 한길사, 2005.

권보드래, 「파제예프와 조선의 동지들 : 소비에트 모델과 조선의 사회주의 문학」,
    『민족문학사연구』 80, 민족문학사연구소, 2022.

김경연, 「1920년대 초 '공통적인 것'의 상상과 문화의 정치: 『신생활』의 사회주의
    평민문화운동과 민중문예의 기획」, 『한국문학논총』 71, 한국문학회, 2015.

김동윤, 「송산 김명식의 생애와 문학」, 『한국문학논총』 63, 한국문학회, 2013.

김민아, 「베르댜예프와 러시아 혁명」, 『인문논총』 74, 서울대학교 인문학연구원,
    2017.

김종현, 「『신생활』의 사회주의 담론과 문예의 특성」, 『인문논총』 32, 경남대학교
    인문과학연구소, 2013.

김학준, 「19세기 제정러시아 사상가들의 혁명이론에 대한 고찰」, 『국방연구』 19,
    국방대학교안보문제연구소, 1976.

김현주, 「1920년대 전반기 사회주의 문화담론의 수사학: 사회주의는 사회비평을
    어떻게 변화시켰는가」, 『대동문화연구』 64, 2008.

박양신, 「다이쇼 시기 일본·식민지 조선의 민중예술론: 로맨 롤랑의 '제국' 횡단」,
    『한림일본학』 22, 2013.

박종린, 「'김윤식사회장' 찬반논의와 사회주의세력의 재편」, 『역사와 현실』 38, 한
    국역사연구회, 2000.

_____, 「1920년대 초 사회주의사상의 수용과 『신생활』」, 『사림』 49, 수선사학회,
    2014.

박현수, 「『신생활』 필화사건 재고」, 『대동문화연구』 106, 성균관대 대동문화연구원,
    2019.

안드레이 발리쯔끼(Andrzej Walicki), 장실 역, 『계몽사조에서 마르크스주의까지』,
    문예림, 1997.

이에나가 사부로(家永三郎) 엮음, '수유+너머' 일본근대사상팀 역, 『근대 일본사상
　　　사』, 소명, 2006.
이현주, 『한국 사회주의 세력의 형성: 1919-1923』, 일조각, 2003.
이형진, 「1920년대 신경향파 문학과 아나키즘 사상 간의 상관성에 관한 논고」, 『석
　　　당논총』 73, 2019.
최병구, 「사회주의 조직운동과 문학, 소설과 비평의 사이: 1927년 카프 1차 방향전
　　　환기 재독(再讀)」, 『국제어문』 60, 국제어문학회, 2014.
최선웅, 「1920년대 초 한국공산주의운동의 탈자유주의화 과정: 상해파 고려공산당
　　　국내지부를 중심으로」, 『한국사학보』 26, 2007.
최은혜, 「민족과 혁명 : 1920년대 초 사회주의 수용에서 러시아혁명 인식의 문제」,
　　　『민족문학사연구』 77, 민족문학사연구소, 2021.
최진석, 「예술-노동의 역사·이론의 궤적」, 『문화과학』 84, 문화과학사, 2015.
　　___, 「근대 러시아 지식장과 역사철학 논쟁:서구주의 비평가의 내면적 초상으
　　　로부터」, 『탈경계인문학』 9, 이화여자대학교 이화인문과학원, 2016.
한기형, 「문화정치기 검열체제와 식민지 미디어」, 『대동문화연구』 51, 성균관대 대
　　　동문화연구원, 2005.
허호준, 「혁명가 김명식의 생애와 사상」, 『4.3과 역사』 5, 제주4.3연구소, 2005.
　　___, 「일본 유학시기(1915-1918) 송산 김명식의 사회인식과 활동」, 『탐라문화』
　　　39, 2011.
안성찬, 『숭고의 미학』, 유로서적, 2004.
임경석, 『초기 사회주의 운동』, 한국독립운동사편찬위원회, 2009.

신일용의 문예론
: 이상을 담는 문학에 대하여

전성규

1. 의사에서 기자로

이 글은 『신생활』에 실린 신일용(辛日鎔)의 글을 대상으로 그의 글쓰기 이자 사유의 키워드가 '감정'과 '노동'이었음을 밝히고 이것이 낡은 세계 를 면밀하게 관찰하며 새로운 사회를 상상할 수 있게 한 의미소였음을 말하고자 한다. 여기서 '감정'은 '본능'과 '충동'을 하위 키워드로 가지며 '노동'은 합리적 세계인식과 그에 기반한 이상주의와 밀접하게 연관된 다. 신일용은 이것들을 모두 함께 뒤섞어 다룰 수 있는 예술적 형식이 문학이라고 보았다. 이 글에서는 현실에 대한 합리적 판단력을 기반으로 현실과 이상세계 사이를 직조해 내는 신일용의 문예론을 그의 의사로서 의 경험, 문학에 대한 관심을 경유하여 살펴보고자 한다.

대체로 『신생활』에 관한 연구는 필화사건에 관한 연구[1], 참여인물과 그의 사상적 문학적 지향에 관한 연구[2] 사회주의의 유입과 프로문학의

---

1   박현수, 「『신생활』 필화사건 재고」, 『대동문화연구』 106, 성균관대학교 대동문화연 구원, 2019.
2   김동윤, 「송산 김명식의 생애와 문학」, 『한국문학논총』 63, 한국문학회, 2013; 허호

형성과정을 파악하는 맥락에서 이루어진 연구[3], 사회주의 운동사에 기반
한 연구[4] 등으로 나눠볼 수 있다. 『신생활』에 실린 신일용의 글들을 중심
으로 그의 사유와 사상을 다뤄보고자 하는 이 글은 위의 범주에 따르면
2)의 연구 경향에 속한 것이라고 할 수 있다. 신일용은 『신생활』에 가장
활발히 글을 실었던 기자 중 한 사람이었고 필화 사건으로 옥고를 치를
만큼 『신생활』 발간에 깊이 관여하고 있던 중심인물이었음에도 불구하
고 그간 연구의 대상으로 잘 다뤄지지 않았다. 가장 최근의 연구 중 하나
가 박순섭의 것이라고 할 수 있는데 박순섭은 신일용의 생애사를 소개하
면서 그가 속했던 무산자동맹회 계열이나 서울파 사회주의 그룹의 활동
을 기반으로 그가 가진 통일전선노선에 대해 분석의 초점을 맞춘 바 있
다.[5] 이 글은 그간 사상과 운동 노선에 맞춰진 연구의 경향성에서 신일용
을 보는 시도들과 구별하여 의사와 기자, 문학가로서 다양한 면모에 방
점을 두고 그의 글을 이해해 보고자 한다. 특히 신일용의 글 중 그간 분
석의 대상에서 소외된 부인문제와 관련된 논의, 유토피아론 등을 포함하
여 다뤄보고자 한다.

신생활의 필진들이 『신생활』이라고 대표되는 언론공간에 모이기까지
각자가 가진 경험과 이력은 다양했다. 신생활사의 주요 책임자들이나 필
진들이 『신생활』을 발간할 시기에 30대를 전후로 하는 나이였던 만큼

준, 「혁명가 김명식의 생애와 사상」, 『4.3과 역사』 5, 제주4.3연구소, 2005; 박종린,
「효성 김원벽의 생애와 민족운동」, 『동방학지』 184, 연세대학교 국학연구원, 2018;
박순섭, 「1920년대 신일용의 이론투쟁과 통일전선운동」, 『한국민족운동사연구』 94,
한국민족운동사학회, 2018.
3   최병구, 「사회주의 문화 담론과 프로문학 −신경향파 문학 탄생의 주변(1920−1923)」,
『민족문학사연구』 49, 민족문학사학회, 2012.
4   박종린, 「1920년대 초 사회주의 사상의 수용과 『신생활』」, 『사림』 29, 수선사학회,
2014.
5   박순섭, 위의 글, 71~102면.

이들이 가진 지식자원과 사상자원은 매우 다양한 경로를 통해 형성된
것이었다.

 하지만 지식자원과 사상자원의 다양성과 이동경로는 고통받는 민중의
삶을 관찰하는 눈과 함께 길러졌다는 것이 주지되어야 할 필요가 있다.
설렁탕 한 그릇으로 "코끝에서 땀방울이 흐르"고 "들어갔던 눈이 나오"
고 "허리가 일어서고" "추운 창자에 서리고 있던 회(蛔)가 꼬물거리고 가
는 핏줄기가 굵어"지는[6] 사람들이 그들의 사상과 실천의 촉발원이었다.
"저 사람 많이 다니는 거리에서/ 저렇게 뒤끓는 소리는/ 사람들이 살려
는 신음성(呻吟聲)이다"[7]라고 노래한 동원(東園)의 시처럼 신생활사의 인
사들은 이 '신음성'을 대변하는 일을 자신의 소임으로 삼았다.

 '신음성(呻吟聲)'을 대변하는 행위와 관련해 신일용은 중요한 경험을
갖고 있다. 조선총독부의학교를 졸업하고 의사 면허를 쉬득한 후, 1910
년대 중후반 의사로서 환자를 돌본 경험, 제주도 및 전라도 목포의 예수
병원에서의 경험이 그것이다.

 신일용의 대략적인 이력[8]은 많은 부분 그가 1925년 『조선일보』 필화
사건으로 검거되었을 때 받았던 신문조서 상의 정보로 구성되었다.[9] 특
히 1925년 9월 22일에 받은 두 번째 신문조서가 여러 중요한 정보를 담
고 있는데 기존 연구에 제시된 정보들과 중복되지만 원문을 번역해 제시
하면 아래와 같다.

6   김명식, 「설낭탕의 頌」, 『신생활』 5, 1922.4.22.
7   동원(東園), 「어린아해에게」, 『신생활』 5, 1922.4.22. '동원'은 이일(李一)의 필명이다.
8   강만길·성대경, 『한구사회주의운동인명사전』, 창작과비평사, 1996, 256면; 박순섭,
    위의 글, 74~76면.
9   신일용의 주요 이력과 관련하여 참조해볼 수 있는 신문조서는 1925년 9월 11일에
    작성된 「신일용 신문조서」와 1925년 9월 22일에 작성된 「신일용신문조서」(제2회)이
    다. 신문조서는 한국사데이터베이스 상에서 확인할 수 있다.

「신일용 신문조서(제2호)」1925년 9월 22일
문: 신일용인가.
답: 왼쪽입니다.
문: 당신의 이력을 말해보라.
답: 저는 다이쇼 5년(1916) 경성 의학전문학교를 졸업하고 전남 목포의 예
수교 병원에서 약 1년간 의원으로 근무하였습니다. 다이쇼 6년에는
병도 있고 개업 준비를 위해서 쉬었고, 다이쇼 7년 8월 경부터 전주에
서 (병원을-인용자) 개업하고 다이쇼 9년 말 폐업하여 잠깐 향리(고
향)에 돌아가 놀고 있었습니다. 다이쇼 11년부터 친구 김명식에게 권
유받아 신생활사에 기자로서 입사하였는데 그 즈음 제령(법령) 및 신
문지법 위반죄로 인해 당원(해당 법원)에서 징역 1년 반의 처분을 받
았고, 다이쇼 13년 4월 출감하여 동년 9월부터 조선일보에 입사하게
되었습니다.[10]

　여기서 제시된 이력 중 이글에서는 1916년 경성 의학전문학교를 졸업
하고 전남 목포의 예수교 병원에서 일했던 시기와 1918년 전주에서 의사
개업을 했던 시기에 보다 초점을 맞춰 볼까 한다. 신일용은 신문조서에
서 예수교 병원에서 일한 후 자신의 병원을 개업하기까지와 병원 폐업에
서부터 신생활사에 입사하기까지의 시간을 '놀았다'라는 단어로 표현하
고 있다. 하지만 예수교 병원은 선교사들을 중심으로 여성, 나환자, 어
린이, 가난한 자들에게 무상치료를 제공했던 시설이었고, 거기서의 경
험을 바탕으로 신일용은 1918년 전주에 자신의 병원을 세운다. 또 1918
년 의사로서 병원을 개업한 직후 전라도 지역의 전염병 대유행을 치르며
이후 병원 폐업을 당하고 기자로서 업을 바꿔 신생활사에 입사하게 된
다. 단순히 '놀았다'라는 한 마디로 치부하기에 그 시간들은 복잡한 함의

10　조선총독부재판소, 「신일용신문조서(제2호)」, 1925.9.22.

를 담고 있다.

신일용이 의사 면허를 취득하고 잠깐 몸을 담았던 목포의 예수 병원은 가난한 환자를 위한 의료시설이었다. 전라도 지역의 예수병원의 역사는 1800년대 후반으로 거슬러 올라가 허름한 임시 거처에서 미국인 선교사들이 중심이 되어 가난한 환자, 부랑자들, 나환자들, 의지할 곳 없는 어린 아이들에게 관심을 기울이고 치료를 제공하던 곳에서부터 시작한다. 여기에는 장로교 선교사로 조선에 온 언더우드 박사(Horace G. Underwood)가 이후 조선에 파견될 선교사를 물색하던 과정에서 인연이 닿게 되어 조선으로 오게 된 선교사(이면서 의사)들—드류(A.D.Drew), 포사이드(William Hamilton Forsythe), 테이트(L.B.Tate) 등—이 중심축이 되었다. 이들은 19세기 후반 목포와 전주 등지에서부터 진료소를 세워 나갔다.[11]

신일용이 의사면허를 딴 직후 1916년부터 1년간 근무했던 목포의 제중원병원은 19세기 후반 전라도 지역을 중심으로 한 의료선교사업의 기틀 위에 놓인 기관으로 보인다. 〈광주역사문화자원 1000 디지털 아카이브〉 자료에 따르면 목포와 광주 등에 선교부가 있었고 선교부를 중심으로 제중원과 같은 의료기관도 운영되었다. 외부의 탄압이나 여러 어려움 속에서 선교부가 폐쇄되는 경우도 종종 있었지만 그럴 경우 다른 지역 선교부의 선교사들이 모여 의료사역을 이어갔던 것으로 보인다.[12]

특히 이 의료기관들은 여성과 나환자에게 관심을 기울였다. 전주 예

---

11 설대위, 『예수병원 100년사 꺼지지 않는 사랑의 불씨』, 예수병원, 1998, 14~15면.
12 〈광주역사문화자원 1000 디지털 아카이브〉
　　http://gjstory.or.kr/sub.html?pid=11&formtype=view&code=53 검색일자: 2021년 9월 4일.

수병원의 경우 여의사인 마티에 의해 기초가 세워졌고 그녀는 여성 환자
를 치료하는 일에 정성을 기울였다.[13] 또한 1911년경부터는 전라도 지역
에 나환자들을 수용할 수 있는 시설이 만들어지기 시작했고 1925년까지
이곳에 거의 600명이나 되는 환자들의 정착이 이루어졌다.[14] 나환자 치
료에 공이 큰 목사 최흥종이 포사이드를 만나 의료사역의 길로 인생을
전환했다는 일화는 유명하다. 최흥종은 광주의 제중원에서 1909년 나환
자를 치료하는 조수로 일하기 시작했고 1912년 한국 최초 나환자 시설인
나환자 요양소(광주나병원)을 설립한다.[15]

신일용이 목포의 예수병원에서 일했던 1916년은 전라도 지역에서 가
난한 자들과 여성들, 전염병에 걸린 자들의 치료를 위한 기반시설이 활
발히 만들어지고 있던 시기였다. 물론 선교부의 폐쇄, 책임 의료 선교사
의 잦은 교체와 부재, 자금의 문제 등 여러 어려움은 상존했지만 그 속에
서도 선교부 소속 선교병원에서 한국인 의사나 간호사들도 양성되었고,
나환자 치료 시설과 재활 시설이 마련되는 과정에 놓여 있었다.

신일용이 1916년 의사 경험을 통해 무엇을 보았고 어떤 걸 느꼈던 것
인지는 직접 알 수 없지만, 그의 글들을 통해 간접적으로 유추해 볼 수는
있다고 생각한다. 『신생활』 안에서 신일용의 글은 자주 확인된다. 신일
용은 『신생활』 안에서 매우 활발히 글을 게재하는 필자 중 하나였는데,
『신생활』 초반 그가 주목한 문제는 '부인문제'였다. 「부인문제의 일고찰
-자유사상과 현모양처주의」는 『신생활』 제1호와 제2호에 실리고 제3호
부터는 「자유사상과 현모양처주의」라는 제목으로 제5호까지 연재된다.
특히 제6호에는 적소(赤笑)라는 필명으로 「희생」이란 소설을 싣는데 여

13 설대위, 위의 책, 55~69면.
14 설대위, 위의 책, 52면.
15 오방기념사업회, 『화광동진의 삶』, 광주YMCA역사편찬위원회, 2000, 115면.

기서 주인공은 성병에 걸린 여성으로 코가 없는 채로 등장한다. 코가 없는 여자, 신체기관을 상실한 여자의 이미지는 의사로서 환자를 마주했던 임상의 경험과 무관하지 않을 것이다.

『신생활』 필자 중 김명식, 강매, 염상섭 등이 일회적이거나 단편적으로 여성론을 펼치고 있는 경우는 있지만, 신일용처럼 제1호부터 꾸준히 여성문제를 노동 문제, 가정 문제, 도덕 문제의 관점에서 일관되게 펼쳐 보이는 필자는 드물다고 말할 수 있다. 또한 논설적인 기사에서부터 문제의식을 펼치는 일을 시작해 소설 창작으로 자신의 관심을 마무리하는 과정은 정치와 문화적 관점에서뿐 아니라 심리적·정신적인 관점에서 존재를 고찰하는 행위로 나아간 것이라고 평가할 수 있는 부분이다. 특히 「희생」이란 소설 안에서 그려지고 있는 여성이 가정부인이나 일반여성이 아니라 화류계에 몸담았던 성병에 설린 여싱이린 점에서 그리고 그 여성을 그리는 작가적 태도가 죽어가는 그녀의 육체적 고통과 삶의 회한에 대한 묘사에 초점이 맞춰져 있다는 점에서 환자의 신체와 정신에 대한 인간적인 이해를 확인할 수 있다.

신일용은 목포의 예수 병원에서 1년간 의사생활을 한 후, 1918년에 전주에서 직접 병원을 개업하여 병원을 운영하다가 1921년 4월 약품 및 약품 취체규칙 위반으로 금고형을 선고받고 병원을 폐업하게 된다. 1918년부터 1920년 사이 신일용의 족적을 유추해보기 위해 한 기사에 주목할 필요가 있다.

「전주호역창궐」, 『대한매일신보』, 1919년 10월 1일
전주군 조촌면(助村面) 상가리(上可里)에 의사호열자환자(擬似虎列剌患者)가 발생하였다함은 기보(旣報)한 바이어니와 지난 26일 전주 시내에 또 5명의 환자가 발생하여 점차 ○○(판독불가-인용자) 조짐이 있음으로 전

주경찰서에서는 현장부근 일대에 교통을 차단하고 방역에 진력하는 동시에 일반에 대하여 무료로 예방주사를 시행하며 또 신일용씨의 경영하는 고사정(高砂町) 완산병원(完山病院)에서도 지난 27일부터 일반에 무료로 주사를 시행한다더라.[16]

1919년 5월 『매일신보』 기사는 베트남과 인도 등지에서 호역이 창궐하여 일본 고베에서까지 전염병 환자가 발견되었다는 소식을 전하고 있다.[17] 두달 뒤 7월에는 상해가 호열자 유행지라는 기사가 나오고[18] 다음달 8월에 상해를 떠나 조선을 거쳐 일본으로 돌아가던 남만주철도회사 직원이 이동 중에 기차검역 과정에서 확진 판정을 받고 안양역에 내린다.[19] 이후 9월 한달 간 호역은 인천, 경성, 평양, 신의주를 거쳐 경기도, 전라도, 경상도, 함경도 각지로 퍼져나가기 시작한다. 9월 말 신문은 전라도가 호역이 만연하여 인심이 흉흉하다는 소식을 전하고[20] 그중 특히 신일용의 병원이 있던 부안군은 사망자가 급증하고 있는 상황이었다.[21] 10월 초 경무국조사에 의하면 확진자가 8천, 사망자가 4천 4백으로 집계되었다.[22] 11월에도 여전히 남선지방에는 호역이 유행했으며[23] 이러한 상황은 다음 해 초까지 이어진 것으로 보인다. 전염병 대유행 속에서 신일용은 자신의 병원에서 호역 예방주사 접종을 무료로 시행하고

---

16 「전주호역창궐」, 『매일신보』, 1919.10.1.

17 「신호입항선(神戶入港船)에 호역보균자, 남방에 괴질창궐, 대판시(大阪市) 방역실행」, 『매일신보』, 1919.5.29.

18 「호역(虎疫)중심지는 과연 상해(上海)」, 『매일신보』, 1919.7.16.

19 「안양에도 호질이 습래(襲來)」, 『매일신보』, 1919.8.12.

20 「전주의 호역」, 『매일신보』, 1919.9.29.

21 「호열회보 그후의 각지」, 『매일신보』, 1919.9.27.

22 「전선(全鮮)호역환자 8천인, 사망자가 4천 4백」, 『매일신보』, 1919.10.9.

23 「종식되는 전선(全鮮)호역, 남선지방에만 아직도 유행해」, 『매일신보』, 1919.11.16.

있었다.

당시 의료관련 법제를 살펴 보면 위생관련 사무가 경찰의 철저한 관리 아래 있어서 전염병과 같은 의료 위기가 발생할 때 현실적으로 적절한 현장 대응이 어려웠던 것으로 보인다. 박윤재의 「한말 일제 초 근대적 의학체계형성과 식민지배」에 따르면 총독부 설립 이후 경찰제도가 정비되면서 원래 중앙 행정기관이었던 위생국에 속했던 위생 관련 사무가 경무총감부로 옮겨지고 경찰에 모든 위생 사무가 집중되었다. 전염병 환자가 발견되면 "병독 전파 방지상 환자의 자택 치료 또는 사립 병원 입원을 금지하고 모두 총독부 의원 또는 순화원(順化院)"에 수용하는 것이 기본 방침이었다.[24] 지정 병원이 아닌 다른 병원에서 전염병 환자를 돌보는 일은 법에 저촉되는 일이었다. 이런 상황에서 병상 부족, 의료진 및 의료 물품 부족 등으로 인해 적절한 치료를 받을 수 없는 환자들은 매우 많았을 것이라고 추측된다. 1919년 호역 대 유행 당시 전라도 지역은 호역 환자와 사망자가 매우 많이 나왔던 지역이었다. 이 현장 속에 있었던 신일용은 의사로서 다양한 사회적 약자들의 삶과 죽음을 보았고 거기서 그치는 것이 아니라 의료현장의 일선에서 그 생명을 관리하고 결정하는 통치의 체계와 마주하는 경험을 하게 되었을 것이다.

「신일용 신문조서(제2호)」1925년 9월 22일
문: 사상에 관한 서적을 읽은 적 있는가?
답: 다소 읽었습니다.
문: 어떠한 책을 읽었는가?
답: 나는 종전에는 한결같이 문예물을 애독하였습니다만 다이쇼 9년 10년

---

24 박윤재, 「한말·일제 초 근대적 의학체계의 형성과 식민 지배」, 2002, 222~241면.

에 걸쳐 사상문제 혹은 사회문제에 관한 서적을 읽었습니다. 그 중 사
회주의방면에 취미를 가지게 되어 다이쇼 11년 신생활사에 입사하고부
터는 그 방면에 관하여 한층 그 색채를 강하게 하게 되었습니다.[25]

1925년 9월 22일자 「신일용 신문조서(제2호)」에서 신일용은 간단한 이
력을 말하기를 요구받은 다음, 그간 읽어온 책에 대한 질문에 답한다.
그는 "종전에는 한결같이 문예물을 애독"하다가 "다이쇼 9년~10년
(1920~1921)에 걸쳐 사상문제 혹은 사회문제에 관한 서적을 읽"기 시작했
다고 답한다. 1920년에서 1921년 사이는 의료법 위반으로 의업정지를
당하고 병원을 폐업한 후 『신생활』 기자로 본격적으로 활동하게 되었던
여러 과정들이 중첩되어 있던 시기였다. 그가 주로 돌본 환자들은 그 자
체로 공동체 질서의 정당성을 질문하게 하는 존재들이었기에 의사로서
환자에 대한 관심은 사회적·경제적·문화적 리얼리티에 대한 관심으로
확장될 수 있었다.

2. '본능'과 '충동'으로서 민중 감정

신일용이 고백한 대로 문예물에 대한 관심은 그가 붓을 들기 시작하고
나서 창작적 욕구로 옮겨 간 것으로 보인다. 신일용은 『신생활』에 다수
의 논설과 번역뿐만 아니라 시 「밤비」, 소설 「희생」, 풍자와 해학을 깃들
인 사회비평적 만담인 「엽서운동」[26] 등을 실었다.[27]

---

25 조선총독부재판소, 「신일용 신문조서(제2호)」, 1925.9.22.

26 김미연은 『신생활』 제7호와 제8호에 실린 「엽서운동」이 사카이 도시히코(堺利彦)의
    『고양이의 백일해』 중 「ハガキ運動」과 그 내용과 형식이 유사하다는 점을 밝힌 바
    있다. 김미연, 「유토피아 '다시 쓰기': 1920년대 초 식민지 조선의 중역을 중심으로—」,

특히 시「밤비」는 그가 고민하고 있던 지점들을 확인할 수 있어 눈여

『현대문학의 연구』70, 한국문학연구학회, 2020, 210면.

27　『신생활』에 실린 신일용의 글을 목록화하면 다음과 같다.

제목	필자	호수	면수
婦人問題의一考察―自由思想과賢母良妻主義	辛日鎔	『신생활』1, 1922.3.15.	14~18
開人閒話 – 正義의疇範 *(전문삭제)	赤咲生	『신생활』1, 1922.3.15	55~56
婦人問題의一考察―自由思想과賢母良妻主義 (續)	辛日鎔	『신생활』2, 1922.3.21.	7~11
國際勞動運動小史	赤咲生	『신생활』2, 1922. 3.21.	21~26
麵包와人生	赤咲生	『신생활』3, 1922.4.1.	1
自由思想과賢母良妻主義(續)	辛日鎔	『신생활』3, 1922.4.1.	13~17
紳士論	辛日鎔	『신생합』5, 1922.4.22.	4~9
自由思想과賢母良妻主義	赤咲生	『신생활』5, 1922.4.22.	15~18
맑쓰思想의 研究 – 階級爭鬪說	辛日鎔	『신생활』6, 1922.6.1.	35~46
犧牲[小說]	赤咲	『신생활』6, 1922.6.1.	128~134
春園의民族改造論을評함	辛日鎔	『신생활』, 1922.7.5.	2~18
資本主義와哲學思想	辛日鎔	『신생활』8, 1922.7.5.	22~29
밤비[散文詩]	逸龍	『신생활』8, 1922.7.5.	124~125
葉書運動[諷刺와諧謔]	赤咲生	『신생활』8, 1922.7.5.	126~132
社會主義의理想	辛日鎔	『신생활』9, 1922.9.5.	21~29
賃傭勞働과 資本	맑스 原著 辛日鎔 譯	『신생활』10, 1922.11.4.	10
無産階級의 外交	辛	『신생활』10, 1922.11.4.	11
民衆文豪 – 꼬리키의 面影(1)	赤咲	『신생활』10, 1922.11.4.	15

겨볼 필요가 있다.

밤비(夜雨)

일용(逸龍)

하염없이 내리는 빗방울의 속살거리는 소리가 나의 귀바퀴를 울리운다.

오는 비 올 대로 오고 가는 밤 갈 곳 찾아 가련만은― 내 마음 호올로 둘 곳 없이 괴로워진다. 갈피 없이 흐트러져 가는 나의 머리 둘 곳은 어듸?

아, 나는 광란노○(狂瀾怒○)같이 파문(波紋)굴곡 많은 과거에 울기도 하고 머나먼 앞길에서 흔들리는 희망의 촉광(燭光)에다 고요한 미소를 던지기도 한다.

찰나전까지의 나는 낡은 껍질에 싸여 있었다. 또다시 새 옷을 입지 아니하고는⋯⋯

이렇듯 종으로 횡으로 심(深)으로 천(淺)으로 헤매는 나의 영(靈)은 그 의지할 곳이 어데인가.

아! 만일 나의 몸이 이 거미줄 같은 사회사정에서 철망 같은 전통과 인습에서 벗어날 수가 있다면 그 얼마나 행복스러울까, 자유스러울까.

그러나 그러나 이와 같은 상상은 만겁에 흘러가는 꿈일 따름이다.

그러면 나는 영원히 외롭고 괴로울 뿐일까.

내 몸이 이 모든 결뉴(結紐)에서 전통에서 벗어날 때에 나는 유에서 무로 돌아가리로다. 실재의 세계에서 환영(幻影)이 되고 말리로다.

오, 나란 나는 영원히 영원히 거미줄에 얽힌 **날라리** 모양으로 그물에 걸린 **고기새끼**와 같이 몸부림치고 손 발버둥질치다가 영겁의 몽환세계로 유현(幽玄)한 공공(空空)의 세계로 굴러가고 말 것인가.

내 맘은 하염없이 내리는 빗소리와 같이 구비구비 애처롭고 괴로워질 따름이로다.

오, 하염없이 내리는 저 빗방울이여! 나는 네가 되고 싶다.

너는,

저 천국의 영광을 떨쳐버리고 이 인세(人世)에 내려와서 곤고(困苦)와

○형(○刑)을 받던 기독과 같이 한없이 높은 하늘에서 이 더러운 지상에 내려와서 마른씨(種子)를 살게, 움(芽)을 자라게, 아름다운 꽃을 피어나게, 모든 열매(實)를 맺히게 하는 생명의 사자로다.

맑은 수정 같은 네 몸은 온갖 더러운 것을 깨끗케 하도다.

그리하여 우리로 하여금 썩어져가는 꼴, 더러운 내음새를 없이 하여주는 희생의 신(神)이로다.

[…] [28]

인용한 부분은 「밤비」의 전반부이다. 화자는 밤비가 내리는 시간을 빌려 마음의 괴로움을 표현하고 있다. 그의 괴로움은 스스로가 "낡은 껍질에 싸여 있"었다는 자각에서부터 비롯된다. 하지만 이 괴로움은 "새 옷을 입"는다고 해서 사라지는 것은 아니다. "또다시 새옷을 입지 아니하고는"의 "또다시"라는 표현을 통해 화자는 과거에 이미 '새 옷'을 입은 적이 있다는 것을 알 수 있다. 그 '새 옷' 또한 낡아서 다른 '새 옷'이 필요하다는 점, 이런 계속되는 반복에서 비롯하는 "머리 둘 곳 없음" '의지할 곳 없음'이 화자에게 괴로움을 유발하는 근본적인 원인이다.

『신생활』제5호에 실린 신일용의 「신사론」은 "프랑스혁명이 산출한 신지배계급군"이었지만 지금은 과거의 귀족과 다름없어진 '부르주아'에 대해 논하고 있다. 그가 분석의 초점을 맞추고 있는 지점은 "전(前)계급의 퇴폐유물과 인습적 타성이 신건설의 참신(斬新)한 영역에 필연적으로 유전(遺傳)되"며 그럴 때 참신의 영역은 "신(新)다운 맛을 감살(減殺)하기도 하며" "신문화의 내용을 람난(攬亂)케 하는 일"이 되어버릴 수 있다는 것이었다. 이것은 「밤비」의 비유대로 한다면 부르주아가 입은 새로운 옷이 낡은 껍질, 인습의 굴레가 되어 버린 것이었다. 역사는 그런 식으로 퇴색의

---

28 신일용, 「밤비」, 『신생활』 8, 1922.7.5.

경로를 밟을 수 밖에 없는가. 아니면 새로움을 유지할 수 있는 다른 방안이 있는가에 대해 신일용은 중점적으로 고민하고 있었다. 신일용의 고민은 '새 옷'을 찾는 것에 있었다기보다 세계를 새롭게 인식할 수 있는 그 '새 옷'의 '새로움'의 성질을 보존하고 유지하는 것에 있었다. 마르크스주의를 비롯 사회주의의 다양한 언어는 현 시점에서 '새 옷'이지만 언젠가 이것도 어떤 경로를 따라 '낡은 껍질'이 될 수 있는 것이었기 때문이다.

신일용은 세상을 새롭게 인식할 수 있게 하는 언어는 '생(生)'의 자질을 포함한 것이어야 하며 '생'을 '담을' 수 있는 것이어야 그 새로움을 계속 유지할 수 있다고 보았다. 「밤비」에서 화자는 '빗방울'이 되고 싶다고 말한다. 빗방울은 "이 더러운 지상에 내려와서 마른씨(種子)를 살게, 움(芽)을 자라게, 아름다운 꽃을 피어나게, 모든 열매(實)를 맺히게 하는 생명의 사자"이기 때문이다.

> 도대체 목적 그 자체를 아마 군이 오해한 듯하다. 군은 목적이라는 것을 무식한 사람은 알아듣지도 못할 특수한 해석을 가지고 있는지 모르거니와 나는 목적 가운데 생을 요구하는 목적보다 더큰 목적은 없으리라고 생각한다. 그러면 우리의 운동을 목적이 없는 운동이라함은 분명한 망발이다. 그리고 군은 본능과 충동으로부터 일어나는 사실은 일(一)로부터 십(十)까지 야비하고 무가치한 것이라 하였지만 나는 본능과 충동에서 생의 진의와 적나라한 인간미를 발견하고 신앙코자 하는 자이다. 춘원군! 군도 물론 위대한 본능과 충동에다 일절을 희생하기에 도저치 아니한 것임을 지(知)하노라.[29]

인용된 부분은 신일용이 『신생활』 제7호에 발표한 「춘원의 민족개조론을 평함」 글의 일부이다. 1922년 5월 『개벽』을 통해 이광수의 「민족개

---

29 신일용, 「춘원의 민족개조론을 평함」, 『신생활』 7, 1922.7.5.

조론」이 발표된 지 2개월 후 신일용은 『신생활』의 지면을 빌어 비판의 글을 제출한다. 이광수는 「민족개조론」에서 문명인과 문명국의 역사 발전의 특징으로 운동의 목적과 계획된 경로를 들며 그러한 문명적 특성을 발견할 수 없는 3.1 민중 운동을 "무지몽매한 야만인종이 자각없이 추이하여가는 변화"로 평가했다.[30] 신일용이 가장 격앙된 목소리를 낸 부분이 바로 3.1운동을 "목적없는 운동"이라고 평가한 부분이었다. 신일용은 이광수가 지적한 무목적성에 대해 3.1의 민중운동은 '생'을 요구하는 목적이 있었고 본능과 충동의 발산은 그 목적을 이루는 하나의 법칙적 통일을 내포하고 있다고 주장하였다.

신일용이 주장한 '본능'과 '충동'은 '생'의 자질을 포함하고 있으며 새로움을 지속할 수 있는 에너지의 원천이었다. 특히 '민중'이 가진 '본능'과 '충동'의 감정은 『신생활』 안에서 매우 중요한 언구 테마였으며 '감정'이란 상위 단어를 갖고 의미를 재구성해 나갔다. 여기에서의 감정은 정확히 말해 '민중'의 감정이었다. 신일용을 비롯한 『신생활』의 감정론은 '민중'의 감정에 주목한다는 점에서 지식계급이나 개인·개성·근대적 예술론에 기반을 둔 감정에 관한 이전 논의와 구별된다. 이것은 이성과 인격의 범주를 훨씬 넘어서는 스펙트럼을 가진 것이었다. 그렇기에 이것은 이전 시기 자본주의의 문화 질서 아래서 파생된 도덕 및 부르주아의 예술론과 갈등관계를 갖는다.

---

30 "三月 一日 以來로 우리의 精神의 變化는 무섭게 急激하게 되엇습니다. 그리고 이러한 變化는 今後에도 限量업시 繼續될 것이외다. 그러나 이것은 自然의 變化외다. 또는 偶然의 變化외다. 마치 自然界에서 끈힘업시 行하는 物理學的 變化나 化學的 變化와 가티 自然히, 우리 눈으로 보기에는 偶然히 行하는 變化외다. 또는 無知蒙昧한 野蠻人種이 自覺 업시 推移하여 가는 變化와 가튼 變化외다." 이광수, 「민족개조론」, 『개벽』 23, 1922.5.1.

그런데 이상에 말한 바 용서와 감정이 서로 모순이 되는 듯하나 그러나 저해옴이 없는 우리나라 인격자들은 공변하게 밖으로 표현하는 일이 있지 아니함으로 또한 그들을 용서한 사유도 많지 아니하거니와 저 뜨거운 감정을 가진 사람들은 선한 일이나 선치 못한 일을 불구하고 오직 폭발약이 터지는 듯하는 만한 원한을 억제치 못하여 분개한 마음으로 동서에 방황한 때에 불미한 행동이 번번히 있을 것은 면치 못할 사실이지만은 그들의 정성이 결코 인격만 숭상하고 이성만 동경하는 자에게 비할 바이 아닐 것이라. 그러므로 우리가 특히 이러한 감정을 가진 사람들 더욱 사랑하고 용서하며 또한 우리도 그 감정을 가지지 아니하면 될 수가 없다고 확인하노라.[31]

신일용뿐 아니라 그의 친우 김명식 또한 오래 전부터 민중이 가진 감정의 에너지에 주목하고 있었다. 이 글에서 감정은 평범한 대중들이 갖는 것으로 격앙되고 폭력적 성향을 띠는 것까지를 포함한다. "뜨거운 정성"과 "더운 감정"은 "이론을 알지 못하는 사람", 인격자가 아닌 사람에게 있는 것이고 모가 나 있기도 하고 결함을 갖고 있는 것이기도 하다. 민중의 감정은 인간의 욕구의 억압상태나 좌절상태에서 분노와 폭력의 충동을 상당부분 포함하고 있다.

하지만 김명식의 글에서 "뜨거운 정성"과 "더운 감정"이란 표현은 날것의 감정을 문예적인 표현으로 가공함으로써 감정의 강도를 축소하는 경향이 있다. 반면 신일용은 '반역' '고통'과 같은 어휘를 선택하여 감정의 강도나 성격을 정도(程度)에 맞게 표현하고자 하였다. 『신생활』 제10호에 실린 「민중문호 꼬리키의 면영」이란 글에서 신일용은 자신이 고리키를 좋아하는 이유에 대해 다음과 같이 말한다.

---

31 김명식, 「안거연래(雁去燕來)」, 『학지광』 13, 1917.7.19.

[……] 그러므로 나는 고리끼를 사모한다. 존경한다하는 것은 심상한 의미에서가 아닐뿐 아니라 우상숭배와 같은 경건도 아니외다. 그 가운데는 깊고 긴 생명의 일치가 있고 우주의 통일적 비기와 창조적 반역적 의의가 갈마 있습니다.[32]

신일용은 고리키의 작품에서 "생명의 일치"와 "창조적 반역적 의의"를 짚어낸다. 그는 이 글의 뒷부분에서 막심 고리키라는 이름이 "최대의 고통"이라는 뜻임을 설명하고 있기도 하다. 신일용은 고리끼가 주목하고 있는 자들은 "극히 평범한 부랑인이나 빈민들"이며 "복잡하게 표현된 인간의 감정을, 가장 교묘하게 분해하고 가장 흥미있게 조화하여 독창적인 신성격을 묘출"하였기 때문에 그를 "민중문호"라고 평가한다. 그는 인간의 감성에는 "고요한 비디"도 있기만 "이혁(威嚇)적이 파도 무변제(無邊際)하게 태양의 폭위에 연소되는 듯한 대초원"도 있음을 지적한다. 신일용은 작가의 역할은 판단하거나 재단하지 않고 민중의 감정과 충동 그것이 기반한 생에 대한 욕망을 나름의 기술로 자유롭게 펼쳐 보이는 일이라고 보았다. 감각, 욕구, 충동, 행위는 그 존재가 살아있음을 드러내는 것이고 예술은 생의 표현이므로 작품은 마치 하나의 생물과 같이 그 내적 충동들에 대한 긴밀한 연관성을 만들어 내는 것에 다름 아닌 것이었다.

3. '노동'이라는 '합리성'과 이상주의

신일용은 『신생활』 안에서 마르크스주의의 언어를 가장 활발히 번역한 인물 중 하나였다. 10호에 실린 「임용노동과 자본」은 마르크스의 「임용노동

---

32 적소, 「민중문호 꼬리키의 면영」, 『신생활』 10, 1922.11.4.

과 자본」을 번역한 것이다. "마르크스의 소저(小著) LOHnARBEITUND-KAPITAL"라고 원저의 제목 또한 밝히고 있다. "전문적인 자본가론보다도 반포의 금지를 당한 「공산당 선언」보다도" 이 책을 번역하는 이유는 이 책이 "마르크스의 사상의 진면을 이해케 하기 쉽"기 때문이었다. 이 책이 다른 저서에 비해 "간이하게 통속적으로 기술"되었기 때문에 "노동자에게라 도 능히 이해할 수 있게" 쓰였다는 점 때문에 이 글의 번역을 선택했다고 밝히고 있다. 또한 "일본의 하상(河上) 씨가 번역한 것"을 중역했다고도 밝히고 있다. 하상 씨는 일본의 마르크스주의 경제학자인 가와카미 하지메 (河上 肇)이다. 또한 '노임' 옆에 '삯'이라는 표기를 부기하는데 ―"노임(삯)"― 노동자 독자를 염두에 둔 만큼 노동시장에서 통용되는 용어들을 대응시키 면서 논의를 전개하고 있는 점이 특징적이다.[33]

'노동'이라는 의미소는 신일용에게 세계를 재인식할 수 있게 한 중요 한 언어였다. '노동'이라는 단어로 인간관계를 바라볼 때 비로소 민중계 급의 '고통'이 언어화될 수 있었기 때문이다. 신일용은 여러 글에서 사회 각층의 경제생활을 임은계약이라는 관계성 속에서 파악하고 있는데 그 중 「부인문제의 일고찰―자유주의와 현모양처사상」은 특히 가정부인의 가사활동을 '노동'의 관점으로 파악하고 있는 글이어서 주목된다. 이글 은 『신생활』 제1호, 제2호, 제3호, 제5호에 연재된다.

여기서 특기할만한 것은 노동자의 '노동'이나 '노동'이라고 부를 수 있 는 인간의 보편적 활동이 분석 대상이 되는 것이 아니라, '가정'에서 여 성의 역할을 '노동'으로 보고자 한다는 것이다. 이러한 태도는 마르크스 주의적 노동개념이나 여성권에 입각한 것이기도 하지만 국민국가 형성 과정에서 여성에게 부여된 젠더적 역할, 양성의 모순된 성규범에 대한

---

33   마르크스 원저, 신일용 역, 「임용노동과 자본」, 『신생활』 10, 1922.11.4.

문제제기이기도 하다.

신일용이 보기에 처업(妻業)이란 원시적 가정노동의 성격을 띤다는 점에서 하비(下婢), 하남(下男)과 같은 노동자들과 동일한 지위이지만, 대가가 부재하다는 점, 영구적인 노동에 시달린다는 점, 가사노동에 도덕적 가치가 매겨진다는 점에서 오히려 하층 노동자보다 더 어려운 조건을 가지고 있다.

'처업'은 가사노동 전반과 육아를 가리킨다. 가사노동으로 '처업'을 볼 때 여성의 '결혼'은 남편과 자식의 요구를 종신토록 충족시켜야 하는 영속적인 노동의 세계로 편입되는 것으로 해석된다.

> 오늘날 모든 노동자 중에도 하비(下婢), 하남(下男)과 같은 단조작업에 종사하는 사람들이 가상 조직적 혹은 비빈적 두뇌를 가지기 어렵다 함은 오인의 주지하는 바가 아닌가? 노동자로서의 처 된 생활은 그들과 동일한 지위에 있을 뿐 아니라 주인된 남편과의 사이는 일시적 임은계약에 의하여 행하는 노동이 아니오 영구적이며 또한 도덕이란 철망으로 결박하여 놓은 소위 부부의 관계에 처하여 있는 부인의 이성이 눈 뜨기 어려울 것도 당연하며 불완전한 개성과 인격의 소유자가 되며 저능무지 하게 되는 이유는 용이하게 간취할 수 있는 것이다.[34]

신일용은 여성이 가정의 아내이자 어머니로서의 역할을 자신의 당연한 자리라고 인식하게 만든 주요인으로서 '도덕'을 지적한다. 그는 가사노동과 양육의 의무가 전적으로 여성에게 전담되는 것은 그것이 여성의 '도덕'으로 간주되기 때문이며 남성과 여성에게 적용되는 '도덕의 기준'이 다르다는 것이 여성의 자기실현과 평등한 관계 형성을 막는 본질적

---

34 신일용, 「부인문제의 일고찰」, 『신생활』 1, 1922.3.15.

장애물이 된다고 보았다.

> 금일과 같이 남자가 서로 유시로부터 그 생활상 방면을 달리하고 도덕의
> 표준이 부동하고 교육의 목적이 근본적으로 상위(相違)되어있는 동안에는
> 공통의 이상과 흥미를 가지기 어렵고 동시에 우정과 이해가 생긴다하더라
> 도 피상적일 뿐 아니라 기회가 비교적 적다 할 수 있다.[35]

이 글에서 신일용은 도덕이라는 지배 이데올로기를 만들어내며 여성
스스로 복종적 위치를 욕망하게끔 하는 장치로서 "부르주아 학자의 복안
과 이상에서 산출된 현모양처주의적 교육제도"를 지적하고 있다. 여성
노동 착취의 구조에 기반한 국가가 여성의 권리 담론을 생산하면서 문명
화된 형태로 그 구조를 유지, 진화시키고 있다는 점을 지적하고 있는 것
이다.

> 부인의 개성과 인격적 존재까지를 무시하는 소위 법률이 그 위력을 횡사
> (橫肆)하며 여자노예사상(女子奴隸史上)=남성의 여성 정복 이래=에 일대
> 유물인 인습적 정조도덕을 여성자신이 자진하여 묵수하고 그 외에도 지도
> 와 훈련의 방식이 근본적으로 착오되여있는 이 사회제도 하에 교육기관이
> 교도의 임에 당하여 있고 무지한 부인은 남자의 야심에 조종을 무소부지
> 하게 당하면서 자각하지 못할 뿐 아니라 그 경제적 위세에 굴종과 정미(呈
> 媚)하기에 얼마나 급급한가? [……] 아ー 여성아 각성하라! 영구적 호예생
> 활에서 해탈하여 자유와 해방을 절규하라! [……] 그런데 '부르주아' 학자의
> 복안과 이상에서 산출된 현모양처주의적 교육제도가 이 신경향과 신운동
> 을 전면적으로 포용하고 말았다. 말하자면 조선부인은 적어도 현모양처가
> 되어가는 도정에 있는 것만은 엄치 못할 사실이라 하겠다.[36]

---

35 신일용, 「자유사상과 현모양처주의」, 『신생활』 3, 1922.4.1.

근대의 현모양처주의는 국가적 교육방침으로서 창도되고 학습된 측면
이 존재한다. 가토 치카코(加藤千香子)는 러·일전쟁 이후 국가주의가 강
화되면서 일본에서 양처현모주의가 등장하게 된 상황을 분석한 바 있
다.[37] 근대의 '현모양처주의'는 선량한 가정이 '일국의 근본'으로 자리매
김하는 데에 있어 여성의 역할과 규범, 행동반경을 제시한다. 가사 노동
은 신일용의 말처럼 여성이 남편과 자식 서로 다른 두 존재의 이해관계
를 충족시키는 과중한 노동이지만 국민국가의 이데올로기 속에서 희생
과 착취의 구조는 자연화되었다.

『신생활』안에서 여성문제는 여러 측면에서 조명된다. 개조론도 그중
하나이다. 김명식은 「조선여자교육협회의 사명」[38]에서 "사람이 사람되
는 조건"으로 "인격"을 언급하면서 여성은 남성과 사회가 자기의 존재를
무시하고 자기의 생명을 억압하는네도 그싯을 감수히고 있으므로 인격
이 존재하는 사람이라고 할 수 없다고 말한다. 비단 이러한 문제는 여성
뿐만 아니라 조선인의 일반적 상황으로 간주될 수 있는 것이며 인격의
개조를 목표로 하여 담론화된다.[39] 하지만 신일용의 경우에는 여성의 자
기 인식이란 여성이 놓인 사회적 관계, 즉 가정, 사회, 국가와 같이 여성
이 놓인 질서의 체계를 인식하는 과정에서 비로소 생겨날 수 있는 것이
라는 점을 보다 강조한다.

현모양처주의에 기반한 국가적 교육 방침에 대한 비판은 1910년대 일본
사회 안에서도 꾸준히 제기되었다. 1910년 발매금지처분을 당한 가와다

---

36 신일용, 「부인문제의 일고찰」, 『신생활』 1, 1922.3.15.

37 가토 치카코(加藤千香子), 「'제국' 일본에서의 규범적 여성상의 형성」, 하야카와 노
     리요 외, 이은주 역, 『동아시아의 국민국가 형성과 젠더』, 소명, 2009, 85면.

38 나산(拏山), 「조선여자교육협회의 사명」, 『신생활』 6, 1922.6.1.

39 김종현, 앞의 글, 206면.

시로(河田嗣郎)의『부인문제(婦人問題)』에서는 존 스튜어트 밀(John Stuart Mill)의 *The Subjection of Women*『여성의 예종(女性の隷從)』을 이론적 근거로 삼아 부인해방에 대해 다음과 같이 의미화한다. "종래와 같이 부녀자가 쓸데없이 가정이라든가 육아라든가 재봉이라든가 요리라든가 말하는 것처럼 방편적인 사소한 일에 정력을 소모하는 일이 없이 이들에게 바칠만한 모든 정력을 오직 천부능력의 함양계발에 헌신하는 것을 얻게 된다. 그러므로 인류의 모든 능력이 증가하는 것, 실로 다대한 일이다."[40]

신일용이 가와다 시로의『부인문제』를 직접 읽었는지는 모르겠으나 그 또한 여성의 노동이 육아와 가사에 쏠리는 것이 여성이 "개성과 인격의 소유자"가 되는 것, 더 나아가 남녀의 평등한 관계에 가장 큰 방해물이 된다고 보았다는 점에서 서로 연결되는 지점이 있어 보인다.

하지만 신일용은 '임금' 노동의 개념으로 여성의 가사활동에 접근함으로써 그것의 '비합리성'을 보다 강조하고 있다. 노동자는 자신의 노동을 "교환계-시장"에 제공하여 임금을 받지만 가사와 육아를 하는 여성은 시장을 갖지 못해 교환가치 자체가 성립할 수 없다는 서술 방식은 여성의 가사노동이 '비합리적'이라는 측면을 특히 부각한다. 합리성이란 가치는 신일용에게 꽤 중요했던 것으로 보인다. 아래의 인용에서 확인할 수 있다시피 신일용이 양처주의에 반대하는 이유는 그것이 '불경제적'이고 '비문명적'일 뿐만 아니라 그 관계가 '불합리'하기 때문이라는 것에 본질이 있었다.

> 나는 양처주의라든지 악처주의라든지 그것을 말하느니보다 직업으로서 불경제적이요 비문명적인 처업의 존속에 반대하는 것이다.

---

40 가와다 시로(河田嗣郎),『婦人問題』, 隆文館, 1913. 가토 치카코, 위의 글, 89면에서 재인용.

　　장래의 가정은 만인의 가정을 이상적으로 개조하여 보존할 필요가 있다
고 생각하면 적어도 금일과 같이 육아소 작업장 휴게소 병원 등의 일절히
불완전하고 내애(狹隘)한 가옥 내(內)에 포용하여 여자의 복종과 희생의
위에 성립하여 있는 불합리 불경제적이요 부정한 잡거 생활을 의미하는 것
이 아니라 실로 평등한 애인동지의 화락하고 단란한 자유의 천국을 의미한
것이 될 것이다.[41]

　또한 이 글은 현실의 비합리성을 지적하는 데에서 그치지 않고 합리성
에 기반한 이상적 인간관계와 생활의 모습을 제안한다. 신일용은 육아라
든가 자녀교육은 숙련되고 전문적인 지식이 필요한 일이므로 이런 일들
은 사실 육아소, 작업장, 휴게소, 병원 등의 국가가 운영하는 사회적 시
설에서 맡아서 해야 하는 일이라고 보았다.

　　건강 결혼 상 의식과 같은 것들의 부자연한 간섭 내지 지배는 당연히
소멸되고 말 것이다. 따라서 소위 양처적 자격은 배우자의 자격을 결정하
는 요소가 되지 못할 것이다. 어찌 그러냐 하면 만인의 생활에는 엄연한
보장이 있고 부인의 불연숙 노동 요리 재봉 세탁 등이 호별적으로 분포되
어 있지 아니하고 과학적 방법을 이용하여 전문가의 수(手)에 귀하고 공공
적으로 행하게 되는 사회에서는 전연히 문제도 되지 아니할 것이다.[42]

　신일용이 상상하는 장래의 자유사회의 모습은 가사를 사회가 전적으
로 담당하기 때문에 가사의 능력이 양처의 자격이 되지 않으며 여성은
사회적인 자기실현의 기회나 조건, 평가의 기준이 남성과 같아져 양성은
"평등한 애인동지"의 관계가 실현되는 상태이다.

41　신일용, 「자유사상과 현모양처주의」, 『신생활』 3, 1922.4.1.
42　신일용, 「자유사상과 현모양처주의」, 『신생활』 3, 1922.4.1.

송민호는 1924년 시점에 박영희가 사상적 지향점으로 제시했던 "신이
상주의"에 담겨진 함의를 재독하는 연구에서 박영희가 제시했던 '신이상
주의'라는 용어가 지금까지 계급주의문학의 다른 표현으로 간주되었던
것과 달리, 독일의 철학자인 루돌프 크리스토프 오이켄(Rudolf Christoph
Eucken, 1846~1926)의 철학에 영향을 받은 표현이라는 점을 밝힌 바 있
다. 오이켄은 신칸트파에 속하는 철학자로 특히 사회진화론 등 근대 과
학이 낳은 이론을 근대적 정신의 파산으로 비판하였지만 다른 한편 정신
주의적 철학이 나아갈 방향을 확보하는 데 있어 과학적 진화론과 실용주
의(pragmatism) 등 현대 과학주의적 경향의 영향을 긍정적으로 수용하고
자 하였다. 1913년~1914년 무렵 일본에서는 새로운 정신적 지향을 찾아
내려는 시도 속에서 오이켄의 저서들과 해설서들이 수도 없이 번역 저술
되고 있었다. 이미 1921년에 식민지 조선에서도 오이켄의 철학은 번역된
바 있었다. 이범일(李範一)이 번역한 『어이켄 哲學』이란 책이 그것인데
이 책의 교열을 『신생활』의 주요 필진이었던 강매(姜邁)가 맡았음을 확인
할 수 있다.[43]

『신생활』 안에서 합리적 신이상주의에 대한 관심은 매우 높은 편이었
다. 이것은 유토피아 소설 번역에 대한 열의로도 확인할 수 있다. 『신생
활』 제8호에는 정백이 윌리엄 모리스(William Morris)의 『에코토피아 뉴
스』의 일부를 번역하여 「이상향의 남녀생활」이란 제목으로 글을 싣는
다.[44] 신일용을 비롯 정백 등의 『신생활』 필진들은 윌리엄 모리스, 에드

---

43 송민호, 「카프 초기 문예론의 전개와 과학적 이상주의의 영향」, 『한국문학연구』 42,
    동국대학교 한국문학연구소, 2012, 155~156면.

44 김미연의 연구에 따르면 정백의 「이상향의 남녀생활」은 사카이 도시히코(堺利彦)의
    1919년의 단행본 『고양이의 백일해(猫の百日咳)』에 실린 「新社會の男女生活」(1919)
    를 저본으로 하였다. 김미연, 위의 글, 204~205면.

워드 벨라미(Edward Bellamy) 등이 창작한 유토피아 소설을 활발히 읽고
번역하였다.

1888년에 보스턴에서 출간된 에드워드 벨라미의 『뒤돌아보며(Lookig
Backward): 2000-1887』는 유토피아 소설의 붐을 일으킨 대표적인 작품
이다. 특히 『되돌아보며』는 이 소설이 출간된 후 영미권에서 소설에서
묘사된 이상사회에 대한 옹호와 반박 형태의 텍스트가 40여 종이 넘게
뒤따라 출판되었을 만큼 큰 반향을 일으켰다. 그로부터 2년 뒤에 나온
윌리엄 모리스의 『에코토피아 뉴스(News From Nowhere)』(1890)는 "반(反)
벨라미의 입장에서 발표된 대표적인 소설"로 간주되기도 한다.[45]

신일용의 합리적 이상주의는 에드워드 벨라미의 영향을 받은 것이었
다. 『신생활』 제9호에 실린 신일용의 「사회주의 이상」에서 신일용은
벨라미를 직접적으로 언급하고 있다.

> 게다가 겸하여 극서(極暑) 혹은 극한지대에서 종사하게 된다면 일정한
> 사람이 이런 종류의 노동을 당연히 선택하리라고 도저히 낙관적으로 기대
> 하기 어려운 사실이다. 이러한 경우에는 자유선택에 다만 방임하기 불능한
> ○○ 부득이 일정한 방법을 강구치 아니하면 안된다.
> 유명한 사회주의 소설가 빼리미-씨는 이러한 필요에 응하기 위하여 사
> 회내에 조위 예비군이라는 것을 두었다. 그에 의하면 만 21년이 된 청년이
> 대학교육을 마치고 의무노동에 종사하게 되는 때에 피등(彼等)으로 하여금
> 3년간은 공동단체의 지도에 의하며 근무를 종료하고, 그 다음에 자유로 직
> 업을 선택하게 하고 또한 다른 사회적 기관에 혹 임시로 노동력이 부족한
> 경우에도 충용(充用)하는 것이 가하다는 고안을 제시하였다.[46]

---

45 김미연, 위의 글, 192면.
46 신일용, 「사회주의 이상」, 『신생활』 9, 1922.9.5.

「사회주의의 이상」은 국가사회주의를 소개하는 글이다. 이 글은 사유재산이 철폐된 공산주의로 가기 위한 도정에서 "사유재산을 공유재산으로 변혁"하는 과정이 요청되는데 그것을 할 수 있는 주체를 국가로 보고 있다. 신일용이 벨라미를 인용하는 부분은 국가사회주의의 단계에서 남들이 꺼려하는 노동을 어떻게 분배할 것인가의 문제와 관련해서이다. 여기서 드는 것이 산업예비군 제도인데 벨라미는 만 21세가 된 청년이 대학교육을 마치고 의무적으로 산업예비군에 종사하게 하여 사회가 기피하는 노동을 대체할 것을 제안한다고 서술하고 있다.

신일용의 「자유사상과 현모양처주의」에서 나오는 육아와 가사의 사회적 분담에 관한 입장 또한 벨라미의 『뒤돌아보며』에서 힌트를 얻은 것으로 보인다.

"그럼 집안일은 누가 합니까?" 내가 물었다.

"그다지 할 일이 없답니다." 내 질문에 답을 해준 사람은 리트 부인이었다. "빨래는 아주 싼 가격에 공공 세탁소에서, 음식은 공공 부엌에서 다 하거든요. 우리가 입는 옷을 만들고 수선하는 일은 전부 밖에 있는 공공 상점에서 하죠. 난방이나 조명은 전기가 대신하고요. 우리는 필요 이상으로 큰 집은 고르지 않고, 인테리어를 할 때도 최소한의 수고를 들여 집을 깨끗하게 유지하는 걸 최우선 조건으로 삼아요. 그러니 집에 하인을 둘 필요가 없죠."

[……]

"대청소나 집수리를 하거나 집안에 환자가 생겨서 일손이 필요할 때는." 그가 계속 말을 이었다. "언제든 산업 군대의 도움을 받으면 됩니다."

"돈이 없는데 그 사람들에게 어떻게 보상을 합니까?"

"아, 대가는 개인이 아니라 국가에서 지급합니다. 담당국에 가서 신청하면, 이 사람들의 봉사를 확보하게 되고 그 대가는 신청인의 신용카드에 표시해서 빼지요."

"여성분들에겐 지금 세상이 천국이겠네요!" 내가 탄성을 질렀다. "제가 살던 시절에는 아무리 돈이 많고 하인이 많아도 집안의 안주인은 집안일에서 벗어나지 못했고, 중간계급이나 가난한 계급의 여성들은 평생 가사노동을 하며 희생하다 죽었습니다."

[……]

"예전에 여성들의 등을 휘게 하던 짐을 이제는 국가의 넓은 어깨가 깃털처럼 가볍게 지고 있지요." 리트 박사가 말했다.[47]

『뒤돌아보며』에서는 의·식·주와 관련된 일상생활을 관련된 공공 시설이나 산업군대에 전적으로 맡기는 미래가 그려진다. 무엇보다 이 사회는 물질의 문제가 국가의 문제로 환원됨으로써 여성을 비롯한 약자의 존엄이 다시 설 수 있는 사회이기도 하다.

벨라미는 "19세기는 '빵을 얻기 위해' '더러운 싸움'에 빠져 있는 '늑대 같은 사회'로서 그 사회의 '비인간적인 풍경'은 인간에게서 인간의 존엄성이라고 하는 것을 송두리째 빼앗아 버렸다"면서 인간이 육체적, 도덕적, 정신적으로 불행한 총체적인 파멸의 시대로 현 사회를 진단하고 미국의 실용주의나 합리주의를 반영한 국가주의(Nationalism)에 기반한 유토피아를 제시한다.[48]

벨라미의 소설은 사회에 속한 사람들이 향유할 수 있는 '물질적 토대'를 만드는 것과 그것을 사회에 속한 '모든 사람들이 함께' 향유할 수 있는 '제도'를 만드는 것에 무엇보다 관심을 두고 있다. 이러한 특징은 물질과 제도 중심의 유토피아라는 특성을 띠게 한다. 인간의 평등은 그것이 가능한 물질적 조건들의 성립이 수반되어야 하고 그것에 접근하고

---

47   에드워드 벨라미, 김혜진 역, 『뒤돌아보며: 2000년에 1887년을』, 아고라, 2014, 109~110면.

48   이상화, 위의 글, 156면.

사용할 수 있는 권리의 평등과 불가분하다는 점이 지점이 신일용에게 벨라미를 독해하게끔 한 것이 아닌가 싶다. 제도로서 뒷받침된 평등이 있어야 사회는 합리성을 띨 수 있다는 생각, 이 지점이 신일용에게 중요하게 다가왔다.

4. 결론

신일용은 『신생활』의 기자가 되기 이전에 의사였다. 의사로서 그는 가난한 환자, 부랑자, 여성, 나환자, 의지할 곳 없는 어린이들을 만났고 이들의 전염병, 영양실조, 성병 등을 치료했다. 그의 글쓰기는 기자로 전향한 뒤에 시작되었지만 글쓰기의 중심에는 자신의 임상의 경험이 자리하고 있었다.

이 글은 『신생활』에 실린 신일용의 글을 대상으로 그의 글쓰기이자 사유의 키워드인 '감정, 노동'이 낡은 세계를 면밀하게 관찰할 수 있는 언어이자 새로운 사회를 상상할 수 있게 하는 의미소였음을 밝히고자 하였다.

여기서 감정은 정확히 말하면 '민중의 감정'이라 부를 수 있는 것이며 신일용은 이 감정이 '본능'과 '충동'에 기반한 것임을 적극적으로 피력하였다. 신일용의 창작시 「밤비」에서 화자는 자신이 '낡은 껍질'에 쌓여 있다는 괴로움을 토로하지만 동시에 '새 옷'을 입는 것도 주저하고 있는데 이는 '새 옷' 역시 언젠가는 '낡은 껍질'이 된다라는 것을 알고 있었기 때문이다. 신일용은 '새 옷'의 '새것의 성질'을 보존하는 유일한 방법은 그것이 '생'의 자질을 포함한 것이어야 한다는 생각을 갖고 있었고 그 '생'이 보존된 곳이 '본능'과 '충동'이라고 보았다.

『신생활』에서 논의되는 감정은 이성과 인격의 범주를 상회하는 넓은 스펙트럼을 가진 것이었다. 그렇기에 이것은 1910년대 감정론의 성격인 자본주의 문화질서 아래서 파생된 도덕 및 부르주아 예술론과 첨예한 대립적 관계를 갖는다. 신일용은 막심고리키를 수용하며 그가 민중 감정의 "위혁적인 파도, 무변제하게 태양의 폭위에 연소되는 듯한 대초원"의 성격을 가감없이 그려낸 측면을 높이 평가하였다. "최대의 고통"에서 비롯한 "창조적 반역적 의지"의 표현, 신일용에게 작가는 생에 기반한 복잡한 욕망의 관계성을 만들어내 그것을 증폭시키는 자에 다름 아니었다.

신일용이 '낡은 껍질'과 '새 옷'의 변증법적 관계에 대해 꾸준히 사유한 까닭은 세계에 대한 새로운 인식을 욕망했기 때문이다. 세계에 대한 새로운 인식은 지금 속한 세계를 다른 관점으로 들여다보는 일에서부터 시작한다. 그런 관점을 제공한 것이 마르크스주의의 인이었다. 특히 '노동'이라는 키워드로 세계를 봄으로써 세계의 비합리성에 대해 사유할 수 있었다. 「부인문제의 일고찰-자유주의와 현모양처사상」은 신일용이 『신생활』 제1호에서부터 제5호까지 꾸준히 연재했던 글로 가정부인의 가사활동을 임은계약적 관점에서 파악하고 있는 글이다. 여기서 특기할 만한 것은 노동자의 임은계약이 아닌 가정에서 여성의 역할을 '노동'으로 보고자 한다는 것이다. 이러한 태도는 마르크스주의적 노동개념이나 여성권에 입각한 것이기도 하지만 국민국가 형성과정에서 여성에게 부여된 젠더적 역할에 대한 문제제기이기도 하다. 근대의 '현모양처주의'는 '일국의 근본'이라고 자리매김된 '가정'을 '선량하게' 한다는 중요한 국가적 역할을 중심에 두는 것이므로 현모양처주의를 비판하는 일은 가족 이데올로기에 기반한 국가 이데올로기를 문제 삼는 것으로 적극적으로 해석될 필요가 있다.

임금문제의 개념으로 여성의 가사활동에 접근함으로써 신일용은 세계

의 '비합리성'을 강화시킨다. 이 글에서 그는 여성의 가사노동은 "교환계
—시장"이 부재하므로 교환가치가 성립할 수 없다는 점이 '비문명적'일뿐
만 아니라 관계가 '불합리'하다고 주장하였다. 하지만 이 글은 비합리성
을 지적하는 데에서 그치지 않고 합리성에 기반한 이상적 인간관계와
생활의 모습을 제안한다. 그가 제시하는 육아와 가사노동을 전적으로 국
가가 일임하는 세계는 에드워드 벨라미가 『뒤돌아보며』에서 제시한 미
래 세계와 닮아 있다. 가사의 능력이 양처의 자격이 되지 않으며 도덕의
기준이 남녀가 같아진 상태를 "평등한 애인동지"의 관계가 실현되는 상
태로 보았다.

　1920년대 초반은 과학적 합리성과 실용주의에 기반한 이상주의에 대
한 탐색이 활발했던 시기이다. 이 이상주의는 이전 시기의 사회진화론
등이 근대 정신의 파산으로 비판되고 과학적 진화론과 실용주의에 기반
해 정신주의적 철학이 나아갈 방향을 모색하는 과정에서 구상된 것이었
다. 『신생활』 안에서 이상주의에 대한 관심은 유토피아 소설 번역에 대한
열의로 표출되었다. 정백의 「이상향의 남녀생활」은 윌리엄 모리스의 『에
코토피아 뉴스』 일부를 번역한 것이었고, 신일용은 「부인문제의 일고찰」
에서 에드워드 벨라미의 『뒤돌아보기』의 일부를 소개하고 있다. 『뒤돌아
보기』가 국가사회주의가 실현된 유토피아를 그리고 있어 윌리엄 모리스
등으로부터 중앙집권적 권력성이 비판되었지만 신일용은 에드워드 벨라
미의 국가사회주의가 실현된 유토피아를 「부인문제의 일고찰」뿐만 아니
라 「사회주의의 이상」 등 여러 글에서 소개하고 있었다.

　신일용이 국가사회주의가 실현된 에드워드 벨라미의 『뒤돌아보기』의
세계에 주목한 이유는 여성이나 약자를 포함하여 사회에 속한 모든 사람
들이 평등하게 향유할 수 있는 '물질적 토대'를 만드는 작업에 대한 관심
때문이었다. 벨라미의 소설은 물질과 제도 중심의 유토피아라는 특성을

갖는다. 제도로서 뒷받침된 평등이 있어야 사회는 합리성을 띨 수 있다
는 생각 이 지점이 신일용에게 중요하게 다가왔다.

• 참고문헌

[자료]

김명식, 「안거연래(雁去鷰來)」, 『학지광』 13, 1917.7.19.

이광수, 「민족개조론」, 『개벽』 제23호, 1922.5.1.

조선총독부재판소, 「신일용신문조서(제2호)」, 1925.9.22.

[논저]

강만길·성대경, 『한국사회주의운동인명사전』, 창작과비평사, 1996.

김동윤, 「송산 김명식의 생애와 문학」, 『한국문학논총』 63, 한국문학회, 2013.

김미연, 「유토피아 '다시 쓰기': 1920년대 초 식민지 조선의 중역을 중심으로-」,
        『현대문학의 연구』 70, 한국문학연구학회, 2020.

박순섭, 「1920년대 신일용의 이론투쟁과 통일전선운동」, 『한국민족운동사연구』
        94, 한국민족운동사학회, 2018.

박윤재, 「한말·일제 초 근대적 의학체계의 형성과 식민 지배」, 연세대학교사학과
        대학원 박사학위논문, 2002.

박종린, 「1920년대 초 사회주의 사상의 수용과 『신생활』」, 『사림』 29, 수선사학회,
        2014.

_____, 「효성 김원벽의 생애와 민족운동」, 『동방학지』 184, 연세대학교 국학연구
        원, 2018.

박현수, 「『신생활』 필화사건 재고」, 『대동문화연구원』 106, 성균관대학교 대동문
        화연구원, 2019.

박홍규, 『윌리엄 모리스 평전』, 개마고원, 2007.

설대위, 『예수병원 100년사 꺼지지 않는 사랑의 불씨』, 예수병원, 1998.

손유경, 『프로문학의 감성구조』, 소명, 2012.

송민호, 「카프 초기 문예론의 전개와 과학적 이상주의의 영향」, 『한국문학연구』
        42, 동국대학교 한국문학연구소, 2012.

에드워드 벨라미, 김혜진 역, 『뒤돌아보며: 2000년에 1887년을』, 아고라, 2014.

오방기념사업회, 『화광동진의 삶』, 광주YMCA역사편찬위원회, 2000.

이상화, 「에드워드 벨라미의 『뒤돌아보기』:미국의 국가 사회주의 유토피아」, 『인문학연구』 27, 중앙대학교인문학연구소, 1998.

_____, 「윌리엄 모리스의 정치사상:『유토피아에서 온 소식』에 나타난 공산주의와 아나키즘 연구」, 『외국문학연구』 20, 한국외국어대학교 외국문학연구소, 2005.

최병구, 「사회주의 문화 담론과 프로문학: 신경향파 문학 탄생의 주변(1920-1923)」, 『민족문학사연구』 49, 민족문학사학회, 2012.

하야카와 노리요 외, 이은주 역, 『동아시아의 국민국가 형성과 젠더』, 소명, 2008.

허호준, 「혁명가 김명식의 생애와 사상」, 『4.3과 역사』 5, 제주4.3연구소, 2005.

[기타자료]

〈광주역사문화자원 1000 디지털 아카이브〉

http://gjstory.or.kr/sub.html?pid=11&formtype=view&code=53 검색일자: 2021. 9.4.

엽서를 통한 운동, 엽서에 담긴 주의
:「엽서운동」,「사립검사국」을 중심으로

정한나

1. 들어가며

본보는 현대사상의 최고기조인 **사회주의**의 입지에서 세계적으로 우(又)는 현하 조선에서 수시(隨時) 발생하는 **사회문제 급(及) 정치문제**의 이론과 실제를 연구, 소개, 비평, 보도하는 것을 주지(主旨)로 하고 전진하려는 조선 유일의 언론기관이외다.

본보는 최초에 순간으로 출세하였다가 검열 관계로 경영이 곤란하여 월간으로 인속(引續) 발행하던바 금반(今般) 신문지법의 출판허가가 출(出)하여 주간(신문형)으로 변경하고 갱(更)히 진용(陣容)으로 정제(整齊)하여 충실한 내용으로 새로운 원기로써 신흥계급의 전위를 작(作)하려 합니다.[1] (강조는 원문)

위의 글은 주보『신생활』발간을 앞두고『동아일보』에 게재된 광고문이다. 이 광고문에서 압축적으로 소개된 것처럼『신생활』은 1922년 3월에 순간으로 발행된 후 월간, 주간으로 발행간격을 변경하였고, 주보로

1　「주간 신생활 광고」,『동아일보』1922.10.22.(1면)

의 재탄생을 알리면서는 "사회주의의 입지"에 선 "조선 유일의 언론기관"
임을 자임했다. 이후 "조선 초유의 사회주의 재판"[2]의 대상으로 기록되
면서 『신생활』의 사회주의적 색채는 더욱 강렬하게 각인되었다.

당대의 이러한 인식은 『신생활』 관련 선행연구로도 이어진다. 이러한
경향은 『신생활』이 마르크스주의의 주요 수용 경로로 기능했으며 부르
주아 민족주의 세력과의 담론적으로 대립하는 가운데 자신의 위상을 정
립했다고 분석하는 박종린의 연구에서 두드러진다.[3] 『신생활』에서 전개
된 다양한 담론에 주목한 문학 연구가 축적되면서 『신생활』은 보다 입체
적으로 독해되기 시작한다. 김종현은 개조론을 기반으로 삼았던 『신생
활』의 사회주의 담론과 사회주의 담론의 문예화로서 나타난 『신생활』의
연재소설에 주목하였으며,[4] 김경연은 제국주의와 민족주의를 넘어선 '공
통적인 것'의 상상'을 조명함으로써 『신생활』이 코민테른형 마르크스주
의와 카프(KAPF)로 조직화되기 이전 '문화정치'의 실상과 의미를 드러낸
다고 주장한 바 있다.[5] 그런가 하면, 김현주는 『신생활』에서 전개된 이
광수의 「민족개조론」에 대한 반박을 독해하면서 사회주의자들의 사회비
평이 부르주아적 계몽주의 비평을 교정하고 수정하는 역할을 했다고 보
았고,[6] 전성규는 『신생활』의 주요 필진이었던 신일용이 '노동'이라는 마

2   「조선 초유의 사회주의 재판 – 『신생활』 사건 제1회 공판」, 『동아일보』 1922.12.27.(3면)
3   박종린, 『사회주의와 맑스주의 원전 번역』, 신서원, 2018; 박종린, 「또 하나의 전선
     (戰線): 신생활사그룹의 민족일치론 비판을 중심으로」, 『한국학연구』 61, 인하대학
     교 한국학연구소, 2021, 9~43면.
4   김종현, 「『신생활』의 사회주의 담론과 문예의 특성」, 『인문논총』 32, 경남대학교 인
     문과학연구소, 2013, 199~222면.
5   김경연, 「1920년대 초 '공통적인 것'의 상상과 문화의 정치 : 『신생활』의 사회주의
     평민문화운동과 민중문예의 기획」, 『한국문학논총』 71, 한국문학회, 2015, 343~405면.
6   김현주, 「1920년대 전반기 사회주의 문화담론의 수사학 : 사회주의는 사회비평을 어
     떻게 변화시켰는가」, 『대동문화연구』 64, 성균관대학교 대동문화연구소, 2008,

르크스주의의 핵심어로 세계의 비합리성을 사유했다고 분석하였다.[7]

　이상의 선행연구는 주로『신생활』의 평론, 환언하면 논증적 글에 주목한다. 형식적으로 서론-본론-결론의 구성을 갖추고 있으며, 합당한 근거와 이유를 바탕으로 필자의 주장을 논리적으로 구성해내는 정형화된 글에 관심이 집중된 것이다.[8] 그런데『신생활』에는 이러한 유형에 속하지 않는 글들도 존재한다. 대표적인 예로『신생활』제7호부터 등장하여 주보로 개편된 이후까지 유지되는「사립검사국」의 글들이 그러하다.「사립검사국」은 독립적인 짧은 글 여러 편으로 구성되는데, 각각의 글들은 공통적으로 시의성 높은 현안에 대해 풍자적 비판을 펼친다.『신생활』이 이미 6번의 발간을 완료한 시점에서 실험적인 형식의「사립검사국」과 같은 글을 선보인 것은 월간으로의 개편과 무관하지 않았던 것으로 보인다. 5호까지 순간으로 발행되던『신생활』은 6호부터 월간으로 변신하면서 지면이 2~3배 가량 증대된다. 월간『신생활』의 발행과 함께 대거 유입된 문예물, 특히 소설과 새로운 형식의 글들은 지면증가로 인한『신생활』게재물의 질적 변화라 할 수 있는 것이다. 이후 주보『신생활』의 지면에서「사립검사국」의 영향력은 상대적으로 강화된다. 주보 개편과 동시에 비중이 다소 줄어드는 문예물과 달리,「사립검사국」은 월간에서의 분량을 그대로 유지하고 있을 뿐만 아니라,「사립검사국」과 유사한「시사단평」등의 난이 신설되기도 한 것이다.

　이러한 변화의 의미를 파악하기 위해서는 적소생(赤哮生, 신일용)의 이름으로『신생활』제7~8호(1922.7~8)에 2회에 걸쳐 연재된「엽서운동」에 주목할 필요가 있다.「엽서운동」이 사카이 도시히코(堺利彦)의「하가키

　　7~39면.

7　이 책의 이 책의 2부 3장 전성규의 글 참고.

8　조셉 윌리엄스·그레고리 콜롬, 윤영삼 역,『논증의 탄생』, 크레센도, 2021, 88~103면.

운동(ハガキ運動)」을 옮긴 것임은 김미연의 연구를 통해 밝혀졌으나 「하가키운동」과 「엽서운동」의 대조 작업이나 「엽서운동」에 대한 면밀한 독해는 이루어진 바 없다.[9] 사카이 도시히코의 필명인 가이즈카 시부로쿠(貝塚澁六)의 이름으로 발표된 「하가키운동」은 잡지 『中外』 1919년 1월호에 게재된 후,[10] 같은 해 발간된 에세이집 『고양이의 백일해(猫の百日咳)』(1919)에 수록된다.[11] 「하가키운동」은 명석한 두뇌와 투철한 정치의식을 자랑하는 A와 그와는 대조적인 B의 대화로 이루어진다.[12] 「엽서운동」도

---

9   김미연, 『번역된 미래와 유토피아 다시 쓰기』, 소명출판, 2022, 131면.

10   中外情勢研究会 編, 『中外』 復刻版, 不二出版, 1988. 『中外』 복각판을 출판한 不二出版의 설명에 따르면, 『中外』는 다이쇼 데모크라시기 진보적 종합잡지로서 『改造』, 『解放』보다 앞서 출현했을 뿐 아니라 자유주의적 잡지 가운데서도 가장 많은 발행부수를 자랑했으며, 본명으로 집필하기가 어려웠던 사회주의자, 여성작가, 여성해방론자들에게 적극적으로 지면을 제공했다. (http://www.fujishuppan.co.jp/kindaibungaku/chuugai.html) 『中外』의 창간 단계에서부터 관여했던 사카이 도시히코 역시 貝塚澁六라는 필명으로 글을 실었다. 사카이는 사회주의 사상에 관한 글을 사카이,도시히코 본명으로, 가볍고 유머가 있는 글은 가이즈카 시부로쿠(貝塚澁六)라는 필명으로 발표했다(黒岩比佐子, 『パンとペン : 社会主義者堺利彦と「売文社」の闘い』, 講談社, 2013, p.442.). 참고로, 貝塚는 사카이 도시히코가 '적기사건'으로 수감되었던 지바감옥(千葉監獄)의 위치를, 澁六는 수감 시절 배급받던 보리 60% 함량의 거친 밥을 의미한다(同書, p.20)

11   이후로도 「하가키운동」은 『監獄学校』(白揚社, 1926), 『現代ユウモア全集 ; 第2巻 : 桜の国·地震の国 : 堺利彦集』(現代ユウモア全集刊行会, 1928) 등에 수록되었으나, 이 글에서는 『신생활』에 「엽서운동」이 실린 1922년 7~8월 이전의 것만을 정리하였다.

12   표면적으로는 '똑똑한' A와 '우둔한' B의 대화로 설정되어 있으나 양자는 단순한 우열 관계에 있지 않다. 뒤에서 살펴보겠지만 B는 A에게 영감을 주는 사례를 꾸준히 전달해주며, 결론에 이르러서는 '정치적으로' 엽서를 활용하는 방법을 A에게 제안하는 인물이다. 덧붙이자면, A는 사카이 도시히코 자신이기도 하다. "A : 澁六란 나의 별명이잖나. '훌륭한 유머리스트', '일본 유일의 유머리스트'로서 내 명성을 모른다니, 아무리 친한 친구의 보람이 없다고 해도 유분수가 아닌가." 貝塚渋六, 『猫の百日咳』, アルス, 1919, 104면. (https://dl.ndl.go.jp/info:ndljp/pid/962917) 본고의 일본어 번역은 모두 필자의 것이다. 이하 「하가키운동」의 인용정보는 『고양이의

이와 비슷하게 민중운동을 위해 엽서를 "연구"하는 A와 이 연구의 "재료"를 공급하는 B가 등장한다.

이 글은 「하가키운동」에서 「엽서운동」으로의 이행과정을 추적함으로써 「하가키운동」의 문제의식이 『신생활』에 어떠한 방식으로 수용, 적용되는지를 살핀다. 이를 통해 「엽서운동」은 운동의 전략을 궁구하는 텍스트이며, 여기에서 제안된 재미, 간결함, 끈기라는 운동 전략이 이후 『신생활』의 글쓰기에 반영되고 있음을 보이고자 한다. 이는 1920년대 전반기의 조선을 "다양한 주장이 공중(public)의 지지를 얻기 위해 항상적으로, 그리고 공개적으로 경쟁"[13]하는 시기라 할 때, 그 항상적이고 공개적인 경쟁에 참여했던 글들의 다양한 양태를 발견하려는 시도이기도 하다.

2. 재미와 간결, 운동의 위장술: 「하가키운동」 읽기

「하가키운동」을 독해하기에 앞서 「하가키운동」이 구상, 발표된 1910년대의 의미를 짚어보도록 하자. 사카이 도시히코 개인, 그리고 일본 사회주의 운동의 연대기 속에서 1910년대는 합법적 정치활동의 모색과 좌절이 공존하는 시기였다. 사카이 도시히코는 1908년 '적기사건(赤旗事件)'으로 2년 형의 금고를 선고받는다. 2년 후인 1910년에는 고토쿠 슈스이(幸德秋水)의 '대역사건'(1910)이 일어나면서 사회주의의 핵심인물들은 대거 검속되고 운동의 전도는 불투명해진다. 이른바 '겨울시대'가 도래한 것이다. 다만 이미 영어의 몸이었던 사카이는 대대적 검속을 피할 수

    백일해』의 면수를 본문의 괄호 안에 적는 방식으로 표기한다.

13   김현주, 「논쟁의 정치와 「민족개조론」의 글쓰기」, 『역사와 현실』 57, 한국역사연구회, 2005, 111~113면.

있었다. 출옥 후 그는 문자 그대로, 각종 글을 팔아 이윤을 내는 '매문사(売文社)'를 설립한다. 매문사는 사회주의자들의 생계를 살피고 자유주의자들과 협력관계를 유지하는 데 큰 역할을 하였다.[14] 1910년대 중반, 민본주의의 분위기가 점차 확산되어 가는 것을 느낀 사카이는 사회주의의 합법적인 활동의 범위를 넓히기 위해 보통선거 운동을 본격화했다. 이 무렵 보선운동은 계몽운동의 틀을 벗어나 조직된 노동자와 광범위한 민중적 요구에 바탕을 둔 전국적인 정치운동으로 전화하고 있었다. 이에 사카이 도시히코는 폭넓은 공동행동으로 보선운동을 발전시키기 위해 부르주아적 보선단체와 제휴를 꾀했다. 이를 통해 그는 궁극적으로 노동운동과 정치운동의 일치, 바꿔 말해 노동당(사회당) 발생의 기운이 싹트기를 희망했던 것이다. 그는 먼저 민본주의자 바바 고초(馬場孤蝶)가 중의원 선거에 입후보(1915)하는 데 힘을 실었으며, 1917년에는 자신이 직접 후보로 나섰지만 두 번 모두 결과는 부정적이었다. 사카이의 정치활동에 대한 당국의 압박은 예상보다도 엄중했다. 입후보 당시 사카이의 공약을 담은 홍보물은 거의 압수, 발매반포금지 처분을 받았고, 연설마저 중간에 중지 명령을 받았다. 그러나 민본주의의 선전기관 역할을 담당했던 당시의 신문들은 사카이에 대한 우호적인 기사를 적지 않게 게재했다. 그가 낙선 후에 정부의 간섭과 압박보다 '동정자'와 '이해자'의 존재를 실감하고 '든든함'을 느꼈다고 술회한 것도 이러한 사실과 무관하지 않다. 사카이의 정계 도전은 비록 실패로 돌아갔으나 이 경험은 그가 보통선거 운동의 중요성, 그리고 정치적, 시민적 자유 획득을 위한 운동의 유효성을 재삼 확신하는 계기가 되었다.[15]

14　매문사에 대한 자세한 논의는 강문희, 「『자본론』 번역과 일본 국가사회주의의 흥기 : 타카바타케 모토유키(高畠素之)를 중심으로」, 『반교어문연구』 39, 반교어문학회, 2015, 217~224면 참고.

　이러한 정황을 염두에 두고 「하가키운동」으로 돌아가 보자. 「하가키운동」의 전반부에서 이야기를 이끌어가는 역할은 A에게 돌아간다. A는 전임 내각총리대신 오쿠마 시게노부(大隈重信)에게 배달된 연하장이 "무려 십팔만오천구십구매"이며 "전국의 우체국에서 취급한 연하장의 총 매수는 육만칠천팔백구십구매"라는 "신성한" 통계 숫자를 전하고(101~102), 사상적 색채가 뚜렷한 자작 하이쿠를 선보인다. 그러나 B가 "정치 이야기"에 흥미를 느끼지 못하자 "여자 이야기"로 화제가 전환되면서 다양한 "엽서 이용법"이 소개되기 시작한다. 이 시점부터 대화의 주도권은 B에게 넘어간다. B는 "엽서 이용법"을 이야기하고, A는 이를 듣고 질문하거나 간단한 평가를 내리는 식으로 대화가 이어지는 것이다. B의 목소리로 전달되는 엽서 이용법과 이에 대한 A의 논평을 순서에 따라 개괄하면 다음과 같다.

　(1) 아침과 저녁으로 각각 한 장씩, 매일 두 장의 엽서를 주고 받는 B 부부의 사례 - A, "한 달에 90전씩" 쓰면서 "엽서 사치"를 하는 부부의 금실을 호평한다(108).

　(2) 여행 중 매일 세 번씩, 아내에게 엽서를 보내는 B의 친구의 사례 - A, 하루 엽서 석 장으로 히스테리병과 질투병을 고칠 수 있으니 "뛰어난 엽서이용법(葉書利用法の上乗なるもの)"라 말한다(109).

　(3) 외로워하는 고향의 모친에게 3~4년간 매일 한 장씩 그림엽서를 발송하고 있는 B 친구의 사례 - A, "완전히 감동"했다고 말하며 이것이야말로 "최고 중의 최고인 엽서 이용법(葉書利用法の最上乗なるもの)"이라고 평한다(109~110).

　(4) 짝사랑하는 남자에게 매월 한 장씩, 약 2년간 엽서를 보내 결혼에 성공

15　마쓰오 다카요시, 오석철 역, 『다이쇼 데모크라시』, 소명출판, 2011, 170~176면 및 230~235면.

한 여인(B의 부인)의 사례 – A, 엽서가 편지보다도 마음을 움직이는 힘
을 지니고 있다는 점에 재미를 표한다(110~113).
 (5) 빌려간 돈을 갚지 않는 친구에게 매일매일 재촉하는 엽서를 써서 마침
   내 돈을 받아낸 B의 사례 – A, 매일같이 이어지는 엽서 공격에는 당할
   자가 없다고 답한다(116~118).
 (6) 학생들이 교감에게 사직권고 엽서를 단체로 발송하여 교감 배척 운동
   에 성공한 사례 – A, "학생으로서는 조금 불온"하지만 엽서 수신자의
   심리 연구에 유용하다고 평한다(118~119).

　B가 소개하는 여러 사례는 엽서의 위력을 거듭 강조한다. 반면, 엽서
의 대조물인 편지는 지속적으로 평가절하된다. 「하가키운동」에서 '봉서
(封書)', 즉 편지는 단 한 차례 등장한다. 사례 (4)에서 한 남성을 짝사랑
하는 여인이 자신의 마음을 처음으로 표현하는 수단으로 '봉서'를 택한
것이다. 그러나 "내 한 몸 바칠 사람은 당신뿐, 꼭 이 번민에 빠진 가련
한 아이를 구해달라"(111)는, 봉서에 담긴 애달픈 진심은 너무나도 간단
히 무시된다.
　이 편지는 남성의 행동을 바꾸기는커녕 여성의 사랑을 전하는 데에도
실패한다. 왜냐하면 편지는 따분하고 장황하며(113), 볼썽사납고(114), 아
무도 읽지 않는 장문(114)에 불과하기 때문이다. 사카이는 이것이 편지라
는 형식의 글이 지닌 속성이라고 보았는지도 모른다. 그는 편지글에 대
해 다음과 같이 혹평한 바 있다. '메이지 유신 이후 헌법 치하의 훌륭한
인민이라 자부하는 자들이 편지글에서는 비굴과 아첨으로 점철된 노예
적인 말이나, 거만과 거드름으로 얼룩진 전제귀족적 말에서 벗어나지 못
한다.'[16] 그는 편지의 기존 문법으로는 개개의 인간관계에서 봉건적인 유

16　堺利彦, 『言文一致普通文』(言文社, 1901年 7月). 『堺利彦全集』(1), p.501.(梅森直之,

물을 제거하고, 그것을 투명하고 대등한 관계성으로 재배치함으로써 새
로운 공동체를 상상케 하는 작업을 완수할 수 없다고 보았다.[17] 사카이가
문제 삼은 편지의 문법은 전근대적 인간관계와 의식의 상징이자 현현이
기도 하다. 요컨대 편지는 시대착오적이고, 그러므로 폐기되어야 마땅
한 글쓰기를 대표한다.

반면, 편지의 대척에 있는 엽서는 재미있고 간결하며, 보기 좋고, 누
구라도 읽을 만한 글로 위치지어진다. 엽서가 지닌 이 미덕은 인과적으
로 연결될 수도 있다. 다시 말해, 재미있고 간결하기 때문에 보기에 좋
고, 그 결과 누구라도 읽을 만한 것이 된다. 이를 역으로 되짚어가면 '누
구라도 읽을 만한 글이 되기 위해서는 무엇보다 재미와 간결함을 갖추어
야 한다'고 말할 수도 있을 것이다. "아무도 읽지 않을 장문의" "시시한
글"이 아니라 재치와 재미를 겸비한 엽서 분량의 글이 필요하다는 네에
A와 B의 의견은 일치한다(114). 여기서 재치와 재미, 간결함은 운동의
세력을 확장하는 요인이라 할 수 있다. 이는 독자, 환언하면 운동 주체를
향해 유인력을 발휘하기 때문이다.

그런데 엽서는 재미와는 전혀 다른 종류의 감정을 야기하기도 한다.
엽서의 수신자, 곧 엽서운동의 대상이 엽서를 통해 느끼는 감정은 "불안
(不安)"과 "섬뜩함(薄氣味がわるくなる)"이다.

> A : 그런데 어떤 사람이라도, 매일매일 엽서로 공격해오면 방치할 수는
> 없을 테지. 만약 내가 그 입장에 섰다고 생각해보아도, 형편이야 어
> 떻든지 매일 엽서로 무언가 말을 한다면 실로 견딜 재간이 없을 거
> 야. 나에게 별다른 약점이 없다고 해도 말이야, 긴 시간에는 뭔가

『初期社会主義の地形学 : 大杉栄とその時代』, 有志舎, 2016, p.285에서 재인용)
17 上揭書, p.286.

그런 불안함을 느끼게 되는 것 같아.

　　B : 완전히 불안을 느끼지. 어쩐지 섬뜩해져. (114)

　발신자는 재미와 재치, 간결함에 유념하여 엽서를 작성하고 발송한다. 엽서를 처음으로 받아든 수신자는 이 종이 한 장을 무시하기 쉽다. 그러나 같은 메시지를 담은 엽서가 끊이지 않고 밀려들 때 재미와 간결함 속에 숨겨져 있던 발신자의 내심은 점차 그 형체를 드러낸다. 수신자가 발신자의 의도를 더 이상 외면할 수 없음을 인정하는 순간, 불안과 섬뜩함은 수신자를 덮친다. 수신자가 느끼는 불안함과 섬뜩함은 운동이 효과를 발휘하는 첫 단계이다. 그러나 수신자로 하여금 불안과 섬뜩함을 느끼게 하기 위해서는 "긴 시간", 끈기가 요청된다. 이때 끈기와 간결함은 짝을 이룬다. 수신자가 무반응으로 일관해도 "끈기 있게", "습관의 타성"(117)으로 엽서를 쓰기 위해서는 간결할 필요가 있는 것이다. 그것이 운동의 지구력을 유지하는 비결이다. 여기서 오쿠마 시게노부가 수신한 연하장이 "무려 십팔만오천구십구매"이며 "전국의 우체국에서 취급한 연하장의 총 매수는 육만칠천팔백구십구매"였음을 알리면서 「하가키운동」이 시작되었다는 점을 상기할 필요가 있다(101~102). 이처럼 큰 숫자는 끈기라는 추상적 가치를 수치화하여 보여준다.

　종합하면 엽서운동의 전략은 재미와 재치, 간결함, 끈기로 요약할 수 있다. 그렇다면 '엽서운동'는 과연 무엇을 목적으로 하는가. 「하가키운동」의 말미는 이 운동의 목적을 명시적으로 밝힌다.

　　B : 그런데 요즘 얼핏 들은 이야기인데, 앞서 말한 엽서운동을 선거권 확장의 요구에 응용하고 있는 사람이 있다고 해.

　　A : 응? 그건 무슨 이야기인가.

　　B : 나는 정치상의 일에 취미가 없으니까 자세한 일은 모르지만, 뭐라도

청원 대신에 다수의 인민들이 중의원 의장에게 엽서를 보내려 한다
고 하네.

A : 그런가. 그거 재밌네. "보통선거를 단행하라" "나에게 선거권을 달
라"고 하는 엽서가 매일매일 몇천 장이나, 몇만 장이나 중의원에게
날아든다면 의원도 전혀 모르는 얼굴을 할 수는 없겠지. (중략) 내
계산에 따르면 적어도 34,567,899장의 엽서가 중의원에 날아드는
것이야. 만약 자네의 계산에 양보한다 해도, 23,456,789장이 날아든
다. 그렇다면 자네, 조금은 섬뜩해지지 않겠는가. (중략) 34,567,899
장, 혹은 23,456,789장의 선거권 요구서가 매일 매일 커다란 수레
로 중의원에게 운반된다면, 아무리 무신경해도 견딜 수 없지 않겠는
가. 국내 정치 기관의 개조를 요구하는 인민의 소리를 무시할 수는
없지 않겠나(118~120).

「하가키운동」의 결론에는 이론의 여지가 없다. 엽서운동이 선거권 확
장의 요구에 응용되어야 한다는 것. 선거권 확장을 요구하는 엄청난 양
의 엽서는 정치인들을 향한다. 「하가키운동」의 엽서는 정치인들의 섬뜩
함을 유발하고 나아가 그들의 행동을 변화시키기 위해 발송된다.

전술한 것처럼 사카이에게 이 무렵의 보선운동은 사회주의 정당의 출현
을 위한 선결과제로 의미화되었다. 따라서 그는 보선운동을 위해 부르주아
적 보선단체와의 제휴에 주저함이 없었다. 또한, 이미 잘 알려진 사회주의
인사인 자신이 보선운동에 공식적으로 가담했을 때 발생할지 모를 불이익
을 우려하여 보선운동을 목적으로 결성된 보선동맹회와 표면적 관계를
끊기도 했다.[18] 보선운동의 일선에서 물러나는 방식으로 보선운동에 가담
했고, 보선운동을 발판 삼아 노동당의 출현을 기대하고 있었던 것이다.

이렇듯 사카이는 자신의 본심을 몇 겹으로 감추고 있었다. 그런 의미

---

18   마쓰오 다카요시, 앞의 책, 232면.

에서 이 무렵 『고양이의 하품(猫のあくび)』(1917), 『고양이의 목을 메달아(猫の首つり)』(1918), 『고양이의 백일해(猫の百日咳)』(1919)로 이어지는 '고양이 삼부작'이 발간된 것은 우연이라 볼 수 없다. '고양이를 뒤집어쓰다[猫を被る]'란 본심을 숨긴다는 의미의 일본어 관용구이다. 그는 관헌의 눈을 피해 본심을 숨기고 사회주의 운동의 부흥기를 기다리는, 전략적 후퇴를 택했다.[19] 이 시기의 그가 유독 강조했던 재미 또한 본심을 감추는 고양이탈의 하나로 볼 수 있다.[20] 사카이 도시히코가 아니라 가이즈카 시부로쿠로 분하고, 사상이 아니라 재미를 전경화하는 것은 운동의 대중성을 확보하고 운동의 명맥을 유지하기 위한 방편이었다. 재미있고 간결한 엽서는 전략적 운동의 은유물이었던 셈이다.

3. 엽서, 혹은 피켓: 「엽서운동」 읽기

사카이의 「하가키운동」은 적소생의 「엽서운동」으로 『신생활』에 수용된다. 기실 『신생활』과 사카이 도시히코의 연결고리는 「엽서운동」만이 아니다. "본문의 출처"가 윌리엄 모리스(William Morris, 1834~1896)라 적시된 정백의 「이상향의 남녀생활」을 그 대표적인 예로 들 수 있다. 정백은 프롤로그격인 1장에서 "일본 유일의 유머리스트 가이즈카 시부로쿠 씨의 친절한 소개를 힘입어 윌리엄 모리스 씨가 경영하는 *無何有鄕*을 시찰한 일이 있었"[21]다고 적으며 글을 시작하고 있는데, 이는 사카이 도시히코의

---

19 黑岩比佐子, 앞의 책, p.151.

20 "제군, 『고양이의 하품』은 실로 재미있습니다. 그리고 『고양이의 백일해』는 훨씬 더 재미있습니다." 「서문」, 『고양이의 백일해』, 2면.

21 노초(路草), 「이상향의 남녀생활」, 『신생활』 8, 1922.8.5.

번역을 통해 윌리엄 모리스의 글을 접했음을 의미한다.[22] 사카이 도시히코라는 '채널'에 착목한 김미연은 일본의 사회주의 운동 방식을 모범 삼아 대중운동을 전략적으로 구성하기 위해 이 텍스트가 제시되었다고 분석한다.[23] 사회주의 대중운동과 담론적 실천의 접점이라는 맥락을 고려할 때, 적소생의 「엽서운동」은 운동의 방략을 본격 탐구한 「하가키운동」과 직접적으로 접속하고 있다는 점에서 특히 주목될 필요가 있다.

「하가키운동」의 전략은 『신생활』의 「엽서운동」에서 어떻게 변용되는가. 먼저, 「하가키운동」과 「엽서운동」 사이의 유사성은 분명하다. '하가키[葉書]'는 '엽서'로 아무런 수정 없이 옮겨졌으며, 대화체의 형식도 유지되었다. B가 A에게 엽서 관련 "재료"를 제공하면 A는 B의 이야기를 바탕으로 운동의 방법을 "연구"하여 "민중운동의 하나로서 엽서운동을 완성"하겠다는 것이 「엽서운동」의 흐름이다. 이처럼 「엽시운동」과 「하가키운동」 사이에는 공유지점이 상당하다. 그러나 동시에 「엽서운동」은 역자인 신일용(辛日鎔)에 의해 적극적으로 삭제, 첨가, 개변이 이루어진 텍스트이기도 하다.

가장 눈에 띄는 것은 엽서 활용 사례가 취사선택 되었다는 점이다. 「하가키운동」은 모두 여섯 가지의 "엽서 이용술"을 소개한다. 그러나 「엽서운동」은 이 중 세 가지만을 추려낸다. 무엇이 제외되고, 무엇이 선

---

22   윌리엄 모리스의 *News From Nowhere*가 사카이 도시히코의 『理想鄕』으로, 이것이 다시 정백의 「이상향의 남녀생활」로 이어지는 경위에 대해서는 다음의 선행연구에서 언급된 바 있다. 한기형, 「『개벽』의 종교적 이상주의와 근대문학의 사상화」, 임경석·차혜영 외, 『『개벽』에 비친 식민지 조선의 얼굴』, 모시는사람들, 2007, 438~439면; 박종린, 『사회주의와 맑스주의 원전 번역』, 98~101면. 김미연은 목차 구성과 장별 문장 비교를 통해 「이상향의 남녀생활」이 단행본 『理想鄕』(1920) 서문의 일부를 참조하고, 소설 텍스트는 『고양이의 백일해』에 수록된 「신사회의 남녀생활」을 번역한 것으로 저본을 확정했다. 김미연, 앞의 책, 121~128면.

23   김미연, 앞의 책, 133면.

택되었을까.

먼저, 제외된 사례는 (1) 아내와 매일 엽서를 주고받는 B의 사례, (2) 여행 중 하루 세 장의 엽서를 아내에게 발송하는 B의 친구의 사례, (3) 시골의 어머니에게 그림엽서를 보내는 B의 친구의 사례이다. 반면, (4) 한 남자를 짝사랑한 여인이 엽서운동으로 결혼에 성공한 사례(이후 '결혼운동'), (5) 교사배척운동에 엽서운동을 적용한 사례(이후 '교사배척운동') (6) 친구로부터 빚을 받아내는 데 엽서운동을 적용한 사례(이후 '채무상환운동')는 일정한 변용을 거쳐 「엽서운동」에 포함된다.

「엽서운동」이 제외한 (1)~(3)의 사례와, 선택한 (4)~(6)의 사례에서 엽서의 성격과 기능은 분명한 차이를 보인다. (1)~(3)의 사례에서 엽서는 수신자와 발신자 사이에서 감정적 소통의 매개체로 기능한다. 발신자가 엽서를 발송하는 목적은 수신자와의 정서적 교감에 있다. 바꿔 말해, 이때의 엽서는 수신자의 변화를 목적으로 하지 않는다. 그러나 (4)~(6)의 사례에서 엽서는 남성의 사랑을 얻기 위해서, 교사를 학교에서 몰아내기 위해서, 떼인 돈을 받아내기 위해서 발송된다. 엽서는 수신자를 향한 발신자의 의도를 담고 있으며, 수신자의 행동 변화를 촉구하고 있는 것이다. 언어의 기능에 빗대어 말하자면 전자는 정서적 기능, 후자는 명령적 기능을 수행한다고 할 수 있다. "어떤 목적을 이루려고 힘쓰는 일. 또는 그런 활동"[24], "사회 안에서 어떤 목적을 이루고자 하는 조직적인 활동"[25]이라는 '운동'의 정의에 비추어 보자면 「엽서운동」의 엽서는 「하가키운동」의 엽서보다 한층 운동에 밀착되어 있다. 요컨대, '운동'을 위한 엽서가 아닌 엽서는 「엽서운동」에서 설 자리를 잃는다.

---

24 표준국어대사전 참고.
25 고려대한국어대사전 참고.

그렇다면 각각의 사례가 어떻게 변용되고 있는지 살펴보자. 먼저, 결혼운동 사례이다. 이 사례는 "청혼편지"를 보낸 여인이 남자로부터 원하는 답을 얻지 못하자 단지 "답장을 기다립니다"라고 적은 엽서를 꾸준히 발송했으며, 그 결과 결혼에 성공했다는 「하가키운동」의 틀을 거의 그대로 보존하고 있다. 단, 수치상의 변화가 눈에 띈다. 「하가키운동」에서 엽서는 한 달에 한 번씩, 2년간 발송되는 것으로 서술되어 있으나 「엽서운동」에서는 사흘에 한 장씩, "꼭 1년" 동안, "일백이십장"이 발송된다.[26] 말하자면 「하가키운동」에 비해 한층 강도 높은 운동이 시도되었던 것이다.

A는 "엽서운동의 제1응용"이 보여준 "성공"에 흥미를 표하지만 이것만으로는 만족할 수 없다는 기색을 내비친다. 그의 관심은 개인운동보다는 "단체운동"을 연구하는 데에, "더욱이 운동 시기에 표현되는 심리상태를 과학적으로 연구"하는 데에 있기 때문이다(7호, 121~122). 이러한 맥락에서 나머지 두 사례는 특히 깊이 독해될 필요가 있다. 교사배척운동과 채무상환운동은 각각 "단체운동"과 "운동에 표현되는 심리상태"를 연구하기에 적절한 사례로 제시되었으며, A의 "연구"에 밀접하게 닿아있는 만큼 의식적인 개변도 많이 발견된다.

교사배척운동을 보자. 이 사례는 「하가키운동」에서 가장 마지막에 제시되었던 사례인데 「엽서운동」에서는 "개인적 운동이 아니라 단체적 운동"의 사례로서 언급되면서 결혼운동에 이어 두 번째로 소개된다. 발송되는 엽서의 수가 점증하는지(「하가키운동」), 처음부터 동일한 분량의 엽서가 꾸준히 발송되는지(「엽서운동」)의 차이는 있지만 학생들의 배척 대상인 교사가 아내의 설득으로 결국 퇴직을 한다는 서사는 동일하다. 그

---

26 적소생, 「엽서운동」, 『신생활』 7, 1922.7.5. 120~121면. 이하 「엽서운동」의 인용정보는 게재호수와 면수만을 본문의 괄호 안에 밝혀 적는다.

러나 「엽서운동」은 교사배척 운동에 개연성과 필연성을 부여하는 방식으로 세부를 수정한다. 「하가키운동」에서 학생들이 교감을 배척하는 이유는 드러나지 않는다. 반면, 「엽서운동」에서는 배척 대상인 체조교사의 폭력성과 이를 문제시하지 않고 학생들에게 복종을 강요하는 "완명한 교장"의 문제적 행동이 상세하게 기술된다. 이러한 설정으로 「엽서운동」의 교사배척운동은 서사적 필연성을 획득한다.

그 결과 〈표 1〉에서 보는 것처럼 교사배척운동에 대한 A의 반응도 크게 달라진다. 「하가키운동」의 A는 교사배척운동에 불온성이 있음을 부정하지 않지만, 「엽서운동」의 A는 오히려 교사배척운동에 정당성을 부여한다. 「엽서운동」은 교사배척운동이 발생하는 구체적 조건에 대한 치밀한 상상을 표출하고 있다. 실제로 식민지 조선에서 교사 배척은 교육의 정도를 막론하고 동맹휴교를 발생시키는 가장 큰 원인이었다.[27] 「엽서운동」의 교사배척운동이 보여준 핍진한 상상은 조선이 처해 있었던 교육 현실에 기반하고 있었던 것이다.

〈표 1〉 교사배척운동에 대한 A의 반응 비교

하가키운동	엽서운동
학생으로서는 조금 불온한 행동일지 모르지만, 다수의 엽서를 받는 사람의 심리를 연구하는 데에는 좋은 재료일세.(119)	그런 못된… 요새 중학교 선생님들은 딱도 하지. 어쩌자고 막 때리나? 때리기만 해야 선생의 위신이 보전되는지! 우애적 존경이 자발적으로 생기도록 노력을 해야 될 것인데, 이건 말 군국주의식으로 압박 호령만 능사로 아니까 그런 문제가 일어나지 않을 리가 있나? 그러나 그네는 압박도 감수하는 동시에 압제도 무소부지(無所不至)하던 군벌심리를 그대로 싸가지고 학생들을 일년병(兵)이나 하등졸(卒) 잡도리하듯 하니, 될 수가 있나. 그 밑에서 자라나는 학생들이 참… (7호, 122)

---

27 박찬승, 「1920년대 보통학교 학생들의 교원 배척 동맹휴학」, 『역사와 현실』 104, 한국역사연구회, 2017, 268면.

그러나 동시에 「엽서운동」의 변용에는 일말의 희망이 서려 있다. 애초에 학생들이 교사 배척 운동에 엽서를 활용한 것은 "희생"을 피하기 위함이었다. 이는 「하가키운동」과 「엽서운동」의 동일한 설정이지만 "희생"에 대한 우려는 식민지 조선 쪽이 훨씬 클 수밖에 없었다. 1920년대 초는 총독부가 동맹휴교를 예의주시하기 시작한 시기이기도 하다.[28] 동맹휴학에 가담한 학생들은 퇴학 등 학칙에 의한 처분을 각오해야 했고, 그중 일부는 형사처벌의 대상이 되었다.[29] 상황이 이러했으므로 "퇴학처분, 정학처분만 받고 무참히 패배"하지 않는, "신식" 엽서운동의 효용은 실로 절실한 것이었다(7호, 122). 이에 "그래도 학생들 중 몇 명은 역시 필적이 증거가 되어 퇴학처분을 받"(119)았다는 「하가키운동」의 서술은 「엽서운동」에서 다음과 같이 바뀐다.

> A : 그것 참 그럴 듯하이. 게, 엽서운동의 제2응용은 동맹휴교 대용법으로… 대체 공부 아니 밑지고, 일 잘 되고, 희생자 안 내고, 썩 되었는걸. 필적 감정 문제가 안 생길까?
>
> B : 어디서 들으니까 어린 사람의 필적 더욱이 14, 5세 된 사람들은 모방성이 많아서 제일 곤란하다네. (7호, 123)

「하가키운동」에서 엽서는 학생들의 희생을 최소화할 뿐, 완전히 무화하지는 못한다. 「엽서운동」은 이 결말을 의식적으로 거부한다. 즉, 이

---

28 朝鮮總督府警務局에서 출간한 『朝鮮に於ける同盟休校の考察』(1929)는 동맹휴교 관련 정보를 1921년부터 통계화하여 기록하고 있다.

29 1921년부터 1928년까지 발생한 동맹휴학은 총 404건, 동맹휴학에 가담했다가 학교, 또는 경찰의 처분을 받은 학생이 7,674명으로 기록되어 있다. 이 중 퇴학처분을 당한 학생이 1,560명, 재판에 회부되어 형을 확정받은 학생이 172명이었다. 上揭書, p.130~131.

시기 학생들이 다른 필적을 쉽게 모방하기 때문에 필적 조사가 무용하고, 따라서 희생은 전혀 없었던 것으로 수정되는 것이다. 이러한 변용은 "단체운동"에서 엽서의 효과를 극대화하며 운동을 향한 의지를 표출한다.

　교사배척운동이 "단체운동"에 대한 연구의 재료라면, 채무 상환 운동은 운동의 "심리상태"에 대한 연구의 재료라 할 수 있다. 「하가키운동」에서 이 에피소드는 B와 A 사이에서 단 세 차례 대화가 오고가는 것으로 간단히 끝나는 데 반해, 「엽서운동」에서는 무려 16번의 왕복 대화로 전달된다. B의 발언 중에 개입하는 A의 추임새나 질문이 현저하게 증가한 것이다. 화자 B에게 질문을 던지는 청자 A의 역할이 증대됨으로써 「하가키운동」보다 한층 생동감 있는 대화가 이루어지며 흡인력도 증대된다.

　채무상환운동의 사례에서 무엇보다 강조되어야 할 사실은 곧 채무자와 채권자의 심리상태에 대한 관심이다. 「하가키운동」에서 B는 아무 갈등 없이 오로지 끈기 있게 엽서를 발송하고, 채무자는 "당신의 끈기에는 실로 놀랐습니다"라는 한 마디를 남길 뿐, 특별히 눈길을 끄는 심리묘사는 없다. 이처럼 채무자와 채권자 양측의 내면은 퍽 평면적이다. 이에 비해 「엽서운동」의 채무상환운동은 엽서가 수신자와 발신자에게 야기하는 감정을 매우 섬세하게 묘사한다. 발신자 B는 친구가 갚아야 할 돈을 주지 않자 처음에는 노여움을 느끼다가 점차 "그럭저럭 말아버리기로" 자포자기한다. 매일같이 엽서를 보내는 동안 스스로에게 "'얘, 이놈 보아라 참 지독한 걸' 하는 혼잣말"을 하기도 하고 그만둘까 하는 갈등을 느끼기도 했지만 기왕 시작한 이상 중지할 수 없어서 "장난" 삼아 계속 발송한다. 그러다가 막상 친구가 찾아오자 B는 상쾌함, "무거운 책임을 벗어놓은 것 같"은 홀가분함, 부끄러움, "후회도 아닌데 후회 비슷한 느낌"을 복합적으로 느낀다. 종국에 돈을 받아낸 후에는 "엽서운동과 심리상태의 관계에 대한 귀납적 판단"을 얻는다(8호, 127~130). 장난기, 단순한 호기심, 오기, 분노, 깨달음 등, B의 감정은 시시각각 달라진다. 이처럼 B는 역동적인 내면을 지닌 운동의 주체로 재현된다. 동시에 발신자의 심리적 동요는 운동에 가담하는 주체의 혼란한 심경, 나아가 운동이 처한 곤경을 표현한다.

「엽서운동」이 공들여 그려내는 대상은 발신자, 즉 운동 주체의 심리에 국한되지 않는다. 수신자, 바꿔 말해 운동의 대상의 심리에도 큰 관심을 보이고 있는 것이다. 〈표 2〉의 비교를 통해 알 수 있듯이 「엽서운동」은 엽서 수신자의 내면 또한 입체적으로 그려낸다. 수신자의 감정을 묘사하는 데 「하가키운동」에 비해 더 많은 지면을 할애하고 있으며, 그 감정을 표현하는 어휘도 훨씬 풍부하다.

〈표 2〉 「하가키운동」과 「엽시운동」에 나타난 엽서 수신자의 감정

(강조는 필자. 이하 동일.)

	하가키운동	엽서운동
결혼 운동	남자는 과연 조금은 **마음을 움직이게 되었지만** (중략) 엽서를 받아서 방치했지. 그런데 엽서는 또 와. (중략) 약간 **기분이 나빠졌어.** (112~113)	그 남자는 처음 몇 장까지는 **냉소도** 하고 얼마 동안은 **억증도** 내어보았고 혹은 **후욕**(詬辱), 조소 별짓을 다해 보았지만은 필경 그것은 다― 쓸데없는 일이었고 기어이 답장을 하고 말았네 그려! (7호, 121)
교사 배척 운동	그 상태가 한 달간이나 이어져서 엽서의 수가 500장에 달했을 때, 마침내 교감의 아내가 **울면서** 남편에게 사직을 권했지. 그때는 완고한 교감도 이미 어지간히 **불안**을 느끼고 있었던지라 '자네까지 그렇다면 그래야지'라고 하면서, 그걸 계기로 곧장 교장의 손에 사표를 냈어. (119)	그런데 이것도 한 번 두 번이지 날마다, 그나마 날마다 등비급(等比級)으로 몇십 장씩이 들어가는 데야, 아무리 뱃가죽이 두터운 선생들 어찌할 수가 있나. **머리를 앓고 있는데,** 그 마누라가 무슨 편지가 그리 많이 날마다 오누? 하고 의심하다가 하루는 자기 남편이 머리를 앓고 앉아있는 꼴을 보고, 지성으로 그 이유를 물은 결과 '사직권고'란 말을 듣고는, 눈물을 흘려가며 남편에게 충고를 하는데 **'여보 학생들이 오직 미워야 이러겠소, 우리가 굶어죽는 한이 있어도 사직하십시오, 네? 수백 명 학생에게 욕을 그렇게 먹고야 제명대로 못살 일이지 후유!'** 이 말을 들은 선생님도 할 수 없이 그 이튿날 사직서를 제출하였다네! 어떤가? (7호, 123)
채무 상환	"도무지 5개월 간의 엽서 공격에는 할 말을 잃었습니다. 당신의 근기에 실로 **놀랐**	"여보, 참 처음에 몇 장을 받아볼 때에는 어찌 좀 **미안**한 생각만 있었지요. 그리다가 오십 장 이상 백여 장을

운동	**습니다.**" (117)	받게 될 때에는 맘이 퍽 **불안**하여집니다. 그래 천만사(千萬事) 다 내버리고 두 달 동안은 **그 돈을 어떻게 갚아야 되겠다는 생각**밖에는 아무 생각도 없었습니다. 그 동안에 답장 한 장이라도 올릴 터인데 그대로 답장만 올리는 것은 **죄송스럽고 부끄러워서** 차마 못한 게지요, 여하간 **인제는 산 것 같습니다.** 실상 날마다 편지 오는 때가 되면 무엇이라 형언할 수 없는 **불안**이 있었습니다. 그래서 얼마 동안은 그 엽서를 받아 본대야 그 말일 터이지마는 읽어볼 **용기가 전연히 없어졌습니다.**" (8호, 130)

    엽서 발신자와 수신자의 심리가 이처럼 요동치는 가운데 일관성을 유지하는 것은 오직 발신자가 엽서를 보내는 행위이다. 발신자는 어떠한 내적 갈등이 있어도 엽서 발송을 멈추지 않는다. 「엽서운동」은 여기에 운동의 성패가 달려 있다고 보는 듯하다. 실제로 「엽서운동」은 「하가키운동」보다도 일관성을 중시하는 태도를 보인다. 예컨대, 「하가키운동」의 채무상환운동에서 발신자는 매일 엽서를 발송하되, "문구는 여러 가지로 바꾸어서"(116), 강하게, 약하게, 시시하게, 다종다양한 글을 쓴다. 그러나 「엽서운동」의 B는 "신의를 존중히 여겨주시기를 바랍니다."라는 문구를 바꾸지 않는다(8호, 128).

    이제 A와 B의 대화는 결말에 이른다. 여기서 두 가지 질문을 던져보도록 하자. 첫째, 「엽서운동」은 어떤 결론을 도출해내는가. 「하가키운동」의 결론은 선거권 운동에 엽서를 활용하자는 것이었다. 그에 반해 「엽서운동」의 결론은 불분명하다. 이때 '불분명하다'는 것은 중의적 의미를 지닌다. '엽서운동'의 연구 책임자인 A가 "구체적 안"을 내놓지 못한다는 점에서 그러하고, 가장 핵심적 주장이 담겼을 것으로 보이는 대목이 검열로 완전히 삭제되어 확인할 수 없다는 점에서 그러하다.

> A : 먼저도 말한 바와 같이 아직 무슨 구체적 안(案)을 말할 수는 없고
> 다만 어떠한 개념만 이야기함세. 가령 구체적으로 즉 민중운동적으
> 로 말을 한다 하더라도 검열관의 적선이 먼저 방문을 할 터이니까
> 결국 도노(徒勞)에 돌아가고 말 것이 아닌가?
>
> B : 아니 여보게, 자네 그게 무슨 얼빠진 소린가 그래. 검열관이 용서하
> 는 말은 쓰고 용서하지 않는 말은 안 쓴다면 아마 그대로 가만히
> 앉았는 편이 좋을걸. 그저 우리는 되든 안 되는 말이면 하고 글이면
> 쓰고 보는 게지! (중략)
>
> A : 우리가 맨 처음에 말한 연하장이란 것도 말이야, 그렇게 무의미하게
> '공하신년(恭賀新年)'이니 무엇이니 무엇이니 할 게 아니라, 그런 기
> 회를 이용해서라도 우리 주의를 선전하는 게 좋을 줄 아네. 나는 금
> 년부터 꼭 무슨 자극이 될 만한 말을 골라서 연하장에 쓰기로 작정
> 했네. (8호, 132)

사실 A가 "구체적 안"을 내놓지 못하는 이유도 "검열관의 적선"을 의
식한 결과이니 「엽서운동」의 결론이 불분명한 이유는 검열로 수렴된다
고 해도 과언이 아니다. 「엽서운동」이 「하가키운동」을 저본으로 삼아 생
산된 이상, 검열을 의식하지 않을 수는 없었다.[30] 그리고 A의 "검열관의
적선" 운운은 기우가 아니었다. 실제로 「엽서운동」에서 중층적으로 이루
어진 검열의 흔적은 어렵지 않게 발견된다. 잡지 발매 이전의 검열본을
보면 "○○주의자", "○○운동", "우리 ○○주의자들의 ○○운동"(7호,
118)에 붉은 선이 그어져 있는 것을 확인할 수 있다(〈그림 1〉). 여기서 ○

---

30 사카이 도시히코는 당대 조선사회에도 일본 사회주의계의 "거두"로 인식되었다. 전
술한 것처럼 정백의 「이상향의 남녀생활」은 원작자인 윌리엄 모리스를 전면에 내세
우면서 동시에 사카이 도시히코라는 중개자를 일부 독자에게는 부각하고 공식적으로
는 감추는 전략을 취하고 있다. 김미연은 이를 "'검열'을 고려한 번역의 임계치를 실
험한 장면"으로 본다. 김미연, 앞의 책, 131~133면.

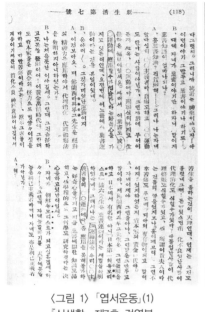

〈그림 1〉「엽서운동」(1)　　　　　　〈그림 2〉「엽서운동」(1)
『신생활』 제7호 검열본　　　　　　『신생활』 제7호 유통본
(국립중앙도서관 제공)　　　(국회도서관 제공, 방선은 필자)

○는 필자 혹은 잡지사가 문제가 될 만한 부분을 선제적으로 삭제하는 복자이다.[31] 따라서 우리 "○○주의자들의 ○○운동"은 '사회주의자', '사회운동'이라는 표현에 대한 자기검열의 결과인 셈이다. 그러나 자기검열이 선행되었음에도 불구하고 이 대목에는 A의 예상대로 "검열관의 적선이 먼저 방문"한다. 결국 유통본에서 이 대목은 연판이 깎여 삭제된다 (〈그림 2〉).[32]

31　이에 대한 자세한 논의는 한만수, 『허용된 불온』(소명출판, 2015) 중 제5부 1장 '검열 복자의 유형' 참고.

32　검열본과 유통본의 특징 및 차이에 관한 자세한 논의는 이 책의 1부 1장 정한나의 글, 25~36면 참고.

A와 B는 대화가 마무리되는 시점에 이르러 편재하는 검열의 압력, 발화의 기본값을 새삼 의식한다. 그리고 각각 다음과 같은 결심을 내놓는다. B는 "되든 안 되든 말이면 하고 글이면 쓰고 보겠"다는 것이고, A는 연하장에 "꼭 무슨 자극이 될 만한 말"을 쓰겠노라는 것이다(8호, 132). A와 B의 말을 겹쳐놓고 보면, 엽서에 무슨 말이든, 자극이 되는 말일수록 더 열심히 쓰겠다는 것이 '엽서운동'의 결론인 셈이다. 엽서 형태의 연하장은 개방성을 특징으로 한다. 발신된 엽서는 의도된 수신자를 향해 이동하는, 개인과 개인을 연결하는 사적(私的) 메시지를 담은 미디어이다. 그러나 발신자의 손을 떠나 수신자의 손에 당도하기까지 엽서는 누구나 읽을 수 있도록 공공을 향해 열려 있는 메시지로 존재한다. 기실 공사의 경계를 지워버리는 제국의 통치질서 속에서 편지와 엽서의 본질적 차이는 소멸된다.[33] 이러한 상황 속에서 A와 B는 차라리 사적 영역과 공적 영역을 압착해 일원화하는 제국의 부당함을 끌어안은 채 말하는 방법을 선택한다. 이를 염두에 둔다면 「하가키운동」에서 "대체로 봉서라는 건 거의 쓰지 않고(一體、滅多に封書といふものを書かない)" "대개 엽서로 해결한다(大抵葉書で濟ますのだ)"(114)는 B의 발언이 "나는 엽서로 편지 쓰기 작정일세. 물론 누구에게든지 엽서면 그만이라네"(7호, 120)라는 결연한 결심으로 수정된다는 사실 역시 가볍게 보아넘길 수 없다. 이들이 생산하고 발송하는 엽서는 더 이상 발신자와 수신자를 일대일로 연결하는 일직선의 매체가 아니다. "우리 주의를 선전"(8호, 132)하는 공개장이 된 엽서는, 엽서가 아니라 정치적 구호를 담은 피켓에 가깝다.

이제 마지막 질문을 던질 때이다. 「엽서운동」의 엽서는 누구를 수신자

---

33 황호덕, 「엽서의 제국, 전체국가의 공사 개념 : 지역 사건의 중앙화, 조선어학회사건 재독」, 『로컬리티 인문학』 4, 부산대학교 한국민족문화연구소, 2010, 199면.

로 삼고 있는가. 「하가키운동」에서 도출한 엽서운동의 도착지는 정치인
으로 고정되어 있다. 그러나 「엽서운동」의 엽서는 그렇지 않다. 어쩌면
수신자가 명기되어 있었을지 모를 「엽서운동」의 마지막 부분이 삭제되
는 바람에, 이 엽서는 정처 없이 사방을 향한다. 낱장으로 무질서하게
오가는 엽서의 이미지, 아니 정치적 구호가 담긴 피켓의 이미지는, 이
엽서의 이동(우편 시스템)을 지탱하고 있는 제국의 눈으로 보자면 실로 불
길한 것이 아닐 수 없다. 주지하듯 엽서는 '문명'이 '야만'을 표상하는 수
단으로서 가장 비근하게 활용된 매체 중 하나였으며, 그 공개성 때문에
선전을 위한 미디어로 동원되기도 쉬웠다.[34] 이를 고려한다면 「엽서운동」
이 제안하는 엽서 활용법은 통치를 위한 엽서를 운동을 위한 엽서로 전
유하는 방법이기도 하다.

　그러나 제국의 권력은 결정적인 순간에 그 모든 메시지를 일거에 소멸
시킬 수 있을 만큼의 위력을 지니고 있었다. 이를 증명하듯 「엽서운동」의
마지막 부분, 약 반 페이지 분량은 식별할 수 없는 뭉개진 글자로 채워진
다. 「하가키운동」에서 보자면 정치인들에게 쇄도하는 막대한 양의 엽서
를 숫자와 수레로 이미지화하면서 「엽서운동」에서 수신자인 정치인의 불
안을 상상케 하는 대목이다. 그 결과 엽서 수신자의 불안은 끝내 재현되
지 않는다. '정치운동', '응용', '자본주의 정치', '희생' 따위의 글자가 흐
릿하게 보일 뿐이다. 그렇다고 「엽서운동」에서 오간 대화와 운동에 대한
고찰이 무용하다 할 수는 없다. "엽서운동과 심리상태의 관계에 대한 귀
납적 판단"(8호, 130)의 적용은 『신생활』에서 엽서처럼 발견되기 때문이
다. 다음 장에서는 그 예로서 「사립검사국」의 글들을 검토하도록 한다.

34　최현식, 『일제 사진엽서, 시와 이미지의 문화정치학』, 성균관대학교출판부, 2022,
　　30면.

4. 엽서화된 사회주의적 글쓰기: 「사립검사국」 읽기

『신생활』은 신생활 제창, 평민문화 건설, 자유사상 고취를 주지(主旨)로 삼아 등장했다.[35] 물론 이 주지는 '사회주의'를 수용 가능한 수준의 온건한 어휘로 번역한 결과로 보아야 하겠지만, 『신생활』의 필진들은 창간 시점부터 노동, 여성, 교육, 종교 등 여러 현안에 대한 비판적 글쓰기를 통해 사회문제에 개입했다. 대표적으로 김명식, 신일용, 정백의 글들은 역사, 사회(주의)에 관한 해박한 지식을 정교한 논리로 구축해냄으로써 『신생활』 담론의 무게중심을 잡는 역할을 한다. 한편, 「사립검사국」은 『신생활』의 주지를 계승하되, 『신생활』의 무게감 있는 글들과는 다소 다른 형식을 취한다는 점에서 눈길을 끈다. 〈표 3〉에서 확인할 수 있는 것서럼 「사립검사국」의 관심사는 정형화된 논증적인 글이 그것과 다르지 않았다. 차이가 있다면 그것은 형식적인 측면에 있다. 이번 장에서는 사회주의 지식체계를 경유하여 부르주아 계몽논리를 비판하고 각종 현안에 대해 '실제비평'을 적극적으로 수행하고자 했던 신생활사 필진들의 노력이,[36] 논증적인 글뿐 아니라 「사립검사국」에서도 발견됨을 확인할 것이다.

「사립검사국」의 필자는 '노국백작(露國伯爵)'이다. '노국백작'이 누구인지 현 시점에서 판단하기는 어려워 보이므로 필자 확정은 잠시 미루어 두고, '사립검사국'이라는 명명의 의미를 짚어보자. 주지하듯 검사는 범죄를 수사하고 형사 사건에 대해 공소를 제기하는 역할을 한다. 검사는 사법 질서에 따라 죄를 물음으로써 국가의 질서 유지를 돕는 국가 권력의 에이전트인 것이다. 식민지 조선의 사법체계에서 검사는 막강한 권력

35　「신생활 주지」, 『신생활』 제1호 임시호, 1922.3.15., 69면.

36　김현주, 「1920년대 전반기 사회주의 문화담론의 수사학」, 7~39면.

의 주체였다. 조선형사령(1912)에 의거하여 검사는 예심판사에 준하는
수사상의 강제처분권을 부여받았고, 검찰기관은 형사 절차 전반을 지배
할 수 있었다.[37]「사립검사국」이 무소불위에 가까운 권력을 부당하게 휘
두르는 검사국의 존재를 의식한 명명임은 의심의 여지가 없다. 노국백작
은 "감옥과 경찰이 급급여율령(急急如律令)으로 머리를 숙이고 어명을 대
(待)하며 또한 그 배후에는 군대와 의회가 목(目)을 장(張)하고 후(後)를
응원"하는, "권력이 강대한" "관립검사국"과 "피정복자의 사립검사국"을
대조한다. 노국백작은 아무런 권력을 갖지 못한 '사립검사'가 "무능"한
존재임을 누구보다 잘 알고 있다.[38] 그럼에도 불구하고 「사립검사국」의
'기소'는『신생활』이 국가의 명령으로 폐간을 맞는 순간까지 계속된다.
〈표 3〉은 「사립검사국」에 포함된 글의 제목과 제재이다.

〈표 3〉『신생활』제7호~제15호 소재 「사립검사국」 게재물의 제목 및 제재

호	제목	제재
7	소작인상조회	송병준을 대표로 하여 조직된 소작인상조회
	손의암 장의와 주산월(朱山月)	손병희 장례 관련 요미우리[讀賣]신문의 왜곡보도
	고려여자관의 봉쇄	'김익두 비판글'을 이유로 신생활사 주최 강연회를 돌연 취소한 개성의 고려여자관과 그 배후의 기독교도들
	중용주의	"극단"을 배척하고 "중용"을 강조하는 중앙기독교청년회의 신흥우의 주장
8	검사관의 벽돌집 기부	전호 「사립검사국」의 '소작인상조회'를 삭제한 검사
	천도교의 이종(二種) 상장(喪章)	손의암 사망 이후 분열된 천도교도
	여성광고 유행병	여성을 상품화하는 세태
	두국병민(蠹國病民)과 영세불망(永世不忘)	자신의 사회사업을 선전하는 민영휘와 이를 칭송하는 언론
	종교미신론	김명식의 '김익두 비판글'을 공격한 강제모의 무지

37 문준영, 『법원과 검찰의 탄생』, 역사비평사, 2012, 549~550면.
38 노국백작, 「사립검사국 : 사립검사의 무능, 관립검사의 다러운 병」, 『신생활』15, 1922.12.3.

10	차황제(車皇帝)와 임참모(林參謀)	무지한 민중에게 미신을 주입하는 보천교
	예수제우석가동맹회	"일종의 정치단체"에 가까운 종교연맹의 출현
	노동동무회(勞動同務會)의 가장유희	노동운동의 진의를 왜곡하는 노동동무회
	부자의 윤리도덕설	남녀 학생들의 연애를 윤리와 도덕으로 경계해야 한다고 논하는 민영휘의 파렴치함
	작일공산금일군국호 (昨日公産今日軍國乎)	공산주의자를 자처하다가 최근 군국주의적 주장을 펼치는 오상근(吳祥根)
15	교회학교는 신도제작소?	학생들에게 종교를 강요하는 교회학교 교육의 폐단
	점원 표창식	"우량점원" 표창이라는 새로운 "착취술"
	의사의 오산 - 의술은 부자에 한한 인술(仁術)	약값 인하를 결정함으로써 부유 계급에 대한 자선을 행한 의사들
	사립검사의 무능 - 관립검사의 다러운 병	법적 절차를 무시하고 신생활사를 수색한 오하라(大原) 검사와 이에 대한 적절한 처분을 내리지 못한 무능한 사립검사

「사립검사국」의 글들을 일별해 보면 제재, 수사, 형식적 측면에서 일관성이 발견된다. 첫째, '지금/여기'의 문제에 주목한다는 점이다. 소작인상조회(1921년 8월 설립)의 전횡, 손병희 사후(1922년 5월) 천도교의 분열상, 정신여학교가 맹휴에 참여한 학생들에게 퇴학 처분을 내리면서 발생한 혼란(1922년 12월) 등, 「사립검사국」이 거론한 사건은 예외 없이 1922년의 조선 사회를 뜨겁게 달구고 있던 눈앞의 문제들이었다. 둘째, 특유의 풍자적 필치를 자랑한다는 점이다. 일례로, 「두국병민(蠹國病民)과 영세불망(永世不忘)」을 보자. 이 글은 효행을 장려하고 육영사업에 진력하는 민영휘의 근황과, 이를 무비판적으로 칭송하는 언론과 여론을 꼬집는다. 노국백작은 이에 대해 "실로 공명정대한 군자들의 은악양선(隱惡揚善)하는 행동이다. 아무쪼록 그의 대공덕에 영세불망의 기념을 표하기를 바란다"는 평을 남기고, 이어서 "두국병민(蠹國病民)", 즉 나라를 좀먹게 하고 백성을 병들게 하는 데 앞장선 "모리가(謀利家)" 민영휘의 삶을 기리는 "공덕문"을 작성한다. 이처럼 반어, 냉소적 표현과 다양한 비유는 「사

립검사국」의 풍자성을 극대화한다.[39] 셋째, 대개 500자 내외의 짧은 분량으로, '제재 브리핑+그에 대한 논평'의 구성을 취한다는 점이다. 이러한 형식은 시간이 지날수록 안정되어 주보 『신생활』에 이르면 거의 고정된 형식을 취한다. 아래의 인용은 이러한 특징을 잘 보여주는 「사립검사국」의 전형이다.

점원 표창식

북도(北道) 어느 지방에서는 일인(日人) 모 상점에서 점원이 십수년간을 성근(誠勤)하였다 하여 표창을 하는 동시에 도지사로부터 영예로운 상품까지 증여한 일이 있더니 근일 경성상업회의소에서도 점원표창식을 거행할 터인데 '우량점원'으로 이백 수십 명을 선거하였는데 그중에 가장 오랫동안 충실히 주인에게 사역(使役)한 '우량점원'으로는 정자성(丁子星) 양복점 점원과 박승직(朴承稷) 상점 점원 등인데 대개 2, 30년가량이나 성심성의로 속근(續勤)하였다 한다.

실로 자본가의 착취술이란 유출유기(愈出愈奇)하도다. 이른바 '우량점원'은 마치 우량종 견마(犬馬)와 같이 주인에게 전전긍긍하야 복종을 잘한 노예를 가리켜 말함이니 복종을 미덕으로 삼는 현 사회에서 그러한 노예 표창이 별로 괴이할 바 아니라 차라리 자본가로서는 당연한 행위라 하겠다. 몇 놈의 노예를 붙들어다가 이것을 모범하야 주인의 명령을 거역치 말고 선(善)히 복종하라고 다수한 노예들에게 모범이 되도록 표창식까지 거행하게 하는 것은 과연 완전무결한 자본주의 도덕이다. 도사(道師)나 대제학(大提學)이 강설(講說)을 할 만한 일이오, 또 총독부에서는 '신안(新案) 착취술'로 전매특허상장이라도 물론 하부(下付)할 일이다.[40]

---

39 노국백작, 「사립검사국 – 두국병민(蠹國病民)과 영세불망(永世不忘)」, 『신생활』8, 1922.8.5.

40 노국백작, 「사립검사국 – 점원표창식」, 『신생활』15, 1922.12.23.

위의 인용문은 근속 사원, 우량점원을 선정하고 이들에게 표창과 상품을 수여하는 행위가 결국 복종 잘하는 노예를 만들어내는 기발한 "착취술"에 지나지 않는다고 비판한다. 여기서 근속 사원 포상에 대한 '노국백작'의 분석이 진행되는 두 번째 단락을 보면 "자본주의", "자본가", "착취" 등, 사회주의 사상에 입각한 어휘들이 동원되고 있음을 확인할 수 있다. 다른 글들에서도 이러한 경향성은 유지되어 "부르주아", "프롤레타리아", "무산자 무리", "무산계급", "노동운동", "계급" 등이 논평의 핵심어가 된다. 이처럼 「사립검사국」의 논평은 사회주의적 개념어와 논리를 다채롭게 구사하고 있다. 다시 말해, 「사립검사국」은 1922년의 식민지 조선, '지금/여기'의 문제를 해석하는 데 사회주의적 관점을 적극 원용한다.

여기서 특기할 것은 「사립검사국」의 분석이 연역적 경로가 아니라 귀납적 경로를 밟고 있다는 점이다. 『신생활』의 담론을 주도했던 논증적인 글들이 대문자 역사에서 출발했던 것과 차이를 보이는 대목이다. 그런 점에서 「사립검사국」은 「엽서운동」에서 말했던 운동에 대한 귀납적 판단이 적용된 글쓰기라 볼 수 있다. 이러한 변화는 『신생활』이 신문지법 잡지가 되면서 시사 문제를 정면으로 다룰 수 있게 되고 동시에 사회주의적 색채를 전면화했던 변화와도 연동되어 있는 것으로 보인다. 순간, 월간 『신생활』에서 사회주의나 아나키즘에 닿아있는 논의는 '학술'로 포장되어야 할 필요가 있었다.[41] 『신생활』의 글들이 대개 사적(史的) 흐름을 중시하며 연역적 논리를 구축해나가는 방식을 취했던 것도 이러한 사정과 무관하지 않을 것이다. 그러나 「사립검사국」에서 사회주의는 정

---

[41] 사회주의적 경향성이 짙은 글이라도 "학리적 연구"에 치중한 학술적인 글로 인정되면 삭제를 면할 수 있었다. 한만수, 앞의 책, 14면.

태적인 학술적 연구의 대상이 아니라 현실을 바라보고 분석하는 틀로
변모한다.

아울러 「사립검사국」의 글들은 간결하며, 풍자적 재미를 겸비하고 있
거니와, 동일한 제재를 반복적으로 다룬다는 특징도 있다. 예컨대, 보수
적인 조선 기독교를 향한 비판이 최소 4회(「고려여자관의 봉쇄」, 「중용주의」,
「종교미신론」, 「교회학교는 신도제작소?」[42]), 소작인상조회나 노동동무회 등
어용 노동단체에 관한 글이 3회(「소작인상조회」, 「검사관의 벽돌집 기부」,
「노동동무회의 가장 유희」) 사회 특권층(민영휘)에 대한 비판이 2회(「두국병
민과 영세불망」, 「부자의 윤리도덕설」) 다루어지는 식이다. 이러한 특징으로
인해 「사립검사국」이 제시하는 각각의 글은 「엽서운동」에서 제안된 엽
서처럼 움직인다. 「사립검사국」의 글쓰기 전략은 「엽서운동」에서 날마
다 일과 삼아, 날마다 한 장의 엽서를 발송한다는 B의 모습을 연상케
하는 것이다.

삭제를 무릅쓰고라도 말이라면 무엇이든 말이면 하고, 글이면 쓰고
보겠다는 「엽서운동」의 최종적 결론은 「사립검사국」이 식민권력 자체를
겨냥할 때 보다 분명하게 현실화된다. 『신생활』 제7호의 「사립검사국 :
소작인상조회」는 친일 인사들의 주도로 1921년 8월 발족하여 전국적으
로 110개에 달하는 지회를 설치했던(1923년 5월 현재) 조선소작인상조회
를 비판의 도마에 올린다.[43] 노국백작은 이 단체가 "자작 송병준 대감

---

42 "본 검사국에서 정신여학교 사건에 대하여 노예교육자라는 단안(斷案)을 하(下)하야
    타기(唾棄)하였는지라 갱(更)히 중언(重言)치 않으려 하며"(「사립검사국 – 교회학교
    는 신도제작소?」, 『신생활』 10, 1922.11.4.)의 대목을 보면 현재 확인할 수 없는 『신
    생활』 11호~14호의 「사립검사국」에서 정신여학교에 대한 언급이 있었음을 짐작할
    수 있다.
43 조선소작인상조회에 관한 자세한 논의는 홍영기, 「1920년대 초 『조선소작인상조회』에
    대한 연구」, 『한국민족운동사연구』 9, 한국민족운동사학회, 1994, 173~209면 참고.

각하를 대강이로 삼아" 조직되었다는 점을 지적한다. "조선의 대지주"와 그 휘하의 인물들은 소작인의 노동과 수확을 "교취(絞取)"하는 역할을 할 뿐이라며 소작인 문제는 결코 "부르주아의 여력"으로 해결될 수 없다고 단언한다. 신생활사의 필진들은 『신생활』의 창간 시점부터 노동문제를 주요 주제로 다루었으며,[44] 현실의 노동문제에 적극 개입하면서 사회적 실천에 나서기도 했다.[45] 이를 고려할 때, 소작인상조회 문제로 「사립검사국」 글쓰기의 포문을 연 것은 『신생활』의 기조에 조응한다. 그러나 노국백작의 이 날카로운 풍자적 메시지는 끝내 독자들에게 읽히지 못한다. '시사'를 다루었다는 이유로 전문이 삭제된 것이다.[46] 유통본에서 '소작인상조회'라는 소제목을 제외한 본문의 모든 활자는 식별 불가능한 검정색 흔적으로 대체된다. 그러자 『신생활』 제8호(1922.8)의 「사립검사국 : 검사관의 벽돌십 기부」는 나음과 긑이 쓴다. "송병준 대간 가차른 대강이로 하고 그 막하 제(諸) 신사가 수족이 되어 발기된 소작인상조회에 대하여 어찌나 감사한지 방성대곡이라도 할 만한 이유"를 말하자 "우리 동정 많은 검사관은 유세차 임술지하(壬戌之夏) 칠월 초에 벽돌집 하나를 본 검사국에 기부하였다"는 것이다. 소작인상조회의 성격과 문제점에 대한 비판적 서술과 한가할 틈 없이 사회를 위해 골몰하는 소작인상조회의 "모씨(某氏)"를 향한 비아냥거림은 그 전호의 내용과 일치한다. 노국백작은 삭제 처분으로 인해 독자들이 읽을 수 없었던 이 내용을 다시

44　김종현, 「1920년대 초기 사회주의 잡지의 문예론과 소설의 양상 연구」, 『민족문화논총』 제60집, 영남대학교 민족문화연구소, 2015, 31~59면; 이 책의 2부 3장 전성규의 글 참고.

45　이 책의 4부 1장 정윤성의 글 참고.

46　『신생활』 10호는 주보로 개편되면서 시사 및 정담(政談)을 다룰 수 있는 '신문지법 잡지'의 허가를 받았다. 순간으로 발행된 『신생활』 제1~5호, 월간으로 발행된 『신생활』 제6~9호는 출판규칙의 적용을 받았기 때문에 '시사'에 대한 언급이 제한되었다.

한번 적는다. 비판의 필봉은 여기서 그치지 않고 '관립 검사국'으로 향한
다. 벽돌집을 지었다거나, 불이 났다는 표현은 삭제 처분을 에둘러 지칭
하는 말이므로 "임술지하 칠월 초"에 "벽돌집 하나"를 얻었다는 것은
1922년 7월 초에 발행된 『신생활』 제7호 「사립검사국」이 삭제 처분을
받았음을 뜻한다. 이러한 은어적 표현은 언론의 자유를 제한하는 검열
주체, 노국백작의 표현을 빌자면 "동정 많은 검사관"을 공격하기 위한
것이다. 노국백작은 "거필만세(擧筆萬歲)!"를 외치며 이 글을 마무리하는
데, 이는 어떠한 외력에도 굴하지 않고 말과 글로 "주장"을 선전하겠다
는 「엽서운동」의 결의와 궤를 같이한다. 전호의 삭제를 의식한 탓인지
송병준과 소작인상조회에 대한 직접적 비판은 상당히 완화되어 있으나
이러한 수위 조절 덕에 『신생활』 제8호의 「사립검사국」은 삭제 없이 게
재될 수 있었다.

　요컨대 「사립검사국」은 간결함과 풍자적 재미를 추구하며 사회주의적
글쓰기의 새로운 양태를 선보였다. 아울러 「사립검사국」은 사회주의의
렌즈를 통해 조선의 현실을 바라봄으로써 독자들이 사회주의적 비평을
실천할 수 있는 길을 제시하며, 식민지 조선의 사회문제에 대해 지속적
으로 발화함으로써 제국의 통치권력과 각을 세운다. 그런 점에서 「사립
검사국」은 독자와 식민당국, 양자를 수신자로 삼은 엽서운동의 실천이
라 할 수 있다.

5. 수상한 피켓들의 행방: 결론을 대신하여

　1910년대, 혹독한 겨울을 통과한 사카이 도시히코는 민본주의의 훈풍
에 기대어 사회주의 정당의 출현을 위해 백방의 노력을 기울였다. 그러

나 그는 강력한 통치권력의 위력을 그 누구보다 잘 알고 있었기에 노동당 창당이라는 본심을 쉽게 내보이지 않았다. 대신 합법적 사회주의 정당을 향하는 기착지로써 보선운동을 설정하고 보선운동을 위해 힘썼다. 사회주의의 순혈성과 정통성이라는 명분보다 운동의 동력과 효과를 중시하면서 보선운동에 뜻을 같이하는 부르주아 세력과의 연대를 꾀하기도 했다. 「하가키운동」은 이 시기 사카이가 생각했던 운동의 방법론의 단초를 보여주는 글이다. 이러한 흐름을 고려한다면 적소생을 비롯한 『신생활』의 필진들이 사카이 도시히코의 「하가키운동」과 그의 다른 글에 반응한 내면풍경이 어느 정도는 짐작되는 듯하다. 주지하듯 『신생활』은 1920년대 초, 소위 문화통치의 시작과 함께 제한적인 개방 상태에서 출현했다. 이 반쪽짜리 자유를 어떻게 운용할 것인가. 적소생의 「엽서운동」은 사카이 도시히코가 제안하는 재미와 간결함, 끈기라는 운동의 우회선략에 공감을 표하면서도 운동의 필연성과 리얼리티를 배가하는 방식으로 「하가키운동」을 변용한다. 「엽서운동」의 엽서는 발송될 수밖에 없는 절박한 요청을 안고 발송된다. 그리고 그 엽서는 보내는 쪽이나 받는 쪽 모두에게 강렬한 감정을 야기한다. 「하가키운동」과 「엽서운동」의 낙차는 식민지 조선의 사회주의 운동이 처한 곤경을 상상케 한다. 간략함, 재미, 그리고 끈기라는 운동법의 글쓰기적 실천은 「사립검사국」에서 발견된다. 그런 점에서 『신생활』에서 다소 돌출적인 텍스트로 보이는 「사립검사국」의 출현은 「엽서운동」의 제언과 겹쳐볼 필요가 있다. 「사립검사국」의 글쓰기는 식민지 조선의 현안을 사회주의적 관점에서 지속적으로 분석하고 있다는 점에서 독자와 식민권력 모두를 수신자로 삼는 엽서운동의 실례라 할 수 있다. 하지만 「하가키운동」, 「엽서운동」, 「사립검사국」의 운동법이 실제로 얼마나 효과적이었는가, 얼만큼의 성과를 거두었는가 하는 질문에 답하기란 쉽지 않다. 발화의 임계치를 합법적으로 상승시키고자 했던『신생활』의 오랜 노력은 필화사건으로 소기의 목적을 달성하는 데 실패하기 때문이다. 통치권력이『신생활』의 필화를 기획한 것이 아닌가 하는 의구심이 들 만큼,[47] 이 반쪽짜리 자유는 불완전할 뿐 아니라 위험하기까지 했다. 정도의 차이는 있을지언정 이 위험성은 일본에도 상존했다.『신생활』에 「엽서운동」이 실릴 무렵 일본에서는 비합법적 형태로나마 공산당이 발족되었으나(1922년 7월) 채 1년이 지나지 않아 제1차 일본공산당 사건으로 조직은 와해되고 사카이 도시히코도 이때 다시 검거된다.

　엽서에 얽힌 1920년대 초의 수상한 사건 하나를 언급하는 것으로 글을 마무리하기로 한다. 「엽서운동」의 연재가 완료된 지 약 4개월 후인 1922년 연말, 1923년 연초. 신생활사는『신생활』제11호와 제12호가 문제가 되어 가택 수색, 취조, 인쇄기 및 원고 압수, 기소, 공판의 과정을 숨 가쁘게, 그리고 참담하게 통과하고 있었다.[48] 당국의 철퇴는 비단 "사회주의" 잡지에 한한 것은 아니었기에 조선의 언론계는 뒤숭숭한 마음으로 새해를 맞이했을 것이다.[49] 이러한 상황 속에서 괴이한 연하장이 조선 사회를 떠들썩하게 한다.

　　이렇게 근년에 드문 혹한의 1일인데 그래도 집집에는 연하장 받기에 분주하였습니다. 한 가지 예(例)에 없는 것은 연하장 중에 "공화신년(共化新年)"이라 제(題)하고 "CC주의 만세"를 미서(尾書)한 CC당의 연하장이었습

47　한기형,『식민지 문역』, 성균관대학교 출판부, 2019, 168면.

48　『신생활』 필화사건에 대한 자세한 논의는 박현수, 「『신생활』 필화사건 재고」,『대동문화연구』106, 성균관대학교 대동문화연구원, 2019, 345~378면.

49　주지하듯 이 무렵『신생활』과 함께『신천지』도 필화사건을 겪었다.『신천지』필화에 대해서는 장신, 「1922년 잡지『신천지』 필화사건 연구」,『역사문제연구』13, 역사문제연구소, 2004, 319~347면 참고.

니다. 받는 이마다 이상한 기분으로써 "아 共化新年" "아 CC주의 만세" "CC
당" "야—이것 보아!"하고 몇 번씩 거푸 외이며 어디서 누가 하였는지 몰라
궁금하게 지내었습니다. 그리고 경찰측에서는 눈이 휘둥그레서 범인을 잡
으려고 크게 활동을 하였습니다.[50]

공하신년이 아니라 '공화신년(共化新年)', '공산주의 만세'를 외치는,
천 장이 넘는 연하장이 경성 시내를 배회한 것이다. 이 연하장은 자신의
'주의'를 훤히 드러낸 채로 "시내에 있는 각 신문사와 각 통신사와 또는
여러 유식계급과 자본가"[51]를 향해 전진했다. 이 불온하기 짝이 없는 피
켓들은 정연하게 정비된 우편 시스템에 의해, 게다가 '특별취급'[52]을 받
으며 공공을 가로질러 수신자에게로 이동했다.

그리고 1년이 지난 1923년 하반기, 다시 연하장의 시즌이 돌아오지만
연하장의 처지는 한 해 전과 사뭇 달랐다. 어느덧 일종의 풍습이 되었던
연하장은 폐지가 장려되고,[53] 연하우편의 특별취급은 이루어지지 않는
다. 관동대지진 이후 물자가 부족하고 통신설비 복구가 완료되지 않아
일본에서 연하장 특별취급을 폐지하기로 결정하자 조선도 이에 따른다
는 것이 이유였다.[54] 이에 따라 연하장의 이동은 실제로 눈에 띄게 감소

---

50 춘파(春坡), 「다사한 癸亥 경성 1월을 들어 : 시골 계신 M兄에게 부치노라 1月 22日」,
    『개벽』 제32호(1923.2) http://db.history.go.kr/id/ma_013_0310_0120
51 「씨씨당의 연하장 : 시내 배달한 것만 천 장 가량, 경찰서에서는 범인을 엄탐」, 『동아
    일보』 1923.1.4.(3면)
52 경성우편국은 연하장 특별취급 기간 특정, 임시 사무원 고용, 주소 사전 점검 등 대
    거 발송되는 연하장 수효를 감당하기 위해 별도의 노력을 기울였다. 「연하우편취급
    내월 15일부터」, 『동아일보』 1922.11.28.(3면); 「우국(郵局) 호구조사」, 『조선일보』
    1922.12.6.(3면)
53 「연하장 폐지 : 절약을 장려하고자」, 『조선일보』 1923.10.29.(3면)
54 「연하우편의 특별취급폐지」, 『동아일보』 1923.11.8.(3면)

했다.[55]

　재미있고 간결한 보선운동을 주장하며 이면으로는 사회주의 정당의 출현을 꿈꾸는「하가키운동」의 제언과, "주의를 선전"하는 무슨 말이든 엽서에 쓰겠노라 다짐하는「엽서운동」의 목소리와, 눈앞의 현실을 "계급"적 관점에서 풍자적이고 간결한 필치로 풀어낸「사립검사국」의 글들과, '공화신년'을 외치며 활보한 수상한 연하장과, 연하장의 수효와 유통을 통제하기 위한 식민권력의 노력을 엄밀한 인과관계 속에서 논구할 수는 없을 것이다. 다만, 이렇듯 성긴 고리로 이어지는 일련의 사건들을 단순히 공교롭다는 말로 정리하기에는 아쉬움이 느껴지는 것이 사실이다. 제한적 열림의 상황 속에서 피식민주체의 발화와 저항의 의지는 선명하게 표출되지만 동시에 이를 짓누르려는 제국의 권력은 지극히 현실적이고 강력하다. 그러나 발화와 저항의 의지 역시 그리 단순치 않아서 다소간의 변이를 보일지언정 쉽게 소멸되지 않는다. 사카이 도시히코의「하가키운동」,『신생활』의「엽서운동」과「사립검사국」은 이를 방증하는 텍스트이다.

● **참고문헌**

[자료]
『개벽』,『동아일보』,『조선일보』,『신생활』
中外情勢研究会 編,『中外』復刻版, 不二出版, 1988.
貝塚澁六,『猫の百日咳』, アルス, 1919.
『朝鮮に於ける同盟休校の考察』, 朝鮮総督府警務局, 1929.

55　「연하장은 반감」,『동아일보』1924.1.2.(2면);「연하장 감소」,『조선일보』1924.1.8.(3면)

[논저]

강문희, 「『자본론』 번역과 일본 국가사회주의의 흥기 : 타카바타케 모토유키(高畠
　　素之)를 중심으로」, 『반교어문연구』 39, 반교어문학회, 2015.
김경연, 「1920년대 초 '공통적인 것'의 상상과 문화의 정치 : 『신생활』의 사회주의
　　평민문화운동과 민중문예의 기획」, 『한국문학논총』 제71집, 한국문학회,
　　2015, 343~405면.
김미연, 『번역된 미래와 유토피아 다시 쓰기』, 소명출판, 2022.
김종현, 「1920년대 초기 사회주의 잡지의 문예론과 소설의 양상 연구」, 『민족문화
　　논총』 제60집, 영남대학교 민족문화연구소, 2015, 31~59면.
＿＿＿, 「『신생활』의 사회주의 담론과 문예의 특성」, 『인문논총』 제32집, 경남대
　　학교 인문과학연구소, 2013, 199~222면.
김현주, 「1920년대 전반기 사회주의 문화담론의 수사학 : 사회주의는 사회비평을
　　어떻게 변화시켰는가」, 『대동문화연구』 제64집, 성균관대학교 대동문화
　　연구소, 2008, 7~39면.
＿＿＿, 「논쟁의 정치와 「민족개조론」의 글쓰기」, 『역사와 현실』 제57호, 한국역
　　사연구회, 2005, 111~113면.
마쓰오 다카요시, 오석철 역, 『다이쇼 데모크라시』, 소명출판, 2011.
문준영, 『법원과 검찰의 탄생』, 역사비평사, 2012.
박종린, 『사회주의와 맑스주의 원전 번역』, 신서원, 2018.
＿＿＿, 「또 하나의 전선(戰線) : 신생활사그룹의 민족일치론 비판을 중심으로」,
　　『한국학연구』 제61집, 인하대학교 한국학연구소, 2021, 9~43면.
박찬승, 「1920년대 보통학교 학생들의 교원 배척 동맹휴학」, 『역사와 현실』 104,
　　한국역사연구회, 2017, 263~298면.
박현수, 「『신생활』 필화사건 재고」, 『대동문화연구』 제106집, 성균관대학교 대동
　　문화연구원, 2019, 345~378면.
임경석·차혜영 외, 『『개벽』에 비친 식민지 조선의 얼굴』, 모시는사람들, 2007.
장신, 「1922년 잡지 『신천지』 필화사건 연구」, 『역사문제연구』 제13권, 역사문제
　　연구소, 2004, 319~347면.
조셉 윌리엄스·그레고리 콜롬, 윤영삼 역, 『논증의 탄생』, 크레센도, 2021.
최현식, 『일제 사진엽서, 시와 이미지의 문화정치학』, 성균관대학교출판부, 2022.
한기형, 『식민지 문역』, 성균관대학교 출판부, 2019, 168면.
한만수, 『허용된 불온』, 소명출판, 2015.

홍영기, 「1920년대 초『조선소작인상조회』에 대한 연구」, 『한국민족운동사연구』
　　　　제9집, 한국민족운동사학회, 1994, 173~209면.

황호덕, 「엽서의 제국, 전체국가의 공사 개념 : 지역 사건의 중앙화, 조선어학회사
　　　　건 재독」, 『로컬리티 인문학』 제4호, 부산대학교 한국민족문화연구소,
　　　　2010, 175~214면.

梅森直之, 『初期社会主義の地形学 : 大杉栄とその時代』, 有志舎, 2016.

黒岩比佐子, 『パンとペン - 社会主義者堺利彦と「売文社」の闘い』, 講談社, 2013.

[기타자료]

네이버 국어사전, https://ko.dict.naver.com/

네이버 뉴스라이브러리, https://newslibrary.naver.com/

不二出版 홈페이지, http://www.fujishuppan.co.jp/kindaibungaku/chuugai.h
　　　　tml

일본국회도서관 https://www.ndl.go.jp

한국사데이터베이스 https://db.history.go.kr/

[보론 2]『신생활』 번역·번안 서사물 목록 및 저본 확인

1. 번역·번안 서사물 목록

	제목	번역자 (본명)	수록호 (수록연월)	원저자 (원어명, 국적)	원작 (발행연도)	번역 방식
1	血痕	신뷘벌 (신백우)	6~9호 (1922.6~9)	미하일 아르치바셰프 (Михаил П. Арцыбашев, 러시아)	「Кровавое пятно」 (1906)	중역
2	意中之人	秦瞬星 (진학문)	7호 (1922.7)	막심 고리끼 (Максим Горький, 러시아)	「Письма」 (1897)	중역
3	葉書運動	赤咲生 (신일용)	7~8호 (1922.7~8)	사카이 도시히코 (堺利彦, 일본)	「ハガキ運動」 (1919)	직역
4	理想鄉의 男女生活	路草 (정백)	8호 (1922.8)	윌리엄 모리스 (William Morris, 영국)	『News From Nowhere』 (1890)	중역
5	父	李星泰 (이성태)	8호 (1922.8)	레온하르트 프랑크 (Leonhard Frank, 독일)	「Der Mensch ist gut」 (1917)	미상
6	鎭工場	RST (이성태)	9호 (1922.9)	오스기 사카에 (大杉榮, 일본)	「鎭工場」 (1914)	직역
7	信仰과 主義	蕉芽 (유진희)	10호 (1922.11)	막심 고리끼 (Максим Горький, 러시아)	『Звезда』 (1911)	중역
8	公主와 漁夫	時白 (미상)	15호 (1922.12)	바실리 예로센코 (Василий Я. Ерошенко, 러시아)	「海の王女と漁師」 (1921)	직역

* 『신생활』 관련 자료 중 6~9호는 국회도서관에서 제공하는 자료를, 10호와 15호는 (재)현담문고에서 제공하는 자료를 기준으로 작성하였다. 저본 관련 자료는 모두 일본 국립국회도서관에서 제공하는 자료를 기준으로 하였다.
* 각 작품의 번역자명은 『신생활』에 적힌 필명과 본명을 병기하였고, 원저자명의 한글 표기는 현대식으로 작성한 뒤 원어명과 국적을 병기하였다.
* 원작이 여러 차례에 걸쳐 재발간 되었으나 번역자가 사용한 저본의 서지사항이 밝혀지지 않은 경우는 각 작품이 가장 처음 지면에 발표되었을 시기의 제목 및 연도를 표기하였다.
* '산문시'로 분류되는 「기탄자리(노아 역, 6호)」는 표에서 제외하였다. 한편, 이성태가 번역한 오스기 사카에의 「鎭工場」은 잡지 『近代思想』에 첫 발표 당시 '평론'으로 수록되었고, 『生の鬪爭』 역시 평론집이나, 이 글은 액자소설 형태의 허구적 서사물이기에 번역서사물 목록에 포함시켰다.
* 레온하르트 프랑크의 「Der Mensch ist gut」을 원작으로 한 이성태의 「부(父)」는 저본을 찾을 수 없어 번역경로는 '미상'으로 표기하였다. 원작명은 김종현(2013)의 연구를 참조하였다.
* 번역자 중 시백은 본명을 확인할 수 없어 본명에 '미상'으로 표기하였다.

2. 각 작품의 저본 표지 및 해당 작품 수록 면

1) 「血痕」

「血痕」의 『신생활(6호)』 수록 면   『労働者セヰリオフ』 표지   「血のあと」 수록 면

* 『신생활』 6호부터 9호에 걸쳐 완역된 「혈흔」의 저본은 나카지마 키요시(中島淸)가 번역한 『労働者セヰリオフ』에서 찾아볼 수 있고 「血のあと」이라는 제목으로 수록되었다.
* 『労働者セヰリオフ』는 「労働者セヰリオフ」, 「医者」, 「朝の影」, 「血のあと」, 「幸福」 등 미하일 아르치바셰프의 5편의 소설을 묶은 작품선집이다.
* 소설 「혈흔」의 저본 확인 과정은 김소정(2016)의 연구를 참조하였다.
* 「혈흔」의 원작은 1905년에 발생했던 제1차 러시아 혁명을 배경으로 쓰여진 소설로, 「Кровавое пятно」라는 제목과 함께 미하일 아르치바셰프의 1906년 단행본 『Кровавое пятно. В деревне.』에 수록되었다.

2) 「意中之人」

「意中之人」의 『신생활』 수록 면   『ゴーリキー集』 표지   「意中の人」 수록 면

* 7호에 수록된 「의중지인」의 저본은 소마 교호(相馬御風)가 번역한 「意中の人」이고 『ゴーリキー集』에서 찾아볼 수 있다.
* 작품집 『ゴーリキー集』에는 「チェルカッシュ」, 「秋の一夜」, 「青い小猫」, 「道連れ」, 「仲間」, 「意中の人」 등 6편의 소설이 수록되어있다.
* 원작이 처음 지면에 발표된 건 1897년 5월 14호 『Нижегородский листок』를 통해서였고 당시의 제목은 「Письма」였다. 이후 1899년에 발간된 고리키의 『Очерки и рассказы』라는 소설집에서 「Болесь」라는 제목으로 재출간되었다.

3) 「葉書運動」과 「理想鄕의 男女生活」

「葉書運動」의 　　　　　「葉書運動」의 　　　　　「理想鄕의 男女生活」의
『신생활(7호)』 수록 면　　『신생활(8호)』 수록 면　　『신생활』 수록 면

『猫の百日咳』 표지　　　「ハガキ運動」 수록 면　　「新社會の男女生活」 수록 면

* 「엽서운동」과 「이상향의 남녀생활」은 모두 사카이 도시히코(堺利彦)의 작품집 『猫の百日咳』의 글을 저본으로 삼았다.
* 『猫の百日咳』는 「ハガキ運動」과 「新社會の男女生活」 외에도 「予の自伝」, 「代理消化及代理妊娠」, 「人間と蜘蛛と猫」, 「社会党大臣の車夫時代」, 「結婚とは何をすることか」, 「情的滑稽と智的滑稽」,

「百万磅の手形」, 「魚食人と宍食人の話」 등 글이 수록되어있다.
* 신일용의 「엽서운동」은 사카이 도시히코가 창작한 「ハガキ運動」을 조선어로 번안한 것이고, 정백의 「이상향의 남녀생활」은 사카이 도시히코의 번역문을 근거로 조선어로 중역한 것이다.
* 작품들의 저본 확인 과정은 김미연(2022)의 연구를 참조하였다.

4) 「鎖工場」

「쇄공장」의 『신생활』 수록 면   「鎖工場」의 『近代思想』 수록 면

* 이성태가 활용한 「쇄공장」의 원본은 이성태 본인이 글의 말미에 밝혔듯 오스기 사카에(大杉榮)의 1914년 단행본 『生の鬪爭』에 수록된 동명의 글이다.
* 해당 책의 표지 및 수록 면을 확인할 수 없어 저본 관련 자료는 이 글이 처음으로 발표되었던 『近代思想』 수록 면으로 대체한다.

5) 「信仰과 主義」

「信仰과 主義」의   『叛逆者の母』 표지   「信仰と主義」 수록 면
『신생활』 수록 면

* 유진희의 「신앙과 주의」는 와타리 헤이민(渡平民)이 번역한 『叛逆者の母』에 실린 것을 조선어로 중역한 것이다.
* 『叛逆者の母』에는 「叛逆者の母」, 「人間とシンプロン」, 「書かれざる曲」, 「太陽と海」, 「戀人の愛」, 「信仰と主義」, 「畸形兒」, 「社會主義者」, 「汽船の上」, 「海からの使」, 「村の名譽」, 「傀儡」, 「母性の方」 등 13편의 작품이 실려있다.
* 「신앙과 주의」의 원작은 『Звезда』라는 볼셰비키 신문에 제목이 없이 처음 발간되었다. 이후 1912년과 1913년에 걸쳐 『Сказки』라는 제목의 두 단행본에 실렸으나 제목을 따로 짓지 않고 로마숫자로 「XVIII」이라고만 표기하였다. 또 1932년에는 『Сказки об Италии』에 수록되었고 역시 제목 없이 「VIII」이라고 표기되었다.

6) 「公主와 漁夫」

 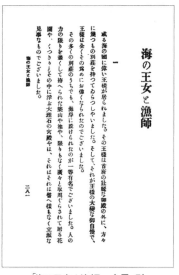

「공주와 어부」의 『신생활』 수록 면   「海の王女と漁師」 수록 면

* 시백의 「공주와 어부」는 일본에서 발간된 바실리 예로센코의 제2동화집 『最後の溜息』에 실린 「海の王女と漁師」를 직역한 것이다.
* 해당 작품집에는 「桃色の雲」, 「海の王女と漁師」, 「二つの小さな死」 등 세 편의 동화가 실려있다.
* 바실리 예로센코는 러시아에서 출생하였으나 일본에서 작가로 등단하였다. 지금까지 전해지는 그의 작품들은 대다수가 일본어 또는 에스페란토어로 창작된 것이다. 현재까지 확인한 바에 따르면 「海の王女と漁師」 역시 일본어로 쓰여졌고, 『신생활』 15호가 발간된 1922년 이전, 이 작품이 발표된 건 『最後の溜息』가 유일하다. 한편, 예로센코 제1동화집은 1921년 발간된 『夜明け前の歌: エロシエンコ創作集』이다.
* 『最後の溜息』의 표지는 저작권 문제로 표에서는 제시하지 못하였다.

• 참고문헌

[자료]

『신생활』

ゴーリキー 著, 相馬御風 譯, 『ゴーリキー集』, 博文館, 1909.

マキシム·ゴルキイ 著, 渡平民 譯, 『叛逆者の母』, 文泉堂, 1920.

堺利彦 著, 『猫の百日咳』, アルス, 1919.

アルツイバーセフ 作, 中島清 譯, 『労働者セキリオフ』, 新潮社, 1919.

秋田雨雀 編, 『最後の溜息』, 業文閣, 1921.

_____, 『夜明け前の歌 : エロシエンコ創作集』, 業文閣, 1921.

大杉栄, 「鎖工場」, 『近代思想』, 1913.9.

[논저]

김미연, 『번역된 미래와 유토피아 다시 쓰기』, 소명출판, 2022.

김소정, 「1920년대 한국과 중국의 러시아 소설 수용 양상에 관한 비교 고찰: 아르
        치바셰프 작품을 중심으로」, 『동서비교문학저널』 38, 한국동서비교문학
        학회, 2016, 7~32면.

김종현, 「『신생활』의 사회주의 담론과 문예의 특성」, 『인문논총』 32, 경남대학교
        인문과학연구소, 2013, 199~222면.

[기타자료]

국회도서관, https://www.nanet.go.kr/main.do

(재)현담문고, http://www.hyundammungo.org/result.php?mode=t&q=%EC%
        8B%A0%EC%83%9D%ED%99%9C

일본 국립국회도서관, https://dl.ndl.go.jp/

제3부

사회주의 담론 구성과
그 의미들

『신생활』의 기독교 담론 재독

정한나

1. 들어가며

"조선 초유의 사회주의 재판"[1]에 휘말렸던 『신생활』은 당대 기독교계와
적대적 관계에 있었던 사회주의 사상지로 비춰지곤 한다. 『신생활』에 이
러한 좌표가 설정된 데에는 그만한 사정이 있다. 주지하듯 1920년대 초반
은 조선의 기독교계가 보수화, 탈정치화되는 한편 기독교와는 다른 방식
으로 근대사회로의 이행 과정을 설명하고 식민지 민족해방에 대한 확고한
전망을 제시하는 사회주의가 민중운동의 원리로 새롭게 부상하는 시기였
다.[2] 이러한 시대적 이해를 기반으로 한 선행연구에서 『신생활』은 반기독
교 담론을 견인한 매체로 위치지어진다.[3] 이와 같은 판단에는 크게 두

---

1 「조선 초유의 사회주의 재판 – 『신생활』 사건 제1회 공판」, 『동아일보』, 1922.12.27.,
   3면.
2 이준식, 「일제침략기 기독교 지식인의 대외인식과 반기독교운동」, 『역사와 현실』 10,
   한국역사연구회, 1993, 18~24면.
3 김권정, 「일제하 사회주의자들의 반기독교운동에 관한 연구」, 『숭실사학』 10, 숭실
   사학회, 1997, 200~201면; 강명숙, 「1920년대 초 한국 개신교에 대한 사회의 비판」,
   『한국기독교와 역사』 5, 한국기독교역사연구소, 1996, 52~77면; 강명숙, 「1920년
   대 중국 반기독교운동과 식민지 조선의 사회주의 운동」, 『한국기독교와 역사』 8, 한
   국기독교역사연구소, 1998, 143~171면.

가지 요인이 작용하고 있는 것으로 보인다. 첫째, 『신생활』의 사상적 색채이다. 『신생활』이 사회주의적 논조로 필화사건을 겪었으며, 사회주의자라는 정체성을 감추지 않는 김명식, 신일용, 정백 등에 의해 주도되었음은 부인할 수 없는 사실이기 때문이다. 둘째, 『신생활』의 기독교 관련글이 남긴 사회적 파장이다. 이때 중요하게 거론되는 글이 김명식의 「김익두의 미망을 논하고 기독교도의 각성을 촉(促)하노라」(『신생활』 제6호, 이후 「김익두의 미망을…」)와 정백의 「중국의 비기독교운동의 유래와 경향」(『신생활』 제7호)이다. 특히, 본론에서 살펴보겠지만 「김익두의 미망을…」은 기독교계에서 '김익두 비판글'로 인식되며 상당한 논쟁을 야기했다.

역사의 큰 흐름에서 보았을 때, 1920년대에 기독교에서 사회주의로의 사상적 전환이 이루어졌고 이후 사회주의와 기독교가 대립각을 세웠음은 틀림없다. 그러나 좀 더 미세하게 이 과정을 들여다본다면, 어느 전환이 그러하듯, 기독교에서 사회주의로의 이행 역시 전진과 후퇴, 정체를 오가며 진행되고 있음을 확인할 수 있다. 그 움직임을 관찰할 때 특별히 주목해야 할 매체가 바로 『신생활』이다. 이 글은 그간의 『신생활』 연구에서 간과되었던 기독교 담론에 주목함으로써 『신생활』이 기독교와 사회주의의 담론적 결합 가능성을 타진하는 가운데 대안적 기독교 담론의 공론장으로 기능했음을 규명하고자 한다.

『신생활』과 기독교계의 연관성은 몇몇 선행연구에서 소략히 언급된 바 있다. 일찍이 김권정은 신생활사에 민족주의 계열의 기독교인들이 다수 참여하고 있다는 사실을 지적했다. 실제로 신생활사 이사진 구성을 면밀히 조사한 박종린의 연구를 참고하면 신생활사 이사 11명 중 기독교인은 7명에 달한다.[4] 다만 선행연구는 이들의 활동이 매우 제한적이었다

---

4 박종린, 『사회주의와 맑스주의 원전 번역』, 신서원, 2018, 78~79면.

고 판단한다. 김권정은 이들을 자금 조달이나 검열 우회를 위한 인적 자원으로 보았으며,[5] 박종린은 경영과 재정은 이사진이, 잡지의 편집은 기사진이 담당하는 이원화 시스템으로 신생활사가 운영되었다고 분석한다.[6] 이러한 평가는 신생활사의 기독교인들이 『신생활』의 담론에 개입했을 가능성을 축소한다.

그러나 좀 더 면밀히 살펴보면 사태가 그리 단순하지 않음을 알 수 있다. 기독교계 인사들은 신생활사라는 조직을 떠받치는 한 축이었을 뿐 아니라, 필자로서의 역할 또한 적지 않았다. 예컨대, 김원벽, 강매, 박희도는 이사임에도 불구하고 『신생활』에 각각 5편, 5편, 2편의 글을 게재하면서 필자로 활약했다. 대표적인 기독교 비판글로 언급되는 「김익두의 미망을…」 역시 보다 섬세하고 심도 있게 독해될 필요가 있다. 『신생활』의 주필이자 사회주의 논객으로 알려진 김명식이 보여준 기독교에 대한 관심은 무엇을 의미하며, 그 이면에는 무엇이 자리잡고 있는 것일까. 이어지는 본론에서는 이러한 질문을 염두에 두고, 새로운 맥락에서 기독교를 해석하려는 의지가 『신생활』에서 어떻게 표출되고 있는지를 살필 것이다. 또한 「김익두의 미망을…」을 세밀하게 독해함으로써 김명식의 기독교 이해를 재구하고, 「김익두의 미망을…」 이후 촉발된 논전을 검토하면서 『신생활』이 자기반성과 쇄신의 기독교 담론의 지면이 되었음을 보일 것이다.

---

5   김권정, 「『신생활』에 대한 검토」, 『한국기독교역사연구소소식』 25, 한국기독교역사연구소, 1996, 17면.
6   박종린, 앞의 책, 81면.

2. 『신생활』 내 기독교적 수사의 배치와 전유

『신생활』은 창간 시점부터 사회주의 사상지로서의 면모를 분명히 드러냈지만 동시에 "예수교인의 신도를 많이 가진 잡지"[7]이기도 했다. 물론 여기에는 신생활사에 참여했던 기독교계 인사들의 영향력이 작용했을 것이다. 그러나 『신생활』의 기독교 담론은 필자가 기독교인이냐, 그렇지 않으냐 하는 단순한 질문을 넘어선 지점에서 전개된다.

이와 관련하여 『신생활』 제1호에 주목할 필요가 있다. 개인의 신앙이 비평적 어휘와 수사에 개입하고, 나아가 사회를 바라보는 가치관에 개입하는 장면을 포착할 수 있기 때문이다. 『신생활』의 탄생을 고하는 제1호는 제호인 '신생활'의 의미를 전달하는 데에 각별히 공을 들였다. 제1호의 신민부에는 이사 겸 편집인 백이덕(白雅悳)의 글을 시자요르 이사 겸 주필인 김명식의 창간사, 이사 겸 편집부장 강매, 이사 김원벽의 글이 배치되어 있다. 이 글들은 공통적으로 '신생활'의 긴요함을 역설함으로써 잡지 창간의 취지와 정당성을 알리는 역할을 한다.

『신생활』 제1호 「권두언」의 필자 백아덕은 미국인 선교사이자 연희전문대학 수물과 교수였던 아서 린 베커(A. L. Becher)이다. 한글과 영문이 나란히 게재된 것으로 보건대 「권두언」은 백아덕이 직접 집필한 영문 원고를 한국어로 번역한 것으로 추정된다. 그렇다면 그는 명목상의 편집인에 그치지 않고 몸소 권두언을 작성한 것이다. 「권두언」에는 별도의 제목이 없지만 영문에는 「New Life」라는 제목이 명기되어 있어 이 글이 새로운 삶, 즉 '신생활'이라는 주제를 염두에 두고 작성된 글임을 알 수 있다. 백아덕은 이 글에서 "재래의 관습과 미신과 모든 고루한 사상의

철쇄(鐵鎖)를 전부 타파"하고 "구생활(舊生活)"에서 벗어나 "신개척에 대한 용감한 운동을 전력을 다하여 장려하고 후원"하는 것이 "『신생활』을 발간하는 근본 목적"[8]이라고 말한다. 백아덕이 감리교 선교사라는 사실을 염두에 둔다면 "New Life"라는 제목이 기독교 신앙을 받아들인 이후의 영적인 삶을 의미하는 것처럼 보이기도 하지만 이 글에서 그는 개인의 종교적 성향을 드러내기보다는 신사상과 신생활의 긴요함을 재창함으로써 『신생활』의 의의를 사회 일반으로 확장하는 데 주력한다.

그러나 "구생활"에서 "신생활"로의 전환을 외치는 백아덕의 주장은 추상적으로 보이는 것이 사실이다. 백아덕이 말하는 "New Life"가 무엇인지, 이 짧은 글은 그 구체적인 상을 제시하지 않는다. '새로운 삶'이란 과연 무엇인가. 이 질문에 대한 답을 얻을 수 있는 글이 김원벽의 「중생(重生)하라」이다.[9] 글의 제목이 암시하는 것처럼 이 글에서 '중생'은 핵심어의 지위를 점한다. 김원벽은 '중생'을 다음과 같이 설명한다.

> 그런데 그 중생(重生)이란 것은 석일(昔日)에 니코데모라는 독지가로도 알기가 극난(極難)하여 사람이 노쇠하면 두 번 어머니 배속에 들어갔다가 나오느냐 하였다. 그러나 우리의 말하는 중생은 그러한 사실이 불능하고 겸하여 필요도 없는 관계의 중생을 뜻함이 아니라. 적어도 우리가 제일보로 중생하여야 하겠다 함은 사상 문제이다. 먼저 너의 뇌중(腦中)에 있는 구사상을 버리고 중생한 생각으로 세계를 한 번 다시 보라 하나니 즉 새 물건은 새 눈으로 보아라. (중략) 우리가 이 중생하자는 문제에 당하여 둘

---

8   백아덕(白雅悳), 「권두언」, 『신생활』 1 임시호, 1922.3.15.
9   김원벽은 기독교 가정에서 태어나 미션스쿨에서 교육을 받으며 성장하였고, 3·1운동 당시 학생지도부에서 활동한 이력으로 옥고를 치르기도 했다. 김원벽의 생애에 관한 자세한 논의는 박종린, 「효성 김원벽의 생애와 민족운동」, 『동방학지』 184, 연세대학교 국학연구원, 2018, 1~28면 참고.

째로 고구(考究)할 바는 사상뿐 아니라 우리의 실제 생활에도 많은 주의할 점이 있으니 (중략) 이 변화된 세상에 중생한 사상을 가진 자로는 참된 행동도 그 동작도 즉 말하자면 그 평상 생활이 중생하여야 하겠다 함이다.[10]

김원벽은 "중생"의 의미를 설명하기 위해 니고데모 일화를 원용한다. 신약성서 중 요한복음에 등장하는 니고데모는 예수에게 "중생"의 의미를 묻는 유대인 지도자이다.[11] 근대 초기 포교를 목적으로 출판된 기독교 문서는 '중생'을 "하나님 나라에 들어가 그의 자녀가 되게 하는 성신(聖神)으로 새로 나는 것"[12]이라 풀이한다. 오늘날에는 '중생' 대신 '거듭남'이라는 단어가 보편적으로 쓰이지만 그 의미만큼은 그대로 유지되고 있다. 한 세기 이전의 어휘 풀이가 지금까지 온존될 만큼 기독교적 관점에서 '중생'을 단리 해서한 여지는 없다고 해도 과언이 아니다. 그러나 김원벽은 "중생"을 다소 다른 각도에서 해석한다. 그는 "중생"을 "사상 문제", 환언하면 사상적 각성을 의미하는 것으로 받아들인다. 즉, '중생하라'는 것은 '사상적으로 각성하라'는 요청인 것이다. 김원벽의 주장은 여기서 진일보하여 행동과 동작, "평상 생활"에서의 전면적인 "중생"을 이루어야 한다는 데까지 나아간다.

---

10 김원벽, 「중생하라」, 『신생활』 1, 1922.3.15. 참고로, 본 논문의 인용문은 가독성을 고려하여 1음절 한자어를 문맥상 적절한 동사로 바꾸었으며, 현대어 표기법에 근거하여 구두점을 기입했다.

11 해당 성경구절은 다음과 같다. "예수께서 대답하여 이르시되 진실로 진실로 네게 이르노니 사람이 거듭나지 아니하면 하나님의 나라를 볼 수 없느니라. 니고데모가 이르되 사람이 늙으면 어떻게 날 수 있사옵나이까 두 번째 모태에 들어갔다가 날 수 있사옵나이까. 예수께서 대답하시되 진실로 진실로 네게 이르노니 사람이 물과 성령으로 나지 아니하면 하나님의 나라에 들어갈 수 없느니라." 개역개정 성서 요한복음 3장 3~5절(대한성서공회 홈페이지 https://www.bskorea.or.kr/)

12 Hardie, R. A, 『그리스도 교통의 문답』, 조선예수교셔회, 1911, 33면.

김원벽의 주장은 당대에 뜨겁게 논의되고 있었던 개조 담론과 궤를 같이 한다. 두루 알려져 있듯이 이 시기의 개조 담론은 식민지 조선뿐 아니라 동아시아, 나아가 전 세계적 차원에서 공유되던 시대정신이었다. 「중생하라」 역시 이러한 시대정신을 공유한다. 실제로 이 글의 핵심어로 서 수차례 등장하는 "중생"은 '개조'로 바꾸어 읽어도 독해에 전혀 무리 가 없다. 그럼에도 불구하고 김원벽은 사회적 공감대를 두루 얻고 있던 '개조'라는 단어 대신 기독교적 뉘앙스가 풍부한 "중생"을 글의 핵심어로 고수한다. 이러한 어휘 운용은 자신의 종교적 신념을 바탕으로 당대의 사조를 수용함으로써 기독교적 신앙과 사회 변혁을 양립시키고자 했던 의지를 시사한다.

이와 유사한 경향은 강매의 글에서도 발견된다. 강매의 「신생활의 신 기원 – 제1년 제1일의 나의 소망」은 『신생활』 창간의 의미를 새기면서 사회, 세계, 인류에 대한 자신의 열망을 표명한다. 검열로 상당 부분이 삭제되어 심도 있는 분석은 어려우나 삭제를 면한 서술 중 눈길을 끄는 대목이 있다. 강매가 제시하는 종국적 희망은 모든 분노와 시기, 부채와 압박이 사라지고 전 세계가 화합하여 지상 낙원을 이룩하는 것이다. 부 자연스러운 모든 모순이 일소됨으로써 "우주 대자연의 법칙"으로 "환원" 되어야 한다는 것이다. 이 대목은 강매가 품은 희망의 대단원이며, 그가 바라는 궁극적인 이상향이라 볼 수 있다. 그가 이러한 이상향을 상정하 는 이유는 "천지의 주재이신 상제(上帝)의 대경륜(大經綸)"[13]을 실현하기 위함이다. 여기서 "천지의 주재이신 상제"는 기독교의 하나님을 의미하 는바, 강매 역시 현실의 불평등과 착취라는 문제를 기독교적 수사와 교 리를 경유하여 비판하고 있음을 확인할 수 있다.

---

13   강매, 「신생활의 신기원 제1년 제1일의 나의 소망」, 『신생활』 1 임시호, 1922.3.15.

한편, 신일용은 성서를 보다 급진적으로 독해함으로써 기독교를 사회주의 혁명과 접속시킨다.[14] 「면포(麵麭)와 인생」은 "사람은 빵으로만 사는 것이 아니라 하나님의 말씀으로 산다"는 마태복음 4장 4절을 모티프 삼아 전개된다. 기독교계에서 이 성경 구절은 보통 "빵"으로 대변되는 세속적 물질보다 기독교적 신앙을 중시해야 한다는 의미로 인용된다. 그러나 신일용은 이 구절에서 인간에게 "빵"이 얼마나 중요한 것인지를 감지해 낸다. 즉, 인간은 "하나님의 말씀만으로"는 살 수 없고, 도리어 "빵으로 산다"는 것이다. 여기서 "빵"은 삶을 지속시키기 위한 필수불가결한 요소로 의미화된다. 이어서 그는 "빵"의 절대적 중요성을 다음과 같이 설명한다.

> 사람은 오직 사람인 까닭에 굶주리면 먹고 목이 마르면 마신다. 군주도 빵, 귀족도 빵, 신사도 빵, 숙녀도 빵, 부자도 빵, 이것이 인종의 차별도 계급의 구별도 없는 인류 생존의 근본 문제가 아니고 무엇이랴. 보라! 이 세상에 사기, 허위, 쟁투, 살벌, 음해, 모든 악덕과 모든 죄악이 무엇 때문이며 세계를 풍미(風靡)하는 노동운동과 세계 정치가를 당목(瞠目)하게 하던 노국(露國)의 농민혁명이 이것을 위한 진리의 성전(聖戰)이 아닌가. 인간 생활의 자유도 문화의 발달도 환희와 작약(雀躍)도 내 빵 곧 만인의 빵! 만인의 빵 곧 내의 빵이란 두어 마디에 결정될 것이라 한다.[15]

이 글에 따르면 "빵"은 인종, 계급, 성별을 막론한 "인류 생존의 근본

---

14 신일용이 기독교 신자였는지는 알 수 없지만 기독교계 병원에서 의사로 활동한 이력이 있었다는 사실은 확인된다. 강만길·성대경, 『한국사회주의운동 인명사전』, 창작과비평사, 1996, 256면. 이 시기 신일용의 행적에 대한 자세한 논의는 이 책의 제2부 3장 전성규의 글, 160~167면 참고.

15 적소생(赤咲生), 「면포와 인생」, 『신생활』 3, 1922.4.1.

문제"이며, 모든 투쟁의 원인이 된다. 이때의 "빵"은 인간의 삶을 떠받치는 물적 기반을 의미하는 제유적 표현이다. 신일용은 유물론적 사유를 바탕으로 당대의 조선 기독교계와는 다른 관점에서 해당 성경 구절을 해석하고, 이를 시작점으로 삼아 러시아혁명을 "진리의 성전"으로 고평하는 방향으로 나아간다.

요컨대, 『신생활』은 창간 초기부터 당대의 사상적 맥락과 사회적 요구를 수용하면서 기독교의 교리를 해석하려는 움직임을 보였다. 다음 장에서는 『신생활』에서 가장 큰 파장을 몰고 왔던 글 중 하나인 김명식의 「김익두의 미망을…」을 심층적으로 독해하면서 김명식의 기독교관을 재구해보도록 하겠다.

3. 「김익두의 미망을…」 다시 읽기

김명식의 「김익두의 미망을…」은 『신생활』 제6호 임시호에 2면부터 7면에 걸쳐 게재된다. 게재 면수를 통해 확인되듯이 이 글은 「권두언」을 제외하면 잡지의 첫 번째 글로 배치되었다. 이를 통해 이 글에 담긴 편집진의 의도가 결코 가볍지 않았음을 짐작할 수 있다.

그렇다면 「김익두의 미망을…」은 구체적으로 어떤 내용을 담고 있을까. 총 6면 분량의 글은 〈표 1〉과 같이 크게 세 부분으로 나뉘며, 각각의 내용은 약 2면씩 기술된다. 약간의 편차를 고려하더라도 이 글이 내용과 분량면에서 매우 엄격하게 조직되어 있다는 사실이 확인된다. 참고로, 〈표 1〉의 '면수'는 『신생활』 제6호 임시호상의 면수를 의미한다.

〈표 1〉「김익두의 미망을…」 내용 정리

부분	면수	내용
(ⅰ)	2~3	기독교가 조선 사회에 미친 긍정적인 영향
(ⅱ)	4~5	조선 기독교의 전도(前途)에 대한 우려
(ⅲ)	6~7	김익두 목사를 향한 비판

「김익두의 미망을…」을 면밀하게 독해하면 의외의 사실이 감지된다. 김익두에 대한 반감을 노골적으로 드러내는 제목과 달리, 정작 김익두에 대한 비판은 1/3에 미치지 못한다는 것이다. 나머지 2/3 가량은 기독교의 긍정적 영향을 서술하거나 현재 조선의 기독교에 대해 조심스럽게 우려를 표하는 데 할애되고 있다.

먼저, 글의 서두에 해당되는 (ⅰ)을 보자. 김명식은 "기독교가 조선 사회에 공헌한 바"[16]를 일일이 열거하면서 글을 시작한다. 그 공헌이란 조선을 세계에 소개하고 세계를 조선에 소개한 것, 조선의 구문화를 발견한 것, 언문과 상식을 보급하여 지식 향상에 기여한 것, 학교와 병원을 설립한 것이다.[17] 이어서 김명식은 이에 대한 반론도 소개한다. 즉, 조선 사회에 기독교가 미친 공헌이 있다 하더라도 이는 서양이 자신의 이익을 추구하는 과정에서 우연히 얻어진 것에 불과하므로 차라리 "반공헌"으로 보아야 한다는 주장이다. 그는 이러한 주장에 일리가 있다는 것을 인정하면서도 "우연히 되었든지 불우연(不偶然)히 되었든지" 조선 사회에 기독교가 준 좋은 영향을 "인정치 아니할 필요도 없을"(3) 것이라고 말한다.

---

16 김명식, 「김익두의 미망을…」, 『신생활』 6 임시호, 1922.6.8., 2면. 이하 이 글을 인용할 때에는 괄호 안에 인용 면수를 표기하여 본문에 적는다.

17 참고로 김명식이 언급한 기독교의 공헌은 이광수의 분석과 대동소이하다. 이광수는 예수교가 조선에 끼친 긍정적 영향으로 1) 조선인에게 서양 사정을 알린 것 2) 도덕 진흥 3) 교육 보급 4) 여자의 지위 향상 5) 조혼 폐지 6) 한글 보급 7) 사상의 자극 8) 개성의 발견을 꼽는다. 고주(孤舟), 「야소교의 조선에 준 은혜」, 『청춘』 9, 1917.7.

이로써 그가 기독교의 "반공헌"을 주장하는 논리에 동조하지 않는다는 점은 분명해진다. 환언하면 김명식은 기독교, 나아가 종교 자체를 부정하는 사회주의 분파의 논리와 거리를 두고 있었던 것이다. 이 시기 조선의 사회주의 진영은 분파에 따라 상이한 논리로 종교에 접근했고 그 결과 기독교를 대하는 태도도 달라졌다. 이르쿠츠크파는 종교가 외국 자본을 유입시켜 점차적으로 식민화를 진행시킨다고 보고 이를 강력한 비판의 대상으로 삼았으며, 특히 서구 종교를 대표하는 기독교를 배척 대상으로 지목했다. 반면, 상해파는 종교에 대해 비교적 온건한 태도를 취했다. 장기적 관점에서 프롤레타리아를 종교의 미신으로부터 해방시켜야 한다는 데에는 공감했으나 교육과 선도 등 점진적인 방법을 선호했으며 특정 종교를 배척 대상으로 명시하지도 않았다.[18] 이러한 사정을 「김익두의 미망을…」에 겹쳐보면 김명식의 종교관은 상해파에 가까웠던 것으로 보인다. 이는 그가 상해파의 국내 간부로 활동했던 이력과도 무관하지 않을 것이다.

그러나 이러한 분파주의적 해석보다 중요한 것은 김명식의 논리에서 감지되는 일관적 태도이다. 그는 기독교가 제국주의의 착취 매커니즘과 일정 부분 연동되어 있다는 점을 인정하면서도 종교 자체를 부정하는 급진적 주장과 일정한 거리를 둔다. 찬반의 논리를 분석함으로써 이분법에 빠지지 않은 것인데, 이와 비슷한 모습은 김윤식의 사회장 문제에 대해 자신의 견해를 밝힌 「사회장은 하(何)」에서도 발견된다. 이 글에서 김명식은 김윤식의 사회장에 반대하는 자신의 입장을 분명히 하지만 김윤식이나 동아일보 자체를 비판하지는 않았다. 그가 비판의 도마에 올렸던 것은 '사회'와 '사회장'을 편의적으로 해석하면서 김윤식의 사회장을 주

---

18 김권정, 앞의 글, 200~201면.

장한 무리와, 정당한 순로(順路)에서 벗어나 감정적으로 사회장 반대운동과 동아일보 비매운동을 벌인 무리이다.[19] 여기서 그는 논쟁의 핵심이 되는 '사회장'이라는 어휘를 파고들어 국가와 사회의 경계를 예리하게 짚어내고 이를 바탕으로 사회장 주도파와 반대파의 논리를 모두 공박한다.[20] 장덕수를 비롯한 상해파 인사들이 김윤식의 사회장 운동을 주도했다는 사실을 상기한다면 분파에 얽매이지 않고 사태를 분석적으로 바라보는 김명식의 냉철한 논리성은 더욱 부각되는 바가 있다.

조선 기독교의 현황을 진단하는 (ⅱ) 부분은 글의 흐름상 (ⅲ)의 내용을 예비하는 전제 역할을 한다. 그는 그간 기독교가 끼친 공헌을 다시 한번 인정하면서도 "금후에도 반드시 공헌하겠는가 하면 이것은 의문"(3)이라며 회의감을 표한다. 종교 자체는 "불선(不善)"하거나 "불미(不美)"한 것이 아니지만 이 제도를 "활용하는 사람이 불순하고 부식(不直)"하다면 필연적으로 폐단이 발생하기 때문이다(4). 그는 고려, 조선, 영국, 러시아의 역사를 두루 훑으면서 불교, 유교, 기독교가 특정 인물이 개입함에 따라 "공헌"이 되기도, "해독"이 되기도 했음을 증명해 보인다. "조선의 기독교도들은 역사를 읽을 것으로 알고 상식이 있음을 믿으"(5)므로 "종교를 팔아 비윤리를 단행"(4)하여 종교의 폐단을 일으키는 인물을 더욱 경계해야 한다는 것이다.

이러한 전제하에 경계대상으로 지목된 인물이 바로 김익두이다. 글의 마지막 부분인 (ⅲ)은 기독교의 본령을 상기하고 이에 비추어 김익두에 대한 비판을 전개하는 방식으로 전개된다. 김명식은 먼저 김익두의 무지

---

19 김명식, 「사회장은 하(何)」, 『신생활』 1 임시호, 1922.3.15.

20 「사회장은 하(何)」에서 김명식은 국가를 목적으로 삼지 않는, 또 다른 공적 주체이자 비-권력체로서 '사회'를 상상한다. 이에 대한 상세한 논의는 김현주, 『사회의 탄생』 (소명출판, 2013) 제3부 제1장 '다수의 정치와 수평적 상호작용으로서의 사회' 참고.

함, 인격, 사상, 품성상의 결함을 지적한다. 그러나 아래의 인용문을 통해 확인할 수 있는 것처럼 김명식은 무엇보다 김익두가 예수의 이름을 팔아 혹세무민한다는 점과, 병고침을 구실로 금전을 토색한다는 점을 강하게 비판한다.

> 그는 목사가 되어 기독의 기적과 이행을 말한다. 이것을 기독교라 하여 매양 추루(醜陋)한 언어와 행동으로써 저 순결하며 거룩한 기독을 판다. 그리하여 세(世)를 혹(惑)하며 민(民)을 무(誣)한다. 그는 참칭하되 자기에게 기독과 같은 기적 이행이 있다고 한다. (중략) 그리하여 금전을 징수하며 토색한다. '동전은 영험이 없으니 지화(紙貨)를 내라, 목사가 삼일 후에는 미국으로 가니 지금 돈을 내지 아니하면 영험이 없다.' 이러한 허무맹랑한 언어와 행동을 백주에 행하여 우매한 병자에게서 무리한 뇌물을 강요한다.(6)

김명식은 김익두가 기독교의 가치와 의의를 훼손한다는 점을 특히 문제시한다. 여기서 김익두 개인을 향한 가차 없는 비판과 예수를 향한 고평은 극적인 대비를 이룬다. 김익두는 누추한 언어와 행동으로 혹세무민하지만, 예수는 "의(義)가 있으며 열(熱)이 있으며 성(誠)이 있으며 분(憤)이 있으며 애(愛)가 있으며 최후의 선혈(鮮血)이 있"(6)는 인물이다. 바로 이러한 대조 때문에 예수에 대한 긍정적인 서술은 도리어 선명해지는 효과가 있다.

김명식의 예수관은 대해서는 좀 더 면밀히 분석할 필요가 있다. 예수를 "구세주"로 칭한다거나 의와 사랑, 선혈의 상징으로 보는 서술은 기독교 교리에 대한 기본적 이해가 없이는 불가능하다. 김명식 기독교인이었는지 아닌지는 적어도 현재로서는 단언하기 어려운 것으로 보인다. 일본 유학 시기 김명식의 사상을 추적한 한 선행연구는 한국사데이터베이스에서 제공되는 '왜정시대인물자료'를 근거로 그가 재동경기독교청년회에서 간부로 활동했다고 서술한다.[21] 만약 이것이 사실이라면 김명식을 기독교인으로 보아도 무방할 것이다. 재동경기독교청년회는 기독교 신자에 한해 가입을 승인했기 때문이다.[22] 그러나 김명식은 일군의 기독교계 필자들에 의해 "비기독교인"[23], "비종교자"[24]으로 지칭되기도 했다. 그렇다면 '김명식이 기독교인이었느냐, 아니었느냐'라는 단순한 질문은 다음과 같이 수정될 필요가 있다. 김명식의 기독교 이해는 언제, 어떠한 경로로 형성된 것인가.

결론부터 말하자면 김명식의 기독교 이해는 일본 유학 시기에 형성된 것으로 보인다. 「김익두의 미망을…」에서 언급되는 기독교의 공헌과 당대 조선 기독교의 폐단 등은 『기독청년』의 기독교 담론과 상당 부분 겹쳐진다. 재동경기독교청년회 기관지인 『기독청년』은 조선 기독교의 보수성과 무지함을 비판하고 기독교의 사회적 역할을 강조하는 글을 다수 게재하고 있다. 이러한 글들은 근대적 지식의 신학적 수용, 교리의 시대적 갱신, 성서의 비판적 독해 등을 요체로 하는 자유주의 신학의 자장 안에 있었다.[25] 도쿄 유학생들 사이에서 재동경기독교청년회의 영향력이 상당했던 사정을 감안한다면 김명식 역시 재동경기독교청년회에서 주최하는 여러 행사에 직간접적으로 관여하면서 기독교에 관한 기본적인 지식을 습득하고, 나아가 기독교 사상에 공명했을 가능성을 배제하기

---

21 허호준, 「일본 유학시기(1915~1918) 송산 김명식의 사회인식과 활동」, 『탐라문화』 39, 제주대학교 탐라문화연구원, 2011, 402면.

22 유동식, 『소금 유동식 전집 제6권 : 교회사Ⅱ 재일본한국기독교청년회사』, 한들출판사, 2009, 197면.

23 최상현, 「종교는 과시 미신일까? : 강제모(姜齊模) 군에게 여(與)함」, 『신생활』 8, 1922.8.5.

24 강제모, 「신생활 주필 김명식 군에게 주노라」, 『기독신보』, 1922.6.28.

25 이에 대해서는 정한나, 「재일본 조선인 잡지의 초국적 연대담론과 수사학」, 연세대학교 박사학위 논문, 2020, 88~93면 참고.

어렵다.

  김명식이 기독교와 사회주의 사상을 절합(articulation)했을 가능성도 염두에 둘 필요가 있다. 앞서 살펴본 것처럼 「김익두의 미망을…」은 기독교가 조선 사회에 끼친 공헌을 인정하되 당대 조선 기독교의 문제점을 도외시하지 않는다. 정치적, 사회적 관점에서 예수와 기독교를 해석하고 문제 해결의 방법론으로써 기독교의 본질적 가치를 강조한다는 것 또한 특징적이다. 이러한 구성은 정노식이 『기독청년』에 연재한 「조선인의 생활과 예수교와의 관계」와 상당히 유사하다.[26] 특히, 인류 사회에 만연한 부자유와 불평등을 해소하고 평화로운 세계를 실현함으로써 "지상천국"을 건설하는 데에 예수의 "근본 의(義)"가 있다는 정노식의 주장은 김명식의 예수관과 상통하는 바가 크다. 이뿐만 아니라 정노식은 "지상천국의 건설"을 가로막고 "투기쟁흥"을 야기하는 가장 큰 원인으로 "물질상 부족"을 꼽으며 유물론적 사관을 드러내기도 한다.[27] 여기서 정노식과 김명식이 1910년대 후반 제국주의 타도를 목적으로 도쿄에서 결성된 초국적 단체 신아동맹단(新亞同盟團)의 일원이었다는 사실을 고려할 필요가 있다. 사상적 측면에서 보았을 때 신아동맹단을 사회주의 단체로 규정하기는 어려우나 이 단체가 조직되던 당시 이미 '사회주의자'로서의 이념적 정체성을 분명히 했던 일부 구성원이 존재했음은 분명해 보인다.[28] 김명식 역시 그 중 하나였는지는 확언할 수 없다. 다만 이후

---

26 이 글은 총 4회에 걸쳐 연재되었지만 현재 확인 가능한 『기독청년』 중에는 유실된 부분이 있어 글의 전모를 확인할 수는 없다. 온전히 확인할 수 있는 연재분은 『기독청년』 7호(1918.5)의 1회 연재분, 9호(1918.9)의 3회 연재분, 10호(1918.10)의 4회 연재분이다.

27 정노식, 「조선인의 생활과 예수교와의 관계(3)」, 『기독청년』 9, 1918.9.

28 박종린, 「1910년대 재일유학생의 사회주의사상 수용과 '김철수 그룹'」, 『사림』 30, 수선사학회, 2008, 157~158면.

필화사건으로 심문을 받는 과정에서 그는 "특히 "마르크스" 사상에 공명"[29]한다고 진술함으로써 자신의 사상적 정체성을 분명히 한다. 반제운동이라는 적극적 실천은 당대의 현실적 문제를 종교적 관점에서 이해하고 해결하고자 했던 자유주의 신학관과 수월하게 양립할 수 있었을 것이다. 이와 관련하여 일본의 초기 사회주의 사상사에서 미국의 기독교 사회주의자인 리처드 일리(Richard Ely)가 주요 참조항이 되었다는 사실을 염두에 둘 필요가 있다.[30] 조선에서는 거의 차단되다시피 했던 기독교와 사회주의의 양립, 혹은 융합에 대한 상상이 일본에서는 한층 유연하게 시도될 수 있었던 것이다.[31]

종합하면 김명식은 일본 유학 기간인 1910년대 중후반에 재동경기독교청년회를 경유하여 기독교에 관한 지식을 습득했으며, 이를 사회주의 사상과 절합하면서 독자적인 기독교관을 주조했다고 볼 수 있다. 「김익두의 미망을…」은 여전히 조선의 기독교도를 문제 해결의 주체로 호출하고, 이들이 기독교 정신을 회복함으로써 문제를 해결할 수 있다고 주장한다. 그는 예수가 보여준 정의로운 분노와 사랑의 정신에 기독교의 요체가 있다고 보고, 조선의 기독교인들을 향해 비합리적인 기적에 열광하는 현 세태를 "칼빈', '루터'의 기개"(7)로 개혁해줄 것을 요청한 것이다. 이와 같은 김명식의 논리 속에서 사회주의와 기독교는 단순한 대립관계도, 연동관계도 아니다. 「김익두의 미망을…」은 1920년대 초반 사회주의

---

29 「조선 초유의 사회주의 재판 -『신생활』사건 제1회 공판」, 『동아일보』, 1922.12.27.(3면)
30 박종린, 앞의 글, 163~164면.
31 1920년대 조선에서는 사회적 부담감 때문에 스스로 기독교 사회주의자라 표명하는 일이 매우 드물었다. 대신 간접화법이나 '정신적 물질운동' 등의 수사를 동원하여 우회적으로 자신의 사상적 정체성을 밝히는 일이 많았다. 장규식, 「1920년대 개조론의 확산과 기독교사회주의의 수용·정착」, 『역사문제연구』 21, 역사문제연구소, 2009, 113~114면.

와 기독교의 길항과 연동, 분기를 집약적으로 드러내는 글이라 하겠다.

4. 「김익두의 미망을…」 이후의 논전

1) 기독교계의 김익두 옹호론

「김익두의 미망을…」에 대해 일부 기독교계는 극히 민감한 반응을 보였다. 이러한 반발에는 텍스트의 내적 요인과 외적 요인이 동시에 작용한 것으로 보인다. 먼저 텍스트 내적 요인을 짚어보자. 「김익두의 미망을…」은 김익두 개인을 향한 비판의 강도도 높은 편이지만, 그 서술 방식의 효과도 상당하다. 이 글은 곳곳에서 김익두의 실명을 적시하고 그의 발언을 인용하고 있는데, 이러한 구체성이 독자들에게 강력한 인상을 남겼을 것으로 보인다. 텍스트 외적 요인으로는 당대 기독교계에서 김익두가 점하고 있었던 상징성을 고려할 필요가 있다. 1920년대 초는 김익두의 활동이 정점에 달했던 시기이다. 이 무렵 그는 조선예수교장로회 총회장으로 선출되어 명실공히 장로교를 대표하는 인물이 되었고 그가 이끄는 집회에서 발생되는 막대한 금액의 헌금은 주로 기독교계의 전도 및 교육사업에 투입되었다. 이러한 정황 속에서 기독교계는 「김익두의 미망을…」을 김익두 개인에 대한 비판이 아니라 그의 활동에 과도하게 의지하고 있는 기독교계 전체에 대한 비판으로 받아들인 것이다.[32]

「김익두의 미망을…」에 대한 기독교계의 과민반응에는 이러한 속사정이 있었다. 이 장에서는 기독교계를 대표하는『기독신보』에 실린 강제모와 김경하의 글,『매일신보』에 게재된 양하엽의 글을 살피면서 이들의

---

32 강명숙, 앞의 글, 62~63면.

김익두 옹호논리를 검토하고 그 한계를 짚어볼 것이다.

『기독신보』는 강제모(姜齊模)의 「『신생활』 주필 김명식 군에게 여(與)하노라」를 2회에 걸쳐 연재(1922.6.28.; 7.5.)한 후, 얼마 지나지 않아 김경하(金京河)의 「『신생활』 주필 김명식 군에게 여(與)하노라」를 4회 연재(1922.7.26.; 8.2.; 8.9.; 8.16.)한다. 두 편의 글 제목이 동일한 것으로 미루어 보건대 이 글들이 『기독신보』 편집진의 기획에 의해 게재되었을 가능성도 있어 보인다. 이는 『기독신보』가 김명식의 글을 심각하게 인식하고 있었음을 시사하는 대목이다.

먼저 강제모의 글을 보자. 그의 논지의 핵심은 기독교의 특수성에 있다. 기독교는 기독교 바깥의 논리로는 이해하거나 설명할 수 없다는 것이다. 김명식은 「김익두의 미망을…」에서 지식, 사상, 인격, 품성 등, 모든 면에서 미달인 김익두가 예수의 이름을 팔아 다수를 속이고 있음이 조선의 수치이며 망조라고 맹공한 바 있다. 이 주장에 대해 강제모는 다음과 같이 응수한다.

> 목사는 신앙이 독실하고 성경을 해득함으로 된 것이오 타(他) 학문이 우월함으로 된 것이 아니다. (중략) 기독교 신자의 전도방법이 불선(不善)함으로 조선에 무슨 수치이며, 종교는 정치가 아니라 그 선전이 불의(不宜)함으로 조선의 망조가 될 리가 어디 있는가.[33]

강제모의 주장에 따르면, 목사에게는 기독교만의 특수한 기준이 요구된다. 그 특수한 기준이란 신앙의 독실함, 성경을 해득하는 능력 등이다. 종교는 정치가 아니고, 조선이 기독교 국가도 아니고 민족도 아니므로 기독교의 선전법이 불의하다고 하여 조선의 수치나 망조가 될 리는 없다는

---

33 강제모, 「『신생활』 주필 김명식 군에게 여(與)하노라」, 『기독신보』, 1922.6.28.

언급 또한 눈길을 끈다. 이 논리 속에서 기독교는 민족과 완전히 분리되어 있다. 흥미로운 것은, 김익두의 미망은 곧 조선 기독교도의 부끄러움이며 나아가 조선인의 부끄러움이라는 서술에서 드러나듯, 김명식의 논리 속에서 기독교는 여전히 조선 사회 및 민족과 결부되어 서술되고 있다는 점이다. 반면, 강제모는 기독교를 조선 민족과는 무관한 것으로 그려낸다. 이는 1920년대 초 조선 기독교의 탈정치화를 시사하는 대목으로 이러한 논리를 밀고 나가면 기독교의 사회적 역할은 축소될 수밖에 없다.

강제모는 과연 기독교와 사회의 완전한 절연을 주장하고자 했을까. 적어도 그의 실제 삶은 그렇지 않았다. 강제모는 황해도 지역의 청년 기독교인으로서 민립대학설립운동, 조선청년총연합회 등 다방면의 사회운동에 참여했던 인물이었다.[34] 기독교가 조선 사회에 기여할 수 있는 방안을 모색했을 뿐 아니라 이를 위한 사회적 실천에도 나섰던 것이다. 그러나 이 글에서 그는 평소 자신의 행보와는 어긋나는 주장을 펼친다. 그이유는 이 글이 김익두 옹호라는 분명한 목적하에 집필되었다는 데에 있다. 목적이 글을 지배한 결과 기독교의 역할은 축소되고, 글의 논리성은 결여된다. 이러한 문제점은 종교의 성격을 규정하는 아래의 인용문에서 보다 극명하게 드러난다.

> 종교에 미신이 없으면 즉 과학이 될지라 종교와 과학의 이상점(異相點)이 여기에 있으니 종교는 현실적 증명이 어려운 고로 미신이 있어 이를 신앙함이요 과학은 현실적 증명키 가능한 고로 미신이 없어 신앙할 것이 없는 것이니 이는 종교와 과학을 미분(未分)함이요[35]

---

34 「민대(民大) 기성회 송화군 지방부, 군민 일치로 조직되어」, 『조선일보』, 1923.5.18.(3면); 「소식」, 『동아일보』, 1925.7.15.(1면); 한국민족문화대백과사전 '조선청년총동맹'(http://encykorea.aks.ac.kr/Contents/Item/E0052233 접속일 : 2023.1.3.).

강제모는 현실적으로 증명이 가능한 것을 "과학", 현실적 증명이 어려운 것을 "미신"으로 분류하고, 이러한 기준에 따라 그는 "미신"이 "종교"의 속성이라 주장한다. "종교"는 "미신"을 신앙하는 것이므로 "과학"과 구분하여 사고해야 한다는 것이다. 여기서 "미신"은 영적인 것, 혹은 형이상학적 요소를 함의한다. 그런데 "미신"이라는 단어가 기독교적 맥락에서 부정적 의미로 충전되었다는 점을 상기할 필요가 있다.[36] 한국 기독교 포교의 역사는 "미신"과의 싸움이었다고 해도 과언이 아니다. 이러한 맥락을 고려하면 "미신"을 "종교"의 필수적 요소라 주장하는 강제모의 논지는 쉽게 받아들이기 어렵다. 뒤에서 살펴보겠지만 강제모의 글을 논박한 최상현 또한 특히 이 대목을 강도 높게 비판한다.

다음으로 김경하의 글을 보자. 기독교를 일반 사회와 분리함으로써 특수 영역으로 설정하는 인식은 김경하의 글에서도 발견된다. "과학은 물질방면이오 종교는 신령적 방면"[37]이라는 서술에서 알 수 있는 것처럼 종교가 과학과는 다른 매커니즘에 의해 작동된다는 주장 또한 반복된다. 다만 강제모의 글에서 "미신"이라는 단어에 담겼던 의미는 "형이상학", "영혼" 등의 단어로 표현된다는 차이가 있다.

김경하의 글에서 주목되는 대목은 김익두의 "능력"을 "사실"로 입증하기 위한 다각적인 노력이다.

---

35 강제모, 앞의 글.
36 근대 초기의 서구 선교사들은 샤머니즘 등 한국의 민간신앙을 "미신(superstition)"으로 타자화하는 한편, 기독교를 현대 과학과 문명에 부합하는 "종교"로 위치짓고자 했다. 이에 관한 자세한 논의는 류대영, 「국내 발간 영문 잡지를 통해서 본 서구인의 한국 종교 이해, 1890~1940」, 『한국기독교와 역사』 26, 한국기독교역사연구소, 2007, 141~175면 참고.
37 김경하, 「신생활 주필 김명식 군에게 주노라(4)」, 『기독신보』, 1922.8.16.

> 만일 김익두 목사가 기도로써 사실 병을 고침이 없으면 미망이나 요물이
> 라 하려니와 김 목사는 과연 기도로써 병을 고친다. 신문 보도로나 서신
> 왕복으로 지실(知悉)한 것은 고치(姑置(sic). '姑捨'의 오식 – 인용자)하고
> 나는 본국서 나온 선교사에게서 친히 들었다. (중략) 사실이 이같이 증거하
> 거늘 어찌 사실의 앞에 눈을 막으리오? [38]

김경하는 김익두의 질병 치유의 능력이 "사실"임을 거듭 강조한다. 이
러한 김경하의 의식에는 기독교도로서의 정체성과 피식민자의 민족적
정체성이 복잡하게 얽혀 있는 것으로 보인다. 김익두의 능력을 논하면서
그는 "신문 보도"나 "서신"을 언급하고 있는데, 실제로 이 무렵에는 김익
두의 질병 치유 능력을 선전하고 '증명'하기 위한 노력이 지면(紙面) 위에
서 활발히 진행되고 있었다. 다양한 텍스트는 김익두의 이적을 '증명'하
기 위해 나름의 문법을 구사했다. 『조선예수교회 이적명증』(1921)은 그
대표적 사례라 할 수 있다. 김익두의 능력을 선전할 목적으로 발간된 이
책은 김익두의 이적을 지역에 따라 분류한 후, 이 이적을 경험한 사람의
이름, 나이, 병명 등의 인적 정보를 상세히 밝히고 사진을 첨부하고 있
다.[39] 그 내용의 사실 여부와는 별개로 김익두의 능력을 "사실"로 명증하
기 위해 텍스트를 조직하고 구성해내는 문법 자체는 근대적이고 합리적
형식을 취하고 있었던 것이다. 그러나 김경하는 김익두의 능력을 판별하
는 데 있어 이와 같은 "신문 보도"나 "서신"보다도 "본국에서 나온 선교
사"로부터 "친히" 들은 말을 강력한 근거로 제시하고 있다. 김경하에게
는 조선 사회, 더 좁혀 말하자면 조선의 기독교계 내부에서 구축된 김익
두 옹호론보다 "본국" "선교사"라는 발화주체의 권위가 한층 강력한 위

38 김경하, 「신생활 주필 김명식 군에게 주노라(3)」, 『기독신보』, 1922.8.9.
39 임택권 편, 『조선예수교회 이적명증』, 조선예수교서회, 1921.

력을 발휘하는 것이다.

조선의 기독교도로서 제국과 식민지, 인종적 위계를 감각하는 장면은 "기도로써 병 고치는 능력을 받은" 또 다른 사람인 "영국인 허커"에 관한 서술에서도 포착된다. 김경하는 영국인들이 허커를 자국의 영광으로 여기고 외국에도 자랑한다고 말한다. 그는 중국 남경(南京)에서 수많은 인파가 운집했던 허커의 집회에 참석했을 때 "'우리나라 김익두 목사도 피인(彼人)과 같이 세계주유를 시켜 자랑을 하였으면' 하는 감상"을 품었노라고 술회한다. 김경하의 글에서 "영국인 허커"와 김익두, "영국인"과 "조선인"은 대립쌍을 이룬다. "영국인 허커"와 김익두는 동일한 능력을 가지고 있지만 이들이 받는 대우는 천양지차이다. "영국인 허커"는 "영국인"들은 물론 "외국인"들의 존경을 받지만 김익두는 조선인들로부터 요물이나 공적(公敵)이라 공격당한다. 김경하는 이러한 차이를 실감하며 막연한 부러움을 표출한다. 그가 부러워하는 대상이 무엇인지는 불확실하지만, 하지만 김익두가 허커와 같은 대우를 받지 못하는 이유를 민족적, 인종적 표지에서 찾고 있는 것만큼은 분명하다.

강제모와 김경하는 각론에서 약간의 차이를 보이지만 논의의 출발점만큼은 공유하고 있다. 그 출발점이란 바로 김명식이 기독교인이 아니라는 사실이다. 이 사실은 비판의 가장 주효한 근거로 활용된다는 점에서도 중요하다. 강제모는 김명식이 "기독교 신자가 아니"기 때문에 "피상적 관찰"에 근거하여 "외면적 평론"에 그치고 말았고, 그 결과 자신의 "무정견, 몰상식"을 드러냈다고 혹평한다.[40] 김경하 역시 김명식의 "기독교에 관한 상식은 빈곤"[41]함을 결정적 결함으로 지적한다. 이들은 김명

---

40   강제모, 앞의 글.
41   김경하, 「신생활 주필 김명식 군에게 주노라(1)」, 『기독신보』, 1922.7.26.

식이 비기독교인이라는 사실에 방점을 찍고, 김명식의 비판이 이방인의 무지에서 비롯된 것이라 간주한다. 성경 구절과 기독교 교리를 바탕으로 논의를 전개한다는 점 또한 두 사람이 논리를 전개하는 공통된 방식이다. 강제모와 김경하가 논의를 구성하는 방식은 기독교 공동체의 내적 논리와 결속력을 강화하는 데에는 효과를 발휘하나, 공동체 외부에 놓인 불신자와의 대화 가능성을 차단한다.

불신자와의 대화를 불가능한 것으로 치부하는 태도는 2000년대에 등장한 과격 이슬람교도들에게서도 발견된다. 이들은 알라가 통치할 권리를 의심할 바 없는 자명한 진리라 주장하고, 알라를 믿지 않는 사람과의 논의는 무가치하다고 선동한다. 2000년대 과격 이슬람교도들과 김익두 옹호론자 사이에는 시대와 인종, 종교 등 어떠한 접점도 없어 보이지만 양자는 이방인과의 대화 불가능성에 대한 믿음을 공유한다. 사실 이것은 그리 놀랄 만한 일이 아니다. 극단주의의 논리는 상동적 구조를 취하기 때문이다. 콰메 앤터니 애피아(Kwame Anthony Appiah)은 이를 반코스모폴리타니즘(anti-cosmopolitans)이라는 용어로 표현한다. 이방인과의 대화를 금기시하는 이들의 내면에는 타락에 대한 두려움이 자리잡고 있다. 과격 이슬람교도들은 자신의 신성한 신앙심이 불신자와의 대화를 계기로 훼손되고 그 결과 자신이 타락할 것이라는 공포심을 품고 있다. 그러나 순수와 순혈을 향한 집착은 관용과 공존을 향한 코스모폴리타니즘에 반한다. 배타적인 가치, 혹은 신념과 접촉함으로써 발생하는 일정 부분의 오염(contamination)을 통해 코스모폴리타니즘은 실현될 수 있다는 것이다.[42] 이러한 논의에 비추어볼 때, 강제모와 김경하의 논의에서 가장

---

42 콰메 앤터니 애피아, 실천철학연구회 역, 『세계시민주의 : 이방인들의 세계를 위한 윤리학』, 바이북스, 2008, 255~257면 및 203~207면. 참고로, 한국어 번역서에서 'contamination'은 '혼성'으로 번역되었다. 그러나 '혼성'은 원문에 표현된 이방인에

문제적인 지점은 비기독교도과의 대화 가능성을 원천 봉쇄한다는 데에
있다. 1920년대 조선 기독교는 사회적 공격에 이와 같이 배타적이고 수
세적인 태도로 대응하곤 했다.

한편, 양하엽(梁夏葉)은 총독부 기관지 『매일신보』에 「신생활 주필 김
명식 군의 김익두론을 보고 – 아울러 기독교인의 정신과 미신을 논함」이
라는 글을 6회에 걸쳐 연재한다. 선행연구에서 다루어진 바 없는 이 글은
『기독신보』와는 다소 다른 논리로 김익두를 옹호하고 김명식을 비판한다
는 점에서 눈길을 끈다. 그는 현재 조선 기독교의 폐단과 개선의 필요성
을 지적하면서도 김익두의 행위 자체는 옹호하는 입장에 선다. 양하엽이
겨냥하는 것은 권위주의에 물든 교역자들과 이들의 뿌리 깊은 당파성이
다. 기독교계 내부를 향해 비판의 칼날을 벼리는 양하엽의 글은 앞서 살
펴본 두 편의 글과는 차이가 있어 보인다. 그러나 최종적으로 이 비판논
리 역시 김익두 옹호론으로 수렴된다. 그의 조선 기독교 비판은 김익두의
긍정적 측면을 부각하기 위한 논거가 되기 때문이다. 즉, 다수의 교역자
들은 동포주의, 형제주의, 희생주의를 실천하는 대신 물질주의에 물들어
있으며 분파를 지어 서로 반목하지만 김익두는 세상의 오해에 굴하지
않고 예수의 사랑을 실천하는 유일한 인물이라는 것이다.[43] 양하엽은 교
역자의 권위주의를 비판하고, 권위주의에 빠진 교역자들과 김익두를 구
별지으면서 김익두를 바람직한 기독교인의 전형으로 제시한다.

이 글에서 흥미로운 부분은 김명식이 "비평의 원리"를 지키지 않았음

대한 공포심과 반감을 담아내기에 불충분한 단어로 보인다(Kwame Anthony Appiah,
Cosmopolitanism: Ethics in a World of Strangers Ethics in a World of Strangers,
eBook ed., W. W. Norton & Company, 2006, ch.7). 이에 더해, 일반적으로 '혼성'보
다는 '오염'이 contamination의 도착어로 채택되는 번역의 문맥도 고려할 필요가 있다.
이에 본고는 contamination을 '오염'으로 옮긴다.

43 양하엽, 「신생활 주필 김명식 군의 김익두론을 보고(3~4)」, 『매일신보』, 1922.9.8~9.

을 지적하는 대목이다. 양하엽은 무엇보다 "상당한 지식계급의 문견이 있는" 김명식이 김익두를 "직접" 보지 않고, "간접"으로 "공연히 전하는 바 풍설을 듣고서" 비평한 것은 "비평의 원리"에서 벗어난 것이라 비판한다.[44] 전술한 것처럼 강제모와 김경하는 김명식이 기독교 신자가 아니라는 사실을 비판의 출발점으로 삼아 '오염'의 가능성을 차단했다. 그러나 양하엽은 김명식의 종교적 정체성이 아니라 글쓰기의 태도를 지적하면서 이들의 폐쇄적 논리에서 한 걸음 나아간다.[45] 조선 기독교의 전체적 지형 속에서 김익두의 좌표를 파악한 후 그를 옹호하는 논리를 구축한다는 점 또한 강제모나 김경하의 글보다 진일보한 대목이라 할 수 있다.

지금까지 살펴본 것처럼, 김명식의 「김익두의 미망을…」이 발표되자 기독교계는 『기독신보』를 중심으로 대대적인 반론을 펼쳤다. 전술한 세 편의 글은 모두 김익두 옹호라는 결론을 향해 나아간다. 바꿔 말해, 세 명의 필자 모두 김명식이 주요 논제로 제기한 조선 기독교의 개혁에 관한 논의에 대해서는 언급하지 않거나 소략한 논의에 머물고 만 것이다. 강제모와 김경하는 기독교 공동체 외부와의 소통을 기하는 글쓰기에 실패했으며, 양하엽은 당대 조선의 기독교계에 대한 비판적 성찰을 보여주었으나 이 성찰은 결국 김익두 옹호를 위한 수단으로 활용되는 데 그친다. 김익두 개인을 구제하고 김명식 개인을 비판하는 데 골몰하여 대안적 기독교 담론을 제시하지 못했다는 점은 이들 논의의 결정적인 한계라 하겠다.

---

44 양하엽, 「신생활 주필 김명식 군의 김익두론을 보고(6)」, 『매일신보』, 1922.9.11.

45 양하엽은 1922년 말에 「헬만과 도로데아」, 1923년 2~4월에 「막뻬스」를 『조선일보』에 연재한다. 이는 각각 괴테의 「헤르만과 도로테아」와 세익스피어의 「맥베스」를 번역한 것이다. 그는 서구권 문학을 식민지 조선에 소개하는 역할을 했는데, 문학 텍스트의 번역이라는 문필 활동이 "비평의 원리"를 문제삼는 사고에 영향을 미쳤을 것으로 보인다.

2)『신생활』의 대안적 기독교 담론

이처럼 「김익두의 미망을…」에 대한 기독교계의 강한 반발이 이어졌지만 논쟁을 촉발한 당사자인 김명식은 이 문제에 관해 전혀 재론하지 않는다. 그러나 이 시점부터『신생활』의 기독교 담론은 그 특색을 분명히 드러내기 시작한다.『신생활』제7~8호는『기독신보』의 논의를 반박하고 기독교의 대안적 미래를 구상하는 내, 외부 필자의 글을 집중적으로 게재한다. 지금부터는 「김익두의 미망을…」 이후『신생활』지면에서 증가했던 기독교 담론을 점검하고, 1920년대 초 기독교 비판 담론과 매체지형 속에서『신생활』이 당대 매체지형 속에서 점했던 좌표를 가늠해 보기로 한다.

먼저 최상현의 「종교는 과시(果是) 미신일까? - 강제모 군에게 여(與)함」을 보자.[46] 부제를 통해 알 수 있듯이 이 글은『기독신보』에 실렸던 강제모의 글을 반박할 목적으로 집필된 것이다. 최상현은 강제모의 요지를 크게 세 가지로 정리하고 이에 대한 반박 논리를 펼친다.

첫 번째로 문제 삼는 것은 독실한 신앙과 성경 해석 능력만 있으면 목사로서 충분하다는 주장이다. 최상현은 신앙의 독실함은 객관적으로 측정할 수 없고, 성경의 해석 또한 시대의 변천과 과학의 발달, 목사 개인의 지식 정도에 따라 달라지므로 목사는 "마땅히 과학이나 철학이나 문학이나 기타 방면의 보통 상식"을 갖추어야 한다고 단언한다. 둘째, 종교는 본질적으로 미신을 포함하고 있다는 언급이다. 최상현은 이 주장에서 종교와 과학이 무엇인지, 양자의 관계가 어떠한지를 모르는 강제모의 "몰상식"과 "무소견"이 드러난다고 신랄하게 비판한다. 현실적으로 과학의 진리를 모두 증명하기란 불가능하거니와, 현대의 종교는 미신이

---

46   최상현, 「종교는 과시 미신일까? : 강제모(姜齊模) 군에게 여함」,『신생활』8, 1922.8.5.

아니라 이성과 학문, 과학의 발달을 통해 그 진리를 추구한다는 것이다. 마지막으로, 한갓 기독교의 전도 방법에 다소 부족한 점이 있더라도 이 것이 국민과 민족에 해를 끼치지는 않는다는 주장이다. 최상현은 이를 "국민의 집단으로 국가가 성립되고 개인의 단결로 민족이 성립"된다는 것을 고려하지 않은 발상이라 비판한다. 근대적 지식을 경시하는 미망자 한 사람, 즉 김익두 개인은 다수의 "소미망자(小迷妄者)"를 산출하며, 다수의 소미망자는 결과적으로 국민의 생활과 사회, 민족의 사상과 문화를 저해시킨다는 것이다. 이처럼 최상현은 근대적 지식, 사회, 민족과의 관계망 속에서 기독교의 좌표와 역할을 사유하지 않고 기독교의 특수성만을 강조하는 강제모의 논리를 비판한다.

최상현의 글에서 무엇보다 눈길을 끄는 부분은 김명식의 문제제기에 대한 반응이다. 기독교 신자가 아니라는 이유로 김명식에게 기독교에 대한 발언의 권리를 부여하지 않았던 『기독신보』 측의 논자들과는 달리, 최상현은 도리어 "비기독교인" 김명식의 논평을 "경하할 일"로 받아들인다. 지식계급의 활발한 비평과 토론, 이를 통한 합의는 "문명한 사회"에서 문제를 해결하는 "상례"이기 때문이다. 이러한 관점에서 보자면 「김익두의 미망을…」은 김익두의 포교 방법과 당대 기독교에 대한 활발한 비평과 토론을 이끌어냈다는 점에서 문명사회에 접근하는 첫걸음으로 자리매김될 수 있다. 요컨대, 최상현은 기독교 공동체 내부와 외부에서 각각 통용되는 이질적 논리를 훼손하지 않으면서도 생산적인 대화가 이루질 수 있으며, 이를 통해 문명 사회로 진입할 수 있음을 주장하고 있는 것이다. 그는 여기서 한 걸음 나아가 기독교 공동체 내부에 존재하는 이질성까지 표면화해야 한다고 말한다.

　　지식계급에 있는 조선 기독교도에게 일언으로 부탁하려 한다. 제군 중
에는 물론 김명식 군의 논평인 미망론에 동감이 있을 것이다. 따라서 제군
에게도 자유롭게 정직하게 김익두의 행동을 토론하라면 미망이다 무식한
신불신자(信不信者)를 유혹하여 금전을 토색한다고 비론(批論)할 것이다.
그러나 여허(如許)한 미망행동이 30만 교도! 아니 전 조선를 풍미(風靡)하
려 하되 제군은 그저 신앙이 박약하다는 시비가 듣기 싫어서 침묵주의를
지킨다. 제군아 발기(跋起)하라. 좀 더 활발한 사상운동을 일으키라.[47]

　　최상현은 기독교계 내부에서 침묵하는 "유식계급에 있는 조선 기독교
도"에게 "활발한 사상운동"을 요청한다. 기독교 공동체 내부에 존재하는
이견을 적극 끌어내려 시도하고 있는 것이다. 다만, 현실적으로 이 "사
상운동"의 가능성은 극히 위축되어 있었는데, 그 저간의 사정에 대해서
는 후술하도록 하겠다.

　　다음으로 유경상(劉敬相)의 「조선반도와 그리스도교의 사명」을 보자.[48]
이 글은 당대 조선 기독교에 대한 심도 있는 분석과 비판을 특징으로
한다. 그의 분석에 따르면, 현재 조선의 기독교는 교단, 선교 본국, 파견
단체 사이의 정치적 다툼에서 자유롭지 못하며, 백인우월주의에 빠진 위
선적인 선교사들에 의해 좌우된다. 유경상은 이러한 판단하에 조선 기독
교의 자립을 긴요한 과제로 설정한다. 그가 현직 목사였다는 점을 감안
한다면 이 글은 통절한 자기비판의 실천이며 자기쇄신의 의지표명이라
할 수 있다.

　　동시에 유경상은 김익두라는 인물이 기독교의 쇄신을 이끌 수 없음을
분명히 한다. 김익두에게 기독교의 근본정신과 시대정신에 대한 이해를

47　위의 글.
48　유경상, 「조선반도와 그리스도교의 사명」, 『신생활』 7, 1922.7.5.

기대할 수 없기 때문이다. 그렇다면 유경상이 생각하는 시대에 부합하는 기독교상은 어떠한가. 그는 현재 조선에 필요한 기독교의 진리를 남녀평등, 평민주의, 노동주의 등으로 요약한다. 이러한 분석을 충분히 이해하기 위해서는 그의 삶과 사상으로 시야를 넓혀볼 필요가 있다. 유경상은 중국 및 일본 유학을 통해 신학을 공부하고 귀국 후에는 감리교 계통의 협성신학교 교수로 활동한 인물이다.[49] 감리교는 조선의 기독교계 내에서는 이례적으로 자유주의 신학의 경향성을 보였던 교파이다. 그는 보수주의적 기독교관에 거리를 두는 데서 한 걸음 나아가 사회주의와 기독교의 결합 가능성을 적극적으로 타진한다. 예컨대, 그는 "당시 사회를 불만하야 개혁"하고자 했던 예수의 사상과 사회주의 정신이 상통하며, 사회주의에서 말하는 투쟁과 갈등이 기독교적 관점과 모순되지 않는다고 주장했다.[50] 이 해석의 타당성과는 별개로, 기독교와 사회주의가 사상적 골간을 공유한다는 그의 분석은 눈길을 끈다. 기독교계를 향한 사회주의의 공세 수위가 높아지는 가운데 기독교인으로서 사회주의라는 사상에 방어적으로 대응하기보다는 신학적 관점에서 적극적으로 해석하고자 노력했다는 점이 무엇보다 중요하다.

이어서 박희도(朴熙道)의 「사회생활과 종교생활」을 살펴보도록 하겠다. 주지하듯 설립 단계에서부터 신생활사를 이끌었던 박희도는 감리교 목사였다. 그는 이 글에서 사회와 종교의 불가분성을 강조한다. 종교가 사회와 절연할 때, 바꿔 말해 종교가 사회로부터 고립될 때 "기적 이행(異行)을 구실로 하고 미신과 우상을 종교라 하여 가종교(假宗敎)의 탈을 쓴 마술사의 미망"이 횡행한다. 가짜 종교의 탈을 쓴 마법사란 곧 김익두

49 수표교교회 역사편찬위원회, 『수표교교회 역사』, 기독교대한감리회 수표교교회, 1994, 149면.
50 유경상, 「사회주의자 예수」, 『청년』 3-7, 1923.7.8.

를 이른다. 박희도의 논리에서 김익두의 존재는 기독교 전체로부터 분리
된다. 박희도는 김익두를 "췌(贅)와 영(癭)", 즉 종양에 비유하는데, 종양
은 신체의 일부가 아니며 도리어 신체의 건강을 위해 제거되어야 할 대
상이다. 강제모와 김경하가 김익두 비판을 곧 기독교 비판으로 등치했던
데 반해, 박희도는 김익두와 기독교를 분리하고 김익두를 "제거"하는 것
이 기독교의 발전을 도모하는 길이라 역설한다.

사회와 종교의 관계에 대한 박희도의 사유 또한 눈여겨볼 만하다. 그
는 마태복음 5장 13절의 "너희는 세상의 소금이니"라는 예수의 말을 원
용하여 종교와 사회의 관계를 다음과 같이 설정한다.

> [소금의 가치는 : 인용자] 음식을 조미(調味)함에 있어서 가치가 있으며
> 음식이 있음에 따라 "소금"의 필요가 생기니 이와 반대로 음식이 없으면
> "소금"은 "소금"으로의 필요가 없음은 물론이오 "소금"이 음식의 조미를 돕
> 지 못한다 하면 그 가치가 소멸(消滅)될 것은 다만 지자(知者)를 기다려야
> 비로소 알 바 아니라. 그런즉 종교와 사회의 관계가 어찌 이와 다르리오.
> "소금"은 타물질(他物質)에 혼입(混入)하여서 그 본질을 변화하고 타물질
> 즉 전체의 가치를 향상(向上)함으로 필요하며 가치가 있는 것이니 (중략)
> 종교는 사회의 "소금"이며 사회는 종교 이외의 종교를 포용(包容)한 타물체
> (他物體) 즉(即) 전체이라.[51]

위의 인용문의 요점은 크게 두 가지로 정리된다. 첫째, 소금은 음식을
조리할 때 비로소 그 가치를 인정받을 수 있다. 둘째, 소금의 가치는 다
른 물질에 투입되어 그 물질의 성질을 변화시킨다는 데에 있다. 이처럼
박희도는 종교가 사회와 병존할 때 가치를 인정받을 수 있으며, 사회에

---

51 박희도, 「사회생활과 종교생활」, 『신생활』 8, 1922.8.5.

개입하고 사회를 변화시킴으로써 그 책무를 다할 수 있다고 주장하면서
기독교와 사회의 연결성을 강조한다.

　지금까지 살펴본 것처럼 『신생활』 제7~8호의 기독교 담론은 기독교
계의 김익두 옹호론을 반박하고 나아가 이상적인 기독교의 상을 그려내
는 데 주력한다. 그렇다면 이러한 논의가 『신생활』에 집중된 이유는 무
엇일지 짚어볼 필요가 있다. 최상현과 유경상은 『신생활』에 단 한 차례
이름을 올린 외부 필자이다. 목사였던 이들이 『신생활』을 통해 의견을
개진한 이유는 무엇일까. 특히, 1921년 11월부터 약 1년간 『기독신보』의
주필로 활동했던 최상현은 『신생활』보다는 여타 기독교계 매체와의 친
연성이 크다.[52] 그러나 그는 다른 곳이 아닌 『신생활』을 발화의 장으로
삼는다. 다소 의외의 선택은 『신생활』 쪽에서도 발견된다. 『신생활』은
종합잡지의 일반적인 편집 체제를 따라 사회비평을 전반부에, 문예물을
후반부에 배치하는데, 사회비평으로 분류될 법한 최상현의 글은 제8호
마지막 부분에 실려 있다. 『신생활』의 통상 원칙을 깬 편집이 이루어진
까닭은 편집후기를 통해 확인할 수 있다. 즉, 최상현의 글이 인쇄 마무리
단계에 도착했기 때문에 부득이하게 맨 마지막에 실리게 되었다는 것이
다.[53] 이는 편집이 마무리된 후라도 최상현의 글을 반드시 게재하려 했던
편집진의 의지를 방증한다. 『신생활』 편집진은 왜 이러한 선택을 한 것
일까. 이와 관련하여 「김익두의 미망을…」에 나타난 다음과 같은 서술에
주목할 필요가 있다.

52　황우선, 「『기독신보』(1915-1937): 초창기 한국교회 신문 연구」, 목원대학교 박사학
　　위논문, 2011, 126면.
53　"최상현 씨의 논문은 인쇄가 거진 끝나게 된 때에야 도착한 까닭에 맨 끝에 싣게 되어
　　서 매우 미안하외다." 「편집실에서」, 『신생활』 8, 1922.8.5.

우리 사회의 언론기관의 사명이 무엇이며 직책이 무엇인가 다만 형식만이
라도 사회적 사실을 보도하며 정의를 제창하고 악폐(惡蔽) 통매(痛罵)하는
것이 그 사명이 아니며 그 직책이 아닌가 (중략) 제군이여 제군이 스스로
생각할 때에 언론기관의 직책 또는 사명을 다한다는 신념이 있는가 없는가.
이 사실에 대하여 나는 제군의 무성의함을 단언하여 탄(憚)치 아니한다.[54]

김명식은 김익두의 전횡에 언론기관도 일조했다고 지적한다. 언론기관
이 사실 보도와 정의 제창, 악습 개선이라는 사명과 직책을 맡고 있음에도
불구하고 김익두의 행실에 관한 적절한 비판능력을 수행하지 못했고, 그
결과 김익두의 비행이 극심해졌다는 것이다. 이러한 비판은 1920년대
초 김익두에 관한 언론 보도의 현실을 반영한다. 동아일보와 같은 일반
언론은 김익두의 행적을 단순한 기삿거리로 소비하는 데 그쳤다. 예를
들면, 김익두 목사를 보기 위해 수천명의 인파가 운집했다거나 그가 이끄
는 집회에서 상당한 금액이 모금되었다는 내용의 기사에서 "언론기관의
직책 또는 사명"에 대한 고민은 좀처럼 감지되지 않는다.[55]

『기독신보』의 반응을 통해 짐작할 수 있는 것처럼 기독교계 매체에서
내부적 성찰이 이루어질 가능성은 더욱 낮았다.『신생활』과 동시기에 안
정적으로 간행되었던 기독교계 정기간행물은『기독신보』,『신학지남』과
『신학세계』,『청년』등을 꼽을 수 있다.[56] 앞서 살펴본 것처럼, 장로교와
감리교가 통합하여 조선 기독교계의 소식을 전한다는 취지로 발간한『기

---

54 김명식, 앞의 글.

55 「자제의 교육을 위하여 50개의 금지환」,『동아일보』, 1920.7.3.(3면);「군산의 부흥회
    속보」,『동아일보』1921.3.7.(4면);「함흥 영신교 졸업식」,『동아일보』, 1921.3.29.(4
    면);「김익두 목사 내성(來城)」,『동아일보』, 1921.10.20.(4면) 등.

56 김봉희,『한국 기독교문서 간행사 연구 : 1882~1945』, 이화여자대학교 출판부, 1987,
    51~53면.

독신보』는 보수적 기독교 담론을 유포하는 유력한 통로로 기능했다. 『신학지남』과 『신학세계』는 목사, 신학생 등을 대상으로 하는 전문 신학잡지로 교계 및 사회 현안에 대한 관심은 제한적이었다. 한편, 조선중앙기독교청년회 기관지 『청년』은 창간 시점부터 기독교 신앙의 고취뿐 아니라 세계화의 추구, 청년 교육의 방도, 사회개혁의 사명 등 종교 외적인 주제까지 폭넓게 다루었다는 점에서 앞서 거론한 매체들과 다소 차별된다. 『청년』에는 기독교와 사회주의의 교집합에 주목하여 기독교를 탐색함으로써 장로교를 중심으로 하는 주류 기독교계와 논쟁을 야기하는 글들이 게재되기도 하였다.[57] 유경상의 「사회주의자 예수」도 그러한 사례 중 하나이다. 그러나 이상의 매체들은 정도의 차이는 있을지언정 당시 조선 기독교에서 지배적이었던 보수주의 신앙의 자장을 벗어나기 어려웠다. 매체 발간에 소요되는 물적 토대로서의 자본, 인적 토대로서의 필자 및 소비자는 모두 주류 기독교인이었기 때문이다.

　여기서 최상현의 「종교는 과시(果是) 미신일까?」의 마지막 당부를 떠올릴 필요가 있다. 전술한 것처럼 최상현은 김명식의 김익두 비판에 동감하지만 침묵주의를 고수하고 있는 지식계급의 기독교도에게 활발한 사상운동에 나설 것을 독려했다. 그러나 사상운동에서 담론적 실천, 즉 문필 활동이 필수불가결하다는 점을 감안한다면, 현실적으로 이들의 사상운동의 활로는 경색되어 있었다고 볼 수밖에 없다. 보수적 종교관에 경도된 기독교계 매체는 물론, 일반 언론기관마저 기독교의 개혁을 논하는 공론장으로 기능하기 어려웠던 것이다.

　이러한 매체지형 속에서 『신생활』은 「김익두의 미망을…」을 기점으로

57　안수강, 「일제강점기 YMCA의 노선과 현재적 함의 고찰 : 기관지 『청년』(1921~1940)을 중심으로」, 『신학과 실천』 79, 한국실천신학회, 2022, 637~653면 및 658면.

새로운 가능성으로 부상한다. 『신생활』의 주필인 김명식은 김익두라는 하나의 현상과 정면대결함으로써 『신생활』이 언론기관의 사명과 직책을 수행하도록 했으며, 이를 계기로 최상현이나 유경상과 같은 지식계급의 기독교도들은 『신생활』을 언로 삼아 사상운동을 전개한다. 이러한 맥락을 두루 살필 때 장로회 총회를 수신자로 삼는 김원벽의 글이 『신생활』에 게재된 연유도 추정할 수 있게 된다. "장로의 종신직을 폐지하고 교회를 개방하여 보통선거를 실시"[58]하라는, 기독교계 기득권을 향한 도발적이고 급진적인 문제제기는 『신생활』을 통해서 비로소 공론화될 수 있었던 것이다. 요컨대 『신생활』은 종래의 기독교 매체에 수용되지 못한 자기비판과 성찰을 담아내는 대안적인 기독교의 공론장으로 기능했다.

5. 『신생활』 내 기독교의 위상 변화 – 결론을 대신하여

1920년대 초반, 김익두 목사의 영향력은 기독교계의 범위를 넘어서 사회 전반으로 확산되고 있었다. 가난 때문에, 혹은 무지 때문에 근대적 의료 서비스에 접근하기 어려운 병든 민중들은 신비한 능력의 소유자로 알려진 김익두에게 열광했다. 실로 이는 하나의 현상이라 칭할 만했다. 『신생활』은 「김익두의 미망을…」을 통해 김익두 현상에 우려를 표하고 김익두 비판을 개진한다. 이에 기독교계 일각에서는 김명식의 글을 논박하고 『신생활』 불매운동을 벌이는 등, 대대적인 반격에 나선다.[59] 그러

---

58   김원벽, 「장로교회 총회에 소(訴)하노라」, 『신생활』 8, 1922.8.5.

59   김익두의 고향이자 목회 활동의 근거지였던 황해도 지역의 목회자 모임은 김명식의 「김익두의 미망을…」에 분노를 표하며 『신생활』 구매금지를 결의하고 이를 전국적으로 확산시키고자 하였으나 부결되었다. 「김목사 공격으로 문제된 신생활 잡지, 구매금지안은 부결」, 『동아일보』, 1922.9.16.(3면)

나 기독교계는 기독교의 특수성을 지나치게 강조함으로써 폐쇄적인 논의를 반복했으며 김익두 개인을 옹호하는 데 집중한 나머지 김명식의 문제제기를 발전적으로 사유하는 데에도 실패했다. 한편, 『신생활』은 기독교계와 담론적 전선을 형성하고 논전을 진전시키는 과정에서 대안적인 기독교의 공론장으로 기능한다. 조선 기독교를 향한 건설적 비판을 적극 수용하고 사회와 긴밀히 소통하는 기독교상을 그려내는 데 주력한 것이다. 이는 『신생활』이 스스로에게 부과한 언론기관으로서의 사명을 수행해내는 방식이었다.

그러나 이러한 『신생활』의 기독교 담론은 그리 오래 지속되지 않았다. 대안적인 기독교 담론공간이었던 『신생활』은 사회주의 사상에 입각한 기독교 비판의 논리가 배태되는 공간으로 기능하기도 했다. 정백의 「중국의 비종교운동의 유래와 경향」은 사회주의적 종교관에 입각해 기독교 배척론을 상술한다.[60] 「김익두의 미망을…」이 발표된 다음호인 『신생활』 제7호에 등장한 이 글은 사회주의와 기독교의 완전한 분기를 예고하는 것처럼 보이기도 한다. 실제로 시간이 흐름에 따라 『신생활』 내에서 기독교를 향한 비판은 점차 노골화된다. 김익두 옹호를 위해 『신생활』 불매운동을 결의한 장로교 황해도 노회는 폭압적인 권력을 휘두르는 식민 당국의 모습과 겹쳐져 묘사되고,[61] 교계 안팎에서 "공헌"으로 인정받던 교육사업조차 "자가 교의(敎義)를 백지와 같은 무구한 생도의 머릿속에 강제 주사"[62]하는 세뇌의 과정으로 표상된다. 『기독신보』에 김익두 옹호 글을 실은 강제모를 두고는 "군과 같은 제자를 둔 예수의 수치"이자 "군의 시조가 된 아담 이화(아담과 이브 : 인용자)에 대한 불효요 또 불행"이

60 강명숙, 앞의 글, 150~152면; 김권정, 앞의 글, 198면.
61 이윤건, 「「신생활」 구독금지 결의에 취(就)하여」, 『신생활』 9, 1922.9.5.
62 노국백작, 「사립검사국 : 교회학교는 신도제조소?」, 『신생활』 15, 1922.12.23.

며, "식자연(識者然)하는 군이 관계하는 교회의 수치"라며 차가운 독설을 날린다.[63] 이러한 서술 속에서 기독교는 타도의 대상일 뿐, 건설적 비판의 대상이나 대화의 상대가 아니다.

이와 같은 기독교의 위상 변화는『신생활』의 체제 변화가 담론의 질적 변화를 동반했음을 보여준다.『신생활』은 창간호부터 제5호까지는 순간으로, 제6호부터 제9호까지는 월간으로, 제10호부터는 주간으로 발행되었는데, 주간 체재로 이행하는 단계에서 사회주의 사상을 표면화하며 이전과는 현저한 사상적 단차를 보였다. 주보『신생활』에는 유진희(俞鎭熙), 이혁로(李赫魯) 등 사회주의 사상으로 무장한 새로운 필진들이 합류하는 한편, 강매(姜邁), 김원벽(金元璧) 등 기독교계로 분류되는 기존의 필자들은 자취를 감춘다. 1920년대 초가 기독교에서 사회주의로의 사상사적 전환이 이루어지는 시기라고 했을 때, 이와 같은 필신의 새배치는 시대적 흐름에 부합하는 것처럼 보인다. 1920년대 조선에서는 세계사적 흐름에 조응하여 사회주의가 부상하고 기독교의 사상적 헤게모니는 요동하기 시작했다. 이 사상적 전환은 거부할 수 없는 물결처럼 진전되고 있었다. 그러나 기독교에서 사회주의로의 전환, 기독교와 사회주의의 결별은 생각보다 더디고 지난한 과정을 거쳤다.『신생활』은 그 전환과 결별의 과정을 촘촘히 보여주는 이례적인 잡지이다.

---

63 노국백작, 「사립검사국 : 종교미신론」, 『신생활』 8, 1922.8.

● 참고문헌

[자료]

『기독신보』 영인본, 기독신보사, 1963.

『기독청년』(연세대학교 학술문화처 도서관 기독교 고잡지 컬렉션).

『동아일보』, 『매일신보』, 『조선일보』.

『신생활』 영인본, 청운, 2006.

『청춘』 영인본, 태학사, 1980.

『청년』 영인판, 대한YMCA연맹, 1984.

강만길·성대경, 『한국사회주의운동 인명사전』, 창작과비평사, 1996.

임택권 편, 『조선예수교회 이적명증』, 1921, 조선예수교서회.

Hardie, R. A, 『그리스도 교통의 문답』, 조선예수교셔회, 1911.

[논저]

강명숙, 「1920년대 중국 반기독교운동과 식민지 조선의 사회주의 운동」, 『한국기
　　　독교와 역사』 8, 한국기독교역사연구소, 1998.

_____, 「1920년대 초 한국 개신교에 대한 사회의 비판」, 『한국기독교와 역사』 5,
　　　한국기독교역사연구소, 1996.

김권정, 「일제하 사회주의자들의 반기독교운동에 관한 연구」, 『숭실사학』 10, 숭실
　　　사학회, 1997.

_____, 「『신생활』에 대한 검토」, 『한국기독교역사연구소소식』 25, 한국기독교역
　　　사연구소, 1996.

김봉희, 『한국 기독교문서 간행사 연구 : 1882~1945』, 이화여자대학교 출판부,
　　　1987.

김현주, 『사회의 탄생』, 소명출판, 2013.

류대영, 「국내 발간 영문 잡지를 통해서 본 서구인의 한국 종교 이해, 1890~1940」,
　　　『한국기독교와 역사』 26, 한국기독교역사연구소, 2007.

박종린, 「1910년대 재일유학생의 사회주의사상 수용과 '김철수 그룹'」, 『사림』 30,
　　　수선사학회, 2008.

_____, 「효성 김원벽의 생애와 민족운동」, 『동방학지』 184, 연세대학교 국학연구
　　　원, 2018.

_____, 『사회주의와 맑스주의 원전 번역』, 신서원, 2018.

수표교교회 역사편찬위원회, 『수표교교회 역사』, 기독교대한감리회 수표교교회, 1994.

안수강, 「일제강점기 YMCA의 노선과 현재적 함의 고찰 – 기관지 『靑年』(1921–1940)을 중심으로」, 『신학과 실천』 79, 한국실천신학회, 2022.

유동식, 『소금 유동식 전집 제6권 : 교회사 II 재일본한국기독교청년회사』, 한들출판사, 2009.

이준식, 「일제침략기 기독교 지식인의 대외인식과 반기독교운동」, 『역사와 현실』 10, 한국역사연구회, 1993.

장규식, 「1920년대 개조론의 확산과 기독교사회주의의 수용·정착」, 『역사문제연구』 21, 역사문제연구소, 2009.

정한나, 「재일본 조선인 잡지의 초국적 연대담론과 수사학」, 연세대학교 박사학위논문, 2020.

콰메 앤터니 애피아, 실천철학연구회 역, 『세계시민주의 – 이방인들의 세계를 위한 윤리학』, 바이북스, 2008.

허호준, 「일본 유학시기(1915–1918) 송산 김명식의 사회인식과 활동」, 『탐라문화』 39, 제주대학교 탐라문화연구원, 2011.

황우선, 「『기독신보』(1915–1937): 초창기 한국교회 신문 연구」, 목원대학교 박사학위논문, 2011.

Kwame Anthony Appiah, *Cosmopolitanism: Ethics in a World of Strangers Ethics in a World of Strangers*, eBook ed., W. W. Norton & Company, 2006.

[기타자료]

대한성서공회 홈페이지, https://www.bskorea.or.kr/
대한민국신문아카이브, https://www.nl.go.kr/newspaper
네이버 뉴스 라이브러리, https://newslibrary.naver.com
한국민족문화대백과사전, http://encykorea.aks.ac.kr/

『신생활』의 외부 필진 연구
: 나경석과 신백우의 '사회주의'와 관련하여

정윤성

1. 들어가며: 『신생활』의 시대와 그 이후

그리고 조선사회에서의 사상상의 대립적 논전 충돌은 이 22년 가을부터 치성(熾盛)하게 되었으니 동명(東明), 조선지광(朝鮮之光), 신천지(新天地), 신생활(新生活) 등 신문지법에 의한 주간, 월간 간행물이 있어 그에 의한 필전 혹은 연설 강연에 의한 설전이 격렬하여 그 사상 대 사상의 투쟁적 기세는 일대 장관이었다 이는 일부면의 사실이 아니오 전조선적의 사실이었다 그러한 중에서도 여기에서 특필(特筆)할만한 사실은 **그 사상과 주의를 충실히 선전하든 신생활과 동명 양지(兩誌)의 대립이었다** 그 전자가 유물사관적 견지에서 사회주의를 격렬한 기세로 주창하고 있음에 반하여 후자는 유심론적 견지에서 고전적 민족주의를 애달프게 고조하였었다 […] **이러한 계속 현상인 1923년의 그것은 더욱 치열하여 거의 백열화하였던 것이니 22년의 이러한 준비를 구(具)한 23년의 양주의(兩主義) 양사상(兩思想)의 쟁투는 실로 조선의 사상계로 하여금 한없이 분망케 하였으며 한없이 혼란케 한 것이다**[1]
(현대어 변환과 강조는 필자)

---

1   배성용, 「조선사회운동소사(四) 물산장려와 청년당대회」, 『조선일보』, 1929.1.6., 6면.

사회주의 진영의 한 논자는 1920년대 초 식민지 조선의 사상적 지형도를 인용과 같이 정리했다. 『신생활』은 사상의 '최전선'에 위치한 대표적인 매체로서 1922년을 넘어 이듬해인 1923년에도 공고한 입지를 유지했고, 이후에도 잡지사는 사회주의 진영의 대표적인 언론기관으로 평가된다.[2] 계급적 견지를 배경으로 한 잡지 『신생활』과 관련자들의 붓끝은 외부의 '민족' 진영을 겨누었으나, 점차 사회주의 진영 내부의 사상적 일치를 도모하는 작업에 동원되었다. 월간에서 주간으로 간기(刊期)를 단축한 『신생활』 10호는 "신흥계급의 전위(前衛)를 작(作)"[3]하겠다는 포부를 공표했고, 이는 프롤레타리아 국제주의를 표방하는 볼셰비키화를 의미했다.[4] 과거 개별 필자들은 나름의 논리와 사상 자원을 배경으로 사회주의라는 공통의 주제에 접근했지만, 급격한 '방향전환'을 시도한 잡지의 지면은 보다 구체적인 운동의 실천과 관련한 언설로 채워졌다.

사학계와 국문학계에 제출된 그간의 연구들은 주로 잡지사의 경영과 논의를 주도한 이른바 '신생활파'에 주목했다. 대표적으로 박종린은 1922년 운양(雲養) 김윤식의 사회장 문제를 계기로 형성된 '신생활파' 구성원의 활동 이력과 투고 편수를 정리한 뒤, 이들의 번역으로 소개되는 사회주의의 속성을 분석했다.[5] 주요 필자들의 논의에 천착하여 『신생활』의 논의를 당대 사회주의 담론과 문단의 관계 속에서 독해하는 일련의 연구들도 존재한다. 최병구는 사회주의 계열에 속하는 『신생활』과 더불

2 박형병, 「반맑스주의적 GH생류의 인식, 비판, 규정론을 박함(五)」, 『동아일보』, 1928. 1.11, 3면.
3 「신생활(광고)」, 『동아일보』, 1922.10.22, 1면.
4 박현수, 「신문지법과 필화의 사이: 『신생활』 10호의 발굴과 연구」, 『민족문학사연구』 69, 민족문학사연구소, 2019.
5 박종린, 「1920년대 초 사회주의사상의 수용과 『신생활』」, 『사림』 49, 수선사학회, 2014.

어『공제』,『대중시보』가 자유, 평등으로 대표되는 자유주의적 가치에
근거해 '노동'의 문제에 접근했음을 지적했고, '신생활파'의 정백, 이성
태, 신일용이 1925년 KAPF의 결성에 개입한 양상을 추적했다.[6] 김경연
은 '신생활파'의 개별 논자들이 개진한 사회주의 논의가 균질하지 않았
음을 지적하면서도, 단일한 사회주의적 정향(定向)을 근거로 식민제국의
통치술과 민족주의 진영이 활용한 '문화'에 대응하는 '평민문화'의 건설
을 주장했다고 논증했다. '감각'의 회복을 통한 '자아'의 회복을 골자로
한 '평민문화'는 이후 김기진이 주장한 '감각의 혁명'의 논리를 선취한
것으로 평가된다.[7] '신생활파'의 핵심 인물 신일용에 집중한 연구도 제출
되었는데, 전성규는 의사로서의 정체성과 민중의 '감정'과 '노동'에 주목
한『신생활』의 기고문을 연관시키며 그의 사회주의가 내포한 속성을 규
명했다.[8]

　한편 최근의 한 연구는 필화사건 이후에도 지속된 신생활사의 출판·
인쇄사업의 기록을 검토했다. 이 연구는 사업으로의 선회가 조선총독부
의 대중매체 검열 강화에 대응하는 신생활사의 우회적인 전략이었음을
지적하고, 1920년대 후반까지 출판권과 인적 교류로 연결되는 신생활사
와 군소 출판사들의 관계를 추적했다.[9] 더불어 잡지의 비사회주의 계열
의 필자들이었던 기독교계 인사들의 기고에 주목한 연구도 제출되었는
데, 이 연구는 신생활파 필자들이 활용한 기독교적 수사와 담론을 검토
하여, 잡지가 기독교의 사회적 역할을 강조했음을 보여주었다.[10]

6 최병구,「사회주의 문화 담론과 프로문학: 신경향파 문학 탄생의 주변(1920~1923)」,
　　『민족문학사연구』49, 민족문학사연구소, 2012.
7 김경연,「1920년대 초 '공통적인 것'의 상상과 문화의 정치」,『한국문학논총』71, 한
　　국문학회, 2012.
8 이 책의 2부 3장 전성규의 글 참고.
9 이 책의 1부 2장 김현주·조정윤의 글 참고.

　　잡지의 폐간 이후라는 시기와 더불어 비주류 필자에 주목한 두 연구에 공감하며, 이 글은 잡지사의 간부진에 속하지 않은 나경석과 신백우를 주목했다. 나경석은 창간(임시)호부터 주보로 전환될 때까지『신생활』에 비교적 오랜 기간 기고(寄稿)한 인물이며, 그가 소개한 과학 기술과 러시아 관련 언설은 1920년부터 1922년까지의 만주 체류 경험과 긴밀하게 연관된다. 1920년대 나경석의 만주 경험은 소비에트 러시아의 계급 혁명을 긍정하면서 동시에 '동포(민족)'를 외치는 '면사주의(免死主義)'의 형성에 큰 영향을 미쳤다. 1923년 '계급'과 '민족' 진영 간의 충돌이 격화한 물산장려 논쟁에서 그의 '면사주의'는 사회주의 진영의 인사들로부터 공격받는다.『신생활』의 기고를 포함하여 1920년대 초의 행적과 문헌을 종합적으로 검토함으로써, 그가 창안한 '사회주의'의 의미를 재고해볼 수 있다. 한편 1910년대 국외 무상투생(無償投生)에 두신한 바 있는 신백우는 1920년 귀국을 기점으로『공제』,『신생활』의 기고를 통한 문필활동과 '노동'을 중심으로 한 사회운동에 적극적으로 개입한 인물이었다. 그는 일본 유학과 같은 주류의 방식과는 구별되는 경로로 사회주의 지식체계를 수용한 사회운동가로 거듭났다. 사회주의자로서의 두 인물의 면모를 조명하고자 할 때,『신생활』에 게재된 글들은 중대한 단서를 제공한다. 이를 시기적으로 인접한 문헌 그리고 전기적 사실과 겹쳐 읽어봄으로써 두 인물의 사회주의가 내포한 의미와 구조를 검토하고, 동시에 잡지의 사상적 편폭(篇幅)을 확인해보고자 한다.

10　이 책의 3부 1장 정한나의 글 참고.

2. 만주 경험과 면사주의(免死主義): 나경석과 『신생활』

일전에 조선물산장려회의 선전강연회가 있어 필자도 그 회의 이사라는 직책이 있으므로 출석하였었는데, 연사가 강연을 시작하기 전에 "물산장려의 취지를 설명하라"고 청중석 한구석[一隅]에서 노기를 품은[帶한] 어조로 "우리 절대다수인 무산자에게 어떠[何如]한 의의가 있으냐" 하는 몇몇[數三] 청년이 있어 회장이 일시에 요란하여 **다른 청중은 이[此]를 "방해자"라기도 하고 혹은 "신생활파" 일설은 "경찰서에서 시킨 것"**이라 하여 청중의 다수는 어떠[何如]한 의미로 해석하였든지 이[此]를 반박하기에 일치하였으므로 그네들은 필경 퇴장하였다.

또 음력 정월 일일 강연 석상에서도 일대 풍파를 야기하였는데 역시 청중의 다수는 무슨 까닭에 그런 충돌이 가끔 발생하는지 자세히 알지 못한 듯하다 **다소라도 사량(思量)이 있는 사람은 까닭 없이 "방해"하러 온 것도 아니요 경찰서의 사용인(使用人)도 아닌 것을 알 것이오 또 개인적 사감(私感)에서 나온[出한] 것이 아닌 것도 알 것이다 다만 그네들의 주의(主義)와 사상(思想)으로부터 생겨난[生한] 물산장려에 대한 견해가 전혀 강연자의 그것과 상이한 까닭[所以]이 아닌가 한다[…]**[11]

(현대어 변환과 강조는 필자)

1923년 1월 23일 조선물산장려회는 무두제(無頭制)의 형식으로 사무를 관장하는 20인의 이사(理事)의 임명과 10명의 전형(銓衡)위원 선발 계획을

---

11 인용의 "음력 정월 일일 강연"은 1923년 2월 16일(양력) 저녁에 진행된 조선물산장려회 강연회를 의미한다. 조선물산장려회는 '토산장려(土山獎勵)' 홍보를 위한 "선전대강연"과 "선전대행렬"을 해당일에 기획했으나 행렬이 일본 경찰의 제지로 시행되지 못하자, 낮에는 경운동에 위치한 천도교당에서 회원의 간친회(懇親會)를, 저녁에는 천도교당과 종로의 기독교청년회에서 강연을 진행했다. 羅公民(나경석), 「물산장려와 사회문제(1)」, 『동아일보』, 1923.2.24., 1면; 「경계리에 성황을 정한」, 『동아일보』, 1923.2.17., 3면; 「성황의 물산장려강연」, 『조선일보』, 1923.2.18., 3면.

공표한다.[12] 20인의 이사 중 한 명[13]이었던 나경석은 물산장려운동을 비판하여 퇴장당한 일군의 인사들을 위와 같이 인식했다. 즉 그는 이들을 단순한 방해자 또는 치안 당국의 훼방꾼이 아닌 "주의와 사상"으로 무장한 '신생활파'에 동조하는 자들로 추정했는데, 그의 시선은 행사를 감시하던 경찰 인력을 주로 언급했던 언론과 달리 당대 담론장 내부를 향하고 있었다.

이렇듯 나경석은 조선물산장려회에 대한 "신생활파"의 적대(敵對)를 물리적으로 체감했다. 불과 몇 달 전 신생활파와 맺고 있던 긴밀한 관계를 고려해볼 때, 그가 강연장에서 마주한 충돌은 식민지 조선의 사회 담론과 실천의 급격한 지형 변화를 의미했다. 그는 잡지사의 외부 필진으로서, 1호(창간임시호), 3호에 각각 한 편씩, 볼셰비즘과 프롤레타리아 국제주의가 본격적으로 제출된 주보(週報) 10호[14]에도 두 편, 총 네 편의 글을 잡지에 게재했다. 이는 조선물산장려회 관계자 설태희(薛泰熙)(1편, 8호), 이순탁(李順鐸)(1편, 6호), 신태악(辛泰嶽)(1편, 6호) 뿐만 아니라 잡지의 여타 외부 필자와 비교해도 상당한 빈도와 비중이다. 더불어 1922년 8월 재일본 조선인 노동자의 학살 사건, 이른바 '신석현(新潟縣) 사건'의 대응을 위해 창립된 신석현조선인학살사건조사회의 조사위원으로서, 나경석은 김명식, 박희도 등 신생활파의 주요 인사들과 제휴하며 고착화된 자본주의적 착취관계와 이를 강화하는 제국/식민지의 위계를 폭로하는 데 앞장섰다. 그리고 같은 해 10월 그는 김명식과 함께 재외조선인노동상황조사회 상무위원으로서 해외 조선인 노동자 문제를 적극적으로 개진했다.[15]

---

12   「물산장려」, 『동아일보』, 1923.1.22., 3면; 「구원일부터 본목주의」, 『동아일보』, 1923.1.25., 3면.

13   한편 27일에 열린 조선물산장려회 이사회에서 유성준(俞星濬)이 이사장으로 선출되었으며, 경리·조사·선전부의 3부 구조가 성립되었다. 나경석은 조사부의 임원으로 선출되었다. 「물산장려대선전」, 『동아일보』, 1923.1.27., 3면.

14   박현수, 앞의 글.

물산장려운동을 둘러싼 논전은 '민족'과 '계급' 진영 간, '계급' 진영 내부에서 적/동지의 식별이 수행된 상징적인 사건이었고, 자신을 사회주의자로 정체화하면서도 물산장려의 논리를 옹호한 나경석은 좌익 진영으로부터 비판의 표적이 되었다. 논전의 발단이 된 나경석의 「포목상 제씨에게 간고함」은 1923년 2월 13일, 「물산장려와 사회문제」는 동아일보에 1923년 2월 24일부터 3월 2일까지 총 7회 연재되었다. 연재 직후 같은 지면에는 "대찬성인 동시에 급박(急迫)하는 무산자의 생활책(生活策)이란 그것과 사실과는 이러한 모순이 있"[16]다는 한 무산자 출신 논자의 즉각적인 반응이 게재되기도 한다.

> 공민군이여! 나는 군과 직접 면담한 일은 없었으나 군의 사상과 정신이 나와 동일한 방면 동일한 목적으로 향하는 것을 간접으로 듣고 반가이 악수할 날이 오기를 심축(心祝)하였더니 위선적 조물신(造物神)의 희롱인지 마취적 환경의 지배인지는 모르겠으나 최근 동아일보 지상에서 물산장려를 옹호하려는 군의 판명(判明)을 보니 군과 나와의 거리를 멀게 분열시킴은 유감으로 아는 바이다 옳다 군의 사상과 정신이 그에 정지되고 만다 하면 나는 군을 적시(敵視)하지 아니할 수 없다[17]
>
> (현대어 변환은 필자)

나경석의 물산장려운동 옹호는 좌익 진영의 본격적인 비판을 불러왔다. 그 포문을 연 것은 신생활사 기자였던 이성태(李星泰)였다. 이성태의 비판은 『신생활』을 이어받은 『신사회』에 게재될 예정이었지만, 잡지의 발행이

15 이 책의 4부 1장 정윤성의 글, 355~370면 참고.
16 CKW生, 「조선물산장려에 대하여 나군에게 고하노라」, 『동아일보』, 1923.3.3., 1면.
17 박형병, 「조선물산장려를 대변하랴는 나공민군에게 고함(一)」, 『조선일보』, 1923.6. 1, 1면.

연기되자 "물산장려운동을 각 방면으로 고찰"하려는 의도에 맞춰 동아일보에 실렸다. 그는 물산장려운동이 "조선의 자본가, 중산계급의 이기적 운동"임을 지적하면서, "계급투쟁의 전선(戰線)을 분명히 하는 것"이 "노동계급의 전술"이자 "사명"임을 주장한다.[18] 한편 나경석의 실명을 거론한 주종건(朱鍾建)은 그가 "항상 조선의 사상적 급진파 청년 제군과 접촉"이 있었음을 언급하며 그에게 동질감을 표하면서도, 무산계층의 "면사(免死)"의 일환으로써 물산장려운동의 실현 가능성을 부정적으로 평가했다.[19] 주종건은 물산장려운동이 무산계층을 "자기의 노동력을 제공하고 그 대상으로 생활자료를 얻[得]"는 경제적 속박으로 인도할 것이라는 전망을 제시한다.[20] 그는 나경석이 주장하는 러시아 혁명의 유물사관적 해석이 과거 부르주아의 선전과 다르지 않으며, "나공민(나경석) 독특의 사회주의적 관찰"에 불과함을 지적했다.[21] 주종건은 "혁명적 무산계급"에게 요구되는 "적극석", "실제적", "전투적" 태도를 강조하고 "무산대중과 양립지 못할 객체(客體)", "그것을 명백히 식별"할 것을 요구[22]하며 나경석을 압박했다.

노동자를 위한 강습회·직업소개 사업, 일본 아나키스트들과의 교류 등 1910년대 초 일본 유학 시절부터 이어진 일련의 사회주의적 행보[23]가 확인되기에, 위의 인용에서 확인되는 당대 사회주의자들의 모종의 당혹스러움은 당연할지도 모른다. 박형병(朴衡秉)은 나경석의 물산장려 옹호를 "타협주의"로, 그를 "자유주의적 기회주의자"로 비난했다.[24] 같은 맥락에서

18 이성태, 「중산계급의 이기적 운동」, 『동아일보』, 1923.3.20., 4면.

19 주종건, 「무산계급과 물산장려(一)」, 『동아일보』, 1923.4.6., 1면.

20 주종건, 「무산계급과 물산장려(四)」, 『동아일보』, 1923.4.9., 1면.

21 주종건, 「무산계급과 물산장려(十)」, 『동아일보』, 1923.4.15., 1면.

22 주종건, 「무산계급과 물산장려(十)(二)」, 『동아일보』, 1923.4.17., 1면.

23 한동민, 「수원 나주나씨와 나혜석의 부모 형제들」, 『나혜석연구』 1, 나혜석학회, 2012.

장일환(張日煥, 필명 張赤波)은 나경석을 "가짜[贋造]사회주의자"이자 "마르크스학 곡학자(曲學者)"로 규정하면서, 그가 외치는 '과학적 사회주의'가 실상 마르크스의 주장에 대한 몰이해의 결과임을 지적한다.[25] 이렇듯 진영논리에 근거한 당대의 평가는 나경석의 물산장려론을 비판하는 주된 관점이었고, 후대의 연구 또한 나경석 등의 물산장려 옹호론자들이 촉발한 분열을 상해파 고려공산당 국내부와 사회주의 진영 전반과의 관계라는 조직 논리로 접근했다.[26] 같은 맥락에서 나경석의 물산장려론을 비판한 민중사(民衆社)의 이성태, 주종건이 신생활파의 표면조직이었음을 지적하기도 했다.[27]

사회주의 진영의 지형도와 각 조직이 비판의 근거로 활용한 마르크스 저작에 대한 이해를 유념하면서도, 이 글이 나경석의 물산장려론과 관련하여 주목하는 점은 그가 자신이 사회주의자임을 여러 차례 언급하면서, 동시에 '면사주의'의 정당성을 주장한다는 사실이다. 나경석은 자신의 주장이 '민족' 진영의 논리와 겹쳐질 수 있음을 인지하면서도 물산장려론을 옹호했고, 사회주의자로서의 정체성을 내세우며 자신을 둘러싼 '혐의'를 반박했다. 이러한 사정을 고려한다면 '사회주의자' 나경석이 외친 '면사주의'가 형성된 경위를 검토할 필요가 제기되며, 이는 곧 물산장려운동 직전 『신생활』에 게재되었던 그의 글을 이해하는 데도 도움이 될 것으로 판단되었다.

---

24 박형병, 「조선물산장려를 대변하려는 나공민군에게 고함(十八)」, 『조선일보』, 1923. 6.19., 1면.

25 張赤波(장일환), 「나공민 군의 미망적 도전에 답함」(총 13회), 『조선일보』, 1923. 4.24.~5.5.

26 윤덕영, 「1920년대 전반 조선물산장려운동 주도세력의 사회운동론과 서구 사회주의 사상과의 비교」, 『동방학지』 187, 연세대학교 국학연구원, 2019.

27 박종린, 「1920년대 전반기 사회주의사상의 수용과 물산장려논쟁」, 『역사와현실』 47, 한국역사연구회, 2003.

이와 관련해 주목할 것은 『신생활』과의 접점 이전 나경석의 러시아 경험이다. 국내에서 마주치는 러시아인과의 대화는 나경석의 기고에서 빈번하게 활용되는 제재[28]이며, 이들과의 만남을 배경으로 나경석은 지역의 정세(政勢)를 정리하고, 그곳에 거주하는 한인(韓人)의 생활상을 환기한다. 『신생활』 10호에 실린 짤막한 글에서 그는 적군(赤軍)에 쫓겨 종로로 오게 된 백군(白軍) 러시아인과의 일화를 소개한다. 나경석은 가난한 러시아 백군, 즉 "백빈(白貧)" 앞에서 러시아의 "적화(赤化)"는 이미 결정된 사실임을 말하면서도, 조선인은 처참한 "적빈(赤貧)"이며 종로는 "적빈국(赤貧國)"에 지나지 않는다고 말한다.[29] '적(赤)'이라는 한 글자에 사회주의와 가난한 조선인이라는 두 맥락을 교차시키는 서술은 1920년대 초 나경석의 사상적 입장을 집약적으로 드러내는 것이다.

[표 1] 1920년대 초 나경석의 만주 관련 기사

제목(현대어 변환)	연재 기간(연재 횟수)	『공민문집』(1980) 수록 여부
과격파와 노령(露領)동포[30]	1920. 5. 21. ~ 1920. 5. 22. (2회)	X
만주 가는 길에	1920. 6. 23. ~ 1920. 7. 3. (11회)	O
하얼빈(哈爾賓)에서 블라디보스토크(海參威)까지	1920. 7. 9. (1회)	O
해항(海港) 로맨스	1920. 8. 16. ~ 1920. 8. 19. (3회)	O
노령(露領) 견문기	1922. 1. 19. ~ 1922. 1. 24. (6회)	O
시베리아(西伯里) 조선인의 산업적 발전	1922. 2. 17. ~ 1922. 2. 21. (5회)	X

---

28 公民, 「석왕사에서(一)」, 『동아일보』, 1920.6.12., 1면.
29 公民, 「적빈중백빈」, 『신생활』 10, 1922.11.4., 13면.

블라디보스토크 편신(海蔘片信)	1922. 4. 3. (1회)	X
시베리아(西伯里) 동포의 살아갈 길	1922. 10. 21. ~ 1922. 10. 27. (5회)	O

위의 표는 1920년부터 1922년까지 만주를 배경 또는 주제로 하는 나경석의 글을 정리한 것이다. 물산장려논쟁과 더불어 나경석을 대상으로 한 그간의 연구는 만주 경험을 크게 주목하지 않았으며, 자료집이라 할 수 있는『공민문집』또한 몇 편의 글을 누락하고 있다.

나경석이 시베리아, 연해주 지방과 한반도를 넘나들던 1919년부터 1922년까지[31] 러시아 전역은 혁명으로 볼셰비키가 정권을 잡은 1917년 11월 이래로 큰 혼란 상태에 처해있었다. 1922년 10월 말 소비에트 연방이 성립되기 전까지, 조선인들은 백군과 적군, 구(舊)제국과 정교(正敎) 세력, 미국과 일본의 개입 등이 빚어낸 정치적 불안정에 노출된다. 나경석이 주목한 니항(尼港, 니콜라옙스크) 사변은 대표적인 사건이었다. 하바롭스크로부터 북동쪽으로 약 977km 떨어진 니콜라옙스크 지역은 1918년 이래로 일본군이 장악했고, 당시 이곳에는 약 500명의 거주민을 포함하여 어장, 금광에서 노동하는 조선인 2,000여 명이 생활하고 있었다.

30　2회차 연재분의 제목은「과격파와 조선」으로 변경

31　이는『공민문집』에 수록된 연보를 따른 것이다. 연보에 따르면 나경석은 1919년 3·1운동 당시 독립선언서 천 부를 만주 길림의 손정도(孫貞道) 목사에게 전달했으며, 이후 무기 10정과 함께 입국하고자 했으나 안동현에서 발각되어 이를 빼앗긴다. 이 일로 요시찰 명단에 오르는 나경석은 블라디보스토크로 망명하였고 그곳에서 한인 교포 2세들에게 한국어를 가르치며 약 3년간 방랑했다. 나경석의 만주 관련 기사는 동아일보사의 객원기자로 근무하던 1920년부터 1923년까지 쓰인 것들이다. 딸 나영균에 따르면 나경석은 1924년 6월 물산장려회의 이사직을 사임하고 봉천(奉天)으로 이주하며, 동아일보사의 봉천 지국장으로서 기사를 썼다. 만주 관련 나경석의 전기적 사실은 나경석,『공민문집』, 나희균 편, 정우사, 1980, 261~262면; 나영균,『일제시대, 우리 가족은』, 황소자리, 2004, 125~128면.

1919년 여름부터 백군과 전투를 벌인 한 러시아 빨치산부대는 1920년 1월 말 니콜라옙스크에 도착했고, 이들은 당시 지하에서 선전 활동을 이어나가던 한인 조직을 흡수하여 도시를 방어하던 러시아 백군 수비대와 일본군과 충돌한다.[32] 나경석은 이 시기 정치적으로 보호받지 못하여 도적들에게 약탈당하고 일본 헌병대의 폭력에 노출되는 조선인들의 현실을 보도한다.[33]

한편 나경석은 일부 일본 언론이 '과격당(過激黨)' 또는 '과격파'로 번역한 볼셰비키가 사실 '다수당(多數黨)'으로 번역되어야 함을 지적하고,[34] 러시아 혁명 이후 성립된 '과격 정부'를 "신사회의 신제도를 시행"하기에 "완전무결하여 여러 나라[列國]는 그 제도를 다수 모방"하는 전범(典範)으로 평가한다. 그에 따르면 대한제국의 학정(虐政)에서 탈출한 수많은 한인이 과거 제정 러시아의 이수 상려로 러시아에 정칙할 수 있었고, 생활과 사상이 "노국화(露國化)"된 한인들은 당시 수적 우세를 점한 '과격파'와 교류했다. 이들은 동맹파공(罷工)과 태업 등 "조선서는 구경도 하지

---

32 약 2,500명에서 7,000명까지 사망자의 추정치는 개별 연구에 따라 상이하지만, 대부분의 연구는 빨치산부대가 일본군, 러시아 백군 포로뿐만 아니라 그들의 가족과 니콜라옙스크 지역의 일본 민간인들을 학살했다는 점을 공유한다. 잔혹한 대량 학살을 둘러싸고 부대 내에서 분열이 일어났고, 부대 내 볼셰비키 세력은 궐기하여 지휘관 트랴피친을 포함한 부대 지도자 7명을 체포한다. 이들에게 내려진 사형 선고는 즉시 집행되었다. 더불어 니항 사변을 기점으로 이들에게 협력한 한인 부대도 통수권을 두고 내부 균열이 발생한다. 한편 자국민 보호를 위해 일본군은 시베리아 지역에 재출병을 결정하고, 이는 곧 1920년의 '4월 참변'으로 알려진 한인 독립운동의 주요 근거지 블라디보스토크의 신한촌(新韓村) 습격으로 이어진다. 니항 사변과 4월 참변 관련 내용은 윤상원, 「러시아지역 한인의 항일무장투쟁 연구: 1918~1922」, 고려대학교 박사학위논문, 2010, 2절 1), 2) 항목 참고.
33 公民, 「합이빈에서 해삼위까지」, 『동아일보』, 1920.7.9., 1면; 公民, 「해항 로만쓰」, 『동아일보』, 1920.8.17., 1면; 公民, 「해삼편신」, 『동아일보』, 1922.4.3., 1면.
34 公民, 「과격파와 노령동포(一)」, 『동아일보』, 1920.5.21, 1면.

못하던 계급전쟁 즉 자본 대 노동의 쟁투"를 경험하였기에 "노국과격파
와 기맥(氣脉)을 통"한 존재로 묘사된다. 이 점에서 나경석은 러시아에
거류하는 조선인들의 '과격' 사상을 '독립'의 요구와 같은 것으로 인식하
는 일본군의 행태를 "시대착오의 생각과 행동"이자 "동양 평화의 장해(障
害)"로 비판한다.[35] 다시 말해 나경석은 조선인 이민자들을 후대(厚待)한
러시아의 관민(官民)을 고평하고, 러시아 혁명을 긍정하면서 소비에트
러시아의 사상적 일원으로 재만(在滿) 조선인들의 입지를 설명한다.

> 또 시베리아가 노령(露領)이 된 후에 블라디보스토크[海蔘威]란 황막한
> 어촌에 일대 도시를 건설하고 축항(築港) 포대(砲臺) 병영(兵營)을 건설함에
> 십의 팔구는 조선인의 노력을 빌렸[借]고 농토의 개척은 완전히 조선사람의
> 손으로 되어 현재 농촌의 주민 중 백의 구십 이상이 조선인이므로 러시아[露
> 國]의 이민(移民)들은 조선 사람과 같이 인접하여 살기에 조선말을 습득하여
> 조선 말로 욕도 하고 싸움도 하게 되어 있으니 말이 러시아 땅이지 백만
> 우리 동포가 사는 시베리아인즉 **우리 블라디보스토크 우리 시베리아라 함을**
> **괴상히 하지 말 것이외다** 더구나 현재[現今] 러시아는 국가와 경제의 조직을
> 해체하여 국경이란 관념이 희박하고 노력이 이권(利權)의 본체라는 공리(公
> 理)를 주장하는 곳이라 **우리가 건설하고 우리가 개척하고 또 우리가 많이**
> **사는 곳을 우리 무엇이라 함이 오히려 적합한 일이외다**[…][36]
>
> (현대어 변환과 강조는 필자)

인용된 글에서 나경석은 소비에트 정권이 점차 수립되어 가던 시기,
조선인 거류민들이 마주한 경제적 빈곤에 주목한다. 그는 블라디보스토
크의 기틀을 마련한 '우리', 즉 조선인들의 기여를 조명한다. 동포의 구

---

35 「과격파와 조선(二)」, 『동아일보』, 1920.5.22., 1면.
36 公民, 「노령견문기(一)」, 『동아일보』, 1922.1.19., 1면.

획은 소비에트 러시아의 영토 시베리아를 '우리'의 것으로 만들며, "궁(窮)하고 약(弱)하고 무식하고 간난(艱難)한 조선사람의 낙토(樂土)"로의 인식을 가능케 한다. 역사적 헌신에도 불구하고 조선인들은 (러시아 혁명과 내전 당시 자행되던) "살육을 당할만한 권력도 없고 약탈을 당할 만한 부력(富力)도 없"[37]는 정치적·경제적으로 보호받지 못하는 존재에 불과하다. 혁명군에 가담하여 총칼을 들이밀 수 있다는 우려로 조선인 거류민들은 일본군에 의해 강제로 무장해제 되고, 이는 도적들의 약탈로 이어져 "구주대기근(歐洲大飢饉) 이상의 대참극"을 경험하게 되는데, 나경석은 "다만 조선사람끼리의 진정한 애정으로 이[此]를 구제할 수밖에 다른 길[他途]이 없"[38]는 현실임을 호소한다. 동포 의식의 고취를 위해 1921년 4월 조선을 방문한 '해삼위학생음악단'을 찬조했고, 그곳의 생활을 담은 곡 「우리의 살림」을 창작한 사실이 확인되기도 한다.[39]

나경석은 자본력을 갖추지 못해 영세한 수준을 벗어나지 못하는 사업 규모와 경영의 의식과 경험 모두 결핍된 재만 조선 사회의 현실을 개탄하면서, 현지의 목축업, 채금업(採金業), 임업(林業), 어업 등의 사업성을 일별(一瞥)하는 글을 연재한다.[40] 1920년 만주 방방곡곡의 조선인 거류지를 방문한 기록에서 나경석은 "조선인의 세력으로 성립된 금융기관"의 '시초'인 협성은행(協成銀行)을 "제일 반가운 소식"으로 소개하고, 만주의 조선인 세력가들로부터 "금융핍박(逼迫)"에 시달리는 거류민들을 위한

---

37 위의 글.

38 위의 글.

39 후일 나경석은 3달여 뒤 동정금을 위해 조선에 재차 방문한 음악단이 "생후 처음으로 경험하는 간난(艱難)"을 겪게 되었을 만큼, 국내 경제 상황이 좋지 않았음을 회고한 바 있다. 「사모하든 고국 환영하는 한양에」, 『동아일보』, 1921.4.29., 3면; 羅公民, 「서백리동포의 사라갈길(二)」, 『동아일보』, 1922.10.27., 1면.

40 公民, 「서백리 조선인의 산업적 발전」, 『동아일보』, 1922.2.17.~1922.2.21. (총5회).

구제책을 듣는 경험을 전한다.[41] 재만 조선인의 실례(實例)로부터 사회 전체로 확장되어 제기되는 조선의 산업에 대한 그의 우려[42]는 20년대 중후반에도 확인된다. 실용화 단계로 이어지지는 못했지만, 콩[大豆]으로 석유를 만드는 기술이 개발되었다는 소식을 전하며, 연료 부족으로 발전하지 못하는 조선 산업계의 성장을 기원하는 그의 입장[43]도 사회 전반의 생계에 관한 관심을 배경으로 제출된 것으로 보인다. 유사한 맥락에서 『신생활』창간(임시)호에서도 나경석은 인공(人工) 부화(孵化)로 인간을 생산하는 상상을 배경으로, 이상적인 신체와 습속의 조건을 경제적, 도덕적 속박을 해소하는, 즉 "사람이 사람답게 사는 방법"[44]으로 소개한 바 있다. 나경석은 1922년 2월 말부터 3월 초까지 7회에 걸쳐 동아일보에 「「아인스타인」의 상대성원리」를 연재하며 '과학'과 '(사회주의)혁명'의 두 급진적 기표를 연결한 바 있으나,[45] 과학(기술)에 대한 나경석의 언급은

---

41 公民, 「만주 가는 길에(三)」, 『동아일보』, 1920.6.25., 1면.
42 "경제의 공황으로 인하여 상(商)이 파산을 하게 되었다든지 도시의 노동자의 실직자가 증가하였다 하면, 이는 어느 사회에든지 없는 일이 아니겠으나 **우리 처지를 보면, 전조선이 거의 총파산을 하게 되어 기갈(飢渴) 정점(頂点)에 달(達)하였다.**" 羅景錫, 「기갈정점에 입하여」, 『산업계』, 1924.1., 13면.
"조선사람이 통일한 정책을 수립하여 형식 여하는 불관(不關)하고 **자치자립할 영구책이 없지 못할 것이외다 그대로 두면 다 죽어요** 지금 날마다 만주에서 직접으로 간접으로 죽어가는 중이나 통계가 분명치 아니할 따름이외다." 公民, 「봉천서 경성에」, 『산업계』, 1924.1., 66면.
"우리 조선사람은 상업(商業)을 잘할 줄 모릅니다. […] 그것은 자본의 문제, 환경의 관계, 사람의 인내력 문제 여러 가지의 문제가 다 있겠지만은 **결국은 상업술이 부족한 것이 큰 원인**이라고 할 수 있습니다." 나경석, 「조선사람의 세 가지 결점」, 『별건곤』 10, 1927.12., 81면.
43 公民, 「대두에서 석유」, 『신생활』 3, 1922.4.1., 36~37면.
44 나경석 스스로가 말미에서 밝히듯 이 글은 「신생활의 이상과 현실」로 작성될 예정이었다. '현실' 관련 내용은 시베리아 여행 중 초안을 작성[起草]할 것이라 밝혔으나 이는 발표되지 않은 것으로 보인다. 公民, 「신생활의 이상」, 『신생활』 1, 1922.3.11., 67면.

진보적 사상에 근거한 정치운동을 환기했을 뿐만 아니라 조선 사회의
생계 문제와 연결되기도 했던 것이다.

> 그렇다 조선사람은 어느 방면으로 보든지 아주 여지없게 되었다 우리는
> 지구상에서 생존권을 포기하고 영원히 소멸하든지 민족적 소생의 대포부와
> 대용기를 가지고 돌진하여 신생명을 구하든지 위험한 양면적 임계선에 입
> (立)하였다 **우리의 목전에는『死』자가 뚜렷이 우리의 정면을 향하고 있다
> 정(正)히 사력을 다하여 생의 광명을 발견함이 우리의 절대사명이라**[…][46]

> 거듭 말하노니 만일 우리가 **조선 소비에트 건설의 이상(理想)**을 단행치
> 못하면 백 년 이내에는 완결치 못할 노국(露國)의 경제적 대건설의 중간에
> 허다한 파란을 만날 때마다 조선 사람의 생활은 지금 상상치 못할 비참한
> 형세[情形]를 수십 차 경과할 섯이니 이[此]를 인식힌 우리[吾人]는 어찌
> 편안히[晏然] 앉아서[坐하야] 민족적 멸망을 기다리리오[待하리요] 그러므
> 로 **시베리아 조선사람의 존재는 소비에트 조직을 통하여 신생명의 방향을
> 얻음[得함]에 있다 한다**[47]

> (현대어 변환과 강조는 필자)

1922년 9월 시베리아 지역의 영토 문제를 논의한 장춘(長春)회의에서
관계국인 중국, 일본, 러시아는 합의에 도달하지 못하면서 지역 정세는
경직된다. 나경석은 회의의 파행에 "실질상으로 제일 심절(深切)한 중대
관계가 있는 이는 오직 조선사람"임을 지적하면서, 재외 조선인들의 생
존은 산업의 발전 여부에 달려 있음을 주장한다. 요컨대 시베리아의 조

---

45   김성연, 「1920년대 초 식민지 조선의 아인슈타인 전기와 상대성이론 수용 양상」, 『역
      사문제연구』 27, 역사문제연구소, 2012, 2의 1) 참고.

46   羅公民, 「서백리동포의 사라갈길(二)」, 앞의 글.

47   羅公民, 「서백리동포의 사라갈길(五)」, 『동아일보』, 1922.10.22., 1면.

선인 거류민의 생활은 농민(소작인), 지식인·유학생, 독립운동가들이 아닌[48] 독자적인 생계의 토대를 통해 도모되어야 하며, "현대의 정치와 경제라는 것은 밥"이라는 명제가 "자유와 공산(共産)"을 위한 혁명의 선행 조건으로 인식된다.[49] 동시에 나경석은 "협소한 민족주의와 국가주의를 배척"함을 명시하고, 러시아 혁명의 근본원리가 "기한자(飢寒者)의 밥 먹고 옷 입는데 있"기에 동포를 중심으로 한 논의가 "세계에 보편한 사조에 순응하고 노국의 정치적 이상에 부합"하는 것으로 설명한다.[50] 그는 러시아 혁명의 계급적 입장에 '동포'의 논리를 겹쳐놓으면서, "자위안도(自衛安堵)를 위한 군사력[軍力]", "외국의 통상(通商)을 기다리지 않고[不待하고] 자급자공(自給自供)"하는 조선인의 "상호상결(相呼相結)"을 역설한다. 이러한 그의 입장은 소비에트 연방을 구성하는 '동포' 집단, 즉 "조선 소비에트"라는 결론을 산출한다.

이 논전을 시작하기 전에 상대자는 양개(兩個)의 불편한 점을 서로 인식하고 또 양개의 충직한 의(義)를 서로 준수하여야 할 것이다[…] **사회주의라는 것이 결코 누가 전매특허를 받은[受] 것도 아니요 또 일수판매권(一手販賣權)을 시인하는 바도 아니다 평이한 듯하고도 난해할 것이 근대의 사회주의의 학리(學理)인즉 오직 충직한 태도로 이[此]를 조선 경제 상태에 상조(相照)하여 추구할 것이오 제이(第二)는 공상적 사회주의를 떠나고**

---

48 원문은 "우리의 신생명을 구함에는 미주에 영성(零星)히 산재하여 당전(糖田)에 노동하는 동포나 야소교(耶蘇教)의 절구를 암송하러 간 학생에게 기대하겠는가 남북 만주에 유리표박하여 중국인의 소작으로 근근득생(得生)하는 이에게 차력(借力)할까 상해 방면에서 광무시대의 지방적 만감(萬感)을 가지고 정치적 허식 하에 공명(功名)의 다툼질하는 소위 지사(志士)에게 우리의 운명을 탁(托)할까." 羅公民, 「서백리동포의 사라갈길(二)」, 앞의 글.
49 羅公民, 「서백리동포의 사라갈길(三)」, 『동아일보』, 1922.10.25., 1면.
50 위의 글.

[離하고] 니힐리즘을 내놓고 과학적 사회주의를 현실적으로 논증함이 우리가 우리 개인에 대하여서 뿐이 아니라 사회에 대하여서도 그런 충직한 분의(分義)를 지킬[守할] 의무가 있다 하노라[…][51]

(현대어 변환과 강조는 필자)

'동포'를 중심으로 기술된 만주 체험을 유념할 때, 사회주의 진영의 '내부자'임을 거듭 강조하며 물산장려를 적극적으로 선전한 나경석의 입장은 세밀히 독해할 필요가 있다. '조선 소비에트' 관련 주장과 물산장려의 옹호에서 확인되듯 나경석은 자신의 주장이 불러올 논쟁을 충분히 인지하고 있었으며, 이에 대응하는 그의 전략은 사회주의의 내포를 되묻는 것이었다. 그는 마르크스의 학설에 기초한 '과학적 사회주의'가 "현실 문제의 논증을 구(求)할 유일한 방법인 줄 믿"[52]고 있음을 자인(自認)하고, 자신의 주장이 그것에 기대고 있음을 여러 차례 언급한다. 그는 자신에게 향할 것으로 예상되는 비판을 크게 세 갈래로 분류하고 각 항목에 대응하는데, 그의 주장은 무산자계급에 근거한 사회주의 혁명과 "경제조직의 변혁"이 시기상조임을 대전제로 상정한다. 나경석은 그 이유로 미숙한 수준에 답보하는 산업뿐만 아니라 식민지라는 조선의 특수한 정치 환경을 제시한다. 요컨대 그는 "정권(政權)을 떠난[離한] 산업은 증식하지 못한다는 원리" 하에서, 조선이 "정치혁신의 단계[階段]을 지나지[經치] 아니하고 즉시 경제조직의 변화를 단행"[53]할 수 없음을 지적했다.

'정치'의 요인을 고려한 나경석의 입장은 동양척식회사의 이민 정책을 두고 선명히 구분된다. 과거 『신생활』의 주필이었던 김명식은 조선에서

---

51   羅公民, 「물산장려와 사회문제(一)」, 앞의 글.

52   羅公民, 「물산장려와 사회문제(二)」, 『동아일보』, 1923.2.25., 1면.

53   羅公民, 「물산장려와 사회문제(三)」, 『동아일보』, 1923.2.26., 1면.

생활하게 될 일본인 노동자들이 조선 농민과 단결하여 지주에게 대항하게 될 것이며, 더불어 경성의 도로 공사를 위해 입국한 중국인 노동자들[支那苦力]과 "반드시 조선 노동자가 악수하여 형제로 대접하고 합력(合力)하여 유산계급에 대치하지 아니하면 불가"한 형세가 만들어질 것으로 보았다. 나경석은 김명식의 낙관론을 "이론에만 빠져[塗泥] 현실에 어두운[暗昧]한 가경가외(可警可畏)한 오류"로 반격하고, "세[三個] 무산민족이 이해가 상반(相反)"하기에 노동자 간 생존을 위한 "밥싸움"을 피할 수 없다고 보았다. 한편 "유산무산(有産無産)을 불문하고 정치적 위압에 맞닥뜨려[面하야] 이해관계가 공통"된 조선인은 독자적인 "조선인의 면사주의"[54]를 추구하는 상황에 놓인다. 이 점에서 그는 프롤레타리아 국제주의의 논리와 충돌한다. 나경석은 '주종건 군 기타 제씨(諸氏)에 대답하기 위하여'라는 부제로 연재한 글에서 사회주의 인사들의 비판에 적극적으로 대응했다. 그는 "우선[爲先] 살아나야지 우선 먹어야"함을 외치며, 그를 향한 비판이 "송장의 계급의식이 닳아 없어짐[耗損]될까 염려"[55]하는 것에 지나지 않음을 지적한다.

이로써 생존을 위한 경제적 기틀을 마련할 "사회혁명"과 무산계급의 국가 건설을 의미하는 "정치혁명"의 구분을 거듭 강조하며[56], 나경석은 자신의 '면사주의'가 여전히 사회주의 진영의 논리와 배척되지 않음을 주장했던 것이다.

---

54 나경석이 언급하는 김명식과의 논쟁이 어떤 글에 근거하고 있는지 확인되지 않는다. 한편 박형병은 "민족주의를 배척"하면서 "유산무산과 합치를 논"하는 나경석의 반박을 모순으로 인식하고, "대동단결을 주장하는 최남선 군과 다르"지 않다고 비판한다. 박형병, 「조선물산장려를 대변하려는 나공민 군에게 고함(四)」, 『조선일보』, 1923.6.4., 1면.
55 羅公民, 「사회문제와 물산장려(二)」, 『동아일보』, 1923.4.27., 1면.
56 羅公民, 「사회문제와 물산장려(四)」, 『동아일보』, 1923.4.29., 1면.

3. 「혈흔」의 위치와 번역의 의의: 신백우와 『신생활』

또 다른 외부 필자 신백우(申伯雨)는 '노동'을 중심으로 한 여러 편의 논의를 『신생활』에 게재한다. 그는 당시 사회주의 지식체계를 전유함으로써 사회운동에 대한 전망과 구체적 방안을 제시했으며, 『신생활』 폐간 이후에도 여러 사회활동의 장면에 포착된다.

1970년대 발족한 신백우기념사업회는 전기적 사실을 정리하고 그가 생전 남겼던 글들을 종합한 자료집(이하 자료집)을 발간했다. 그러나 다른 사료와 교차·대조해보았을 때 사실관계를 확정하기 어렵거나 누락된 내용도 확인되며, 선행 연구들 또한 잡지 『신생활』이 유통한 사회주의의 내포를 규명하기 위해 게재된 그의 글을 부분적으로 인용하는 데 그쳤다. 하지만 1920년대 전후의 행적과 문필활동을 겹쳐보았을 때, 신백우는 잡지사의 주요 필진과는 구별되는 경로로 사회주의를 수용했고, 그의 번역을 통해 소개된 「혈흔」은 잡지에 게재된 여러 논의와 긴밀히 연결되어 있다는 점에서 간과될 수 없다. 현재까지 확인되는 자료를 배경으로 그의 전기적 사실을 정리하자면 다음과 같다.

신백우는 1887년 충청북도 청원군 출생으로 1911년 보성전문학교 법과를 졸업하고 만주로 향했고, 그곳에서 여러 무장 독립투쟁 활동에 관여했다. 1920년대 전반기에 확인되는 신백우의 국내 활동에서 눈에 띄는 것은 '노동'으로, 자료집은 신백우가 한성임시정부, 신흥무관학교, 조선노동공제회, 조선노동연맹회, 조선노농동맹으로 이어지는 활동 중에도 '노동'의 문제를 일관적으로 염두에 두었음을 언급하며, 그를 "한국 노동운동사의 문을 열어 놓은 선구자"로 평가한다.[57] 당시 언론 기사에서 발

57   경부신백우선생기념사업회, 『경부 신백우』, 1973, 7~8면.

견되는 그의 국내 활동은 조선노동공제회와 관련된 것이다. 신백우는 1920년 4월 조선노동공제회의 창립에 참여[58]하고, 기관지였던 『공제』의 주간이자 편집책임자로 활동한 것으로 알려졌다. 자료집에 의하면 그는 1921년까지도 경성에서의 활동과 더불어 만주 일대에서 이루어지던 무력투쟁에 여전히 개입[59]하였다. 『신생활』에 글을 기고하기 시작한 1922년을 무렵으로 그의 활동 영역은 한반도로 집중되면서 만주에서의 무력투쟁 활동은 점차 줄어든 것으로 보이며, 국내의 사회운동에 관여하면서 만주·상해의 조선인 사상단체들과 제휴한 것으로 확인된다. 노동공제회 주관의 행사에서 1921년 6월에는 「암흑에서 광명으로」를 주제로 한 강연과 1922년 2월에는 「잘 살려면?」이라는 주제로 연설하기도 했다.[60] 1922년 1월 무산자동우회의 기관지인 『무산자』 창간에 윤덕병, 김한(김제관) 등과 함께 참여한 사실이 해방 이후 소개되기도 한다.[61]

---

58 기사에 따르면 조선노동공제회의 발기회는 2월 초순에, 창립총회는 4월 11일에 개최되었다. 창립총회의 임원선거에서 대회장에 박중화(朴重華), 총간사에 박이규(朴珥圭), 의사장에 오상근(吳祥根)이 임명되는데, 신백우와 그의 구체적인 직함은 확인되지 않는다. 한편 1921년 8월 27일 조선노동공제회 정읍지부는 창립 1주년을 맞아 기념식을 여는데, 신백우는 경성본회의 '내무집행위원'으로서 이 행사에 참여한다. 「노동공제창립」, 『동아일보』, 1920.4.12., 3면; 「공제 정읍지회 기념」, 『동아일보』, 1921.8.28., 4면.

59 1920~1921년의 행적은 다음과 같다. 만주에서 서로군정서(西路軍政署)의 특별유격대인 광한단을 조직했으며, 광한단은 압록강 연안에서 일본 군경기지를 습격하는 등 유격전을 개시했다. 1920년 9월 하순부터 10월 사이에는 일본군 여단 병력을 상대로 천수평(泉水坪) 전투를 지휘했으며, 1921년 1월에는 만주에 산재한 독립군 통합에 주력하였으나, 이르쿠츠크에 주둔하던 공산계 독립군은 신백우가 속한 재만 독립통합군을 포위하며 통합을 강요하였다. 이에 반발하며 신백우는 1921년 2월 25일 『독립신문』 상해판에 광한단 격고문(檄告文)을 게재한다.

60 1922년 2월 행사에는 당시 신생활사의 창간호를 준비 중이던 신일용 또한 연사로서 이 행사에 참여했다. 「집회: 조선노동공제회」, 『매일신보』, 1921.6.24., 2면; 「집회: 조선노동공제회」, 『매일신보』, 1922.2.22., 2면.

61 「신문화여명 야화(3)」, 『동아일보』, 1958.10.18., 4면.

신백우는 1923년 조선노동공제회의 후신인 조선노동연맹회의 간부로 활동했다. 그는 조선노동연맹회의 기관지였던 『노동』의 책임 편집자[62] 이기도 했는데, 해당 잡지는 검열로 인해 창간호부터 발매가 금지되었다.[63] 그는 이 시기 '노동(자)'를 주제로 여러 번 강연[64]한 기록과 조선노동공제회를 대표하여 노동자들의 동맹파업 현장에 조사위원으로 파견된 사실이 확인된다.[65] 또한 그는 "무산계급의 자각을 촉진하며 단결을 지도"할 목적으로 창립된 노동사(勞動社)에 발기인으로 참여[66]하는 등 사회운동에도 관심을 기울였다. 1923년 5월 1일 조선노동연맹회는 "노동기를 두르고 노동가를 부르고 행렬을 지어 시가 전부로 돌아다니며 각 공장 노동자는 그날 일제히 휴업하고 임부(賃夫)는 자동차를 타고 선전 「삐라」를 산포하"는 "대규모의 시위운동"을 계획하기도 했는데, 신백우를 비롯한 간부들은 집회의 정보를 사전 입수한 경찰당국에 의해 소환된 바 있다. 기사의 표현에 따르면 이 행사는 "경성 천지를 한 번 진동하고자 계획"된 야심에 찬 기획이었지만, 발각되어 강연회 개최로 선회할 수밖에 없었다.[67]

주지하다시피 조선노동공제회는 지향을 달리한 복수의 사회주의 단체로 구성되었기에 내홍(內訌)은 예견된 것이었다. 1922년 7월 당시 집행위원 중 한 명이었던 고순흠(高順欽)은 공제회 건물에 빙화를 일으키고

---

62 경부신백우선생기념사업회, 앞의 책, 589면.

63 「『노동』 잡지 불허가」, 『동아일보』, 1922.12.24., 7면; 배성용, 앞의 글.

64 신백우는 '노동생활의 근본의의', '노동자의 시대', '노동자의 권위'를 주제로 강연했다. 「인천 공제지회 강연」, 『동아일보』, 1920.9.12., 4면; 「진주 노동공제 강연」, 『동아일보』, 1922.8.26., 4면; 「공주 노동공제 강연」, 『동아일보』, 1921.8.31., 4면.

65 「삼십일도 계속 파업」, 『동아일보』, 1921.10.1., 3면.

66 「노동자의 동모 노동사가 새로히 창립되었다」, 『동아일보』, 1923.5.23., 3면.

67 「시위운동은 절대금지」, 『조선일보』, 1923.4.27., 3면.

두 명의 간부를 칼로 찔러 중상을 입혔다. 피해자 중 한 명이었던 간부 이수영(李遂榮)에 따르면, 당시 신생활사의 기자였던 신일용이 권유하여 고순흠이 상해공산당과 내통하여 공금을 '횡령'한 신백우를 공제회로부터 축출하고자 했으나, 자신의 주장이 받아들여지지 않자 고순흠은 이들에게 폭력을 행사했다.[68] 1년여가 지난 1923년 8월 14일에는 신백우를 포함한 공제회의 일부 간부들은 '좌익 청년'들에게 공격받았는데, 신백우는 손의 동맥이 끊어지는 중상을 입기도 했다. 보도에 따르면 서울청년회, 동경의 형설회(螢雪會) 그리고 공제회의 사회주의자들은 공제회 위원장 박이규가 공산당 선전비를 사적으로 유용한 점에 분개하여 폭행했다.[69] 사회운동에 가담하던 중 여러 '풍파'를 겪은 이후인 1924년에도 신백우는 노동총동맹·신사상연구회의 소속으로 '노동' 문제와 관련된 활동[70]과 더불어 서울청년회 소속으로 정백, 이성태, 유진희 등 과거 신생활사 관련자들과 "모 중대 사건에 대한 연루로 피의"[71]되는 등 여전히 사회주의 인사들과 교류[72]했던 것으로 확인된다. 한편 신백우가 남긴 글[73]

---

68 「공제회의 일대풍파」, 『동아일보』, 1922.7.13., 3면.

69 폭행사건은 관철동에 위치한 요리점 낙양관에서 발생했는데, 이 자리에는 노동공제회의 박이규, 신백우와 더불어 김약수 등 북성회원들도 자리했다. 가해자 측의 변론에 따르면 신백우의 상해는 폭행이 아닌 그가 넘어지면서 깨진 유리조각에 찔린 것에 의한 것이며, 이후 신백우 본인 또한 이를 인정한 것으로 확인된다. 「질탕한 기악 중에 혈우가 쏟아져」, 『동아일보』, 1923.8.26., 3면; 「낙양관 사건 공판」, 『동아일보』, 1923.11.13., 3면; 「혈기에 사는 청년이」, 『동아일보』, 1923.11.15., 3면.

70 「노동총동맹완성」, 『동아일보』, 1924.4.21., 2면; 「서울철공조합발기」, 『조선일보』, 1924.7.8., 3면.

71 「종로서의 양사건」, 『조선일보』, 1924.10.13., 3면.

72 한편 자료집은 1920년대 초반 신백우가 사회주의자들과 교류하고 국내외의 공산당과 연락 관계에 있었다는 사실에 대해 여러 차례 소명한다. 예컨대 단행본은 신백우가 관여한 사회운동은 "어디까지나 민족운동의 일환으로 전개"한 것이자 "민족을 넘어서 볼세비키에 종속하는 공산주의노선 그 자체는 아니"(160면)었음을 지적하고, "러시아 볼세비키당의 영향 아래서 통제를 받고 민족보다는 주의에 독립보다는 이데

은 주로 『공제』, 『신생활』에 확인되는데, 그는 『신생활』에 논설 한 편(임시창간호, 2호), 방청기(傍聽記) 한 편(5호) 그리고 4회(6~9호)에 걸쳐 소설 「혈흔」을 번역·연재했다. 2장에서 살펴본 나경석만큼이나 신백우의 기고 빈도는 상당히 높은 편이다.

신백우는 『신생활』 창간(임시)호와 2호에 걸쳐 연재한 논설문에서 자본주의의 발전은 계급투쟁과 만국 노동자의 단결 등의 사회주의적 흐름으로 이어진다는 역사적 필연론을 긍정하면서도, 1922년 당시 국내에서 전개되던 '노동' 중심의 여러 사회운동을 유명무실한 상태로 진단한다. 그는 이탈리아·러시아·영국·프랑스의 사회운동을 일별하면서, 단지 "노동 이자(二字)"라는 "신기운의 반영"을 내세워 조선에 우후죽순처럼 생겨난 단체와 강습소에 대해 "반가움과 두려움[喜懼]"을 동시에 표한다.[74] 그는 '사회운동'이야말로 "인류의 자연의 충동"인 것이자 "피(避)코자 하여도 회피치 못할 명백투철한 진리"임을 웅변하고, "은연히 민중을 직접 혹 간접으로 지배"하는 "상부구조의 형성자"이자 "신귀족"인 조선의 부르주아 지식계급이 주도하는 '문화운동'에 대응할 전략으로 파악한다.[75] 이때 '두려움'이란 국내 상황에 걸맞은 '사회운동'이 수립되지 못했다는 인식에 근거하며, 신백우가 이상적인 '사회운동'의 단위로 주목한 것은 소작인조합이었다. 그가 집행위원으로 활동했던 조선노동공제회는 노동자 교육을 위한 노동독본(讀本)과 더불어 소작인 조합 조직을 총회에서 결의했고,[76] 과거 '구제'와 '보호'의 대상에 불과했던 '노동자' 집단은

올로기에 치중"한 조선공산당과 결별(164면)했음을 서술한다.

73 한 기록에 따르면 신사상연구회, 무산자동맹에서 활동하던 1923년경 신백우는 조선일보에 사설(社說)을 집필하기도 했다. 白雲居士, 「행방탐색」, 『삼천리』 4(8), 1932.7., 10면.

74 신백우, 「사회운동의 선구자 출래를 촉하노라」, 『신생활』 1, 1922.3.15., 38면.

75 신백우, 「사회운동의 선구자 출래를 촉하노라(續)」, 『신생활』 2, 1922.3.21., 15~19면.

이로써 생활상의 곤란을 적극적으로 해결하는 주체로 표상된다.[77]

그는 소작인조합을 "호흡기인 생명기관"이자 "문명 진보의 계제(階梯)"임을 확신하며, 농업노동자의 최다수를 차지하는 소작인 문제의 해결이 공장의 임은(賃銀)노동자의 문제에 선결되어야 함을 주장한다.[78] 더 나아가 그는 자본가와 중간자인 상인의 "이중약탈"에 대항할 방도로도 민중이 주축이 되는 소비조합을 제시한다.[79] 『신생활』에는 과거 일진회의 일원으로서 한일 병합에 개입한 송병준이 주도한 소작인상조회를 규탄하는 글이 게재되었는데, 필자는 "소작인은 결코 부르주아의 먹고 남은 음식이나 찌꺼기[餘瀝]로써 해결될 것이 아니"며, "그(소작인)가 그 자신을 자치(自治)하여 그 자신의 주인이 되는 제도가 되기까지는 그 노예의 낙인이 사라질 것이 아"님을 역설[80]한 바 있다. 이러한 맥락에서 '소비조합'은 "공고(鞏固)한 단결 곧 소작인조합"에 '소비'라는 구체적 전략이 덧붙여진 것이자, 당시 소작인 문제에 대한 유력계급의 기획에 대응하는 것이었다.

1922년 4월 22일 발행된 『신생활』 5호에는 두 편의 방청기가 실린다. 방청기는 조선청년회연합회와 조선노동공제회의 총회를 참관한 김명식, 신백우가 각 조직의 회원으로서 작성한 것이었다. 1922년 4월 1일[81]에

76　「노동독본편찬」, 『동아일보』, 1922.4.5., 3면.

77　김현주, 「노동(자)', 그 해석과 배치의 역사—1890년대에서 1920년대 초까지」, 『상허학보』 22, 상허학회, 2008, 62면.

78　신백우, 「소작인조합론」, 『공제』 2, 1920.10.11., 33~41면.

79　신뵌벌(신백우), 「조선노동공제회 제4회 총회 방청기」, 『신생활』 5, 1922.4.22., 30~32면.

80　노국백작, 「사립검사국」, 『신생활』 7, 1922.7.5., 114면.

81　동아일보의 한 기사는 노동공제회의 제4회 총회가 4월 3·4일 양일간 열린 것으로 기술하고 있으나, 이는 동아일보에 게재된 이전 기사와 더불어 신백우의 참관기와 비교해보았을 때 사실이 아니다. 노동공제회의 총회는 4월 1·2일 양일간 열렸다. 「노

열린 두 총회는 "장래 『신조선』의 토대를 쌓[築]"[82]을 중대한 모임으로 기
사화되기도 했는데, 신백우는 회장(會場)에 공유된 경성, 부산의 동맹파
업의 경과보고를 배경으로 동맹파업이 "근세문명과 자본주의적 경제조
직이 산출한 일종의 특수한 실행예술", "장래에 건설될 신문명의 기초적
감정"이자 "예비적 행위 내지 조건"임을 지적하며 그 의의를 부각한다.
다시 말해 근대 자본주의제는 동맹파업이라는 '반동'을 필연적으로 수반
하며, "스트라익"은 노동조건의 개선과 같은 일차적인 목표를 넘어 "숭
고한 인도적 감정"을 환기하는 계기로 묘사되는 것이었다. '노동운동'은
이로써 "조선민중의 인간적 자각"을 위해 수행되고, 공제회의 간부들 또
한 "인간화", "노동계급화"해야 한다는 당위가 제시된다. 조선노동공제
회가 주도한 1922년 메이데이 기념 동맹파업을 기점으로 신생활사의 인
쇄직공들은 해마다 농맹파업에 참여한 기록도 확인된다.[83] 신백우의 논
의는 곧 "정의(情義)의 결정(結晶)인 힘[力]의 상징인 노동"을 위해 "중간
계급"에 머물러 있는 지식계급 또한 "무산계급화하여 노동계급의 권내
(圈內)로 입(入)"해야 한다는 주장[84]과도 일맥상통한다. '인간'의 토대 위
에서 "민중적 정의"가 민중을 지도할 공제회와 같은 조직에 "맹종(盲從)
되지 아니할 것"을 주장한 그는 민중 개인의 주체적 영역을 강조했다.
그는 동맹파업이 불러일으킬 현실의 변화를 아래와 같이 전망했다.

동독본편찬」, 『동아일보』, 1922.4.5., 3면.

82 「연중행사의 이총회」, 『동아일보』, 1922.4.2., 1면.

83 메이데이를 기념하는 1922년 1회 파업을 시작으로, 신생활사 인쇄부는 1923년, 1925년
    에도 동맹파업에 참여했다. 신생활사의 모든 직공은 1924년에는 동맹파업 대신 휴업한
    뒤 자취를 감추었는데, 이를 수상하게 여긴 경찰당국은 이들의 행방을 탐문했다. 「경계
    엄중한 노동일」, 『동아일보』, 1923.5.2., 3면; 「신생활사 직공은 휴업」, 『조선일보』,
    1924.5.2., 3면; 「제사동 메이데이를 마치고」, 『조선일보』, 1925.5.3., 1면.

84 정백, 「지식계급의 미망」, 『신생활』 3, 1922.4.1., 18~21면.

여러분의 번화(繁華)와 향락이 모두 똥통 메는 어른의 **공덕**인줄 아시오[…]
반드시 똥통 메는 어른의 **공덕**이다 어찌하여 그러냐 하면 만일 똥통 메는
어른들이 일 년간만 동맹파업을 할 것 같으면 서울 천지는 똥난리가 나서
아무리 화려를 자랑하는 종로네거리니 진고개니 남대문통이니 할 것 없이
모두 질펀한 똥바다가 되고 말 것이 분명할 것이다 그때에는 경성에 주거하
는 삼십만 형제는 모두 똥간의 구더기처럼 똥속에서 허우적허우적 움직움직
하다가 기색절식(氣塞絶息.)하여 똥속에서 순사(殉死)하고 말 것이 눈으로
보는 듯하다[…] 그리하여도 똥통 메는 어른을 천대(賤待)하려는가[…][85]
(현대어 변환과 강조는 필자)

신백우는 지게꾼들과 이들의 노동을 "돈 벌어서 먹고 살려고 메는 것"
으로 폄하하는 "「부르주아」의 이상(以上) 계급"을 대조시키면서도, 지게
꾼들의 '노동'이 사회를 지탱하는 "공덕"임을 여러 차례 강조한다. 요컨
대 '노동'은 노자(勞資)의 대립적인 맥락에서라기보다 "고상하고 순결"한
일종의 미덕으로 묘사된다. 같은 맥락에서 신백우는 개미와 벌이 수행하
는 공동노동, 분업의 유비를 배경으로 민중의 호상부조적 '노동'을 "문명
의 산물"로 긍정했다. 예컨대 "호상부조의 원칙에 의"한 '노동'은 정의로
운 것이자, '공동노동'은 "개개의 역량을 두 배 혹은 세 배까지 사용"을
가능케 하는 전략이며, '분업'은 "각각 적당하고 필요"한 방식으로 수행
되기에 "사망할 때[時]까지 빈곤노동자가 되"는 인간계 '분업'의 폐단을
극복할 교훈으로 제시된다.[86] 이때 신백우는 귀족 무리[貴族輩]를 "노동
을 멸시"하고 "노동자는 선천적으로 천열(賤劣)한 것"으로 인식하는 존재
로 묘사하면서, "노동의 취미와 가치가 어떠[如何]한 것인지 추호도 알지
못"한다고 비판한다. 반면 "평민"[87]은 "귀족군에게 보지 못하던 인간성이

85　畊夫(신백우), 「여시아관」, 『공제』 8, 1921.6.10., 89~90면.
86　耕夫(신백우), 「蟻와 蜂의 호상부조」, 『공제』 7, 1921.4.17., 44~47면.

가득 차[充溢] 있기에 인도주의라던지 애타주의의 근성이 자연히 배양"
되며 "호상부조의 아름다운 제도가 자연히 성장"될 수 있는 토대가 된
다.[88] 논증 과정에 여러 차례 동원되는 "자연히"라는 수사는 일견 논리적
비약을 만들어 내는 듯하지만, 동시에 필자의 신념을 압축적으로 반증한
다. 과연 그는 보수적/급진적이라는 이분법적 구도로 귀족과 평민의 대립
을 설명한 초반부의 전제를 정정하며, '인도(人道)'의 유무로써 "영원히 다
른 궤도로 회전하는" 귀족계급과 평민계급을 분할한다. 이는 곧 민족·노
동·해방·평등의 문제 일체를 개인의 "경욕적(傾慾的) 반영으로부터 알력
되는 동기"로 파악하고, 계급 간의 경계를 구획되지 않은 부조(扶助)를
강조[89]하는 또 다른 외부 필자 설태희의 주장과는 대조된다. '인도주의'
와 '애타주의'를 긍정하면서도 신백우는 지배계급이 물질생활뿐만 아니
라 언어·종교·풍속을 지배하여 "상하계급의 정신생활이 일종의 통일성
을 포함"하기에, 사회에 "안녕질서(安寧秩序)"와 같은 일종의 허위의식을
덧씌우는 '민족' 진영의 전략을 직접적으로 비판한다.[90]

『신생활』이 사회의 개조를 위해서 그 기초인 '인간'을 먼저 개조해야함
을 공표했듯,[91] '노동'과 관련된 신백우의 논의는 '인간(성)'과 '진보'라는
두 축과 밀접하게 연관된다. 예컨대 그는 "인간사회의 전체 진보를 위하

---

87 신백우는 생산상태의 차이에 따라 비노동계급/노동계급, 귀족계급/평민계급이 역사
    적으로 구별되었음을 지적하면서, '평민'을 소수의 귀족과 대비되는 "(귀족군에 영합
    하지 못한) 자유시민과 하층의 노예가 적당한 정도에서 혼합"된 "신사회군(新社會
    羣)"으로 정의한다.
88 신백우, 「계급사회의 사적고찰」, 『공제』 8, 앞의 잡지, 20~21면.
89 反求室主人(설태희), 「애타는 애기의 원려」, 『신생활』 8, 1922.7.5., 30~34면.
90 원문은 "○○○○○○○('전자는 비인도적이'로 추정)오 후자는 인도적이라고 칭함
    이 적당할 듯하다"이며, 검열 삭제된 부분은 맥락을 추정하여 해석한 것이다. 위의
    글, 22면.
91 「취지서 급 조직」, 『신생활』 1, 1922.3.15., 68면.

여 계급 간의 투쟁에서 항상 중요한 지위를 점령하나니 무슨 까닭[何故]이
냐 하면 모든 신계급은 자기를 위하여 투쟁하는 동시에 역시 사회 전체를
위하여 항상 투쟁하는 것"으로써 "종래의 생산기관을 영유(領有)하던 지
배계급과 투쟁"하는 '신계급'의 의의를 주장하면서, 오늘날의 보수주의를
극복할 내일의 진보주의를 수행할 주체로 노동계급을 지목한다.[92] 신백우
는 계급적 갈등을 담론적으로 무화하는 '민족의식'과 명백히 거리를 두었
으나, 그가 제기한 '노동'의 의의는 '정의', '인도', '평등', '자유' 등의 개념
을 경유한 부르주아 계몽주의 정치학[93]과 논리적 유사성을 드러내는 것처
럼 보이기도 한다. 지금까지 확인된 주장을 종합해보건대, 신백우의 '노
동'은 근대 자본주의에서 희미해져가던 '인간'의 속성을 회복하는 방도이
며, '노동자'는 '역사적 진보'를 선도할 주체로 여겨졌다. 이는 노동자에
대한 천대를 극복한 사회주의 사회에서 '노동'을 분배되어야 할 일종의
'의무'로 소개[94]한 신일용의 입장과도 비교해볼 수 있다.

한편 6호에서 9호까지 4회에 걸쳐 연재되었다는 점과 더불어 번역자
인 신백우 또한 잡지사의 간부, 기자가 아닌 외부 필진이라는 점에서,
「혈흔」이 『신생활』에 소개된 경위와 그 의미를 살펴볼 필요가 있다. 러
시아 소설가인 미하일 아르치바셰프(Mikhail Petrovich Artsybashev)의
1906년 작품인 이 소설[95]은 당대 러시아의 문학을 사회주의 문학의 전범

92   신백우 抄, 「유물사관개요」, 『공제』 7, 1921.4.17., 12~13면.

93   김현주, 앞의 논문, 61~68면.

94   신일용, 「사회주의의 이상」, 『신생활』 9, 1922.9.5., 26면.

95   작중 「작자의 말」에서 확인되듯 신백우는 작품을 중역(重譯)했는데, 그가 일본어 저본
      으로 삼은 것은 1919년 출간된 나카지마 키요시(中島淸)의 『노동자 세비로프労働者セ
      ヰリオフ』 내의 「혈흔」이다. 「혈흔」의 구체적인 서지정보와 관련해서는 김소정, 「1920
      년대 한국과 중국의 러시아 소설 수용 양상에 관한 비교 고찰: 아르치바셰프 작품을
      중심으로」, 『동서비교문학저널』 38, 한국동서비교문학학회, 2016, 10면 참고.

(典範)으로 소개한 『신생활』과의 연관 속에서 독해될 필요가 있다.

일례로 정백은 1917년 러시아 혁명 이후 노농러시아의 "민중문화"를 소개하는 글을 남기며, 노농러시아 소속의 교육인민위원회가 주도하는, 일종의 문화 사업으로서의 "민중문화"를 조명한다. 위원회에 소속된 예술부는 예술의 사회화 그리고 민중화, 순수한 민중예술의 발흥, 민중의 예술 교육, 민중의 창작적 재능 발달을 목적으로 운영된다고 알려진다.[96] '민중'이 구축하는 '사회'를 위해 『신생활』은 '공통적인 것'과 그 구체적인 방안으로 제시된 '평민문화운동'과 '민중문예'를 제안하였는데, 이는 KAPF 수립 이전 제국주의와 민족주의를 넘어서는 1920년대 초 사회주의자들의 구체적인 기획[97]이었다. 김명식은 러시아가 문화적 후진국이었음에도 공산경제와 위원정치를 통해 "신문화권 내"에서도 "급선봉"이 되었으며, 문학이 이 성취를 가능케 했다고 주장한다. 러시아 문학은 "심(甚)히 강(强)"한 속성을 가지고, "정(正)과 의(義)"를 가지고 민중의 감정, 인생의 실생활을 다루는 "생문학(生文學)"으로 소개되고, 대표적인 문학가로서 고골, 투르게네프, 도스토예프스키, 톨스토이, 고리키의 간략한 일생과 작품들이 내포한 의의가 나열된다. 김명식은 "민중적 정신"을 근거로 러시아의 선진성을 주장하며, 소비에트 러시아의 "노동문화"가 "과거 역사에 일즉 있지 못한 문화"로 규정한다. 러시아의 '문화'는 단순히 특정 집단 또는 계급에 속하는 "소수문화"가 아닌 "전체문화"와 "대중문화"의 속성을 가진다고 보았다.[98]

『신생활』의 주요 필진은 사회주의 러시아 문화·문학의 선진성을 소개하고 있었으며, 「혈흔」은 이를 배경으로 하여 4회에 걸쳐 연재된 것으로

---

96   정백, 「노농로서아의 문화시설」, 『신생활』 6, 1922.6.1., 8~18면.
97   김경연, 앞의 논문, 343~405면.
98   김명식, 「구문화와 신문화」, 『신생활』 2, 1922.3.21., 2~4면.

보인다. 하지만 작품은 사회주의 노농러시아의 성립을 가져온 1917년의 러시아 혁명이 아닌 전제(專制) 정권에 대항한 1905년의 러시아 혁명을 배경으로 삼고 있었고, 주지하다시피 1905년의 궐기는 특정 조직 또는 당이 주도한 사회주의 혁명이라기보다, 사회적 모순의 해결을 요구한 농민·공장 노동자·지식인·군인 등의 복합적인 움직임에 가까웠다. 따라서 「혈흔」은 "러시아 혁명을 대중에게 소개하는 노력의 일환"이자 "아르치바셰프가 한국에서 '정치적'으로 독해되기 시작"[99]했다는 언급 이상의 구체적인 해명이 요구된다.

　『신생활』에는 1905년의 러시아 혁명과 관련한 몇 편의 글이 게재되는데, 일례로 김명식은 자신이 전범(典範)으로 언급한 작가들이 공통적으로 "인류적 의식 위에 서서 민중적 정신 가운데에서 생활"하였으며, 이들의 주장과 창작이 배경이 되어 사회민주당과 사회혁명당이 성립되고, 1905년과 1917년의 혁명을 거친 공산경제 위원정치의 러시아가 탄생했음을 지적했다.[100] 이때 1905년의 혁명은 소비에트 러시아의 정체(政體)를 성립시킨 상징적 사건 혹은 예비적 단계로서 1917년의 혁명과 같은 맥락에서 간주된다. 또 다른 논의는 러시아의 농민 문제가 영국의 도시 노동자 문제만큼이나 "심대한 사회적 위기의 인자인 것을 지적"한 마르크스의 진단을 환기하면서 러시아 농민 계급에게 이루어진 '본원적 축적'의 양상을 소개한다. 이 글은 진압군에 의해 분쇄되고 실질적인 정치 변화를 달성하지 못했지만, 1905년의 "혁명적 기운"이란 보수적이며 반

99　이경민의 연구는 필자 '신뵌별'을 신생활사 기자인 신일용으로 오인했으며, 1917년 러시아혁명 5주년을 기념한 일로 발생한 신생활사 필화사건을 1905년 러시아 혁명을 배경으로 한 「혈흔」을 동일한 맥락에서 다룬다. 이경민, 「최서해와 아르치바셰프」, 『춘원연구학보』 15, 춘원연구학회, 2019, 295~296면.
100　김명식, 「로서아의 산 문학」, 『신생활』 3, 1922.4.1., 11면.

동(反動)적 성향을 지닌 농민들마저도 궐기한 역사적 순간으로 그 의의를 설명한다.[101]

「혈흔」은 일사불란하기보다 혼란 상태인 민중의 움직임을 일관적으로 묘사한다. '국민', '민중', '동포', '동지' 등 집단화된 개인을 호명하는 방식들이 혼재하는 가운데, 한촌(寒村)의 역장(驛長)이자 중심인물인 아닛시모푸는 군중과 함께 "공동사건"에 대한 자긍과 절망 사이에서 길항한다. 군중은 서로를 '동지'로 부르면서도 정부군을 마주하자 "호수같이 몰렸다가는 흩어지고 흩어졌다가는 다시 모이더니 여기저기로 다—흩어지"는 무리에 불과하며, 이 같은 민중의 무기력함은 "강자에 대한 꾸짖음[詬罵]"[102]을 러시아 문학의 장점으로 지적한 주장과 거리가 먼 것이었다. 과연 처형의 순간까지도 군중에게 정부의 폭력은 동포가 동포를 죽이는 비극에 불과하며, 아닛시모푸 또한 과거 전장을 향하는 병졸을 불쌍하게 여기며 "무엇이 되든지 저들을 위하여 진력(盡力)하겠다는 생각"을 가졌음이 서술된다. 다시 말해 아닛시모푸를 포함한 군중의 비판의식은 사회의 권력관계를 겨냥하지 못한다.

> 그때에 다시 병사는 긴 총대에 꽂힌 검[釖]으로 아니시모프의 배를 찌르려한다.
>
> 「아, 가만있어……」하고 약한 소리로 아니시모프는 부르짖는다. 그러고 눈을 깜빡이면서 두 손을 앞으로 내어밀면서 넘어졌다.
>
> 저는 귀가 찢어지는 듯한 총소리를 들었다. 반짝 나오는 불방울을 감은 눈(閉目) 틈으로 보았다. 그런데 사고(思考)보다도 차라리 전심신(全心身)으로 각지(覺知)하였다, 그 병사가 잘못 쏜 것을. 그러자 이 순간에 누가

---

101 이 글은 말미에 사노 마나부(佐野學)의 논문을 초역(抄譯)한 것으로 언급된다. 일기자, 「로서아농민사경개」, 『신생활』 9, 1922.9.5., 67면.

102 김명식, 앞의 글, 5면.

달려와서 저의 머리를 무엇으로인지? 때렸다. 저의 눈에서는 불이 번쩍 일
어났다. 그리고 저의 소매를 훔트려 주는데, 아닛시모푸가 갑자기 일어나
는 바람에 그 사람은 눈 위에가 넘어진다 「노아──ㅅ」하고 **아닛시모푸는
소리를 지르고 이를 악물고 전신의 힘을 다하여 팔꿈치로 그 사람의 얼굴
을 찔었다.** 그 사람의 코는 깨어졌다. 무엇이라 형언할 수 없는 두 눈으로
저를 쳐다본다. 그런 눈맵시는 생래 처음 본다.[103]

흘러가는 세월에, 그 동안 견문해온 여러 가지 일, 행할 일, 감촉된 일,
그나마 맘을 쥐어짜고 생각한 일, 괴롭게 하던 일, 그런 모든 사실이 일렬
(一列)로 되어가지고, 환등(幻燈) 모양으로 지금 저의 눈앞으로 획획 지나
간다[…]
그것은 처음도 없고 끝도 없는 단조 황량한 일조(一條)의 선에 불과한
것이었다. 그렇다면 **그 선이 저의 낳기 전부터 존재한 것 같이, 괴로움도
번거로움도 굴욕과 불만도 일절이 낳기 이전부터 저 무진겁(無盡劫)의 상
고시대부터, 흘러오는 고뇌의 연쇄가 자기에게도 일부분 드리운 것에 불
과한 것 같이 생각한다.**[104]

(현대어 변환과 강조는 필자)

무기력하며 방향감각을 잃은 군중의 일원에 불과한 아닛시모푸는 죽
음의 위기를 기점으로 변화한다. 그는 "무아몽중이 되어서 짐승 모양으
로 전후 좌우할 것 없이 되는대로 때리고 물"며 목숨을 지켜내고자 하는
데, 함께 체포된 '동지'들이 총살되는 광경을 바라보면서, "공포의 극도"
를 체감하고 "저의 목숨(生命)"으로 사고가 집중된다. 목숨에 대한 강렬
한 집착은 일생의 감각과 경험을 불러일으키고, 자신의 삶을 역사의 일
부로 인식하는 계기가 된다. "피난(疲難)", "질증(疾症)", "간난(艱難)", "심

103 알틔빠셰푸 作·신뷘벌 譯, 「혈흔(續) (第二回)」, 『신생활』 7, 1922.7.5., 157면.
104 알틔빠셰푸 作·신뷘벌 譯, 「혈흔 (第三回)」, 『신생활』 8, 1922.8.5., 169~170면.

통(心痛)"으로 채워진 그의 과거는 실상 "부모에게서 유산으로 받은 것"
이며, 불우함을 상속받은 자식들의 영혼[靈] 또한 "고역과 불유쾌"로 점
철된다. 아닛시모푸는 "기신(祇新)한 초원의 공기와 광명한 태양의 광선
도 수 세기 동안의 궁핍과 영양불급에 짜러난 무서운 해독을 제거할 수
없"다는 결론에 도달하고 아래와 같이 반문한다.

> 「나는 결코 죽기를 싫어하는 것은 아니다⋯⋯⋯그런 생애보다 죽음이 도
> 리어⋯⋯. **그러나 나는 어찌하여 과거의 생애가 그러하지 아니하면 안 되
> 었을까. 그건 필경 잘못된 원인이 있을 터이야 나에게 이런 불합리한 생애
> 를 강요한 것은 과연 누구인가.** 그리고─실제 나는 죽는 것이 그렇게 즐거
> 울까? 무엇이 어떻든 내 목숨만은 아깝다. 이렇게 내가 아까워하는 목숨을
> 저들은 어찌 죽이려고 할까. 나의 전생애가 고뇌였기 때문일까 수기(數奇)
> 한 운명을 밟아온 까닭일까. 아─그것은⋯⋯⋯너무나 잠혹한 일이나.」[105]
> (현대어 변환과 강조는 필자)

아닛시모푸의 회고는 전생애를 괴롭힌 "불합리"에 대한 인식과 물음
으로 이어진다. 생(生)의 자각으로 촉발된 사고의 연쇄는 아닛시모푸로
하여금 이론적 체계 또는 조직적 행동과는 다른 방식으로 사회의 모순을
마주하게 한다. 그는 "엄연히 발발(勃發)한 전국 일반민심의 반항과 긴장
에 제회(際會)"하여 "일체 만물에 전광(電光)을 비친 것처럼 새롭게 분명
히 볼 수가 있"게 됨으로써 "둔한 회색으로 계속"되어온 과거와 결별하게
된다. 작품은 죽음의 공포로 촉발된 생에 대한 집착으로 사회구조적 모
순을 응시하는 인물을 통해, 이러한 양상이 동시다발적으로 일어나던
1905년 러시아 혁명의 양상을 묘사한다. 앞서 살폈듯 민중 개인의 주체

---

105 알틔빠셰푸 作·신뷘벌 譯, 「혈흔 (第四回)」, 『신생활』 9, 1922.9.5., 166면.

성을 강조한 신백우의 입장과 더불어, 「혈흔」은 '생명', '감정', '생활'을 내세워 민중의 감각을 혁명하고, 이로부터 정치적 동력을 발전시킬 수 있는 문예를 적극적으로 발탁한 『신생활』[106]에 대대적으로 게재되었던 것으로 보인다. 요컨대 「혈흔」은 "공(空)에 도달한 때 비로소 진정한 본래의 생(生)의 의지가 발동(發動)"되며, "만중(萬衆)"이 사회를 소망[107]하는 태도와 생명이 경제생활로부터 위협받을 때 "사상의 동요와 불안"과 "신사회 신국면을 전개하려는 신사상의 형식이 발생"할 수 있다는 전망[108]을 드러내는 작품인 것이다.

4. 나가며: 경성부 견지동 80번지와 『신생활』의 유산

지금까지 이 글은 『신생활』의 두 외부 필자 나경석과 신백우의 글과 행적을 검토하여, 이들이 주목한 사회주의의 속성을 확인했다. 더불어 이들이 제출한 논의를 통해 사회주의 잡지로서 『신생활』이 가졌던 사상적 범위를 가늠해볼 수 있었다. '동포'와 '노동'을 경유한 나름의 사회주의적 토대를 마련한 이들은 적극적인 실천으로 나아갔으며, 『신생활』은 점차 단일화되던 당대 사회주의 담론장과 실천의 영역 이전의 어떤 혼종성을 드러낸다. 한편 여러 문헌에서 어렵지 않게 추정할 수 있듯 1920년대 초 식민지 조선의 사회주의 지식의 보급에 있어 신생활사는 중대한 역할을 했는데, 필화로 인해 사라진 신생활사의 영향력이란 그 이후까지도 쉽사리 지워지지 않은 듯하다.

---

106 김경연, 앞의 논문, 383~398면.
107 飢雁, 「남의 나」, 『신생활』 2, 1922.3.21., 32면.
108 이성태, 「생활의 불안」, 『신생활』 1, 1922.3.15., 24~28면.

계림당서점(鷄林堂書店)이라면 아마 서울이 가진 유일한 좌익서적 전
문의 서점일 것이다. 규모는 작으나 경영하는 분이 색다른 이니만큼 이채
(異彩) 있는 서점이다. 주인을 여러 해 동안 (중략) 홀로 이것을 경영하여
가는 김씨의 여러 가지 수난에는 또한 눈물겨운 이야기다 스스로 만흐던만
족외한(族外漢)인 나로서는 다만 사창(肆窓)에 어리운 고객의 그림자를 살
펴볼 뿐이다[109]

1930년 이효석은 경성의 유일한 좌익서적 전문서점인 계림당에 관해
위와 같이 썼다. 그곳에 자리를 잡은 이효석은 고객들을 관찰한다. 그는
개인적 영욕을 추구하는 대학생, 백화점과 재즈에 탐닉하는 여인들을 향
해 "사조(思潮)의 음파에 대하여서는 너무도 우둔(愚鈍)"함을 개탄하면서,
서점을 찾는 "지하층의 시커먼 일군"의 앞길을 축원하며 이들에게 동조
한다. 서점은 같은 해 9개월 전 신간회 경성지회의 집행위원과 더불어
그곳에 모여있던 6명의 사회운동가를 체포하는 "시국에 관계된 사건"의
배경으로 언급됐다.[110] 1929년 조선일보의 한 코너에는 마르크스주의 경
제학에 관심이 있는 한 독자가 관련 서적과 구매처 추천을 요청하는데,
답변자는 판매처로 관훈동 소재의 동광당(東光堂)과 더불어 견지동의 계
림당을 추천한다.[111] 이효석의 단편집 『노령근해』의 1931년 광고에 따르
면, 계림당은 견지동 80번지의 5호에 위치했고, 같은 장소에 발행소인
동지사(同志社)를 겸하고 있었다. 계림당서점과 동지사는 "노동자농민운
동에 관한 팜플렛을 공헌적(貢獻的)으로 출판"할 의지를 내비치며, KAPF
의 대표 작가들을 포함한 범(凡)사회주의 문인들의 작품집과 더불어 마

---

109 이효석, 「서점에 비취인 도시의 일면상」, 『조선일보』, 1930.11.14., 4면.

110 「사회운동자를 검거 후 즉시 석방」, 『중외일보』, 1930.2.21., 3면; 「경찰부 활동 청년
   일명검거」, 『동아일보』, 1930.2.21., 2면.

111 「상의」, 『조선일보』, 1929.11.23., 5면.

르크스 정치·경제 서적 발간 계획을 공언한다.[112]

견지동 80번지는 다름 아닌 신생활사의 발행소이자 발매소, 10호 주보
의 전환에 발맞춰 신설된 인쇄부가 위치한 곳이었다.[113] 필화사건 이후
잡지의 발간은 불가능해졌지만, 신생활사는 바로 이곳에서 1924년까지
사회과학 서적을 포함한 출판 사업을 이어나갔다.[114] 같은 번지에는 다소
생소한 금지사(今至社)가 '유물사관의 개요'를 포함한 여러 개조 담론을
게재한 『금지』를 발행[115]하고 있었다. 견지동 80번지는 1920년대 초 사회
운동을 주도한 단체들이 뿌리내린 곳이기도 했다. 대표적으로 신생활사
의 활동이 개시되기 이전인 1921년부터 견지동 80번지는 1920년대 많은
사회단체와 관련되는 시천교(侍天敎)의 교당과 무료 강습소와 더불어
1922년 9월 무렵에는 조선청년회연합회가 이곳에 자리를 잡았다.[116]

개별 단체에 대한 상세한 논의는 이 글의 목적을 초과하는 것이기에
후속 연구를 기약한다. 하지만 『신생활』 이후 수많은 사회단체에서 했던
연구가 적확히 지적했듯, 견지동 80번지에는 청년총동맹, 노동운동사,
노동사, 서울청년회, 민중도서관, 경성청년연합회, 전진회(前進會), 중앙
노동청년회, 조선학생회, 경성인공(印工)동맹, 조선무산청년단, 민중사
(民衆社), 경성노동회, 적박단(赤雹團), 조선사회단체중앙협의회, 조선여
성동우회, 중앙여자청년동맹, 조선소년연합회, 무궁화사(無窮花社) 등이

---

112 「노령근해(광고)」, 『조선일보』, 1931.5.31., 7면.
113 신생활사의 발행소 겸 발매소는 창간임시호(1922년 3월 15일 발행)부터 5호(1922년
 4월 22일)까지 견지동 80번지였으나, 6호 임시호(1922년 6월 6일 발행)부터 9호
 (1922년 9월 5일)까지 견지동 73번지로 이전한다. 주보(週報)로 전환된 10호(1922년
 11월 4일 발행)와 15호(1922년 12월 23일)에 기재된 신생활사의 주소는 견지동 80번
 지로 확인된다.
114 이 책의 1부 2장 김현주·조정윤의 글 참고.
115 「신간개소」, 『조선일보』, 1922.12.3., 4면.
116 「수재동포를 구제코자」, 『동아일보』, 1922.9.7., 3면.

이곳에 근거지를 마련했다.[117] 합법과 비합법을 넘나드는 활동으로 이 단체들은 당대 식민지 조선의 사회운동을 전개했고, 이들의 주도 아래 민중의 정치적 역량은 집단화되었다.

더불어 1925년 8월 견지동에서 활동을 개시[118]한 KAPF 또한 주목할 필요가 있다. 당시 신문 기사를 통해 KAPF는 1920년대 계동(桂洞), 견지동, 공평동(公平洞)을 옮겨 다닌 것으로 확인되는데, 견지동 80번지로 이전한 1931년 3월 이후 해체의 발단이 되는 신건설사 사건의 예심(豫審)이 이루어지는 1935년 6월까지 그곳에 위치했다. '견지동 80번지'라는 공통분모만을 추출한 수준에서 구체적인 결론을 내릴 수는 없다. 하지만『신생활』이후의 신생활파 인사들의 행적을 추적하며 사회주의 담론과 실천의 양상을 살핀 연구가 주로 제출되었기에, 지리적 관점으로 이후의 역사를 검토하는 작업은 잡지사의 비중을 보다 입체적으로 규명할 수 있을 것으로 판단된다.

• 참고문헌

[자료]
『공제』,『동아일보』,『매일신보』,『산업계』,『삼천리』,『신생활』,『중외일보』,『조선일보』

[논저]
김경연,「1920년대 초 '공통적인 것'의 상상과 문화의 정치」,『한국문학논총』71, 한국문학회, 2012.

---

117 정우택,「종로의 사상지리와 임화의 "네거리"」,『민족문학사연구』51, 민족문학사연구소, 2013, 119~124면.
118 오창은,「분단 너머의 한반도」,『창작과비평』181, 창비, 2018, 70면.

김성연, 「1920년대 초 식민지 조선의 아인슈타인 전기와 상대성이론 수용 양상」, 『역사문제연구』27, 역사문제연구소, 2012.

김소정, 「1920년대 한국과 중국의 러시아 소설 수용 양상에 관한 비교 고찰: 아르치바셰프 작품을 중심으로」, 『동서비교문학저널』38, 한국동서비교문학회, 2016.

김현주, 「'노동(자)', 그 해석과 배치의 역사—1890년대에서 1920년대 초까지」, 『상허학보』22, 상허학회, 2008.

나경석, 『공민문집』, 나희균 편, 정우사, 1980.

나영균, 『일제시대, 우리 가족은』, 황소자리, 2004.

박종린, 「1920년대 전반기 사회주의사상의 수용과 물산장려논쟁」, 『역사와현실』47, 한국역사연구회, 2003.

_____, 「1920년대 초 사회주의사상의 수용과『신생활』」, 『사림』49, 수선사학회, 2014.

박현수, 「신문지법과 필화의 사이:『신생활』10호의 발굴과 연구」, 『민족문학사연구』69, 민족문학사연구소, 2019.

오창은, 「분단 너머의 한반도」, 『창작과비평』181, 창비, 2018.

윤덕영, 「1920년대 전반 조선물산장려운동 주도세력의 사회운동론과 서구 사회주의 사상과의 비교」, 『동방학지』187, 연세대학교 국학연구원, 2019.

윤상원, 「러시아지역 한인의 항일무장투쟁 연구: 1918-1922」, 고려대학교 박사학위논문, 2010.

이경민, 「최서해와 아르치바셰프」, 『춘원연구학보』15, 춘원연구학회, 2019.

정우택, 「종로의 사상지리와 임화의 "네거리"」, 『민족문학사연구』51, 민족문학사연구소, 2013.

최병구, 「사회주의 문화 담론과 프로문학: 신경향파 문학 탄생의 주변(1920~1923)」, 『민족문학사연구』49, 민족문학사연구소, 2012.

경부신백우선생기념사업회, 『경부 신백우』, 1973.

초창기 사회주의 지식인의 러시아혁명 인식
: 김명식의 「니콜라이 레닌은 어떠한 사람인가」를 중심으로

김현주 · 가게모토 츠요시

1. 1921년도의 사상 지형과 '신러시아' 담론

김명식은 1934년『삼천리』에 발표한 「필화와 논전」에서 '동아일보 창간시대'를 회고하면서『동아일보』의 시대적 역할이 '사상적 기근(飢饉)이 극도에 달한' 조선 청년들에게 국제연맹과 윌슨의 평화원칙을 알려주고 루소, 몽테스키외, 아담 스미스와 J. S. 밀, 루터와 캘빈 등 서구의 계몽사상과 자유주의를 보급한 일이었다고 자평했다. 사상에 굶주리던 청년들은 마치 "분천(奔川)하는 갈마(渴馬)"처럼『동아일보』로 향했다. "동아일보는 청년사상의 원천인 관(觀)이 있었다."[1] 그런데 이어지는 회고를 보면 1921년도에는 청년층의 사상적 갈증이 더욱 급진적이 되었다.

동아일보 속간시대의 청년사상은 오하(吳下)의 아몽(阿蒙)이 아니었다. 그리고 자유사상을 요해(了解)하게 된 저들(청년들: 인용자)은 좀 더 자극성

---

[1] 김명식, 「필화(筆禍)와 논전(論戰)」,『삼천리』제6권 제11호, 삼천리사, 1934.11., 33면. 본문의 인용문은 원문을 존중하되 현대어 맞춤법과 띄어쓰기를 적용하여 수정하였음.

있는 사상을 요구하였다. 이때 서백리아에 주둔하였던 일본군과 미국군이
철퇴하게 됨에 신노서아의 사정은 일본에 더 잘 알려졌다. 그리하여 사회주
의연구, 사회문제연구 등 잡지가 생기고 또 개조, 해방 등 잡지도 호마다
노서아에 관한 기사를 게재하였다. 그럼으로 이들의 잡지에서 抄出하여 신문
에 게재하면 청년층의 사상적 요구에 부응함은 어려운 일이 아니었다.[2]

'속간시대'란『동아일보』가 일본 황실의 상징을 비판했다는 이유로
1920년 9월 25일에 정간되었다가 거의 5개월 만에 속간된 1921년 2월
21일 이후를 말한다. 김명식의 기억에 따르면, 자유사상을 이해하게 된
조선 청년들은 이때에는 더 '급진적인' 사상을 원했다. 그래서『동아일
보』는 일본에서 사회주의의 계몽, 보급을 목적으로 창간된『사회주의연
구』,『사회문제연구』같은 잡지나『개조』나『해방』같은 종합지들에 실
린 러시아 담론을 발췌 번역해 실음으로써 청년층의 사상적 갈증을 해
소시켜주려 했다는 것이다. 김명식이 6월 3일부터 장장 61회에 걸쳐『동
아일보』1면에「니콜라이 레닌은 어떠한 사람인가」(1921)를 연재한 것은
이런 시도의 일환이었다.[3]

"한국에 공개적으로 소개된 최초의 레닌의 일대기"[4], "조선 미디어에
최초로 게재된 본격적인 볼셰비즘 소개 기사"[5], "한국 언론에 보도된 최초
의 본격적인 레닌론"[6]이라는 학계의 '적극적인' 평가에도 불구하고,「레닌」

2 김명식, 위의 글, 1934, 36면. "吳下阿蒙"은 옛날 그대로 별로 진보하지 않은 상태를
   이르는 표현임.
3 「니콜라이 레닌은 어떠한 사람인가」,『동아일보』, 1921.6.3.~8.31. 이하 본문에서는
   간단히「레닌」으로 표기함.
4 박종린,「꺼지지 않는 불꽃, 송산 김명식」,『진보평론』2, 현장에서 미래를, 1999,
   363면; 허호준,「혁명가 김명식의 생애와 사상」,『4·3과 역사』5호, 제주4·3연구
   소, 2005, 387면.
5 小野容照,『朝鮮獨立運動と東アジア-1910~1925』, 思文閣, 2013, 167면.

은 자세히 검토된 적이 별로 없다. 최선웅은 1920년대 초 상해파 고려공산
당 국내지부의 사상 흐름을 검토한 논문에서 『동아일보』 창간 당시 장덕수
와 마찬가지로 신자유주의 또는 사회적 자유주의 경향을 보였던 김명식이
1921년도 후반에는 마르크스주의자로 변모해갔다고 평가하면서 이러한
판단의 근거로 「레닌」을 검토했다. 그는 「레닌」에서 김명식이 '신자유주의
의 기반 위에서' 마르크스주의와 레닌을 수용, 긍정하고 있었다고 평했다.
즉 마르크스주의와 볼셰비즘에 대한 기대나 레닌의 독재정치에 대한 비판
의 근저에는 신자유주의, 즉 "해방과 자유"의 이상주의와 "윤리적, 민주주
의적 인식"이 있었다.[7]

　오노 야스테루[小野容照]는 「레닌」을 저본으로 하여 발행된 단행본 『노
국혁명사와 레닌』(1922.10.30.)의 후기(「나문 말삼」) 등을 참조하여 「레닌」
의 일본어 저본을 확인하고 해석을 진척시켰다.[8] 일본에서 발표된 최초
의 레닌 평전인 야마카와 히토시[山川均]의 「레닌의 생애와 사업[レーニン
の生涯と事業]」(『사회주의연구』 제3권 제3호, 1921.4.)을 두 달 만에 완역하여
실은 점, 마르크스주의와 볼셰비즘을 비판한 우치야마 쇼조[內山省三]의
『세계혁명사론(世界革命史論)』(강원서점, 1919.5.)에서는 "역사적 사실"만

6　박노자, 『조선 사회주의자 열전』, 나무연필, 2021, 131면.

7　최선웅, 「1920년대 초 한국공산주의운동의 탈자유주의화 과정」, 『한국사학보』 26,
　　고려사학회, 2007, 300~301면. 신자유주의(New Liberalism) 또는 사회적 자유주
　　의(Social Liberalism)는 자유방임주의와 자본주의에 비판적인 자유주의를 의미한
　　다. 최선웅, 「장덕수의 사회적 자유주의 사상과 정치활동」, 고려대학교 박사학위논
　　문, 2014, 14~16면 참조.

8　김명식 편, 『노국혁명사와 레닌』, 신생활사, 1922.10.30. 김명식은 8월 27일에 작성
　　한 후기 「나문 말삼」에서 이 책이 「레닌」을 '증보·삭감'한 텍스트라고 밝히고 일본어
　　저본들과 그 수용 방식, 주제 등에 대해서도 알렸다. 『노국혁명사와 레닌』은 (1~3면)
　　『노국혁명사와 레닌』의 자료 열람에 관해 오노 야스테루 선생님의 도움을 받았음을
　　밝힌다.

을 가져왔다고 밝힌 점 등을 검토하고, 오노 야스테루는 「레닌」이 당시
사회주의자들이 "일본의 볼셰비즘 연구 동향에 주목하고 있었던 것을 보
여주는 문헌"이며 "볼셰비키를 긍정적으로 소개할 목적으로 집필되었
다."고 평했다.[9]

　최선웅의 연구는 '신자유주의의 영향'을, 오노 야스테루의 연구는 '볼
셰비즘의 긍정'을 강조하는데, 최선웅이 레닌의 독재정치의 원인에 대한
김명식의 분석으로 제시한 '러시아 자본주의의 기형성'과 '러시아 마르
크스주의의 기형성'은 실은 우치야마의 견해다.[10] 오노 야스테루가 「레
닌」의 볼셰비즘 긍정을 뒷받침할 근거로 제시한, '우치야마에게서는 역
사적 사실만 가져왔다'는 말은 「레닌」을 발표한 당시가 아니라 1년여 후
에 단행본 『노국혁명사와 레닌』을 편성하던 시점에 쓴 후기의 내용이다.
두 연구는 「레닌」에서 '야마카와'와 '우치야마'의 위상에 대해 상이한 평
가를 내놓고 있는데, 「레닌」의 '서론'과 '결론', 『노국혁명사와 레닌』의
후기만을 검토해서는 이 문제에 대한 정확한 판단을 얻을 수가 없다. 김
명식이 러시아혁명을 이해하기 위해 일본어 저본을 실제로 어떻게 사용
하고 있었는지를 자세히 검토해야 한다. 본 연구의 첫 단계는 「레닌」의
본론 안으로 들어가는 것이다.

　'니콜라이 레닌은 어떠한 사람인가'라는 제목은 얼핏 레닌론이나 레닌
일대기를 기대하게 한다. 김명식 자신도 서론 격의 기사("처음말")에서 글
의 목표를 '레닌의 생애와 사업과 사상의 소개'라고 제시한 바 있다. 하

9　小野容照, 「1920~21년 조선 내 합법 출판물의 일본 문헌을 통한 맑스주의 학설 소개」,
　　고려대학교 석사학위논문, 2007, 37~38면.

10　최선웅, 앞의 글, 2007, 300~301면. 최선웅은 「레닌」의 16~18회 기사를 바탕으로
　　김명식이 "러시아 자본주의의 '기형성'에 조응해 러시아의 마르크스주의가 극단적 혁
　　명주의로 변모했기 때문에 (레닌의 독재정치가: 인용자) 초래됐다"고 인식했다고 보
　　았는데, 16~18회는 우치야마의 글을 그대로 번역한 부분이다.

지만 「레닌」에는 레닌이라는 한 인물에 대한 서술을 초과하는 내용이 많다. 본고는 김명식이 당시 일본에서 발표된, 러시아혁명과 볼셰비즘에 관한 여러 저자의 텍스트를 여러 개로 분절하고 교차적으로 짜기움으로써 조각보 모양의 새로운 텍스트를 만들어냈다는 점에 주목한다. 2절에서 「레닌」의 서론과 결론을 분석하고 본론의 짜깁기 양상을 종합적으로 검토한 후, 3절과 4절에서는 저본이 된 텍스트들의 성격과 그것들이 분해되고 다시 짜기워진 방식을 상세하게 검토할 것이다. 이를 통해 텍스트들을 짜기운 실, 즉 레닌의 생애 이야기를 초과한 김명식의 질문을 도출할 것이다. 간단히 요약하면 그것은 러시아의 근대사와 혁명운동의 전개, 1905년에서 레닌이 등장하기 이전까지 러시아 국내 혁명운동의 경과, 그리고 1917년 혁명 성공 후 법, 정책 등으로 구현된 프롤레타리아 독재의 모습이었다. 이런 점에서 「레닌」은 조신의 사회주의 지식인들이 공론장에서 러시아혁명과 볼셰비즘을 논제로 삼기 시작했을 때의 문제의식과 인식 내용을 살펴보기에 적합한 텍스트다.

2. 「니콜라이 레닌은 어떠한 사람인가」는 어떠한 글인가?

「레닌」은 총 20개의 절로 구성되어 있다. 이 가운데 김명식이 전적으로 집필한 부분은 1절("처음말" 1회)과 20절("결론" 59~61회)로서 2개 절, 4회 분량이다. 이 두 부분은 상호 밀접히 연관되면서도 강조점이 다소 다르므로 주의를 요한다.

"처음말"(1절)은 "레닌은 어떠한 사람인가. 호한(好漢)인가 위인(偉人)인가, 아니라, 악한(惡漢)인가 걸물(傑物)인가."라는 문장으로 시작한다. 김명식에 따르면, 레닌에 대한 이러한 어지러운 평판은 그의 사상("마르크스주의")과 그가 실제로 행하는 정치("독재정치") 사이에 모순과 당착이 있다는 판단에서 나오게 된 것이다. 김명식은 레닌의 정치가 '사상' 실현에서 '경제' 안정으로, '사회' 주도에서 '국가' 주도로 전환했다고 설명하기도 했는데, 어찌되었든 레닌은 "그 정책에 우(又)는 사상에 삼년 전(1917년 10월 혁명 당시: 인용자)에 비하여 다소의 변환(變幻)이, 배치(馳背)가 없지 아니하"다.

김명식은 레닌이 보이는 정책과 사상의 어긋남이 이론을 실행하는 과정에서 나타난 착오와 전도의 결과이며, 무엇보다도 제1차 세계대전 종전 후 세계의 보수화의 압력에 의한 것으로 판단한다. 그에 따르면, 현재 세계는 전승국들의 보수적인 경제정책과 외교정책에 의해 개조운동이 퇴조하고 보수적인 문화정책으로 인류의 자각이 유린되고 있다. 진보적 사상과 운동이 작열하던 시대는 지나갔으며 구사상, 구제도의 세력은 놀라운 복원력을 보이며 되살아나고 있다. 레닌의 혁명정부는 이 도저한 보수주의의 압력 아래 동요와 어긋남을 드러내고 있는 것이다.

이러한 판단에도 불구하고 서론에서 김명식은 진보, 개혁, 혁명의 미래주의를 고양한다. 그는 레닌을 수반으로 한 러시아가 정치·사회·인류를 혁명하는 역사의 신기원을 열었으며 그 지반을 공고히 함으로써 존재성을 확립하려는 단계에 있음을 긍정적으로 평가한다.[11] 이는 "결론"(20절)에서도 반복되는 판단이다. 그는 미국의 '자본주의'와 러시아의 '노동주의'의 대결에 대해, '자본주의의 독재'가 표면에 유출된, 현재를 장악한 '사실'이라면, '노동주의의 독재'는 이면에 암류하는, 미래를 열어갈 '사상'이라고 전망하는 한편, 레닌의 러시아가 '사상'을 '사실'로 실체화한 점을 고평했다.[12]

---

11 「니콜라이 레닌은 어떠한 사람인가 (1)」, 『동아일보』, 1921.6.3.

이와 같은 인식은 「레닌」의 본론 1/2 정도를 점하고 있는 레닌 전기의 원저자인 야마카와 히토시의 논의를 수용한 것으로 볼 수 있다. 당시에 야마카와를 포함한 일본의 사회주의자들은 혁명 후 레닌의 정치, 곧 프롤레타리아 독재를 이해하기 위해 러시아의 국내 상황과 국제관계 등에 대해 다양한 분석을 시도했다. 특히 야마카와와 사카이 도시히코[堺利彦]가 공동 주필을 맡았던 잡지『사회주의연구』는 러시아 국내의 계급투쟁과 내전 상황, 경제 곤란, 그리고 국제적 고립 등을 문제의 원인으로 짚었다. 한편 이들은 대내외적 어려움 속에서도 레닌이 3년 여 넘게 권력을 유지하면서 '사회주의국가'를 이끌고 있다는 점을 높이 평가했다.[13]

결론에서 '러시아의 볼셰비키'를 '불란서의 콤뮨[自治體]'과 연계, 대비한 서술도『사회주의연구』의 영향으로 짐작된다.[14] 레닌이『국가와 혁명』(1917)으로 대표되는 혁명 직후의 논의에서 기존의 국가상을 넘어선 국가를 만들어내기 위한 근거로 소환한 것이 바로 파리 코뮨이었다. 이 구도를 적극적으로 수용한 야마카와는 「카우츠키의 노농정치 반대론[カウツキーの勞農政治反對論]」(『사회주의연구』제2권 제3호, 1921년 3월)에서 마르크

---

12 「니콜라이 레닌은 어떠한 사람인가 (61)」, 『동아일보』, 1921.8.31.

13 『社會主義硏究』는 1919년에 창간되었고 사카이 도시히코(堺利彦)·야마카와 히토시가 공동 주필을 맡았으며 나중에 야마카와 기쿠에[山川菊榮]도 주필에 합류했다. 오노 야스테루는 1921년도의 신문, 잡지에 윤자영, 유진희, 김명식, 고순흠 등이『사회주의연구』에 수록된 논문들을 많이 번역, 인용한 이유를 이 잡지가 마르크스주의와 볼셰비즘의 동시 소개라는 과제를 해결해주었다는 데서 찾았다. 小野容照, 앞의 논문, 2007, 32~40면 참조.

14 "불란서의 콤뮨(自治體)이 此(인류의 해방과 인간의 자유: 인용자)를 위하여 出하였으며 노서아의 볼셰비키가 또한 此를 위하여 出함이로다. 불란서의 "콤뮨"은 과도시대의 일시적 현상이 되어 생존경쟁의 위협과 약육강식의 침습을 被하였으며 노서아의 볼셰비키는 수년에 亘하여 동출서몰하며 엄연한 존재를 保持하되 또한 주위의 사정은 콤뮨과 如한 침습과 위협을 避치 못하여 항상 악전고투하나니 그 전도는 과연 如何히 될고" 「니콜라이 레닌은 어떠한 사람인가 (59)」, 『동아일보』, 1921.8.29.

스와 엥겔스가 '프롤레타리아 독재'를 어떤 식으로 논의해왔는지를 검토
했다. 그는 마르크스의 『고타강령비판』, 『프랑스의 내전』(파리코뮌을 논한
책), 그리고 엥겔스의 「1888년 판 『공산당선언』 서문」을 언급하면서 파리
코뮌의 획기적 의의를 강조했다.[15] 마르크스가 '프롤레타리아 독재'를 처
음으로 언급한 글로 주목을 받던 『고타강령비판』을 사카이 도시히코가
『사회주의연구』에 번역해 게재한 것은 1921년 10월호였다.[16] 「레닌」은
야마카와의 글과 사카이의 번역 사이에 발표된 글로서, 오노 야스테루가
지적했듯이, 당시 김명식은 일본 사회주의자들의 볼셰비즘 논의 동향에
많은 관심을 가지고 있었으며 특히 야마카와 등의 영향을 강하게 받고
있었다.

그런데 결론에서 김명식이 러시아혁명을 바라보는 시각에는 어떤 '착
종'도 느껴진다. 그는 불란서의 코뮌과 러시아의 볼셰비키가 제시한 인
류해방, 인간자유로 향한 길을 약육강식에서 벗어나 상부상조라는 자연
의 원리로의 귀의('루소')로 설명하기도 하고 슬라브족의 부상을 유럽에
서 역사적 진보의 주도 세력이 북쪽으로 이동해온 추세와 연결하여 이해
하기도 한다.[17] 한편 그는 레닌과 레닌주의를 러시아의 전제군주제와 관
료정치, 그리고 자본의 탐욕이 낳은 공포를 먹고 자란 '극단적' 인물과
사상으로 평가하기도 했다. '러시아의 역사가 레닌을 낳았다'는 말은 이
러한 의미였다.[18] 러시아혁명에 대한 김명식의 인식은 여러 가지 이론과
해석이 뒤섞여 엉클어져있다.

15 山川均, 「カウツキーの労農政治反対論」(『社會主義研究』 제3권 제2호, 1921년 3월),
    山川菊榮·山川振作 編, 『山川均全集』 3권, 勁草書房, 1967, 153면.
16 カルル·マルクス, 堺利彦 譯, 「ゴータ綱領の批判」, 『社會主義研究』 제4권 제3호,
    1921.10., 98~121면.
17 「니콜라이 레닌은 어떠한 사람인가 (59)」, 『동아일보』, 1921.8.29.
18 「니콜라이 레닌은 어떠한 사람인가 (60)」, 『동아일보』, 1921.8.30.

이상의 논의를 요약하면, 「레닌」의 서론과 결론은 현상에 대한 판단은 유사하지만 원인 분석에는 적잖은 차이가 있는데, 이러한 분열은 왜 발생한 것일까? 그 원인은 김명식이 본론에서 레닌과 러시아혁명을 상이한 관점에서 접근, 평가하는 여러 저자의 입장을 수용하여 조합한 데 있었다.

김명식은 본론을 구성한 18개 절(총 57회)의 저본이 된 텍스트를 언급하지 않았는데, 이 가운데 10개의 절은 야마카와 히토시의 글을 번역한 것이다. 좀 더 자세히 보면, 2절, 4~10절, 15절은 「레닌의 생애와 사업[レーニンの生涯と事業]」을, 17절은 「레닌의 첫인상[レーニンの第一印象]」을 번역했다. 분량으로 보면, 본론의 18절 중 10절이 야마카와의 글에서 가져온 것이다 (총 57회 중 28회). 다른 6개의 절, 그러니까 3절, 11절~14절, 그리고 16절은 우치야마 쇼조[內山省三]의 『세계혁명사론』의 10장과 12장의 일부를 번역한 것이다(총 25회). 그리고 19절은 나카메 히사요시[中目尚義]가 번역한 『볼셰비즘 비판(ボルシェヴィズム批判)』의 전편(前篇) 5장을 번역한 것이다. (총2회).[19] 아래는 위에서 설명한 내용을 표로 정리한 것이다.

〈표 1〉「니콜라이 레닌은 어떠한 사람인가」와 일본어 저본[20]

	번역의 저본	「니콜라이 레닌은 어떠한 사람인가」
①	(1) 시작 - 형의 처형	2. 가정 及 학생시대(2~5회)
	(2) 학생시대 - 사상적 배경	
	(3) 페트로그라드시대 - 노동운동의 조직자	
②	10. 노국 혁명운동의 발달	3. 노국 혁명운동의 유래(6~20회 전반)

---

19 18절(55회 후반~57회)의 저본은 아직 찾지 못했다.

20 김명식이 집필한 1절 처음말(1회), 20절 결론(59~61회)은 제외함.

21 원문에는 14절이 2개인데, 순서를 고려하여 이 절을 15절로 본다.

번역의 저본	「니콜라이 레닌은 어떠한 사람인가」
① (4) 시베리아유형 – '위험한 인물'	4. 레닌의 장년시대(20회 후반~24회)
(5) 이스크라운동 – '무엇을 할 것인가'	
(6) 사회민주노동당의 분열 – 볼셰비키의 기원	
(7) 1905년 혁명 – 최초의 소비에트	5. 레닌의 소피에트운동(25~27회 전반)
(8) 반동의 시대 – 학자로서, 저술가로서	6. 반동시대에 처한 레닌(27회 후반~28회)
(9) 부활의 서광 – 레닌의 의회정책	7. 레닌의 부활(29~31회)
(10) 구주대전 – 인터내셔널의 파멸	
(11) 만국사회주의의 부활 – 췬메루와르도회의의 레닌	8. 만국사회주의의 부활과 레닌(32~34회)
(12) 스위스의 망명 생활 – 구두직공 집의 이층에 살다	
(13) 레닌, 러시아에 돌아오다 – '독일간첩(獨探)레닌'	9. 레닌의 귀국(35회)
(14) 혁명 전날 '일체의 권력을 소비에트로!'	10. 레닌의 實地운동(36~38회)
② 12. 노국 최근의 대혁명의 1) 유명무실의 국회	11. 유명무실의 입헌정치(39~40회 전반)
2) 세계대전과 노국	12. 노서아혁명과 세계대전(40회 후반~41회)
3) 혁명 발발과 황제 퇴위(부록 니콜라스 2세론)	13. 삼월혁명과 레닌(42회~44회)
4) 정치혁명에서 사회혁명으로	14. 정치혁명으로 사회혁명에(45~47회)
① (15) 크렘린궁의 생활 – 암살자의 총환[21]	15. 레닌의 클렘린 궁의 생활(48~49회)
(16) 노서아혁명과 레닌	
② 12. 노국 최근의 대혁명의 8) 레닌 정부의 施設	16. 레닌 정부의 시설(50~51회)
③ 레닌의 첫인상	17. 레닌의 爲人 及 生平(52회 후반~55회 전반)
저본 미상	18. 폴섹키의 憲章(55회 후반~57회 전반)
④ 전편 5. 볼새지키의 선전	19. 폴섹키의 선전(57회 후반~58회)

표 첫 칸의 원문자 번호는 필자가 부여한 것임.
① 山川均, 「レーニンの生涯と事業」, 『社會主義研究』 제3권 제3호, 平民大學, 1921.4, 94~140쪽.
② 内山省三, 『世界革命史論』, 江原書店, 1919.5.
③ 山川均, 「レーニンの第一印象」, 『社會主義研究』 제3권 제3호, 平民大學, 1921.4, 141~145쪽.
④ 中目尙義 譯, 『ボルシェヴィズム批判 : 原名 過激派の本領』, 大鐙閣, 1921.5.

〈표 1〉은 「레닌」이 '짜깁기' 텍스트임을 확연하게 보여준다. 김명식은
"처음말"과 "결론" 사이에 여러 개의 텍스트를 수용했다. 각각의 텍스트
를 그 내용과 경계를 유지하며 제시한 것이 아니라 여러 개의 조각들로
분해하고 그 조각들을 교차하며 이어 붙여 조각보 형태의 새로운 텍스트
를 만들어냈다. 본론 안에서 김명식의 목소리가 전혀 안 들리는 것은 아
니다. 텍스트의 조각들을 번갈아 이어붙일 때 김명식은 앞의 내용을 요

약하는 문단을 만들어 넣어주거나 이야기의 실감과 몰입도를 높이기 위한 수사적 표현을 첨가했다.[22] 또한 절 제목의 수정에도 나타나는바, 김명식은 저본 텍스트에서 지나치게 세부적이거나 논지에 불필요하다고 판단되는 내용은 삭제를 하면서 번역을 해나갔다. 뒤에서 살펴보겠지만, 우치야마 쇼조의 글 번역 부분에는 상당히 중요한 의미를 갖는 내용 첨가도 있긴 하다. 하지만 큰 틀에서 보면 본론을 작성할 때 김명식이 한 가장 중요한 작업은 여러 사람의 텍스트에서 가져온 조각들을 교차하면서 짜기운 것이었다. 텍스트를 이렇게 구성한 이유에 대한 추론은 잠시 뒤로 미루고, 아래에서는 그 양상에 대한 검토를 진전시켜볼 것이다.[23]

3. 레닌과 러시아혁명: 야마카와 히토시의 레닌 전기

1921년 시점에서 야마카와 히토시는 일본의 사회주의자 중 레닌주의에 가장 가까운 입장이었다. 그는 1920년 초반까지는 영어를 비롯한 외국어 문헌을 참조하면서 러시아혁명이나 레닌을 '소개'하는 글을 쓰고 소련에 대해 '신중'한 태도를 보였다.[24] 「소비에트 정치의 특질과 그 비판-프롤레타리아 독재와 데모크라시[ソヴィエット政治の特質と其批判―プロ
ーレタリアン・ディクテートルシップとデモクラシ]」(『사회주의연구』 제2권 제5호,

---

22 「레닌」의 9절 처음(7.26)과 야마카와 글의 13절 처음(226면)을 비교해보면, 김명식은 해당 내용을 번역하기 전에 "다년 외국에 천신과 만고를 甞하던 레닌은 1917년 4월 4일의 夜에 비풍과 참우를 帶하고 선혈이 만지한 본국의 수도 피득보(페테르부르그: 인용자)에 歸하였도다."라는 문장을 추가했다. 이는 이야기의 실감과 몰입도를 높이기 위한 장치다.

23 본고에서는 「레닌」에서 일본어 저본들이 분할되어 교차 배열된 양상에 주목했으며, 일본어 저본 자체의 원천이나 형성 맥락에 대한 조사는 자세히 진행하지 못했다.

24 米原謙, 『山川均 ― マルキシズム臭くないマルキストに』, ミネルヴァ書房, 2019, 161면.

1920.6.)에서 본격적으로 러시아혁명에 대한 견해를 발표했는데, 이때 그는 사회주의자 내부에서의 프롤레타리아 독재 반대론을 비판하며 프롤레타리아 독재를 긍정적으로 평가했다.[25]

볼셰비키가 채택한 '프롤레타리아 독재'는 세계 사회주의자들 사이에서 치열한 논쟁의 대상이었는데, 그 선두에 카우츠키가 있었다. 카우츠키는 '독재에는 민주주의가 없다'고 강력하게 비판했다. 이에 반해 레닌은 『프랑스의 내전』이나 『고타강령비판』으로 거슬러 올라가 마르크스 또한 혁명 단계에 프롤레타리아트 독재를 상정했다고 주장했다. 앞서 언급했던 것처럼 야마카와의 「카우츠키의 노농정치 반대론[カウツキーの勞農政治反對論]」(『사회주의연구』 제3권 제2호, 1921.3.)은 카우츠키가 볼셰비키를 비판한 책 『프롤레타리아 독재』(1918) 가운데 한 장인 '독재정치'를 번역하고 이에 상세한 역주를 단 글인데, 야마카와는 바로 그 역주를 통해 카우츠키 비판을 전개했다. 비판의 근거는 대부분 레닌의 책 『프롤레타리아 혁명과 배신자 카우츠키』(1918)에서 가져온 것이었다. 야마카와는 카우츠키의 글 '독재정치'가 '마르크스주의의 입장'에선 '최고의 비평'이라고 인정하면서도 최종적으로는 레닌의 주장을 지지했다.[26]

야마카와는 「카우츠키의 노농정치 반대론」을 발표한 후 바로 다음 호(『사회주의연구』 제3권 제3호, 1921.4)에 「레닌의 생애와 사업」과 「레닌의 첫인상」을 발표했다. 「레닌의 생애와 사업」은 1870년에 출생하여 1917년

---

25 米原謙, 위의 책, 2019, 162면.

26 山川均, 「カウツキーの勞農政治反對論」, 『山川均全集』 3권, 勁草書房, 1967, 153면. 「카우츠키의 노농정치 반대론」에 대한 해설은 山川菊榮·山川振作 編, 『山川均全集』 3권, 勁草書房, 1967, 234면의 편집자 주 참조. 이 글은 검열 때문에 레닌을 직접 언급하기 어려운 상황에서 번역과 역주라는 발화 전술을 고안하여 레닌의 사상을 전달했다는 지적이 있다. 石河康國, 『マルクスを日本で育てた人 評傳 山川均』 1권, 社會評論社, 2014, 93면.

혁명이 성공해 소비에트정부의 수반이 되기까지 레닌의 일생을 16개의 절로 나누어 서술한 전기다. 전체 45쪽 분량으로 결코 길지 않은 글이지만 레닌의 생애와 혁명운동을 일목요연하게 정리한 최초의 본격적인 레닌 전기였다. 앞서 살폈듯이 야마카와는 당시에 볼셰비즘과 프롤레타리아 독재 등에 대해 논쟁적이고 이론적인 글쓰기를 진행하고 있었던바, 레닌 전기를 통해서는 러시아혁명에 대한 역사적 서술을 시도했다고 볼 수 있다. 이 글은 볼셰비키의 이념에 대한 논의가 강력하지 않으며 혁명의 성공과 정권 장악에서 이야기를 마무리하고 있기 때문에 프롤레타리아 독재를 위시한 혁명 후 볼셰비키의 정책에 대한 자세한 논의는 없다.[27] 「레닌의 첫인상」은 5쪽 분량으로 레닌의 첫인상(윌리엄스), 크렘린궁의 레닌(존 리드), 레닌과 트로츠키(존 리드), 레닌과 크로포트킨(런던 헤럴드 주필 랜스베리), 레닌의 한가한 나날(윌리엄스). 적의 눈에 비친 레닌(란더 알다노프의 반혁명 선전용의 글 중에서), 예언자 레닌(엠 가츠), 생디칼리스트의 레닌관(조르주 소렐) 등, 말 그대로 레닌에 대한 짧은 인상평을 모아놓은 것이다.

　「레닌의 생애와 사업」은 발표되기까지 난관이 적지 않았다. 이 글은 본래 『개조』에 싣기 위해 집필되었으나 원고가 내무성 경보국(警保局)의 내열(內閱)을 통과하지 못했다. 개조사는 부분적으로 복자처리를 하여 게재하는 것을 당국과 교섭했지만 허용되지 않았고 결국 발표가 전면적으로 불허되어 원고가 야마카와에게 되돌아왔다. 야마카와는 전문을 그대로 게재하기로 마음먹고 원고의 내용을 보완하고 「레닌의 첫인상」을

27　야마카와는 레닌의 생애를 서술하는 중간에 그의 저작들도 다수 소개했는데, 검열을 경계해서인지 혁명 후 볼셰비키 정책의 이론적 근거가 된 『제국주의, 자본주의의 최고 단계』(1916)와 『국가와 혁명』(1917)에 대해서는 언급하지 않았다. 石河康國, 위의 책, 2014, 94면.

더하여 1921년 4월에『사회주의연구』제3권 제3호를 발행했다.[28] 발행
후 의외로 아무런 문제가 없었고 잡지는 무사히 배포되어 잘 팔렸다고
한다.[29]

　1921년 6월에 야마카와는 이 두 편의 글과 다른 글들을 편집한 단행본
『레닌과 트로츠키(レ―ニンとトロツキ―)』를 개조사에서 발행했는데,[30] 김
명식이「레닌」의 저본으로 삼은 것은 6월에 발행된 단행본이 아니라 그
이전인 4월에『사회주의연구』에 실린 글이었다. 김명식은 6월 3일에 서
론인 "처음말"을 쓰고 6월 5일에「레닌의 생애와 사업」의 맨 앞부분을
'가정 급 학생시대'라는 제목으로 번역하기 시작했는데, 6월 5일은 개조
사에서『레닌과 트로츠키』의 초판이 발행된 바로 그 날이었다.[31] 김명식

28　「레닌의 생애와 사업」에서는 총 6면에 걸쳐 두 글자 혹은 네 글자 단어가 1회~5회
　　복자 처리되었다. 1) 99면 2자 단어 1회, 2) 100면 4자 단어 1회, 3) 120면 2자 단어
　　1회, 4) 129면 2자 단어 1회(ブルジョア□□は皆な盗賊である) 5) 133면 2자 단어 5
　　회, 6) 134면 2자 단어 1회로, 총 6면에서 10개의 단어가 복자 처리되었다.

29　「레닌의 생애와 사업」이 발표되기까지의 과정에 대해서는 山川菊榮·山川振作 編,
　　『山川均全集』3권, 勁草書房, 1967, 234면의 편집자 주, 429~430면의 해제 등 참
　　조.『社會主義研究』(1921.4)는 동경시내 서점에 배포되자마자 2, 3일 만에 매진되었
　　다고 한다.「編輯室より」,『社會主義研究』제3권 제5호, 1921.5., 199면.(오노 야스
　　테루, 앞의 논문, 2007, 37면에서 재인용)

30　山川均,『レ―ニンとトロツキ―』, 改造社, 1921.6.5. 이 책은 총 234면 분량으로 4부
　　로 구성되어 있다. 레닌의 생애(1부)와 트로츠키의 생애(2부)를 각각 기술하고 이 두
　　사람을 비교하며(3부), 4부는 레닌에 대한 비평을 모아놓은 것이다. 1부와 4부의 저
　　본이 된 글이 바로 4월에『사회주의연구』에 발표한「레닌의 생애와 사업」과「레닌의
　　첫인상」이었다. 잡지에 실린「레닌의 생애와 사업」과 책의 1부는 절 구성과 제목이
　　동일하다.「레닌의 첫인상」은 책에 수록되면서 제목이「印象と批評」으로 수정되었는
　　데, 이때 단순한 인상기를 넘어선 비평으로 내용이 증보, 체계화되었다. 2부 '트로츠
　　키傳'은 이 책을 위해 쓴 글이며, 3부 '레닌과 트로츠키'는 1920년 9월호『개조』에
　　발표한「혁명가로서의 레닌과 트로츠키」를 제목을 고쳐 실은 것이다. 山川菊榮·山川
　　振作 編, 앞의 책, 1967, 433면 참조.

31　현재 일본국립국회도서관에서 원문을 제공하는『レ―ニンとトロツキ―』는 4쇄로서 6
　　월 10일에 발행된 것이다. 이 정보를 신뢰한다면, 이 책은 닷새 만에 4쇄를 발행했다.

은 야마카와의 레닌 전기가 『사회주의연구』에 발표되자마자 번역하기로 마음먹은 셈이다.

김명식은 야마카와의 레닌 전기의 내용을 대체로 생략 없이 그대로 번역했지만, 절 구성, 제목 등에는 적잖은 수정을 가했다. 가장 큰 변화는 전체 16절을 9절로 축약한 것이다. 원문의 절을 유지하고 유사한 제목을 붙이기도 했지만, 절의 개수를 줄였으므로 제목의 수정이 불가피했다. 야마카와 글의 1절 '시작 – 형의 처형', 2절 '학생시대 – 사상적 배경', 3절 '페트로그라드시대 – 노동운동의 조직자'의 앞부분까지를 합쳐 2절(3~5회)을 구성하고 '가정 급 학생시대'라는 간략한 제목을 붙였다. 야마카와 글의 4절~6절을 통합해 서술한 4절도 앞서와 유사하게 '레닌의 장년시대'라는 간단한 제목을 붙였다. 국제사회주의운동이나 러시아 정치사에 대한 배경 지식이 부족한 상태에서는 이해하기 어려운 사선닝이나 단체명 등은 제목에서 삭제했다.[32]

주목할 점은 김명식이 레닌의 생애 이야기를 하나로 연속하여 서술하지 않았다는 것이다. 그는 레닌의 생애에 대한 서술을 중단하고 다른 내용으로 넘어갔다가 다시 생애 서술로 돌아오는 일을 반복했다. 예를 들면 2절(5회)에서 야마카와 글 3절의 이야기, 즉 레닌이 1890년대 초 페트로그라드에서 노동운동에 참여한 경험까지를 서술하고, 3절(6회~20회 전반부)에서는 우치야마의 『세계혁명사론』의 10장에서 가져온, 대략 17세기부터 1905년의 봉기까지 근대 러시아의 역사와 혁명운동의 전개 과정

---

32 야마카와의 글에서 복자 처리되었던 단어들은 거의 동일하게 복자 처리되었다. 자세히 보면, 야마카와의 「레닌의 생애와 사업」의 복자 처리된 단어는 「레닌」에서 1)과 2) 6.11., 3) 7.17., 5) 7.29., 6) 8.2. 기사에 그대로 반영되었다. 4) 야마카와 책 129면의 "ブルジョア□□は皆な盗賊である"는 「레닌」 7.26. 기사에 "중산계급○○○○ 都是○○이라"로 옮겨졌다. 집필 단계에서 미리 필자가 원본과 동일하게 복자 처리를 한 것으로 판단된다. 한만수, 『허용된 불온』, 소명출판, 2015, 429~431면 참조.

을 길게 서술한 후, 4절(20회 후반부)에서 다시 야마카와 글 3절의 남은
이야기로 되돌아오는 식이다. 레닌 전기를 번역하던 중에 빠져 나와 우
치야마의 글을 옮기다가 다시 거기로 돌아가는 방식으로 글을 쓴 것은
총 2회다. 이렇게 해서 레닌의 생애는 크게 세 부분으로 나뉘어 기술되
었다. 첫 번째 부분은 1870년에 출생하여 페트로그라드에서 대학을 다
니며 노동운동에 참여하는 20대 초반까지다(2절). 두 번째 부분은 페트
로그라드에서 검거되어 시베리아 유형을 거친 후 유럽에 망명하여 사회
주의운동을 전개한 20여 년 동안이다(4절부터 10절). 마지막 부분은 1917
년 혁명 성공 후 소비에트정부의 수반이 된 때다(15절).

「레닌의 첫인상」은 17절에 "레닌의 위인 급 생평"이라는 제목으로 번
역되었다(52회 후반부~55회 전반부). 혁명 성공 후 환호하는 대중 앞에 처
음 섰을 때의 모습, 크렘린 궁에서 업무를 보는 모습 등에서는 평범성,
헌신성, 성실성 등을 강조하고, 트로츠키 및 카우츠키와의 비교에서는
정세 판단에 능하고 냉철한 모습과 혁명가적 열정, 예언자적 면모를 서
술했으며 조르주 소렐의 마르크스와 견주는 평가 등을 옮겼다. 낯선 인
명과 소위 반혁명주의자의 부정적이고 악의적인 평가는 생략했다.

김명식이 러시아혁명에 대한 야마카와의 여러 저작들 가운데 레닌의
생애와 인상기를 선택한 것은 조선에서는 러시아혁명에 대한 역사적 이
해가 선행되어야한다고 판단했기 때문으로 보인다. 마르크스주의가 어
느 정도 수용된 후 볼셰비즘이 소개된 일본과는 달리 조선에서는 1921년
도에 들어서야 신문과 잡지 등에 마르크스주의와 함께 볼셰비즘이 소개
되기 시작했다.[33] 서론에서 살핀 김명식의 회고가 시사하듯이, 이때 비
로소 조선 청년들 사이에서 '신러시아'에 대한 관심이 높아졌다. 레닌의

---

33 小野容照, 앞의 논문, 2007, 32~40면 참조.

생애 이야기는 러시아혁명에 비교적 쉽게 다가갈 수 있는 다리였다.

그런데 김명식의 목표는 레닌이라는 한 인물에 대한 이야기가 아니었다. 이는 김명식이 야마카와의 두 편의 글을 하나의 통일적이고 완결된 텍스트로 취급하지 않았다는 데 드러난다. 김명식은 절의 제목과 구성에 변화를 주었으며, 특히 레닌의 생애 서술은 다른 이야기들에 의해 번번이 중단되었다. 이와 같은 서술 양태로 미루어 볼 때, 「레닌」의 목적은 비단 레닌에 대한 이야기를 전달하는 데 국한되지 않았다. 레닌의 생애 서술을 중지시키거나 레닌에 대한 인상기를 끝내고 나서도 펜을 놓지 못하게 할 만큼 중요한 내용은 무엇이었을까? 레닌의 생애 이야기와 인상기의 중간과 끝에 다른 텍스트들을 짜고 기운 김명식의 핵심 질문은 무엇인가? 그것은 크게 두 방향으로 나눠볼 수 있는데, 하나는 레닌의 등장 이전 러시아의 근대사와 혁명운동의 전개이며, 다른 하나는 러시아혁명의 현재 모습이었다.

4. 러시아 혁명운동의 역사와 현재-우치야마 쇼조의 『세계혁명사론』과 나카메 히사요시의 『볼셰비즘 비판』

김명식은 레닌 이야기를 서술하던 중간에 우치야마 쇼조의 『세계혁명사론』에서 가져온 러시아 근대사와 혁명운동사 이야기를 세 부분으로 나누어 첨가했고, 그 뒤에는 출처 미상의 '볼셰비키의 헌법'과 나카메 히사요시가 번역한 '볼셰비키의 선전'을 추가했다. 우치야마와 나카메는 사회주의자가 아니었으며, 이 책들은 이념적으로는 마르크스주의와 볼셰비즘을 비판한 것이었다. 이는 사실 야마카와와는 완전히 반대된 사상이었다. 이와 같은 첨가와 추가에 의해 내용들의 경계는 희미해지고 뒤

섞였다.

우치야마 쇼조는 1921년 당시 조선에는 거의 이름이 알려져 있지 않았으며,[34] 『세계혁명사론』은 혁명을 반대하는 입장에서 쓴 혁명사였다. 『세계혁명사론』의 서문은 이렇게 시작한다. "혁명은 국가사회의 병이다. 혁명의 연구는 국가사회의 병리 연구이다. 인체의 보건상 병리학 연구가 필요하듯이 국가사회의 건강을 유지하기 위해 혁명사 연구가 필요하다는 것은 말할 것도 없다."[35] 오노 야스테루는 이 책이 『사회주의연구』(제1권 제5호, 1919.9.)의 신간서평에서 호평을 받은 것이 김명식의 눈에 띄었을 것으로 추정한바 있는데,[36] 설득력이 높은 추론이다. 「신간서비평」에서는 다음과 같이 이 책을 평했다.

> 불란서혁명과 노서아혁명과 독일혁명을 역사적으로 서술하여 설명한 것으로 자연스럽게 사회주의사의 형태를 취하고 있다. 마르크스의 유물사관의 잘못을 지적하며 볼셰비키의 폭력을 매도한다는 태도로 쓰인 것이기는 하지만 대체로 혁명에 대한 이해가 있으며 세계의 대세에 대한 인정이 있는 것처럼 보인다. 하여간 이 책은 책다운 책이다. 문장도 유창 명쾌하여 확실히 좋은 책이다.[37]

『세계혁명사론』은 서언과 결론, 그리고 13장의 본론으로 이루어져 있으며, 프랑스혁명에서 시작하여(2~5장), 사회주의사상과 운동의 성장, 확산 과정을 기술하고(6~9장), 마지막에 러시아혁명(10~12장)과 독일혁명(13장)을 서술하고 있다. 사회주의혁명에 대해 부정적 입장을 표현한

---

34 현재도 이 시기 우치야마 쇼조의 행적과 사상을 정확히 확인하기가 어렵다.

35 內山省三, 『世界革命史論』, 江原書店, 1919, 1면.

36 小野容照, 앞의 논문, 2007, 37~38면.

37 「新刊書批評」, 『社會主義研究』 제1권 제5호, 1919.9., 48면.

절이 있지만, 전체적으로는 이념에 대한 비판보다 역사적 사실을 알기
쉽게 설명하고 정리하는 데 중점을 둔 책이었다.[38] 위 인용문에서 '자연
스럽게 사회주의의 역사를 서술하는 형태를 취하고 있으며 혁명에 대한
이해와 세계의 대세에 대한 인정이 있다'는 평가는 이러한 성격을 가리
킨 것이다.

　김명식도『세계혁명사론』에 대해 위의 서평자와 유사하게 인식했던
것 같다. 김명식은『세계혁명사』에서 러시아의 혁명운동을 다룬 3개의
장 중 '국민성론'을 제외한 2개 장, 즉 10장 '노국 혁명운동의 발달'과
12장 '노국 최근의 대혁명'의 일부를 가져와「레닌」의 3절과 11~14절,
16절에 나누어 배치했다. 참고할 점은 이후에 김명식이 이 책의 주요 부
분을 마저 번역했다는 것이다. 그는「레닌」연재를 마친 바로 다음 날인
9월 1일부터 10월 29일까지 총 47회에 걸쳐「불란서혁뎡과 문학의 혁신」
을, 11월 7일부터 12월 22일까지 총 22회에 걸쳐「이월혁명과 신사상의
발달」을『동아일보』1면에 연재했다.[39] 전자는『세계혁명사론』의 3, 5,

38　『세계혁명사론』의 본론 13개의 장은 다음과 같다. 1. 근세에 있어서의 '국가' 및 '개
인'의 발생, 2. 대혁명 전의 불란서, 3. 불란서의 혁신문학, 4. 불란서의 국민성, 5.
불란서혁명의 경과, 6. 세계혁명사상에 있어서 나폴레옹의 위치, 7. 불란서혁명 이후
사회상태의 일변, 8. 2월 혁명의 의의, 9. 사회주의운동의 발달, 10. 노국 혁명운동
의 발달, 11. 노서아의 국민성, 12. 노국 최근의 대혁명, 13. 독일 혁명론.

39　「불란서혁명과 문학의 혁신」,『동아일보』, 1921.9.1.~10.29.(총 47회);「이월혁명과
신사상의 발달」,『동아일보』, 1921.11.7.~12.22.(총 22회). 이 두 편의 글은 우치야
마 책의 해당 부분을 거의 그대로 번역했지만, 불란서인의 국민성이나 나폴레옹의
영웅적 면모에 대한 서술을 삭제하는 등 변화도 주었다. 자세한 검토는 차후의 과제
로 남긴다. 한편 발행 정지 처분이 풀려 신문을 발행할 수 있게 된 1921년 2월 21일부
터「레닌」을 연재하기 전까지『동아일보』1면에는「제4계급의 해방과 불란서대혁명
의 지위」(2.21.~4.7., 총 29회),「文化史上의 미국독립전쟁」(4.11.~5.10., 총 26회)
이 연재되었다.『동아일보』1면의 '사상' 관련 논문은 김명식이 담당하고 있었던바,
이 역시 김명식의 글이었을 것으로 짐작되나 필자 및 저본 검토는 차후로 미룬다.

6, 7장을 번역한 글이며, 후자는 8, 9장을 번역한 글이다. 김명식은 우치 야마가 프랑스혁명사의 전개 과정과 이후 사회주의사상의 발생과 그 운 동의 전파, 발달 과정을 알기 쉽게 정리하여 서술한 점에 착목했던 것 같다.

「레닌」의 본론 중에 우치야마의 책에서 옮겨온 부분은 야마카와 글에서 가져온 부분(총 28회)에 버금가는 상당한 분량이다(총 25회). 이 가운데 10장 '노국 혁명운동의 발달' 전체를 절 구분과 소제목을 생략하면서 번역한 것이 3절 '노국 혁명운동의 유래'다.[40] 이 절은 총 15회 분량(6회~20회 전반 부)으로 우치야마에서 가져온 내용 중에 비중이 클 뿐만 아니라 「레닌」 전체에서도 가장 긴 절이다.[41] 러시아 근대사와 혁명운동의 성격에 대한 김명식의 인식에 큰 영향을 끼쳤으므로 주의를 요한다.

3절의 서두는 1917년 러시아혁명의 본질을 "정치적으로는 전제주의와 민주주의의 충돌이며, 사회적으로는 자본가계급과 노동자계급과의 충 돌"이라고 평가하면서 이러한 혁명운동의 기원, 즉 러시아에서 "근세 이 래로 혁명운동이 발발한 유래"로 독자의 관심을 이끌어간다.[42] 이에 따 르면, 러시아에서 전제군주제와 관료정치, 자본주의의 모순을 극복하고 자 한 혁명운동에는 "산업혁명에 반(伴)하는 자본가 대(對) 노동자의 충 돌", 러시아의 "국민성", "문학", "종교", "사회주의", "무정부주의" 등 "노 서아라 하는 특종의 형용사를 요하는 잡다한 원동력이 십중(十重), 이십

40　『세계혁명사론』 10장 '노국 혁명운동의 발달'은 다음의 10개 절로 이루어져 있다. 1. 큰 수수께끼 2. 농노의 발생과 혁명사상의 연원, 3. 자유국가의 희구(12월당 소요) 4. 지식계급의 발흥 5. 농노해방과 그 영향 6. 허무주의의 시대 7. 노국의 산업혁명 8. 민중예술의 영향 9. 사회민주당 및 사회혁명당의 성립 10. 1905년의 혁명적 소란.

41　「레닌」은 대체로 한 절이 2~3회 분량이며, 긴 절도 4회를 넘지 않았던 것을 고려하면, 3절은 매우 긴 편이다.

42　「니콜라이 레닌은 어떠한 사람인가 (6)」, 『동아일보』, 1921.6.13.

중(二十重)으로 연결"되어 있었으며, 이에 따라 혁명운동은 "파란과 굴곡", "모순과 당착" 속에서 진행되었다.[43]

> 그런데 자(玆)에 언(言)치 아니치 못할 것은 노서아의 정치와 사회의 실체이라. 노서아에 재(在)하여는 모든 것이 총(總)히 기형적이니 정치, 법률, 사회가 모두 그러하도다. 톨스토이, 고리키 등의 사상, 예술에 기형적 분자가 많은 것도 본래 저들이 기형적 정치, 법률, 사회에 반항하기 위하여 생한 것임을 사(思)하면 하등의 불사의(不思議)가 무(無)할지라. 그러므로 칼 막쓰의 사회주의도 노서아에 입(入)함과 공(共)히 심(甚)히 기형적이 되었나니 차는 노서아의 자본주의라하는 것이 서구의 자본주의와 이(異)하야 심히 기형적인 때문이라. 노서아의 자본주의는 구제도 파괴 후 일약(一躍)하여 급래(急來)한 것이오 서구에 재(在)함과 여(如)히 당연히 경과할만한 계단을 경(經)치 아니하였으며 … (중략) … 고로 막스의 사회주의가 이러한 기형적 사회에 환영이 되어 문득 극단 급격한 혁명주의가 되게 된 것은 족히 경이(驚異)할 바이 무(無)하도다.[44]

위 인용문은 3절 중간에 저자의 해석을 제시한 부분인데(16회), 전반부는 사회주의 수용 이전 러시아의 정치, 사회, 문화에 대한 평가이며, 후반부는 사회주의 수용에 대한 평가이다. 먼저, 전반부는 계몽적이고 자유주의적인 지식계급의 출현(9~10회), 농노해방령의 단행과 그 영향(11회), 무정부당의 혁명운동(12~13회), 산업혁명(14회), 민중예술(15~16회) 등 근대 러시아 혁명운동의 '잡다한 원동력'에 대한 평가로서, 이는 '기형성'으로 요약된다. 러시아는 정치, 법률, 사회가 기형적이었기 때문에 그에 저항하여 일어난 사상적, 문화적 운동 역시 기형적일 수밖에 없었

---

43 「니콜라이 레닌은 어떠한 사람인가 (7)」, 『동아일보』, 1921.6.16.
44 「니콜라이 레닌은 어떠한 사람인가 (16)」, 『동아일보』, 1921.6.28.

다는 것이다. 후반부는 17~20회에 걸쳐 논의할, 19세기 말에서 1905년까지 전개된 저항운동에 대한 총평을 미리 제시한 것으로, 핵심 주장은 '마르크스의 사회주의도 러시아에 수용되자 똑같이 심하게 기형적이 되었다'는 것이다. 러시아의 자본주의는 서구처럼 밟아야할 계단을 차근히 밟아 성장한 것이 아니라 구제도가 파괴된 후 단번에 급하게 들어왔다. 그 결과 토착 자본가계급의 미성숙, 외래 거대자본에의 종속, 중간계급의 저발전, 사회정책의 부재에 의한 자본가계급과 노동자계급 사이의 충돌 격화 등 러시아에서 자본주의의 발전은 '기형성'을 띠게 되었다. "노서아에 수입된 막쓰의 사회주의는 그 국정(國情)과 국민성과 화(化)하여 가경(可驚)할 기형의 발달을 수(遂)하고 과격 차(且) 위험한 성질을 대(帶)하게"되었다.[45]

위의 분석은 서구의 근대와 자본주의 전개를 정상궤도(보편)로 간주하고 러시아의 경우를 타자화하는 논법 위에 '러시아의 기형성'이라는 명제를 구축한 것이다. 본고의 2절에서 살핀바 「레닌」의 결론에서 김명식이 내보인 착종된 인식, 즉 러시아혁명의 세계사적 의의를 인정하는 한편에서, 레닌과 레닌주의를 러시아의 후진적이고 기형적인 역사의 산물로 평가하는 모순이 바로 위와 같은 우치야마의 평가의 연장선상에 있었다는 점을 알 수 있다.

김명식이 19세기 초중반 러시아의 정치경제적, 문화적 상황에 대한 우치야마의 긴 서술과 평가를 번역한 이유는 러시아의 상황과 조선의 상황과의 유사성 때문이었다고 생각된다. 김명식은 우치야마 글을 번역하는 중간에 몇 군데에서는 내용을 생략하거나 첨가했는데, 그 중 한 군데가 바로 19세기 초 자유주의 휴머니즘의 영향을 받은 지식인들의 자유

---

45 「니콜라이 레닌은 어떠한 사람인가 (18)」, 『동아일보』, 1921.6.30.

국가(입헌군주제/공화제) 건설운동을 진압한 후 니콜라스 1세가 관료정치
로 전환하여 교육과 언론을 억압한 상황을 기술한 부분이었다. 김명식은
"1828년 이래의 노서아에 재(在)하여서는 20세기의 조선과 조금도 다르
지 아니하였"다고 덧붙였다.[46] 이는 총독부의 정책에 대한 비판이지만 19
세기 러시아의 정치 상황과 당시 조선의 정치 상황의 유사함에 대한 인
식이기도 하다. 후진성은 바로 조선의 상태이기도 했던 것이다.

김명식은 야마카와의 레닌 전기 중 1917년에 레닌이 귀국하여 혁명운
동을 지도하는 장면까지를 9절 레닌의 귀국(35회), 10절 레닌의 실지운
동(36~38회)으로 번역한 후 시간을 1905년 봉기 실패 직후로 되돌려 우
치야마 책의 12장 1~4절을 11절 '유명무실의 입헌정치', 12절 '노서아혁
명과 세계대전', 13절 '삼월혁명과 레닌', 14절 '정치혁명으로 사회혁명
에'로 번역했다(39~47회). 이때 김명식은 저본의 절 구분은 존중하되 소
제목의 표현은 바꾸거나 생략하기도 했는데,[47] 내용은 1905년의 봉기 실
패 후 수립된 입헌제의 한계에 대한 평가에서 시작하여 1910년 즈음부터
사회주의운동세력이 다시 성장하던 가운데 레닌을 선두로 한 볼셰비키
가 부상한 과정을 서술하고 노동자와 전체 민중이 참여한 1917년 3월
혁명을 거쳐 노동자계급 중심의 사회혁명(10월 혁명)이 성공하기까지의
과정이었다. 이 부분은 1917년 3월 혁명까지 망명 중이었던 레닌의 행적
에 초점을 맞춘 야마카와의 서술을 보완한 부분으로서, 전제군주국가에
서 입헌국가로, 그리고 다시 노농정부 조직으로 나아간, 러시아 내부의

---

46 「니콜라이 레닌은 어떠한 사람인가 (9)」, 『동아일보』, 1921.6.20.

47 『세계혁명사론』 12장 '노국 최근의 대혁명'은 다음의 9절로 구성되어 있다. 1. 유명무
실의 국회 2. 세계대전과 노국 3. 혁명발발과 황제퇴위(부록 니콜라스 2세론) 4. 정
치혁명에서 사회혁명으로 5. 리보프로부터 케렌스키로 6. 케렌스키에서 레닌으로 7.
왜 케렌스키는 실각하고 레닌은 성공했는가(러시아 인텔리겐차의 쇠망) 8. 레닌 정
부의 시설 9. 과격파의 書禍.

혁명운동의 경과를 설명할 필요가 있었기 때문에 삽입한 것이었다.

그런데 13절 '삼월혁명과 레닌', 14절 '정치혁명으로 사회혁명에'를 서술하던 중간에 김명식은 우치야마의 논의에 개입하여 일부를 생략했다. 13절에서는 1917년의 혁명 과정을 서술한 부분을 따라가면서 번역하다가 왕권이 박탈된 차르를 온화한 왕이었다고 동정한 부분[48]을 생략하고 바로 임시정부의 정책에 대한 논의로 넘어갔다.[49] 14절에서는 케렌스키가 실각한 원인에 대해 서술한 부분을 건너뛰었다. 우치야마의 책 420쪽을 번역하다가 스스로 개입하여 "극단의 전제군주국이 변하야 입헌국이 되고 입헌정치가 경(更)히 변하여 노농정부가 조직되었나니 천(天)의 불측(不測)한 풍우(風雨)가 유(有)함과 여(如)히 인사(人事)에 예상치 못할 대개혁이 유함을 또한 지(知)할지로다"라고 평가한 뒤 우치야마의 책 423쪽에 있는 3월의 정치혁명 이야기로 바로 들어갔다.[50] 우치야마 책 12장의 5~7절을 번역하지 않은 점과 연관해 생각해 볼 때, 혁명 과정의 권력투쟁 같은 세부적 내용은 생략하려 했던 것 같다.

김명식이 우치야마의 글에 개입한 가장 흥미로운 부분은 맨 마지막이다. 김명식은 야마카와의 레닌 전기의 말미인 15절 '크렘린궁의 생활 – 암살자의 총환'과 16절 '노서아혁명과 레닌'을 통합하여 15절 '레닌의 클렘린 궁의 생활'(48~49회)로 번역한 후 우치야마 책의 12장 8절 '레닌 정부의 시설'을 동일한 제목으로 16절(50~51회)에 넣었다. 혁명 후 볼셰비키 정부가 실시한 토지개혁, 8시간노동제, 부르주아의 재산몰수, 독일과의 강화조약 등을 설명한 부분인데, 이 역시 레닌의 생애사 서술에 주력

---

48 內山省三, 앞의 책, 1919, 402~404면.

49 「니콜라이 레닌은 어떠한 사람인가 (43)」, 『동아일보』, 1921.8.11.

50 「니콜라이 레닌은 어떠한 사람인가 (47)」, 『동아일보』, 1921.8.15. 김명식의 글에서 삭제된 부분은 內山省三, 앞의 책, 1919, 421~423면이다.

한 야마카와의 책에는 없는 내용이었다. 이는 러시아혁명의 성격 또는
성과를 보여준다는 점에서 중요한 의미를 가지는 보충인데, 주목할 곳은
볼셰비키가 독일과 강화조약을 맺은 데 대한 우치야마의 평가를 김명식
이 레닌의 말을 인용하면서 수정, 보완한 대목이다.

　1918년 3월 볼셰비키가 교전국인 독일 등과 체결한 강화조약(브레스트
리토프스크조약)을 통해 폴란드나 우크라이나의 독립을 인정한 일에 대해
우치야마는 "독일의 강요에 대해 레닌 정부는 절대적 무저항주의를 수용
하며 오로지 복종할 수밖에 없었다."[51]고, 레닌이 독일에 일방적으로 양
보를 해버렸다는 식으로 쓰고 있다. 이 견해는 당시 제국주의 열강의 논
리에서 보면 당연한 입장이었다고 할 수 있다. 우치야마의 논의는 여기
서 마무리된다. 그에 이어 김명식은 '러시아는 독일에 물질적으로 패배
했으나 정신적으로는 독일을 포로로 만들었다'는 레닌의 말을 인용하고
주석을 달았다.

　　그러하나 차시(此時)에 레닌은 운(云)하였으되 "금일 노서아군이 물질상
　　으로는 독일군에게 무참히 패하였고 또한 굴욕적 강화조약을 승인하되 정
　　신상으로는 노서아의 과격군이 독일군을 포로(捕虜)하였다"고 하였나니 과
　　연 그러하였도다. 정신상으로는 독일군이 전부 노국에게 포로가 되었으며
　　당시 물질상으로 승리한 것도 또한 독일에게로 그 이익이 귀(歸)치 못하였
　　고 반(反)히 노서아의 과격사상을 수입하여 노서아와 여(如)한 혁명을 야기
　　하고 노서아를 압박하던 군벌이며 관료뿐 아니라 카이사까지 축출을 당하
　　였나니 레닌의 주장한 정신상의 포로가 이에 현실이 되었도다.[52]

51　內山省三, 앞의 책, 1919, 436면.
52　「니콜라이 레닌은 어떠한 사람인가 (51)」, 『동아일보』, 1921.8.19.

김명식이 레닌의 말을 어디서 가져왔는지는 알 수 없지만, 그의 주석
은 러시아혁명이 러시아 제국 뿐만 아니라 독일이라는 또 하나의 제국을
위기로 몰아넣었다는 점을 적시하고 있다. 제국주의자의 눈에는 '양보'
나 '패배'로 보이는 볼셰비키의 정책이 식민지 조선의 지식인의 눈에는
제국의 와해로 보였던 것이다. 이는 제국주의의 해체, 세계혁명의 비전
이었다. 「레닌의 생애와 사업」에서 야마카와도 지노비에프를 인용하면
서 이 강화조약에 대해 언급을 하기는 했지만 '레닌이 옳았다'는 간단한
평가에 머물렀던 것을 고려할 때.[53] 김명식의 주석은 볼셰비키에 대한
일본인 필자들과 식민지 조선의 필자의 인식상의 차이를 보여준 의미가
있다. 제국주의 국가들에게 식민지를 포기시키는 일은 러시아혁명의 근
거를 만든 책이기도 한 레닌의『제국주의론』(1916)의 한 요소였다.[54]「레
닌」을 썼을 때의 김명식은 레닌의 글을 충분히 공부하지는 못했을 터이
지만 위의 서술은 김명식이 마치『제국주의론』을 읽은 것과 같은 의미심
장한 것이었다.[55]

「레닌」의 본론 마지막 부분인 18절 '폴섹키의 헌장'(55회 후반~57회)과
19절 '폴섹키의 선전'(58회)은 혁명 후 프롤레타리아 독재의 현상을 보여
준다. '폴섹키의 헌장'은 아직 저본을 확인하지 못했는데, 볼셰비키의 헌
법과 제도가 청년, 노동자, 농민을 획득하기 위해 노력하고 노동자, 농

---

53   山川均,「レーニンの生涯と事業」, 앞의 책, 1921, 138~140면.

54   Lenin, Imperialism, The Highest Stage Of Capitalism(*"Lenin Collected Works"*,
      Volume22, Translate By YURI SDOBNIKO, Progress Publishers, 2011, p.188.)

55   최은혜는 1920년대 초 조선의 공론장에서 러시아혁명과 제국주의 해체(식민지 해방,
      민족자결의 문제)를 연결하는 인식의 형성을 검토했는데(최은혜,「민족과 혁명:
      1920년대 초 사회주의 수용에서 러시아혁명 인식의 문제」, 민족문학사연구』77, 민
      족문학사학회·민족문학사연구소, 2021, 327~340면),「레닌」은 그 첫 발자국에 해
      당된다고 볼 수 있다.

민에게 혜택을 주는 정책을 시행한 한편, 노동자의 자유행동을 억제하면서 볼세비키의 단일한 의지를 강조하는 엄격한 제도를 시행했다고 평가했다. 볼세비키의 원칙과 제도 운영의 성격에 대해 극단, 준엄, 가혹, 엄격 같은 표현을 사용하여 부정적으로 평가했다.

  '폴섹키의 선전'의 저본은 나카메 히사요시[中目尙義]가 번역한 『볼세비즘 비판: 원제 과격파의 본령[ボルシェヴィズム批判 : 原名 過激派の本領]』의 5장이다.[56] 나카메는 이 책에서 영국의 계간지 "더 라운드 테이블"에 실린 글을 옮겼다고 했는데, 수록한 글의 필자명은 밝히지 않았다.[57] 이 책은 전편(前篇)이 볼세비키운동, 후편(後篇)이 반(反)볼세비키운동으로 편성되어 있는데, 김명식이 번역한 '볼세비키의 선전'은 전편의 5장이다.[58] 볼세비키의 국내외 선전 내용을 서술했는데, 대외 선전에 대해서는 외국의 노동운동에 대한 정보 수집과 식민지민의 민족운동 자극을, 국내 선전에 대해서는 자본주의 반대, 의회제도 반대, 멘셰비키 반대를 꼽았다. 화폐가치 하락의 원인을 호도하며 자본주의제도의 몰락을 선전하고 의회주의에 반대하고 온건한 입헌적 사회주의자도 배제하는 볼세비키의 정책을 부정적인 관점에서 기술했다. 「레닌」의 18, 19절은 볼세

---

56 中目尙義譯, 『ボルシェヴィズム批判 : 原名 過激派の本領』, 大鐙閣, 1921.5. 일본국회도서관 온라인 서비스에서 확인한 것은 1921년의 제2판이지만 판권장에는 1920년 5월에 초판이 간행되었다고 기입되어 있다. 제목이 보여주듯이 이 책의 주요 내용은 볼세비즘 비판인데, 大鐙閣은 야마카와 히토시의 책을 비롯해 사회주의 서적을 다수 발행한 출판사였다. 나카메는 1920년대에는 사회주의를 비판적으로 소개하는 번역 작업을 했으며 1935년에는 『만주국 독본』이라는 책을 편집하기도 했다. 본고에서는 나카메의 행적과 사상을 더 상세히 추적하지는 못했다.

57 中目尙義譯, 위의 책, 1921, 5면. 이는 당시 영국에서 출판되던 계간지 The Round Table로 추정된다. 부록에 John Spargo의 "마르크스주의의 희화적 발현(マルクス主義の戲畫的発現)"이 실려 있다. John Spargo(1876~1966)는 비판적 입장에서 유럽과 미국의 사회주의운동을 연구한 학자다.

58 中目尙義譯, 위의 책, 1921, 85~99면.

비키의 법, 제도와 정책 중 일부를 현상적으로 기술한 데 머물렀다고 해
도 야마카와의 레닌 전기와 우치야마의 러시아 혁명사에서는 다뤄지지
않았던 동시대의 혁명 현장에 있는 프롤레타리아 독재의 모습을 보여주
었다는 의미가 있었다.

5. 결론

1917년의 러시아혁명 소식은 바로 조선의 독립운동세력과 유학생들을
고무했다. 이동휘(李東輝)는 '러시아혁명에 대한 옹호와 협조가 조선 독
립의 길'이라고 판단하고 1918년에 소련 하바로프스크에서 한인사회당
(韓人社會黨)을 창당함으로써 사회주의계열 독립운동을 개시했다. 1918
년 중반에는 일본의 조선인 유학생들 사이에도 러시아가 사회주의, 공산
주의 사상의 선두라는 의식이 나타났다. 재일 유학생들은 1919년 2월에
동경에서 발표한 「선언문」에서 "최후 동양평화의 견지로 보건대 그 위협
자이던 아국(俄國)은 이미 군국주의적 야심을 포기하고 정의와 자유를 기
초로 한 신국가의 건설에 종사하는 중"이라면서 러시아의 반제국주의 원
칙과 공화주의 이념에 기대를 걸었다. 박은식은 1920년 『한국독립운동
지혈사(韓國獨立運動之血史)』에서 러시아혁명당이 "전제(專制)를 뒤엎고
큰 정의를 선포하였으며 각 민족의 자유·자치를 인정"한 점을 높이 샀
다. 그는 "전에 극단적인 침략주의자였던 러시아가 일변하여 극단적인
공화주의자가 된 것"이라면서, 러시아를 "세계 개조의 제일 첫 번째의
동기"로 평가했다.[59] 러시아(혁명)는 군국주의, 전제정치, 침략주의를 탈

---

59 재일본동경조선청년독립단, 「선언문」, 1919.2.8; 박은식 저, 김도형 옮김, 『한국독
립운동지혈사』, 소명출판, 2008, 156~157면. 1918~20년 러시아, 중국, 일본에서

각하고 인민들과 민족들 사이에 정의와 자유, 자치의 신질서를 수립하려는 세계개조운동의 선두로 떠올랐다.

1920년도 후반에는 조선 안의 일간신문에서도 다음과 같은 문장을 볼 수 있었다. "로서아를 보라. 그는 일찍이 천하에 례가 없는 압제국이오 전제국이었도다. 그러나 금일에는 오히려 전일의 자유국이 보수국이 되어 그 급격한 자유주의를 방어하기에 박물(泊沒)하도다."[60] 과거 전제국가이자 압제국가였던 러시아는 이제 급진적 자유주의를 확산, 전파하는 국가로 변화했다는 것이다. 유럽의 변방이자 후진국이었던 러시아가 세계사를 앞으로 이끌어가고 있다는 인식이었다. 그런데 이와 같은 평가나 기대는 러시아혁명과 볼셰비즘에 대한 자세한 연구에 바탕을 둔 것은 아니었다. '자유국'이나 '급진적 자유주의'라는 해석은 러시아혁명을 신자유주의 또는 사회적 자유주의의 용어로 설명하려 하고 있었음을 드러낸다.

김명식의 「레닌」은 조선에서 러시아혁명과 볼셰비즘을 본격적으로 소개한 첫 번째 글이었다. 그의 볼셰비즘 소개는 야마카와처럼 레닌의 생애에 집중한 것이 아니었고 우치야마처럼 혁명의 전개과정에 집중한 것도 아니었다. 또 나카메처럼 프롤레타리아 독재 현상에 집중한 것도 아니었다. 또한 그는 야먀카와처럼 볼셰비즘을 정치적으로 밀고나가지 않았고 우치야마와 나카메처럼 볼셰비즘에 대한 반대를 노골적으로 보이지도 않았다. 김명식은 일본에서 발표된 논저들을 나름의 배치에서 수

활동한 조선의 독립운동세력 및 유학생의 러시아혁명 인식에 대해서는 한정숙, 「세계사 속의 러시아혁명」, 『한중관계연구』 제4권 제1호, 2018, 61~62면; 권보드래, 『3월 1일의 밤』, 돌베개, 2019, 273~276면; 최은혜, 「민족과 혁명: 1920년대 초 사회주의 수용에서 러시아혁명 인식의 문제」, 『민족문학사연구』 77, 민족문학사연구소, 2021, 332~338면 참조.

60 「중국의 신 희망」, 『동아일보』, 1920.8.6.

용, 해석했는데, 그것은 레닌이나 마르크스의 원저를 검토한 것이 아니었다는 점에서 이론적으로 어떤 전망을 보여주는 것은 아니었다. 또한 이 글은 실천운동과 바로 연결된 것도 아니었다. 어디까지나 '소개'에 머문 것이었지만, 상당한 길이와 완결성을 가지는 「레닌」은 러시아혁명의 역사와 인물들에 대한 생생하고 종합적인 이미지를 만들어냈다는 의미가 있다.

「레닌」에서 김명식은 볼셰비즘(레닌주의)에 대해 자신의 입장을 명확히 보여주지 않았다. 당시 일본에서 진행되던 볼셰비즘에 대한 논의 동향에 관심을 가지고 있었던 것은 분명하지만, 그는 프롤레타리아 독재 등에 대해서는 확실한 입장이 없었다. 야마카와의 글들 가운데, 혁명 후 정치 상황에 대해서는 서술하지 않고 레닌이라는 인물을 역사적으로 재현한 레닌 전기와 인상기를 번역한 것은 이 때문이었다. 김명식은 '신러시아'에 대한 관심에 막 싹트고 있던 조선에 레닌의 생애사 서술을 통해 러시아혁명에 대해 '긍정적인' 형상을 제시하려고 했다. 하지만 이것이 곧 레닌주의에 대한 확실한 지지를 의미하지는 않았다. 그는 독재 정치가 나타난 원인을 러시아의 역사와 혁명운동사에 대한 우치야마의 연구를 통해 이해하고, 나카메 등의 글을 통해서는 독재정치의 현황과 실태도 전달하고자 했다. 우치야마와 나카메에서 가져온 조각들과 야마카와에서 가져온 조각들은 교차 배열됨으로써 각각의 경계가 흐릿해졌는데, 이는 검열을 우회하려는 의도와 함께,[61] 이 글의 목표가 비단 레닌이라는 한 인물에 국한된 것이 아니라 러시아혁명에 대한 더 넓은 편폭의 이해였음을 보여준다. 즉 「레닌」이 장장 61회에 이르는 장편의 짜깁기 글이

---

61 식민지기 문학에서 검열우회의 양상을 연구한 한만수를 참조하면, 「레닌」의 구성은 '나눠쓰기' 즉 검열에 저촉당할 가능성이 높은 야마카와의 글을 분산하여 배치하려는 의도가 있었다고 추정된다. 한만수, 앞의 책, 2015, 315~316면.

된 것은 김명식이 1917년의 혁명과 그것을 가능케 한 러시아의 근대사와 혁명운동의 전개, 그리고 혁명 후 프롤레타리아 독재의 모습까지를 서술하려고 했기 때문이다.

'프롤레타리아 독재를 어떻게 볼 것인가'는 당시 일본 사회주의자들에게는 관건적 문제였지만, 김명식에게는 볼셰비즘보다는 '성공한' 사회주의 혁명이 더 중요했다. 그가 레닌이 태어나 활동하기 이전의 과거로 거슬러 올라가 러시아의 근대사와 혁명운동의 전개 과정을 서술한 우치야마의 책에 주목한 것은 식민지 조선의 상황과의 유사성 때문이었다. 즉 이는 러시아에서 혁명이 가능했던 역사적 조건에 대한 검토로서, 러시아와 마찬가지로 '후진'적이었던 조선의 상황을 이해하기 위한 것이었다. 김명식은 「레닌」에서 야마카와의 글을 거의 그대로 번역한 반면, 우치야마의 러시아 혁명사 이야기에 대해서는 생략과 간섭을 가했는데, 특히 그가 독일과의 강화조약을 볼셰비키의 굴욕적 양보로 평가한 우치야마에 대해 레닌을 인용하면서 주석을 단 것은 중요한 의미가 있다. 강화조약에 대한 해석에 제국의 와해를 기입한 것은 식민지 조선의 지식인의 입장이 투영된 것이었다.

김명식은 「레닌」의 연재를 마친 후 바로 우치야마의 책에서 프랑스 혁명사와 그 이후 사회주의운동의 발달사를 다룬 부분을 가져와 『동아일보』에 번역했다. 이는 「레닌」의 러시아혁명 이전으로 근대 혁명사를 거슬러 올라가는 구상이었지만, 이 글들은 『동아일보』에서 러시아혁명에 관한 장편 논문을 계속 쓰기가 어려워진 상황에서 선택된 것이기도 했다. 김명식은 속간 이후 동아일보사의 "재정문제와 논조에 대한 (총독부의: 인용자) 주의"를 그 이유로 언급하기도 했는데,[62] 동아일보사 내부

---

62 김명식, 「필화와 논전」, 앞의 책, 1934, 36면.

의 사상 지형도 러시아 담론에 호의적이지 않았다.[63] 3·1운동기의 이상
주의적이고 혁명적인 분위기가 퇴조하고 서구 강대국 중심의 국제정치
에 영향을 받으면서 사상 지형이 보수화되고 있었기 때문이다. 제한적이
나마 사회주의운동과 마르크스주의사상을 소개했던 『공제』나 『아성』 같
은 잡지들도 검열의 압박과 재정 문제 등에 의해 종간된 상황이었다.[64]
김명식이 동아일보사를 퇴사하여 신생활사로 자리를 옮긴 것은 1922년
초였다.

• **참고문헌**

[자료]
김명식, 「니콜라이 레닌은 어떠한 사람인가」, 『동아일보』, 2021.6.3.~8.31.
_____, 「불란서혁명과 문학의 혁신」, 『동아일보』, 1921.9.1~10.29.
_____, 「이월혁명과 신사상의 발달」, 『동아일보』, 1921.11.7.~12.22.

---

63 「필화와 논전」에서 김명식은 동아일보사 퇴사 시기를 '동아일보사의 주식회사 전환'
   과 연관시켜 기억하고 있는 점이 흥미롭다. 주식회사 동아일보사의 창립총회 일자는
   1921년 9월 14일이므로 1921년도 후반에 이미 김명식이 동아일보사와 거리를 두기
   시작했다는 추정도 가능한데, 이는 그가 상해파 고려공산당을 탈퇴한 시기 및 맥락과
   도 연결된다. 이즈음 상해파 고려공산당의 조직원으로서 동아일보사에서 각각 주간과
   기자로 일하고 있던 장덕수와 김명식 사이에 현실 인식 및 혁명 전략, 그리고 민족주의
   세력과의 협력 여부를 두고 이견이 나타났다고 한다. '상해파 고려공산당'의 국내부
   간부이자 기관지의 주간이었던 김명식은 1921년 말에 상해파를 탈퇴한 후에도 동아일
   보 논설반원에 남아 있다가 1922.2.28. 일자로 퇴사한 것으로 알려져 있다. 박종린,
   「'김윤식사회장' 찬반논의와 사회주의세력의 재편」, 『역사와현실』 38, 한국역사연구
   회, 2000, 265면; 「1920년대 초 사회주의사상의 수용과 『신생활(新生活)』」, 『사림』
   49, 수선사학회, 2014, 79면.
64 『공제』(조선노동공제회 기관지, 편집 겸 발행인 조성돈) 제1호 1920.9.10.~제8호
   1921.6.10; 『아성』(조선청년회연합회 기관지, 편집 겸 발행인 안확) 제1호 1921.3.15.~
   제4호 1921.10.1.

김명식, 『노국혁명사와 레닌』, 신생활사, 1922.10.30.

_____, 「筆禍와 論戰」, 『삼천리』 제6권 제11호, 삼천리사, 1934.11.

박은식 저, 김도형 옮김, 『한국독립운동지혈사』, 소명출판, 2008.

山川均, 「カウツキーの勞農政治反對論」, 『社會主義研究』 제3권 제2호, 1921.3.

_____, 「レーニンの生涯と事業」, 『社會主義研究』 제3권 제3호, 平民大學, 1921.4.

_____, 「レーニンの第一印象」, 『社會主義研究』 제3권 제3호, 平民大學, 1921.4.

_____, 『レーニンとトロツキー』, 改造社, 1921.6.

內山省三, 『世界革命史論』, 江原書店, 1919.5.

_____, 「朝鮮陶磁鑑賞」, 學藝書院, 1935.

中目尙義 譯, 『ボルシェヴィズム批判 : 原名 過激派の本領』, 大鐙閣, 1921.5.

カルル・マルクス, 堺利彦 譯, 「ゴータ綱領の批判」, 『社會主義研究』 제4권 제3호, 1921.10.

무서명, 「新刊書批評」, 『社會主義研究』 제1권 제5호, 1919.9.

山川菊榮・山川振作 編, 『山川均全集』 3권, 勁草書房, 1967.

[논저]

권보드래, 『3월 1일의 밤』, 돌베개, 2019.

박노자, 『조선 사회주의자 열전』, 나무연필, 2021.

박종린, 「꺼지지 않는 불꽃, 송산 김명식」, 『진보평론』 2, 현장에서 미래를, 1999.

_____, 「'김윤식사회장' 찬반논의와 사회주의세력의 재편」, 『역사와현실』 38, 한국역사연구회, 2000.

_____, 「1920년대 초 사회주의사상의 수용과 『신생활(新生活)』」, 『사림』 49, 수선사학회, 2014.

小野容照, 「1920~21년 조선 내 합법 출판물의 일본 문헌을 통한 맑스주의 학설 소개」, 고려대학교 석사학위논문, 2007.

최선웅, 「1920년대 초 한국공산주의운동의 탈자유주의화 과정」, 『한국사학보』 26, 고려사학회, 2007.

_____, 「장덕수의 사회적 자유주의 사상과 정치활동」, 고려대학교 박사학위논문, 2014.

최은혜, 「민족과 혁명: 1920년대 초 사회주의 수용에서 러시아혁명 인식의 문제」, 『민족문학사연구』 77, 민족문학사연구소, 2021.

한만수, 「식민시대 문학검열로 나타난 복자(覆字)의 유형에 대하여」, 『국어국문학』

136, 국문학회, 2004.

한만수, 『허용된 불온』, 소명출판, 2015.

한정숙, 「세계사 속의 러시아혁명」, 『한중관계연구』 제4권 제1호, 원광대 한중관계
        연구원, 2018.

허호준, 「혁명가 김명식의 생애와 사상」, 『4·3과 역사』 5호, 제주4·3연구소,
        2005.

小野容照, 『朝鮮獨立運動と東アジア―1910-1925』, 思文閣, 2013.

石河康國, 『マルクスを日本で育てた人 評傳 山川均』 1권, 社會評論社, 2014.

米原謙, 『山川均 ― マルキシズム臭くないマルキストに』, ミネルヴァ書房, 2019.

Lenin, *Imperialism, The Highest Stage Of Capitalism(Lenin Collected Works)*,
        Volume22, Translate By YURI SDOBNIKO, Progress Publishers, 2011.

[보론 3] 『신생활』의 외부 필진

정윤성

[『신생활』 내 필명]	생몰년	출생지	학력 및 1922년까지의 주요경력	게재 편수(호수)
김영만 (金永萬) [痴村 金永萬, 痴邨 金永萬]	1889? ~ ?	충청남도 논산	와세다대학 / 조선노동대회 / 서울청년회 충청남도 조직(오르그)	4(6, 6, 8, 8)
김한 (金翰) [金喜觀]	1887 ~ 1938	한성부	호세이대학(法政大學) 정치경제과 / 상해임시정부 사법차장 / 조선공산당 결성 / 조선청년회연합회 / 서울청년회 / 무산자동지회	1(7)
긴현준 (金賢準) [金賢準]	1898 ~ 1949	전라남도 나주	휘문의숙 / 도요대학 철학과 / 독일 라이프치히대학 법문학부 / 『장미촌』 동인	2(6, 9)
김형식 (金瀅植) [革菴生, 革菴]	1886? ~ 1929	전라남도 제주	보성전문학교 / 메이지대학(明治大學)	9(1, 1, 1, 1, 2, 3, 5, 6, 7)
나경석 (羅景錫) [公民]	1890 ~ 1959	경기도 수원	동경고등공업학교 / 중앙학교 화학·물리 교사 고려공산당 / 블라디보스토크 원동수농주식회사 / 조선청년회연합회 잡지 『동명』 기자 / 청년회연합회 / 신석현사건조사회 조사위원	4(1, 3, 10, 10)
남궁벽 (南宮璧) [南宮璧]	?~1921	평안북도 함열	경성제일고등보통학교 / 『폐허』 동인	5(8, 8, 8, 8, 8, 9)
박희숙 (朴熙淑) [朴熙淑]	1886~?	황해도 해주	배재고등보통학교 / 예수교신학교	1(8)
송영태 (宋榮泰) [宋榮泰]		황해남도 해주?	대한협회 / 서북학회 / 광산업 종사?	1(6)

설태희 (薛泰熙) [反求室主人]	1875 ~ 1940	함경남도 단천	대한자강회 / 한북흥학회 / 서우학회 / 서북학회 / 조선교육회 / 우문사(右文社) / 민우회 / 조선물산장려회	1(8)
신백우 (申伯雨) [신뵌벌]	1887 ~ 1962	충청북도 청원	서울측량학교 / 서울외국어학교 / 보성전문학교 법학과 수료 한성임시정부 / 신흥무관학교 / 조선노동공제회 중앙집행위원 / 무산자동지회 / 조선노동연맹회 / 신사상연구회 / 화요회 / 조선노동총동맹	7(1, 2, 5, 6, 7, 8, 9)
신상우 (申相雨) [申相雨]			휘문의숙 / 동아일보 발기인	1(6)
신태악 (辛泰嶽) [辛泰嶽]	1902 ~ 1980	함경북도 부령 (富寧)	경성공업전문학교 / 조선청년회연합회 / 『장미촌』 동인 / 오성학교(五星學校) 교사	1(6)
유경상 (劉敬相) [劉敬相]	1886? ~ ?	한성부	경신학교 / 중국 동아대학(東亞大學) / 일본 간사이학원(関西学院) 신학부 / 남감리회 전도사 / 감리교 협성신학교 교수 중앙기독교청년회 / 중앙중학교 영어교사	1(7)
이순탁 (李順鐸) [李順鐸]	1897? ~ ?	전라남도 해남	쿄토제국대학 / 쿄토조선인노동공제회 회장 / 경성방직주식회사 조선상업은행 / 조선물산장려회 / 연희전문학교 교사	1(6)
이익상 (李益相) [星海]	1895 ~ 1935	전라북도 전주	보성고등보통학교 / 니혼대학 사회과 / 서조회(曙潮會) / 『호남신문』 사회부장	1(9)
이일 (李一) [東園]	1892 ~ ?	평안북도 용천	메이지대학 전문부 / 동경신학교 신학과 / 태서문예신보사 / 중앙기독교청년회 간사 / 휘문고보 영어교사 / 조선청년회 / 조선청년연합회 / 조선체육회 / 『창조』 동인 / 『서광』, 『문우』	2(5, 6)
이정렬		경기도	북청군 청우장학생	3(6, 8, 9)

(李貞烈) [李貞烈]		개성		
조우 (趙宇) [趙宇]	1897? ~ 1933		북청군 청우장학생 / 니혼대학(日本大學)	1(8)
진학문 (秦學文) [秦瞬星]	1894 ~ 1974	한성부	게이오의숙(慶應義塾) / 와세다대학 / 도쿄외국어학교 / 『학지광』 총무 / 『동아일보』 논설위원 및 정치경제부장 / 『동명』 편집인 겸 발행인	1(7)
최상현 (崔相鉉) [崔相鉉]	1891 ~ ?	평안남도 용강	연희전문학교 문과 / 엡윗청년회 / 무명회 간사	1(7)
현좌건 (玄左健) [玄左健]	1902 ~ ?	경기도 개성부	상해임시정부 독립신문 사원 / 상해한인구락부(선인구락부) 조직 및 발기인 총회 참여	1(6)

※ 유명 문인에 해당하거나 정보가 확인되지 않는 인물인 경우 목록에서 제외되었다. 표에서
제외된 인물은 다음과 같다.

노자영(盧子泳)[春城], 변영로(卞榮魯)[卞榮魯], 염상섭(廉想涉)[廉尙燮, 想涉, 廉想涉]
이광수(李光秀)[春園, 노아], 이종린(李種麟)[李種麟], 정순규(鄭淳奎)[鄭淳奎]

제4부

신생활사의
사회적 실천과 노동운동

『신생활』의 역사적 의미 재론
: 잡지사의 사회적 실천을 중심으로

정윤성

1. 들어가며

　　기미년 사건이 있은 후 삼 년 만에 조선에서는 처음이라는 아따 그게 무슨 주의자라든가? 옳지 사회주의자! 조선 최초의 사회주의자 공판이 또 내 앞에서 열렸습니다 신생활(新生活)이라는 잡지에 쓴 글이 문제가 되얏다든가요 하여간 칠팔 명의 젊은 청년들이 내 앞에서 재판장의 심리를 받게 되었지요 그때 광경도 잊을 수 없는 심각 무비한 광경이었습니다. […]
　　하여간 지금 말한 두 사건은 나에게 매우 인상 깊은 사건이었습니다 경성 지방법원 안 모든 법정의 대왕인 내가 아니면 구경도 못할 사건이었지요 들으니까 그 두 사건은 조선 사람들의 사상운동과 밀접한 관계가 잇고 또 그 운동방향의 변천도 상징하는 것이라나요. […][1]

　　전조선을 달구었던 3·1운동이 6년이 경과된 1925년 3월 1일, 조선일보의 한 기사는 경성지방법원 '칠호 법정'을 의인화하여 재판 당시의 감상을 서술한다. '칠호 법정'은 "조선 최초의 사회주의자 공판"이었던 신

1　「기미 이후 유명해진 칠호법정자만담」, 『조선일보』, 1925.3.1., 2면.

생활사 필화 사건을 3·1운동에 견주며, 당시 재판정의 분위기가 당대의 사상적 흐름을 상징적으로 보여주었다고 전한다. 박팔양 또한 잡지 『신생활』이 발간되던 1922년을 "조선에 있어서 민족운동자와 계급운동자 간의 사상상 충돌과 및 실제운동 상의 충돌이 빈번[頻頻]히 일어나던 때"로 서술하면서, 신생활사 사건을 근거로 "긴장된 사회적 공기와 민족·계급 양 사조의 투쟁"이 "기미년 당시의 사회정세"에 못지않았음을 언급했다.[2] 문화통치를 기점으로 분할된 기미년과 그 이후의 역사를 연결하는 일종의 '역사적 거점'으로 소환되었다는 점에서, 신생활 필화 사건의 중대함은 어렵지 않게 확인할 수 있다.

이 글은 잡지에서 발견되는 '사회주의' 지향의 변화에 유념하면서도, '민족'과 '계급'이 병존하고 때로는 호환되었던 당시 조선의 언론 상황과 더불어 중심적 역할을 자임한 신생활사의 사회적 실천을 조명하고자 한다. 부연하자면 이 글이 신생활사의 사회적 실천과 관련하여 먼저 논의하고자 하는 것은 1922년 일본에서 발생한 조선인 노동자 사망사건, 이른바 '신석현사건'이다. 신생활사는 조선의 여러 언론·사회운동단체와 제휴하고 '민족적 차별'을 규탄하는 조직적 움직임을 주도함으로써, 재일조선인 노동자의 사망사건을 둘러싸고 제국(의 언론)에 대응하는 '공동전선'을 구축했다. 주지하다시피 1922년 1월 운양 김윤식의 장례식을 둘러싸고 민족주의 세력과 사회주의 세력이 본격적으로 분화되었으며, 이는 사상단체 간의 직접적인 충돌과 더불어 '사회'의 주도권을 잡기 위한 이론적 세력다툼으로 이어졌다.[3] '민족'과 '계급'이 분할되어가던 담론장을 배경으로 신생활사의 수립과 『신생활』의 발간이 이루어졌던 것이지만, 불과

---

2   박팔양, 「조선신시운동개관(八)」, 『조선일보』, 1929.1.12., 3면.
3   1922년 1월 김윤식 사회장 사건 관련 이론적 투쟁을 정리한 글로는 김현주, 『사회의 발견』, 소명출판, 2013, 323~357면 참고.

반년이 지난 시점에 불거진 재일조선인 노동자 사망사건은 통합을 위한 담론적·조직적 움직임을 촉발했다. 조선의 언론은 식민통치권력을 정면으로 비판하면서 '계급'과 '민족'의 문제가 구별될 수 없는 것임을 역설했고, 신생활사는 일종의 '활동기지'로서 복수의 사회단체들과 함께 사건의 진상 규명과 민족적 차별에 대한 제도적 해결을 요구했다.

한편 신생활사는 체육대회를 개최하며 조선인의 육체적·정신적 '개조'를 도모했을 뿐만 아니라, 탁월한 인쇄역량을 바탕으로 각종 인쇄·출판 사업을 운영하고 여러 사회단체와도 연계했다. 필화사건 공판에서도 논쟁의 대상이 되었던 인쇄기들은 잡지사의 '활동기지'적 면모를 구성하는 물질적 조건이었기에, 신생활사가 보유했던 인쇄설비, 그리고 연관된 행적들은 잡지사의 역사적 의의를 보충하는데 간과되어서는 안된다. 이로써 이 글은 신생활사와 관련하여 지식과 담론의 차원에 치중했던 선행연구의 경향을 상대화하고, 잡지사의 실천적 면모를 검토함으로써 1920년대 식민지 조선에서 전개되던 사회운동의 양상을 보충하고자 한다.

2. 신생활사와 1922년 신석현사건

1922년 8월 동아일보는 '조선인 대학살'이라는 제목으로 일본에서 발생한 조선인 살해사건을 보도한다. 기사는 신석현(新潟縣, 니이가타현)의 조선인 노동자가 600명[4]에 달하며, 그들이 기존 계약으로 정해진 매일

---

4   신석현의 조선인 노동자의 수효(數爻)는 기사에 따라 상이하다. 실지 탐사를 앞두고 보도된 기사에서는 '867명'이라는 수치가 언급된다. 「위지에 모험탐사」, 『동아일보』, 1922.8.17., 3면.

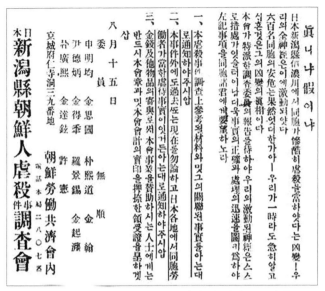

[그림 1] 신석현조선인학살사건조사회 광고 (강조는 필자)
(『동아일보』, 1922.8.23, 1면)

여덟 시간과 달리 "새벽 네 시로부터 저녁 아홉시까지 열일곱 시간"의
노동을 강제당하고 있음을 전한다. 조선인 노동자들은 열악한 노동 환경
속에서 "가축[牛馬]" 이하의 존재로 전락했고, 견디지 못하고 도주한 몇
몇은 살해당하여 그 시체가 인근 하천인 신농천(信濃川)에 버려졌음이 보
도된다.[5] 일본 내무성·척식국(拓殖局)·경보국(警保局)의 관계자들은 '사
실무근'이라며 언론 보도를 묵살했고, 시공사였던 신월전력회사(信越電
力會社)와 두 곳의 도급업체가 책임을 회피하였기에,[6] 조사와 처벌은 답
보 상태에 머무른다. 이에 식민지 조선의 사회단체들은 진상을 규명코자
회집했다. 신생활사, 청년연합회, 개벽사, 조선교육협회 등 언론·사회

5   「일본에서 조선인 대학살」, 『동아일보』, 1922.8.1., 3면.
6   「경히 주목되는 신석현 사건」, 『동아일보』, 1922.8.13., 3면.

단체의 관련자 50여 명은 '신석현조선인학살사건조사회'(이하 조사회)를
조직했는데, 신생활사의 이사 및 주필 김명식은 조사회의 설립을 공표했
으며, 사장 박희도는 석장(席長)으로서 조직의 운영을 맡는다.[7] 조사회는
8월 5일 조직된 후 18일, 21일, 23일 3회에 걸쳐 동아일보에 위의 홍보
물을 게시한다.

　홍보물에서 특기할만한 점은 두 가지이다. 첫째로는 조사회가 독자에
게 사건과 관련되는 증언과 자료를 요청하였다는 점이다. 어느 정도의
제보가 이루어졌는지는 확인할 수 없지만, 이 시도는 사건을 축소·무마
하려는 일본 제국과 이를 수면 위로 끌어올리려는 식민지 간의 '민족적
갈등'을 전면화하고 있었다. 동아일보는 사건의 내막을 보도한 요미우리
신문 소속 기자의 실명과 증언을 거론하며, 일본 당국이 조선의 언론뿐
만 아니라 국내(일본)의 언론에도 압력을 가함으로써 사건의 진상이 공개
되지 못하고 있음을 지적했다.[8] 더 나아가 과거에 일어났던, 또는 일본
방방곡곡에서 일어나는 제2, 제3의 '신석현사건'의 제보를 요청함으로
써, 조사회는 우발적이거나 부주의에 의한 산업재해라기보다 고착화되
어가던 자본주의적 착취관계와 이를 강화하는 제국/식민지의 위계를 겨
냥했다. 과연 이 시기 한반도에서 발생하던 일본인의 폭행 사건이 또 다
른 '신석현사건'으로 설명되고 이에 대한 사회적 관심과 집단적 대응이
이루어지기 시작했다.[9]

　조사회는 임시사무소를 인사동 39번지에 위치한 조선노동공제회관에
설치하고, 신명균, 김사국, 박희도, 김한, 윤덕병, 김득위, 나경석, 김기
전, 박광희, 김달현, 허헌으로 구성된 9인의 위원회를 구성하였다. 다음

7　「신석사건조사회」, 『동아일보』, 1922.8.7., 3면.

8　이상협, 「신석현사건특전 학대참형의 실례」, 『동아일보』, 1922.8.20., 3면.

9　「영광에 신석사건」, 『동아일보』, 1922.9.11., 3면.

[그림 2] 삽입된 박진열(좌)·박수열(우) 형제의 사진
(『개벽』, 1922.10, 102~103면)

날인 8월 6일 신생활사에서 열린 십생회의는 위원징으로 빅흐도릅 선경하고, 조사위원 파견을 의결한다. 8월 7일에 출발한 나경석을 필두로, 8월 15일에는 김사국이 사건 조사를 위해 도일(渡日)했다.[10] 조사회뿐만 아니라 조선의 잡지·신문사는 특파원을 보내어 앞다투어 사건을 취재했는데, 각 기관의 보도 일정과 내용을 유념하며 이들은 제국의 공권력과 언론에 공동으로 대응했다. 일례로 9월 3일 발행된 『동명』 창간호는 신석현사건 기획기사에서 조사회의 김사국이 곧 귀국하여 1차 조사결과를 발표할 것이기에, 중복되는 내용을 제외하고 조사결과를 보충할 수 있는 기사를 보도할 예정임을 밝힌다.

이후 실지조사위원 나경석은 기자로 재직하던 『동명』에 '학살'의 구체적인 한 사건을 묘사하는데, 그것은 생사를 달리한 조선인 노동자 박진열(朴珍烈)·박수열(朴壽烈) 형제의 사연이었다. 일본 경찰당국은 형 박진

---

10 「조사위원출발」, 『동아일보』, 1922.8.8., 3면; 「소식」, 『동아일보』, 1922.8.17., 2면.

열이 대해 동생과 달리 일본어를 하지 이해하지 못하여 도주 중 도움을 받지 못했고, 결국 산중에서 굶어죽었다고 발표하였으나, 나경석은 시신이 하천의 상류에서 발견된 사실과 "360미터[千二百尺] 되는 산 위[山上]에서" 조선인 노동자가 "돌에 묶여 떨어졌다[結石投下]"고 증언한 목격자를 취재한 요미우리신문의 보도를 근거로 경찰의 조사에 의혹을 표한다.[11] 『개벽』은 형제의 가족들을 심방(尋訪)한 주필 김기전의 소회를 편지의 형식으로 게재한다. 김기전은 "적어도 몇 해를 두고 계속적으로 탐색하지 않으면 못될 일"[12]로 신석현사건의 중대함을 강조하였고, 기사에는 가혹한 노동을 피해 도주하던 중 사망한 형과 가까스로 살아남은 동생의 사진이 함께 실린다. 다급했던 탈출의 증언은 사망한 형을 기리는 동생의 회고로 전달되어 독자의 감응(感應)을 이끌어내고자 했다.

한편 조사회를 대표하여 나경석이 일본으로 떠나기 하루 전 동아일보사 편집국장 이상협은 8월 6일 일본으로 향한다.[13] 이상협은 현장 방문 전 동경에 도착하여 내무성의 경보국(警保局) 등의 정부기관과 현장의 실무를 담당한 시공사를 취재한다.[14] 현지답사를 진행한 이상협의 전보는 8월 23일부터 9월 4일까지 총 12회에 걸쳐 연재되는데, 그의 현장 조사는 재일조선인 노동자의 규모와 모집의 구체적인 과정으로부터 불합리한 계약조건, 열악한 노동·거주 환경, 민족적 차별 등의 주제를 다룬다. 기사는 '학살'을 둘러싼 증언들을 종합하여 보도하고, 그곳에서 사망한 조선인 노동자들의 성명, 나이, 본적을 공개함으로써 국내 독자들에게

---

11 羅公民(나경석), 「기괴망측한 신석현 사건의 진상」, 『동명』 1, 1922.9.3., 4면.
12 起瀍(김기전), 「신석현 출가 중에서 희생된 동포의 유족을 찾고」, 『개벽』 28, 1922.10., 100면.
13 「본사 특파원 파견」, 『동아일보』, 1922.8.6., 3면.
14 「경히 주목되는 신석현 사건 동경에 재한 아특파원의 활동」, 『동아일보』, 1922.8.13., 3면.

사건의 구체적인 내막을 전했다. 이상협은 답사기에서 하도급업체이자 실질적인 시공사였던 오오쿠라그룹(大倉組)이 경부철도 공사 등 과거 조선의 여러 토목공사에서 조선인 인부들을 부려본 경험[15]이 있기에, 이들에 대한 학대가 거리낄 것이 없었을 것이라 지적한다.[16] 이로써 동아일보사는 신석현에서 자행된 '학살'을 20여 년 전 경부철도 부설의 강제노역과 같은 맥락에서 조명하고 제국의 '착취'를 역사화하고자 했다. '학살'을 포함한 회명(會名)으로 인해 조사회의 간판이 압수[17]된 것과 마찬가지로, '학살', '학대참형', '살인' 등 일본(인)의 '의도'를 주장한 동아일보에 총독부는 "세상 사람들의 의심을 불러일으킨다"는 이유로 압수 조치를 내린다.[18] 이에 동아일보는 사건 현장의 치안을 담당한 순사 2인이 과거 조선에서 근무한 헌병임을 폭로하며, '민족적 차별'을 부인하던 관계당국에 맞서 '민족적 경계'를 환기하는 보도로 대응한다.[19] 식민지 조선의 언론이 앞다투어 폭로한 "학대 굴혈(窟穴)에서 생사 위급한 잔존동포"의 소식은 한반도 각지로 퍼져나갔고, 지방의 한 청년회가 이에 감응하여 동정금을 보낸 일이 기사화되기도 한다.[20]

조선의 언론이 사건을 대서특필하자, 총독부 기관지 매일신보는 이에

---

15 1904년 러일전쟁을 배경으로 한반도 전국에는 병참 시설이 구축되기 시작했는데, 대한 제국의 백성들은 이 과정에 빈번히 강제로 동원되었다. 당시 일본군사령부의 허가로 오오쿠라그룹은 한국인 역부(役夫)를 독점적으로 모집하기도 하였고, 대한제국과 일본군을 대신하여 백성들의 동요에 대응하는 중간자적 역할을 수행했다. 「전관모집」, 『대한매일신보』 국문판, 1904.8.10., 1면; 「훈령각도」, 『대한매일신보』 국문판, 1904. 9.7., 2면.

16 이상협, 「신석의 살인경 혈등답사기(10)」, 『동아일보』, 1922.9.1., 3면.

17 「『학살』이자가 불온」, 『동아일보』, 1922.8.9., 3면.

18 이상협, 「신석의 살인경 혈등답사기(11)」, 『동아일보』, 1922.9.2., 3면.

19 이상협, 「신석의 살인경 혈등답사기(12)」, 『동아일보』, 1922.9.4., 3면.

20 「합천청년임시총회」, 『동아일보』, 1922.9.8., 4면.

대응하듯 '학살'이 단초가 되어 일어날 집단행동을 억제하고자 했다. 매일신보는 해당 사건을 "단지 조선만 문제가 아니라 일반 반장(飯場)[21] 문제"임을 지적하면서 조선의 언론에 의해 제기된 '민족적 차별'을 부정했으며, 동시에 "조선인 학살사건은 역시 사실무근"이라는 일본 관계당국의 입장을 전달했다.[22] 지면에는 공사 현장의 '비인도적 대우'를 인정하면서도, 사건을 "전화위복"의 계기로 삼아 일본의 관계자 및 유관기관이 조선인 노동자를 보호하고 지도할 것을 제안하는 사설[23]이 실리기도 한다.

매일신보 동경 본사는 특파원을 파견하여 8월 26일부터 31일까지 6회에 걸쳐 기획기사를 연재한다. 이는 23일부터 시작되었던 동아일보의 답사기에 대응하듯 동시기에 마련된 것인데, 기자는 조선인뿐만 일본인 노동자 또한 열악한 노동 환경에 노출되었음을 재차 언급하고, 조선인 노동자에 대한 폭력적인 관리·감독이 고용계약을 강제할 수 없는 법적 허점에 의해 야기된 것으로 설명한다.[24] 더 나아가 매일신보는 '학살'이 일본에 대한 조선인의 이해 부족이 빚어낸 "우매"한 "와전"에 지나지 않는다고 논평한다.[25] 사건을 둘러싸고 조선 언론의 폭로와 일본 언론의 진화(鎭火)가 반복적으로 수행되는 형국이 펼쳐지자, 매일신보는 "학살

---

21 광산 노동자나 대규모 토목 공사 또는 건축 현장의 작업자들이 이용하는 급식 및 숙박 시설을 통칭한다.

22 「도주원인과 방어책」, 『매일신보』, 1922.8.21., 3면.

23 「신석현사건과 오인의 감계」, 『매일신보』, 1922.8.24., 1면.

24 매일신보 특파원 카츠무라(勝村)는 기사의 말미에 "사건의 진상을 명백케 하기 위하여 노동자로 변장하고 감옥실의 생활의 실지를 당하여 그 사실의 실체를 얻으려고 노력하였다"며 자신의 취재방식을 밝힌다. "노동자로 변장"하여 사건 현장을 취재했다는 언급 외에도 문장 내에는 '진(眞)'과 '실(實)'이 여러 차례 언급되는데, 이는 한 발 빠르게 탐사보도에 착수한 동아일보로부터 자신을 차별화하려는 매일신보의 시도로 보인다. 「신월학살설과 변장탐사진상기(3)」, 『매일신보』, 1922.8.28., 3면.

25 「신월학살설과 변장탐사진상기(5)」, 『매일신보』, 1922.8.30., 3면.

이라고 함보다 조선 사람은 오히려 우대를 받고 있다"는 주장에 덧붙여 조선의 지식계급이 노동자들을 선동하고 불평을 고취시키고 있음을 지적한다. 그리고 "자기의 뱃속만 채우려"는 욕심으로 "노동에 견디지 못할 사람들을 함부로 모집"한 인부 모집책들에게 사건의 책임을 전가[26]함으로써, 사건이 민족 간의 갈등으로 전화(轉化)할 가능성을 차단하고자 했다.

탐사기 연재를 마친 직후 매일신보는 9월 2일부터 스즈키 분지(鈴木文治)를 필자로 한 「조선의 노동자」를 번역·연재한다. 스즈키 분지는 신석현사건이 본격적으로 보도되기 보름 전 "노동자들의 생활하는 것과 각 공장이나 또는 시골농민의 정형(定形)을 시찰"하기 위해 이미 조선에 머무르고 있었는데,[27] 당시 일본노동총동맹의 회장직을 맡았던 스즈키 분지는 8월 중순 노동총동맹회 경성지부에서 강연자로서의 활동[28]이 확인되기도 한다. 17일간 9회에 걸쳐 연재된 이 기획은 필자인 스즈키 분지에 따르면 함경북도를 제외한 한반도 전역을 시찰한 후 작성되었으며, 그 목적은 조선의 일본인·중국인 노동자의 생활과 노동환경과 더불어 "근년에 속속히 내지에 오는[移來] 조선 노동자"에 대한 "일 편의 지식을 득하기 위함"이었다.[29] 필자는 "조선인이 원래가 심히 나태하여 능률이 높지 않다"는 세간의 인식과는 거리를 두면서도, 조선인 노동자들이 "기계공업에 전연 경험이 없"고, "대대로[屢代] 악정(惡政)"에 노출되어 "문명의 이기(利器)를 십분 이용치 못하"는 존재임을 지적한다.[30] 조선인 노동

---

26 「신월학살설과 변장탐사진상기(6)」, 『매일신보』, 1922.8.31., 3면.

27 「단결이 최대급무」, 『동아일보』, 1922.7.19., 3면.

28 「모임」, 『동아일보』, 1922.8.15., 3면.

29 鈴木文治, 「조선의 노동자(1)」, 『매일신보』, 1922.9.2., 1면.

30 鈴木文治, 「조선의 노동자(3)」, 『매일신보』, 1922.9.5., 1면.

자들은 "고급의 기술"을 보유한 일본인들과 애당초부터 경쟁의 상대가 될 수 없었던 것이며,[31] "기술이 우수"하고 근면, 절약의 습관을 겸비하고 인내력과 체력이 강건할 뿐만 아니라 "불평도 말하지[言] 아니하"는 중국인 노동자와 견주어도 국내에서조차 "쫓겨날[驅逐]" 수밖에 없는, 경쟁력을 갖추지 못한 노동자에 불과했다.[32] 매일신보의 의도는 분명했다. 매일신보는 조사회와 조선의 언론이 사건의 본질로써 제기한 민족적 차별을 '노동자'로서의 자격 결여로 환원함으로써, 신석현사건으로 제기된 '노동'의 문제를 제국/식민지의 위계로부터 탈각시키고 있었다. 사건으로 인해 제기된 재일조선인 노동자 처우의 문제는 재일조선인 학생단체와 종교단체에 대한 과도한 감시와 제재를 비판하는 주장[33]으로 이어지며, 불과 3년 전 한반도 전역을 달구었던 3·1운동의 '민족적 열정'은 구체적인 보도를 계기로 재점화되고 있었다.

한편 신석현사건을 계기로 노동환경의 조사와 개선을 요구하는 재일조선인들의 목소리 또한 커져갔다. 현지 조사를 수행한 나경석, 이상협, 김약수는 "조선인 노동자 학대사건은 신석현뿐 아니라 각 지방에 빈빈(頻頻)한 일"임을 인지하고 동경에 대응 기관의 설립을 제안한다.[34] 1922년 8월 26일에는 재동경 조선인의 주도하에 신석현조선인노동자학살사건조사회(이하 사건조사회)가 설립되었는데, 이 조직에는 사카이 도시히코(堺利彦), 오스기 사카에(大杉栄), 나카하마 데쓰(中浜哲) 등 일본의 좌익인사들도 참여했다.[35] 당시 대중시보(大衆時報)의 주필이었던 김약수와

31 鈴木文治, 「조선의 노동자(9)」, 『매일신보』, 1922.9.17., 1면.
32 鈴木文治, 「조선의 노동자(8)」, 『매일신보』, 1922.9.16., 1면.
33 「조선인압박」, 『동아일보』, 1922.9.24., 1면.
34 「신석현사건특전 공장측의 태도일변」, 『동아일보』, 1922.8.22., 3면.
35 「신석현학대사건과 반향 공전의 대연설회」, 『동아일보』, 1922.9.6., 3면.

동경조선인고학생단장이자 변호사였던 김형두가 주축이 된 이 조직은 조선인 노동자가 다수 모여 있던 후쿠오카(福岡), 오사카(大阪), 나고야(名古屋), 홋카이도(北海島), 가자나와(金沢) 등지에 지부를 설치한다.[36] 9월 7일에 열린 신석현사건연설회에서는 흑도회(黑濤會) 소속의 백무(白武)가 체포 후 구류되었으며 연사로 초청되었던 아나키스트 나카하마 데쓰(中濱哲) 또한 회장에 진입하지 못하고 체포되었다.[37] 이 행사에는 사카이 도시히코와 오스기 사카에 등 사회주의 계열의 "변사(辯士)"들이 초청될 예정이었으나, "사회주의자가 참가하면 개회하는 동시에 해산시킨다"는 경시청의 겁박으로 인해 무산되었다. 동경에서 조선인이 주최한 최초의 연설회이기도 했던 행사를 기사화한 것은 다름 아닌 동아일보의 특파원 이상협이었는데, 그는 "경찰횡포를 부르짖"고 "혁명가를 부"르는 청중의 모습을 묘사하고 행사가 "예상 이상의 대성공"이자 경찰과의 충돌이 "일본인 청중의 동정"을 불러일으켰다고 전한다.[38] 사건조사회는 경시청 내 선계(內鮮系)의 검속을 무릅쓰고 재일조선인 노동자 문제에 대응하기 위한 상설기구의 설립을 추진했고,[39] 이로써 출범한 일본재류조선노동자 상황조사회(이하 상황조사회)를 대표하여 김약수는 20만 명에 달하는 재일조선인 노동자를 결집한 "운동을 시작하겠다"고 웅변했으며,[40] 9월 25일의 모임에는 실제 '학대'를 받은 노동자를 포함하여 총 300여 명의 인파가 운집한 사실이 기사화되었다.[41] 상황조사회는 10월 26일 정운해,

---

36 「조사기관신조직」, 『동아일보』, 1922.9.13., 3면.
37 나카하마 데쓰는 박열과 함께 신석현사건을 조사한 인물이기도 했다. 「검속된 연사는 구류에」, 『동아일보』, 1922.9.11., 3면.
38 「혁명가리에 해산」, 『동아일보』, 1922.9.9., 3면.
39 「『해산』 상습의 경시청」, 『동아일보』, 1922.9.18., 3면.
40 「동경의 조선인대회」, 『동아일보』, 1922.9.24., 3면.
41 「노동자의 조사회」, 『동아일보』, 1922.9.27., 3면.

[그림 3] 천도교당의 신석사건연설회
(『동아일보』, 1922.9.29, 3면)

김종범, 김사국을 파견하여 종로에서 연설회를 주최하였는데, 그 중 '일본 사회혁명과 일본에 재(在)한 조선노동자'를 주제로 한 김사국의 강연은 경찰의 저지로 중지된다.[42] 이후 상황조사회는 조선인 노동자의 노동환경을 파악하기 위해 일본 각지에 인력을 파견하고, 조선인 노동자 동맹회의 수립에 개입[43]하는 등 활동의 영역을 넓혀나간 것으로 확인된다.

재일조선인 노동자 문제와 관련한 상설기구의 필요성은 조선에서도 제기되었다. 조사회는 9월 27일 경운동에 위치한 천도교당에서 제2회 보고연설회를 열어 나경석의 조사 결과를 공유했으며, 김기전은 도일한 조선인 노동자의 통계와 더불어 그들의 가족을 취재한 후기를 전달했다. 천 명에 달하는 인파는 박수갈채로 장내를 메웠고, 조사회는 재일조선인 노동자의 처우 개선을 위한 일본 정부와 계약 당사자의 조치를 촉구했

---

42 「노동자문제로 명야강연회 개최」, 『동아일보』, 1922.10.25., 3면;「비감에 쌓인 노동자강연회」, 『동아일보』, 1922.10.28., 3면.

43 「조사위원의 동정」, 『동아일보』, 1922.12.7., 3면.

다. 그리고 조사회를 대표한 김명식의 동의로 "일본에 있는 조선노동자를 영구히 잘 보호"하며 "그들에게 편의를 주"는 상설기관의 설립이 가결되었다.[44] "신석현조선인학살사건조사회의 변체(變體)이며 확장"으로 소개된 조선인출가노동자조사회[45](이하 노동자조사회)는 조사회의 문서와 장부[文簿] 일절과 회계를 인수하여, 10월 21일 서대문정에 위치한 민우회(民友會) 본부 사무소에서 창립총회를 개최한다. 총회에는 신생활사를 비롯한 민우회, 무산자동맹회, 청년연합회, 교육협회 등 15개 단체의 대표 45명이 참석했으며, 상황조사회의 대표자로 귀국한 정운해의 조사 결과 보고와 더불어 김명식, 김한 등의 발표가 이어졌다.[46] 총회에서는 신생활사의 박희도, 김명식을 포함한 전형위원 10명이 선출되었으며, 노동자조사회는 일본, 시베리아, 하와이, 멕시코 등 국경 밖 조선인 노동자의 노동환경을 조사하겠다는 포부를 밝힌다.[47] 창립종회 이틀 뒤인 23일 노동자조사회는 일본의 상황조사회에 조사비용 지원을 결정하면서, 최우선 결의 사항이었던 일본 내 조선인 노동환경 조사에 착수한다.[48]

> 동경부의 서소압(西巢鴨)에서 다리 공사를 하는 중 지난 달 삼십일 오전 열한시 경에 조선사람 노동자 한 명을 일본 노동자가 단도로 찔러 현장에서 참혹히 죽인 사실이 발생되어 그 시체는 일본재류조선노동자상황조사회에서 맡다가 조선사람 수백 명이 모여 친절한 매장을 하였다 함은 이미 당시에 보도한 바어니와 […] 전기(前記) 처소에서 공사에 종사하던 노동자들은 신내천 현학견정 조전 1929번지에 근거를 둔 토목 청부업자 도목

---

44 「삼개조건을 결의하고」, 『동아일보』, 1922.9.29., 3면.
45 「11월 중의 세계와 조선」, 『개벽』 30., 1922.12., 91면.
46 「재외조선인 노동자의 조사회」, 『동아일보』, 1922.10.23., 3면.
47 「재외노동조사 위원회의 결의」, 『동아일보』, 1922.10.25., 3면.
48 「내외가 호상연락하야」, 『동아일보』, 1922.11.25., 3면.

조(稻木組)에서 그 공사를 맡아가지고 그 조합에 적은 인부의 소두목으로 있는 재등(齋藤)이라는 사람의 부하에 있는 전과범 있는 자성현 녹도군 진야촌 소궁에 원적을 둔 일향사청일랑(日向寺淸一郞)(2〇)이라는 자와 같이 일을 시키던 중 경성부 동대문밖에 원적을 둔 김윤린(26)과 **실없는 장난으로 얼굴을 서로 보며 웃기기 내기를 하다가 결국은 트집을 잡아[言詰]이 되야 한참 동안은 언쟁을 계속 하다가 어찌 생각을 하였는지 일향사는 자기의 과실을 사례하고 다시 일을 시작하게 되었을 때에 일향사는 다시 김윤린의 "목도"[49]의 끈을 잘 매지 못하였다는 것을 구실로 하여 별안간에 품에 품었던 단도를 꺼내어 그 자리에서 즉사케 하고** 가해자 일향사는 현장을 도주하여 학견정조전(鶴見町潮田)에 있는 재등의 집에 숨어있는 것을 그날 밤 열시 경에 서소압 경찰서원이 발견하고 즉시 체포하였으며 **참살된 김윤린의 시체는 동경조합에 인계되어 있는 것을 동경재류조선노동자단에서 다시 인계하여 지나간 이일에 동경에 있는 조선사람의 여러 단체가 모여 순조선식으로 장사를 지내었으며** 조선노동자상황조사회에서는 장비(葬費) 228원 96전과 위자료로 1,500원을 청구하여 방금 교섭 중이라더라 (동경=조사회 발표)[50]

(강조와 현대어 변환은 필자)

신석현 노동자 사망사건에 대한 탐사보도가 이루어지던 무렵, 동아일보는 또 다른 재일조선인 노동자 사망사건을 보도한다. 인용된 기사에 따르면 조선인 노동자 김윤린(金潤麟)의 죽음은 일본인 노동자와의 단순한 장난에서 시작된 매우 '허망한' 것이었다. 동아일보는 일본인에 의한 조선인의 '허망한' 죽음이 도심 한복판에서도 일어나고 있음을 보도하면서 일상화된 민족적 차별을 지적했는데,[51] 일본과 조선에 수립된 두 상설

---

49 두 사람 이상이 짝이 되어, 무거운 물건이나 돌덩이를 얽어맨 밧줄에 몽둥이를 꿰어 어깨에 메고 나를 때 쓰는 것.
50 「수백동포의 호상리에」, 『동아일보』, 1922.10.12., 3면.

[그림4] 김윤린의 장례 행렬
(『조선일보』, 1923.1.8. 3면)

기구는 김윤린 사망사건 조사를 위해 긴밀히 협조하였다. 상황조사회는
동경의 여러 조선인 노동단체가 수습하여 가매장(假埋葬)한 시체를 국내
로 들여온 후 유족을 수소문한다.[52] 조선에 돌아온 시신은 상황조사회로
인계되었으나, 결국 유족을 찾지 못하여 청년회연합회의 주관으로 그의
발인이 이루어진다. 1월 7일에 열린 김윤린의 장례식을 보도하며, 조선
일보는 "기한(飢寒)의 핍박으로 향산고지(鄕山故地)를 이별하고 해외수역
(海外殊域)에 먼 걸음[遠渡]하야 노동의 잔금으로 생활을 구차하게 연명[苟
延]"할 수밖에 없는 "노동동포(勞動同胞)"[53]의 현실을 지적하고, 재일 노동
자의 문제가 계급적·민족적 견지에서 다루어져야 함을 재차 피력한다.

---

51 기사에 따르면 동경부 서소압(西巢鴨)에서 다리를 놓는 공사 중이던 조선인 노동자
    양(梁)씨는 얼굴을 보고 웃은 일로 한 일본인과 분쟁이 생겼는데, 일본인은 양씨를
    "단도로 참살하고 다수한 일본인들은 그 참혹히 피를 흘리고 죽은 시체를 둘러싸고
    조선 사람은 '개'의 모양 같다는 입에 담을 수 없는 모욕"을 남겼다. 「백주동경에서
    조선인을 참살」, 『동아일보』, 1922.10.2., 3면.
52 「동경에서 타살된 해골」, 『동아일보』, 1923.1.1., 3면.
53 「민성」, 『조선일보』, 1923.1.7., 3면.

1922년 신석현사건을 발단으로 '노동자'로 요약되는 계급적 시각은 '동포'의 또 다른 명칭으로써 발전한다. 요컨대 "노동자의 권리"가 "노동자의 단결"로써 보호될 수 있다는 주장은 "조선형제의 보호는 또한 마땅히 조선형제의 수로써 행"[54]해야 한다는 구호로 치환될 수 있었다.

신석현사건이 촉발한 움직임이 1922년 식민지 조선의 한 단면을 드러내던 무렵, '계급'과 '민족'의 문제는 선명히 구별되지 않았다. 같은 해 김윤식의 사회장 문제를 둘러싸고 적대하게 되었던 것과는 달리, 두 시각은 호환되고 서로를 강화하며 식민통치에 저항하는 하나의 결집점으로 수렴되고 있었다. 한편 나경석, 염상섭 등을 필두로 한 『동명』이 기자들이 사설과 특집 보도로, 『개벽』의 주필 김기전이 사건의 피해자를 취재하여 보도한 것과 대조적으로, 『신생활』에는 사건을 환기하는 염상섭의 소설 「묘지」[55]와 사회주의적 코스모폴리터니즘을 강조한 김명식의 글[56]이 간략히 사건을 언급한 것을 제외하면 어떠한 언급도 확인되지 않는다. 신생활사의 주요 필진들이 사회주의 지식체계를 경유하여 부르주아 계몽논리를 비판하고 여성(부인)·교육·종교·예술에 대한 '실제비평'을 적극적으로 수행[57]했음을 상기해볼 때, 신생활사가 문필(文筆)로써 신석현사건에 대응하지 않았음은 이례적으로 보이기도 한다. 하지만 신석현사건과 관련하여 수행한 적극적인 사회적 실천은 여타 언론 기관과는

---

54 「조선인노동자 조사에 대하야」, 『동아일보』, 1922.9.29., 1면.

55 최태원은 신석현사건 관련 서술을 기점으로 민족의식과 거리를 두며 관찰자적 지위(권력)을 유지하던 중심인물 '나'의 위치가 흔들리며, 동시에 감시와 억압, 수탈의 병리적 현상이라는 식민지 현실이 틈입한다고 지적했다. 최태원, 「〈묘지〉와 〈만세전〉의 거리」, 『한국학보』 27(2), 일지사, 2001, 121~130면.

56 솔뫼(김명식), 「민족주의와 코쓰모포리타니즘(一)」, 『신생활』 10, 1922.11.4., 3면.

57 김현주, 「1920년대 전반기 사회주의 문화담론의 수사학」, 『대동문화연구』 64, 성균관대학교 대동문화연구원, 2008, 7~39면.

구별되는 신생활사의 면모였으며, 잡지사의 기획은 '사회주의'라는 사상적 영역의 외부, 다시 말해 실천을 향했다는 점에서 주목되어야 한다.

3. 신생활사의 체육대회, 강연회 그리고 인쇄설비

[그림 5] 제1회 개성 정구대회 광고(동아일보, 1922.6.19.)

신생활사는 당시 빈번하게 열리던 정구(庭球) 대회에 지속적인 관심을 보였다. 신생활사 강원도 원산(元山)지사는 해당 지역 청년회가 주최한 정구대회를 후원하였고,[58] 개성지사는 직접 동아일보 개성지국의 후원을 받아 대회를 주최했다. 개성의 정구대회는 내·외국인을 불문하고 개성군과 더불어 인접한 6개 군으로부터 참여자를 모집하며 참가를 독려했다.[59] 개성에서 열린 최초의 정구대회[60]이기도 했던 이 행사는 1922년 7월 8일 열렸고, 정구대회에는 2인 1조로 구성된 총 22개 조가 이틀에 걸쳐 승부를 벌였다. 우승기(優勝旗)는 개성 송도고보의 유은상, 한석영에게 돌아갔다. 개벽사 본사의 간부 조기간(趙基栞), 박달성(朴達成)과 신생활사를 대표한 신일용이 행사에 자리했고,[61] 주최측인 양사(兩社)는 치열한 '운동'을 관람하기 위해 운집한 수 천 명에 달

---

58 「원산정구대회개최」, 『동아일보』, 1922.11.7., 4면.

59 「개성정구연기 칠월팔구 양일로」, 『동아일보』, 1922.6.27., 3면.

60 「개성정구대회는 오늘 정오부터」, 『동아일보』, 1922.7.8., 3면.

61 「개성 정구대회의 성황」, 『개벽』 26, 1922.8., 108면.

하는 관중에게 잡지를 배포했다.[62] 제2회 대회는 같은 해 9월 29일부터
30일까지 진행되었는데, 한 기사는 "장내를 진동케 하는 박수 소리[聲]"[63]
를 전하며 행사의 열기를 보도했다.[64]

  개성 정구대회를 공동으로 주최한 두 잡지사, 신생활사와 개벽사 간
의 교류는 적지 않았던 것으로 보인다. 박달성은 제1회 대회가 종료된
후 진행된 연회를 언급하며 대회 위원들이 모여 "「개벽 신생활 개성지사
풀레이」를 삼창(三唱)"[65]으로 행사의 성공적 개최를 자축했음을 회고했
다. 박달성의 회고에 등장하는 임계호(林啓鎬)는『신생활』이 주보로 전환
한 10호(1922년 11월 4일 발행)에서 신생활사 개성지사의 신입 기자로 소개
되지만,[66] 같은 해 12월부터 1924년 10월까지 개벽사 개성지사에서 활동
한 이력이 확인된다.[67] 한편 박달성은 식민지 조선의 야구·축구·정구대
회를 주도한 조선체육회에 감사함을 표하면서 다음과 같은 기대를 남기
기도 했다.

  나는 조선체육회에 감사한다. 또는 선수 제군에게 감사를 드린다. 조선
  에 무슨 회 무슨 회가 많았지만 그― 실지 사업으로는 체육회가 기실을 많
  이 거(擧)하였다. 절(節)을 따라 야구대회, 정구대회, 축구를 개최하여 일
  반 청년 건아에게 많은 **건강**을 주며 많은 **기술**을 주며 많은 **승리심**을 줌은

62 「개성의 개인정구회」, 『동아일보』, 1922.7.11., 3면.
63 「개성정구 제이회 대회」, 『동아일보』, 1922.10.2., 3면.
64 개성에서 신생활사와 개벽사 주최, 동아일보 후원으로 진행된 정구대회는 1923년 5월
    11일 3회까지 열렸다. 「개성의 정구전, 전례를 돌파한 대성황」, 『개벽』 36, 1923.6.,
    52~53면; 「성황의 개성정구 우승기는 휘문군에」, 『동아일보』, 1923.5.15., 3면.
65 朴春坡(박달성), 「삼군 일부를 방하야 다섯 번 크게 놀라인 사실담」, 『개벽』 26, 앞
    의 잡지, 3면. 66면.
66 「사고」, 『신생활』 10, 1922.3.11., 3면.
67 「사고」, 『개벽』 30, 1922.12; 「근고」, 『개벽』 52, 1924.10., 119면.

무엇보다 감사한 일이며 그리고 징계할 것은 징계하며 장려할 것은 장려하여 **덕성**을 길러주며 **의협(義俠)**을 길러 줌이야 말로 이번 현상을 보아 무엇보다 감사한 일이다. [⋯]

그리고 일반 사회에 대하여 일언을 정(呈)하려 하노니 무슨 교 무슨 회 무슨 단(團)하고 그- 개체의 집합이 있거든 반드시 청년건아를 모아서 운동 『팀』을 조직하려 한다. 그리하여 이런 대회가 있거든 반드시 참가하여 승리를 도(圖)하도록 하려한다. **그것이 그 단결을 대표한 광고기관이다. 아니 생명기관이라 할 수 있다.** 아무쪼록 이 말을 심상(尋常)히 듣지 아니하면 **그 단결의 행복뿐 아니라 사회의 행복 민족의 행복이 될 줄 안다.** [⋯]
승리의 기(旗)를 높이 들고[高擧] 몇 만 명 군중의 위력과 기세[示威] 하에 군악(軍樂)과 어우려져[倂] 장안을 돌파하는 휘문군, 무오군의 당일 의 위세- 아 부러워라. 장부(丈夫)- 마땅히 이러하겠도다. 엿장수는 엿 목 핀을 메고 사동(寺洞)까지 따라오느데 어떤 노동자는 10만 원짜리 금깃발 [金旗]을 빼앗아 온다고 크게 선전하더라.[68]

(강조와 현대어 변환은 필자)

"지와 덕의 발달향상"을 위한 '체육'은 "우승열패의 세상"에서 "조선민 족의 생장"과 "조선사회의 발달"을 가능케 할 한 방도로 기대되었다.[69] 인용에서 확인되듯 대회의 형식으로 제도화된 집단적 체육행사는 신체 적 역량의 제고뿐만 아니라, 장려되어야 할 '선'과 지양해야 할 '악'에 대 한 감각을 형성하며 공통의 목표인 "승리"를 위한 협동의 정신을 배양했 다. 이로써 체육대회는 민족의 '단결'을 현시하는 "광고기관"이면서, 동 시에 이를 구축하는 핵심적 계기, 다시 말해 "생명기관"으로 의미화된 다. "도덕적 인격을 발달"시키고, "기본적 진보를 지배"함으로써 "정신적

---

68 「2월 중의 2대 현상을 보고」, 『개벽』 21, 1922.3., 69면.
69 「조선체육회에 대하야」, 『동아일보』, 1920.7.16., 1면.

물질적 능력을 계발"할 것임을 공표한 창간(임시)호의 권두언[70]을 상기해
볼 때, 신생활사 또한 체육대회를 통해 취지(趣旨)의 가치들을 실현하고
자 했던 것으로 보인다. 그리고 대회에 참가한 선수들과 더불어 포착되
는 것은 환호로써 합일되는 군중들로, 필자의 시야에 포착되는 체육대회
의 열기는 경기장 안과 밖, 선수와 관중의 경계를 넘어서 전파된다. 잡지
의 홍보와 더불어 '개조'를 배경으로 한 대중의 단결이 체육행사를 통해
도모되었던 것으로 보인다.

　체육대회와 더불어 신생활사의 대외 활동으로 눈에 띄는 것은 대중강
연과 연설회이다. 신생활사의 주축 인물들은 잡지 발간과 대중강연을 함
께 진행했다.『신생활』창간임시호는 1922년 3월 7일 인쇄되고 15일 발
행되었는데, 신생활사는 발행 이틀 뒤인 17일에 "선전강연회"를 진행했
다. 이사 겸 사장 박희도는 잡지의 취지를, 이사 김원벽은 '사회개조의
원칙'을, 기자 신일용은 '신생활의 논리적 기초'를 주제로 한 강연할 것
임이 보도된다.[71] 약 3달 뒤에는 개성지사의 주최로 신생활사 강연회가
마련되었고, 신일용은 '현대문화의 특징', 김원벽이 '생존의 요구', 박희
도가 '신생활의 취지'를 주제로 강연을 진행하였으며, 행사에는 4현금
독주가 더해져 청중의 흥미를 끌었다는 보도가 전해진다.[72] 더 나아가
신생활사 간부들은 여타 단체가 주최한 행사에 참여함으로써 여러 사회
조직 또는 해당 지역과의 관계를 도모한 것으로 확인된다.[73] 신생활사와
황해도 및 기독교 인사들과의 관계는 관련자들의 이력을 근거로 상당

70　白雅悳(A. L. Becker), 「권두언」, 『신생활』 1, 1922.3.15., 2면.
71　「모임」, 『동아일보』, 1922.3.17., 3면.
72　「개성 강연회 성황」, 『매일신보』, 1922.6.10., 4면.
73　「야소청년연합회 제이총회경과」, 『동아일보』, 1922.4.2., 7면; 「대구 공제 특별강연」, 『동아일보』, 1922.11.7., 4면; 「박희도씨 특별강연」, 『동아일보』, 1922.11.15., 4면.

부분 규명[74]된 것이기도 하지만, 이사 김원벽은 잡지사의 운영이 불가능
해진 1923년 3월경에도 황해도의 기독교 예배당을 찾아 강연[75]하는 등
잡지사를 둘러싼 '필화'의 여파가 시작된 1922년 11월 이후에도 관계 유
지를 위한 노력이 확인된다.

[그림 6] 신생활사 판매부의 광고
(조선일보, 1923.8.10. 3면)

한편 출판 사업은 신생활사의 또 다른 대외적 행보였다. 조선에서 발
행된 마지막 호[76]이자, 임시호로 발행된 16호를 마지막[77]으로 1923년 1월

---

74 박종린, 「효성 김원벽의 생애와 민족운동」, 『동방학지』 184, 연세대학교 국학연구
    원, 2018, 1~28면.

75 「김원벽씨의 강설」, 『동아일보』, 1923.3.11., 4면.

76 보도에 따르면 해삼위(블라디보스토크)에 위치한 신문사인 선봉사(先鋒社)는 『신생활』
    을 월간으로 재간(再刊)할 계획을 세웠으며, 신생활사의 "동포 한 사람"으로 소개되는
    김영환(金永煥)은 1923년 5월 상순(上旬) 해삼위(블라디보스토크)에서 『신생활』 '17호'
    를 발행하고 만주 일대의 조선인들에게 배포하였다고 전해진다. 구체적인 내용은 확인되
    지 않으나 잡지는 "일본의 군국주의 공격을 맹렬히 하"였다고 소개된다. 선봉사에는
    신생활사 기자이기도 했던 이성태는 선봉사의 주간(主幹)으로 활동하였고 잡지는 "러시

8일자로 발행금지 조치[78]에 처해 더 이상 잡지를 발간할 수 없게 된 이후
에도 신생활사의 출판 사업은 유지되고 있었다.

　신생활사는 김명식이 편집한『노국혁명사와 레닌』과 더불어《사회문
제총서》의 출판 계획을 대대적으로 홍보한다.[79]《사회문제총서》는「사
회문제개요」,「현대사상의 귀추」,「부인문제」,「노동문제」,「사회주의
의 이상」을 주제로 매월 발행될 예정이었지만, 발간이 여러 차례 연기되
었고 결국 기획의 단계를 넘어서지 못했다.[80] 제목에서 확인해볼 수 있듯
사회현안 또는 이론적 논의 등 다소 무게감 있는 내용이 총서를 채울
예정이었는데, 신생활사는 내용을 "널리 소개하기 위하여 통속적으로
쓰"겠다며 사회과학서적의 대중화를 공표하기도 했다.[81]

　　아 공산당 고려부의 기관지"로 확인된다. 블라디보스토크에서 발행된『신생활』과 관련
　　한 정보는 다음을 참고.「신생활을 재간?」,『조선일보』, 1923.5.7., 3면;「『신생활』의
　　신생활」,『조선일보』, 1923.5.29., 3면;「주의자 검거내용」,『동아일보』, 1924.10.19.,
　　2면;「금번사건의 주목처는 적로와의 직접연락」,『동아일보』, 1925.9.3., 2면.

77　『신생활』이 발행 금지되자 신생활사는 제호를 '신사회(新社會)'로 하는 잡지로써 맥을
　　이어가고자 했으나, 세 차례의 검열을 극복하지 못하고 창간호의 원고는 결국 압수된다.
　　'필화'로 처벌을 받지 않은 신생활사의 동인과 이사들은『신사회』의 발행을 추진했으나,
　　제2호와 3호 원고 또한 연달아 전부 압수된다. 동아일보는 사설을 통해『신사회』에
　　대한 당국의 '원고 압수'가 지나친 조치임을 여러 차례 비판했다. 자세한 내용은 다음의
　　기사를 참고.「「신사회」 발행」,『조선일보』, 1923.1.27., 3면;「검열 중에 압수」,『동아
　　일보』, 1923.3.18., 1면;「『신사회』 원고 전부 압수되었다」,『동아일보』, 1923.5.11.,
　　3면;「『신사회』 원고 세 번째 압수됨」,『동아일보』, 1923.6.4., 1면;「『신사회』 원고의
　　연차압수」,『동아일보』, 1923.6.6., 1면.

78　「신간소개」,『동아일보』, 1923.1.8., 4면.

79　「편집실에서」,『신생활』 9, 1922.9.5.

80　총서 기획의 첫 발간물로 예정되었던「사회문제개론」(9호 광고에서의 제목은「사회문
　　제개요」)은 필자(신일용)의 사정으로 발행이 연기된다.「광고」,『신생활』 15, 1922.12.
　　23., 9면.

81　「사회문제총서 예고」,『신생활』 8, 1922.8.5.

[그림 7] 검사국의 신생활사 수색(위) 신생활사
인쇄기계를 지키는 경관(아래)
(「검사국의 활동」, 동아일보, 1922.11.26, 3면)

한편 주보(週報)로 전환한 1922년 11월 초 신생활사는 추가 출자로 4만 원의 합자회사로 거듭났고[82]하여 경성에 판매부[83]를 신설한다. 더불어 대동인쇄주식회사에 근무하던 김중환(金重煥)을 인쇄부장으로 섭외하고, 계문사(啓文社)의 인쇄소를 매수함으로써 신생활사는 인쇄부를 설립한다.[84] 대동인쇄주식회사와 계문사는 당대 규모면에서 "경성에서 제일 큰 세 곳의 인쇄소"[85] 중 두 곳으로 인식되었던 만큼, 신생활사의 인쇄 '역량'은 급속도로 향상되었을 것으로 짐작된다. 9호까지 잡지의 인쇄를 도맡았던 한성도서주식회사로부터 독립하여 일종의 인쇄 '기지'의 면모를 획득한 신생활사는 다수의 숙련된 인쇄공을 고용하여 "가장 신속하고 저렴하게 주문에 응"[86]하겠다는 자신감을 내비치기도 한다. 인쇄역량을 배경으로 잡지사는 단축된 간기(刊期)와

---

82 「신생활 사업확장」, 『동아일보』, 1922.10.18., 2면.
83 경성판매부는 12월 23일로 문을 닫으며, 이후 본사에서 "직접경영"하겠다는 의사를 밝힌다. 「사고」, 『신생활』 15, 1922.12.23., 9면.
84 『신생활』 10., 1922.3.11., 17면 참고.
85 계문사는 이전까지 서적업에 종사하던 고언상(高彦相)이 조선박문관인쇄소를 인수하여 개명한 것이며, 창간 초기 동아일보는 대동인쇄주식회사의 인쇄 설비에 의존하여 몰려드는 인쇄 수요를 처리하기도 했다. 관련 내용은 「계문사대확장」, 『동아일보』, 1921.3.26., 3면; 「아사에 신비한 윤전기 문명의 일대경이」, 『동아일보』, 1920.7.26., 3면 참고.
86 「개업광고」, 위의 잡지, 17면.

타블로이드판으로 바뀐 잡지의 생산과 더불어 인쇄업으로 사세(社勢)를 넓혀갔다. 사장 박희도의 증언[87]을 신뢰할 수 있다면 필화의 원인이 된 『신생활』 11호가 4~5천부 가량이 인쇄되었고, 적지 않은 발행량을 지속적으로 담당할 인쇄 시설은 필수적이었다. 1922년 12월 23일에 발행된 15호에 따르면 신생활사 인쇄부는 유럽어[歐文], 일어, 조선어, 한문 인쇄가 가능했을 뿐만 아니라 아연판, 동판, 석판의 판매와 이를 활용한 인쇄와 제본까지도 취급했다.[88] 잡지의 발간과 더불어 인쇄 사업까지도 수행하던 신생활사의 인쇄설비는 '필화' 사건의 공판에서 주요 쟁점으로 부상한다.

> 그 다음에는 **변호사 허헌 씨가 일어나서 재판장을 보고 내가 조사하여 본데 의지할 것 같으면 신생활사에 기계 네 대가 있는데 신생활을 인쇄함에 네 대를 다 쓰는 것이 아니라 한 대만 사용하였다** 하니 증인을 불러서 심문을 신청하고 동시에 증인으로 이병조를 청한다 하며 재판장은 이병조 씨를 불러 신생활사와 관계 여하를 묻고 **기계가 몇이나 있느냐 물으매 기계가 네 대가 있는데 네 대의 이름으로 말하면 국판(菊版)이 십륙 페이지 한 개와 국판 십륙 페이지 한 개와 사륙 반절(半折) 판 두 대가 있는데 신생활로 말하면 사륙판임으로 다른 기계에는 맞지를 아니한다고 하고 그 다음에는 김명식 씨에게도 역시 그러한 사건으로 자세히 묻고** 박희도 씨에게도 역시 이 사건으로 인하여 물은 후에 다시 허헌 씨의 신청으로 **인쇄감독 김중환 씨를 불러서 역시 기계 사용에 대하여 상세히 묻고** 다시 김명식 씨가 일어나서 전일에 다하지 못한 말이 있으니 지금에 하는 것이 어떠하냐고 재판장에게 물으매 재판장은 잠시 기다리라고 하고 무엇인지 생각하고 듣지 아니하였다 […][89]
> (강조와 현대어 변환은 필자)

---

87   「조선초유의 사회주의재판 신생활 사건 제일회 공판」, 『동아일보』, 1922.12.27., 3면.
88   「영업목록」, 『신생활』 15, 1922.12.23., 9면.
89   「기계전부압수는 무리」, 『조선일보』, 1923.1.9., 3면.

위의 공판 기록에서 확인할 수 있는 사실은 두 가지이다. 첫째는 신생
활사는 총 네 대의 인쇄기를 보유했다는 점이며, 둘째는 네 대의 인쇄기
중 국판 한 대만이 잡지 인쇄를 위해 사용되었다는 사실이다. 검사국은
신생활 측과 각 인쇄기의 사용 방식을 두고 논전을 펼쳤다. 실제로 잡지
를 인쇄한 국판 인쇄기는 압수되었으며, 1922년 11월 24일에는 인쇄소
앞 경찰 인력이 배치된다. 다음날인 25일에는 검사국의 경계와 더불어
요원들은 나머지 인쇄기 세 대가 작동되지 못하도록 "중요한 곳에 노끈
으로 동이고 종이를 붙인 후 도장을 쳐서 놓고 기계에 통하는 전기선은
전기회사의 직공으로 하여금 전기가 불통되도록 끊어버린 후 가죽과 그
타의 중요한 못(釘)을 차압"[90]된다. 11, 12호가 연달아 발매금지 조치[91]되
고 인쇄소 전체가 봉쇄된 상황에서 신생활사는 11월 28일 공평동 소재의
대동인쇄소(大東印刷所)를 통해 13호를 발행하였으나, 13호는 검열당국
에 의해 발매금지 처분을 당했으며 인쇄를 대리한 대동인쇄소의 연판
또한 압수당한다.[92] 12월 18일 발행 예정이었던 14호 또한 "발행 즉시로
또다시 압수"된다.[93] 『신생활』에 대한 무차별적인 제재에 대하여 신생활
사 측 변호인 허헌은 공판에서 신문지법 제25조에 의해 잡지 발행과 관
련된 인쇄기 한 대가 압수되는 것은 이해할 수 있지만, 그와 관련 없는
나머지 세 대의 압수가 불합리한 것이라고 주장했다.[94] 사법당국은 잡지

90 「『신생활』 필화사건 원고서류압수」, 『매일신보』, 1923.11.26., 3면.
91 「신생활 발매금지」, 『동아일보』, 1923년 11월 16일, 2면;「양잡지 발매금지」, 『동아
    일보』, 1922.11.20., 2면.
92 매일신보는 13호의 경우 "내용의 전부가 일층 위험한 사상을 선전하는 문구뿐"이었기에
    "압수의 처분이 전보다 비교적 빨리되"었음을 보도한 바 있다. 「『신생활』 십삼호 압수」,
    『매일신보』, 1922.11.29., 3면;「언론의 옹호를 결의」, 『동아일보』, 1922.11.29., 3면.
93 「사고」, 『신생활』 15, 앞의 잡지, 4면.
94 「신생활 재차 공판」, 『매일신보』, 1923.1.9., 3면.

사의 이사 겸 주필 김명식, 이사 이병조, 인쇄부장 김중환에게 인쇄기의
구체적인 사용을, 이사 및 사장 박희도에게는 인쇄기의 구입 경위를 심
문한다.[95] 신생활사 관계자들에게 징역형이 선고됨에 따라 문제가 된 인
쇄기는 함께 몰수된다.[96]

  신생활사의 인쇄기를 둘러싼 공방이 이어지던 무렵, 검사국은 신생활
사 필화사건을 기점으로 전사회적인 사상단속을 단행했다. 사법당국은
해주(海州)·원산(元山)·함흥(咸興) 및 경기도 등지[97]로 검사를 파견하였는
데, 이는 곧 취체가 '필화'의 당사자인 신생활사뿐만 아니라 사회 여러
방면으로 뻗어나갈 것임을 예고하는 것이었다. 사법기관의 검속은 경성
시내의 모처로 옮겨졌는데, 그 대상은 신생활사를 넘어 언론인과 사회운
동가들의 거처까지 포괄했다. 압수대상이 된 물품 또한 서적, 편지, 일기
책 등으로 다양했다. 동아일보는 사법당국의 전방위적인 취체에 대해 "사
상취체라는 구실로 언론계에 대한 압박을 행"한다고 비판했으며,[98] 총독
부 기관지였던 매일신보를 제외한 조선의 언론사들(조선지광사·개벽사·동
명사·조선일보사·동아일보사)은 필화사건에 대한 공동 대응을 공표한다.[99]

  한편 신생활사의 인쇄기는 또 다른 사회운동가들을 재판정으로 불러
들였다. 이른바 '자유노동조합 사건'의 주모자들이 신생활사 필화사건의
당사자들과 함께 재판을 받게 된 것이었다.[100] 자유노동조합은 1922년

95 「신생활 계속공판」, 『동아일보』, 1923.1.9., 3면.
96 「인쇄기 일대도 몰수」, 『동아일보』, 1923.1.17., 3면.
97 「신생활필화사건과 범위거익확대호」, 『매일신보』, 1923.11.27., 3면.
98 「사대에 분하야 팔방으로 수색」, 『동아일보』, 1922.11.26., 3면.
99 「언론계가 수궐기」, 『동아일보』, 1922.11.26., 3면.
100 1923년 1월 첫 공판에서 징역 2년이 언도되어 구치소에서 생활하던 김사민은 간수에게
    상해를 입혔는데, 조선일보의 기사는 그를 "신생활의 동인"으로 언급하나 이는 사실관
    계의 오류로 보인다. 판결에 대해 항소[控訴]했던 신생활사 피고인들과 달리, 김사민은

10월 29일 종로에 위치한 한양여자강습원에서 자유노동조합 창립총회를 열었다. 현장에는 약 200명의 지게꾼, 막벌이꾼이 모여들어 조합 수립을 의결하였고, 임시의장이었던 김사민은 "부자계급을 때려 부수"는 것을 조합의 목적으로 공표했다.[101] 검사국은 자유노동자조합이 신생활사가 제휴하여 "모 운동을 계획"하고 있다는 혐의를 들어 김사민을 취조했고,[102] 그가 취지서(趣旨書)의 인쇄를 신생활사에 요청했다는 사실을 그 근거로 들었다. 김명식은 자유노동조합 발기회에 참석한 것과 김사민의 청탁을 받아 취지서를 잡지에 게재한 자가 자신임을 인정하였다.[103] 한편 자유노동조합의 집행위원 이항발(李恒發, 이명 이시우)는 김사민이 신생활사에 취지서를 전달한 사실 자체를 알지 못했음을 주장[104]하였으나, 자유노동자조합 측 피고인들은 모두 징역형에 처해진다.[105]

　　언론 보도와 공판 기록을 통해 확인되는 대외적 활동을 살펴볼 때, 사법당국의 판단이었던 "과격 사회주의적 선동"[106]만으로는 '활동기지'로서의 신생활사의 면모는 충분히 규명되기 어렵다. 신생활사는 식민지적 상황에 '과학적'으로 접근하고 사회 변혁의 동력을 마련할 사회주의 지식체계를 유통함과 동시에, 체육대회·연설회를 조직하여 민중과의 직접적인 접촉을 도모했다. 한편 신생활사의 인쇄시설은 '사상'의 보급과 사회적 '실천'이라는 잡지사의 양면성을 집약적으로 보여준다. 대중적인 사

　　　항소 없이 복역한다. 「김사민은 수복역」, 『매일신보』, 1923.1.29., 3면; 「옥중의 김사민」, 『조선일보』, 1923.2.2., 3면.
101 「단결된 자유노동자」, 『동아일보』, 1922.10.31., 3면.
102 「언론의 옹호를 결의」, 앞의 기사.
103 「조선초유의 사회주의재판 신생활 사건 제일회 공판」, 앞의 기사.
104 「유창한 신씨의 답변」, 『동아일보』, 1922.12.28., 3면.
105 「인쇄기 일대도 몰수」, 앞의 기사.
106 「『신생활』의 운명 수히 발행금지를 명령」, 『조선일보』, 1923.1.10., 3면.

회과학서적과 더불어 집단행동을 고무할 선전문을 조선 사회에 전파한 인쇄시설은 과연 '활동기지'로서의 신생활사를 가능케 한 물질적 조건이었던 것이다.

4. 나가며

이 글은 신생활사의 대외적 활동을 검토하여 역사적 의의를 보충한 것이다. 신생활사는 '민족(동포)'과 '계급'으로 분화되어가던 1920년대 전반기 담론장을 배경으로 탄생했지만, 동시에 지향을 달리한 여러 언론과 단체들을 규합하여 재일조선인 노동자 문제에 공동 대응한 매체였다. 잡지사가 주도한 전조선적 움직임은 치안당국, 제국의 언론과 정면으로 충돌했다. '동포'와 '계급' 담론은 서로 맞물리며 통치권력을 압박했고, 기미년 이래 잠재되었던 식민지/제국의 긴장은 수면 위로 부상했다. 이사 겸 주필 김명식은 필화사건 공판에서 검사와 판사를 향해 칼 마르크스를 주제로 '강연'하며 사회주의에 대한 강력한 믿음을 드러냈지만,[107] 잡지사의 활동은 단지 붓끝에만 머무르지 않았다. 신생활사의 주요 필진들은 강연·연설회와 더불어 체육대회를 적극 주관하여 '신사회' 건설을 위한 가치를 홍보하고 주체가 될 민중과 접촉했다. 한편 강력한 인쇄설비를 바탕으로 신생활사는 각종 출판·인쇄사업을 경영하였고, 비합법적 선전물을 인쇄하는 등 문화와 정치의 영역을 넘나드는 '인쇄기지'로서의 면모를 확보했다. 필화사건 당시 치안당국이 수행한 전방위적 취체는 '이념'과 '활동'의 영역에서 신생활사가 보유한 비중을 반증하는 것이었다.

---

107 「유루무루」, 『매일신보』, 1923.6.6., 2면.

● **참고문헌**

[자료]

『개벽』, 『공제』, 『대한매일신보』(국문판), 『동명』, 『동아일보』, 『매일신보』, 『신생활』, 『조선일보』

[논저]

김경연, 「1920년대 초 '공통적인 것'의 상상과 문화의 정치」, 『한국문학논총』 71, 한국문학회, 2015.

김종현, 「『신생활』의 사회주의 담론과 문예의 특성」, 『인문논총』 32, 경남대학교 인문과학연구소, 2013.

김현주, 「1920년대 전반기 사회주의 문화담론의 수사학」, 『대동문화연구』 64, 성균관대학교 대동문화연구원, 2008.

_____, 『사회의 발견』, 소명출판, 2013.

박종린, 「1920년대 초 사회주의사상의 수용과『신생활』」, 『사림』 49, 수선사학회, 2014.

_____, 「효성 김원벽의 생애와 민족운동」, 『동방학지』 184, 연세대학교 국학연구원, 2018.

박현수, 「신문지법과 필화의 사이:『신생활』 10호의 발굴과 연구」, 『민족문학사연구』 69, 민족문학사연구소, 2019.

_____, 「『신생활』 필화사건 재고」, 『대동문화연구』 106, 성균관대학교 대동문화연구원, 2019.

최병구, 「사회주의 문화 담론과 프로문학; 신경향파 문학 탄생의 주면(1920~1923)」, 『민족문학사연구』 49, 민족문학사연구소, 2012.

최태원, 「〈묘지〉와 〈만세전〉의 거리」, 『한국학보』 27(2), 일지사, 2001.

'신석현(新潟縣)사건'이 촉발한 노동운동

: 『신생활』의 필화와 『동명』, 『前衛』를 중심으로

백은주

1. 신석현사건과 『신생활』의 필화

1922년의 초겨울 조선 일반사회의 시청을 경동케 했다는 '신생활사건'이 일어났다. 이는 사회주의 잡지인 『신생활』이 발행기간 1년을 채우지 못하고 폐간되며 관련 인사들이 구속된 필화를 가리킨다. 그 원인이 된 글은, 『신생활』 제11호의 「노국혁명 제 오 주년 기념」(김명식)과 「오 년 전 금일을 회고함」(신일용) 제12호의 「민족운동과 무산계급의 전술」(유진희)과 「자유노동조합 취지서」(이항발)이다. 현재 이 글들은 해당 호의 발매금지 처분으로 남아 있지 않아 그 내용을 확인할 수 없다. 이에 선행연구들은 당시 함께 필화를 겪은 잡지 『신천지』의 경우를 함께 살펴 검열 당국의 기획의도를 추정하거나[1], 근래에 발굴된 주간 『신생활』 제10호의 내용분석을 통해 이때부터 본격적으로 레닌주의를 표방하고 사회주의 혁명에 대한 적극적 논조를 펼친 것이 필화로 이어졌다고 분석했다.[2]

1 　장신, 「1922년 잡지 신천지(新天地) 필화사건(筆禍事件)연구」, 『역사문제연구』 13(0), 역사문제연구소, 2004; 한기형, 『식민지 문역』, 성균관대학교 출판부, 2019, 165~175면.
2 　박현수, 「신문지법과 필화의 사이: 『신생활』 10호의 발굴과 연구」, 『민족문학사연구』

또 신생활사가 각종 출판인쇄사업을 경영하며 인쇄기지로서의 면모를 확보해 활동영역을 넓힌 점도 필화사건의 원인이 되었음을 밝혔다.[3]

그런데 폐간의 원인이 된 글들을 확인하지 못하는 데다, 이미 발행된 글들도 당국의 검열을 통과한 결과물들임을 감안할 때, 필화의 전모를 밝히기 위해서는 신생활사의 사상적 지향과 이를 저지하고자 한 당국의 대응이 맞물리는 지점을 당시의 정치현안에서도 추론해 보아야 할 것이다. 이는 발행되지 못한 해당 기사들의 내용보다 '신생활사건' 그 자체가 조선의 사상계는 물론 민중들에게 일대 사건으로 기억되었기 때문이다.[4] 따라서 본고는 이『신생활』의 필화가 해당 글의 사상적 위험성에 더해 당시 조선사회에서 일어난 노동운동과의 결합을 저지하고자 한 당국의 선제적 탄압이라는 측면을 주목하고자 한다.

사회주의와 관계된 최초의 필화로 회자되는 이 사건은『신생활』제11호가 발매금지 처분을 받으며 시작되었다. 이후 제12호도 발매금지되었고 다음해 1월까지 공판이 이어졌는데 잡지는 제16호를 끝으로 발행이 중지되었다.[5] 관련인물들에 대한 사법처분은 가혹했다. 사장 박희도와 주필 김명식을 비롯해 기자 신일용, 유진희, 그리고 자유노동조합의 이항발(이시우)과 김사민이 최고 2년 6개월에서 1년 6개월의 형을 선고받아 복역한 것이다.

69, 민족문학사학회·민족문학사연구소, 2019; 박현수, 「신생활 필화사건 재고」,『대동문화연구』106, 성균관대 대동문화연구원, 2019.

3   이 책의 4부 1장 정윤성의 글, 353~382면 참고.

4   「계해와 갑자」,『개벽』43, 1924.1.1., 3~4면. 이글은 '신생활사건'으로 일반의 시청이 경동했는데, 주의선전잡지로『신생활』이 많은 독자의 환영을 받았으며 사회주의 사상을 사회에 준 세력이 심히 다대했다고 평한다.

5   주보『신생활』은 필화의 계기가 된 제11호와 제12호에 더해 제13, 14회도 현재 전해지지 않는 상태이다.

그런데, 관련 인물들이 구금된 상태로 공판을 기다리던 시기인 1922년 12월 9일 오사카아사히신문은 '조선노동제단체 —내면은 독립운동을 기도'라는 제하의 기사에서 이 『신생활』의 필화에 대해 언급하고 있어 주목할만하다. 이 기사는 우선 조선의 노동단체를 열거하고 이들 단체의 활동내력을 서술하는데, 신생활사의 사장 박희도에 대해 다음과 같이 언급한다.

재외조선인노동자조사회는 올여름 신농천(信濃川) 조선인노동자 학살사건 발발 후 박희도가 발기해 조직되었고, 소작인상호회는 송백(宋伯)을 회장으로 작년에 조직되었다. 이상의 각 노동단체는 표면은 노동문제에 관한 여러 문제의 해결을 표방하고 있다. 그러나 그 대부분은 모두 이름을 노동문제에 빌렸으나 내면은 독립운동 단체로 당국에서도 크게 주목하는 워싱턴회의 이래 선인의 독립사상은 1919년 소요 때처럼 민족자결주의에 의하지 않고 내지의 사회주의자와 연락을 취해 이와 같은 노동단체를 조직해 대내적으로 독립운동을 일으키고자 하는 경향이 있다. 금번에 백대진 박희도 등이 경성에서 적화운동을 계획했고 검사국의 대활동을 보게 된 것은 그 이면에 노동대회의 간부 등 본 사건이 중대한 관계를 가진다고 보고 회장 김사국 기타 간부 3명을 검거하게 되었다.[6]

기사의 '소작인상호회'는 송병준이 조직한 '조선소작인상조회'를 가리킨다. 또 『신천지』의 백대진이 박희도와 함께 적화운동을 계획했다는 언급은 사실관계가 부정확한 부분이다. 그러나 주목해야 할 점은 이 기사가 잡지사의 '필화'가 아닌 '노동단체' 간부의 검거에 방점을 찍고 있는

---

6   「朝鮮の労働緒団体 – 内面は独立運動を企図」, 『大阪朝日新聞』, 1922.12.9. 해당 기사는 고베대학 디지털아카이브 신문기사문고에서 열람할 수 있다. 번역은 인용자 이하 같음.

부분이다. 기자는 검거된 인물들이 내지의 사회주의자와 연락을 취해 독립운동을 일으키고자 하는 정황을 검사국의 대활동이 포착했으며 각 노동단체의 내면은 독립운동단체라 말한다. 이 기사에는 신생활사 필화의 외부적 요인을 추정할 수 있는 두 가지 단서가 있다. 재외조선인노동자조사회와 노동대회가 그것인데, 전자는 위에서 언급한 신농천 조선인노동자 학살사건과 관련되고,[7] 후자는 함께 필화를 겪은 '자유노동조합'과 관계된 단체라는 점이다. 선행연구에서는 신생활사의 인물들과 함께 기소된 이 '자유노동조합'의 이항발과 김사민을 언급하고 있지만, 재판에서 쟁점이 된 '자유노동조합취지서'를 『신생활』에 전재한 배경에 대해 조금 더 살펴볼 여지가 있다.

　한편, 이 기사가 언급하고 있는 신농천(=신석현) 조선인노동자 학살사건은 그해 여름 조선사회에 알려지며 식자와 민중 모두를 분노하게한 참극이었다. 사건의 파장을 우려한 당국의 언론통제가 뒤따랐는데, 이에 신생활사가 중심이 되어 이 사건의 진상조사와 대책을 요구하는 조사회가 발족된다. 본고는 이 과정과 이후 주보 『신생활』로 변화한 신생활사가 사회주의와 계급투쟁에 대한 주지를 명확히 하며 함께 주간지로 경쟁하던 『동명』의 민족일치론을 비판하는 맥락 속에 '신석현(新潟縣)사건'에 대한 시각과 대응의 차이를 보임에 주목한다. 또 이와 함께 일본의 사회주의 세력 또한 이 사건을 계기로 조선과 일본 노동자의 단결을 모색한 사실을 살펴보고 앞서 언급한 자유노동조합의 설립과 신생활사의 연결고리에 대해서도 추적해 보고자 한다.

7　당시 조선에서 통칭 되던 것은 '니이가타켄'을 한자음대로 읽은 '신석현(新潟縣)사건'이다. 일본에서는 같은 사건을 '시나노가와(信濃川)사건'으로 불렀는데 조선인들은 이를 마찬가지로 '신농천사건'으로 불렀다. 이 명칭에 관해서는 다음 각주 8)을 참조.

2. 신석현사건 보도 제재와 조사회의 발족

일본 현지에서 가공할 학살의 참상을 최초 보도한 것은 1922년 7월 29일자 요미우리신문이다.[8] 사진보도가 없었음에도 3단 크기로 쓰인 기사의 제목만으로도 보는 이의 두 눈을 의심하게 했다. 「시나노강(信濃川)을 빈빈(頻々)히 떠내려오는 선인의 학살사체, 호쿠에츠(北越)의 지옥곡이라 불리며 부근 촌민이 몸서리치는 신에츠(信越)전력 대공사중의 괴문」이 그것이다. 니이가타(新潟)특전이라는 이 르포기사는 신월전력주식회사에서 8개년 계획으로 시나노강에 동양 제일의 발전소를 만들 대공사를 일으켰는데, 최근 공사에 사용되고 있는 선인의 익사체가 하류 각 소(所)에서 발견되어 공부(工夫) 학대치사라는 "기괴(奇怪) 지극"의 풍문이 전해진다고 보도한다.

　한 목격자는 공포에 질려 지금 세상에서 있을 수 없는 다음과 같은 이야기를 했다. 지옥곡이란 츠마아리아키나리무라(妻有秋成村) 오지켓토(大字 穴藤)라는 작업지로 이곳에는 천이백 명의 공부가 있는데 그 중 육백 명은

8　이 사건의 전모를 본격적으로 조명한 배영미는 최초 보도 이후 유언비어의 전파 주체로 행정 및 치안 당국도 합세해 가해자의 폭력을 정당화하고, 경찰의 동참과 묵인 아래 은폐와 축소가 자행되었음을 밝혔다. 이후 1923년의 관동대지진 1926년의 기모토 사건을 관통하며 학대와 폭력의 정당화가 이어짐을 볼 때, 학살의 여파는 단절되지 않고 다시 드러난다는 사실을 직시해야 함을 강조한다. 또한 배영미는 요미우리의 첫 보도가 실제 발생지인 시나노가와의 지류 '나카츠카와'를 '시나노가와'로 잘못 표기함으로서 정확한 현지조사가 불가능 했다는 점을 밝힌 사토 다이지(佐藤泰治)의 연구를 제시하고 그 취지를 따라 '나카츠카와 사건'이라 명명했다. 그러나 본고에서는 보도 상황을 분석하기 위해 당시 조선에서 통칭된 '신석현사건'을 사용한다. 배영미, 「1920년대 두 번의 조선인학살 - '나카츠카와 사건, 기모토 사건'-의 실태와 관동대지진 때 학살과의 비교분석」, 『한일관계사연구』 67, 한일관계사학회, 2020, 295~298면; 佐藤泰治, 「新潟縣中津川朝鮮人虐殺事件」, 『在日朝鮮人史研究』 15, 1985. (배영미의 같은 글 271면에서 재인용)

선인입니다. 처음 고용했을 때는 조선에서는 한사람 40원 정도 전대(前貸)
해 1개월 69원이라고 정합니다만, 산에 들어가면 그뿐으로 규정인 8시간
노동은 커녕, 아침은 4시부터 밤 8, 9시경까지 목욕도 안 시키고 마소처럼
부리며, […] 저는 도망치다 붙잡힌 자를 몇 번이나 봤습니다. 그 중 게으르
다고 하는 조선인이 많습니다. 도망자에게 대한 처벌, 그것은 양 손을 위로
묶고 서너 명의 간수 - 간수는 일명 결사대(決死隊)라고 해서 비수나 단총
을 차고 있다 -가 삼나무에 내걸어 곤봉으로 마구 때리고. […] 그리고 공
포스러운 것은 자주 이 산중에 도망친 선인의 부란한 잔사체가 발견된다
는, 제가 들은 것만 해도 강 하류에 사인 불명의 선인 7, 8명의 시체가 표착
해 있었습니다.[9]

　이 충격적인 요미우리신문의 보도는 다음날 7월 30일 경성에서 재조
일본인이 발행하는 조선신문이 인용해 호외로 발행했디. 그리고 이틀 뒤
8월 1일자 동아일보를 통해 전면 기사화된다. 그 제목은 「일본에서 조선
인 대학살 관하라 차(此) 잔인악독한 참극을」이다. 그러나 총독부 경무국
은 이 '대학살'이 '사실무근'이라며 해당 신문을 발매금지 처분하고 기사
를 압수했다.[10] 이에 동아일보는 후속 보도 「조선인학살설은 사실이 없
다는 당국의 발표, 본보에 발표된 사실의 전말」을 작성한다. 8월 4일자
기사로 '대학살'에서 한걸음 물러나 '학살설'을 제기하는 내용이다. 이
글은 지난 기사가 압수된 사실을 알리고 총독부의 대처를 조목조목 반박
했다. "총독부 경무국에서 이 사실에 대하여 동경 내무성에 조회하여 물

9　「信濃川を頻々流れ下る鮮人の虐殺死体」, 読売新聞, 1922.7.29.
10　한편, 압수는 신문제작 이후 가해지는 가장 가벼운 조치로, 이보다 가벼운 처분인
　　삭제가 행정권의 편의적 수단인 점에 반해 신문지법에 규정된 법적 근거에 따라 처하
　　는 행정처분인 점이 구분된다. 압수는 조선인 출판물 차압은 일본인의 출판물에 대
　　한 용어로 기사의 소유권에 대한 차이도 존재했으나, 용어가 혼용되어 쓰이기도 하
　　였다. 정진석, 『한국언론사』 나남출판, 1990, 448~451면.

어본 결과 신문지에 보도된 것과 같은 사실은 전혀 없다"고 발표했으나, 여러 사람의 말이 나뉘어 있고, 일본인의 신문은 당국의 처분을 받지 않고 유독 조선사람이 가장 많이 보는 동아일보만이 가혹한 압수처분을 받은 까닭과 심사를 실로 알 수 없다 적었다. 뿐만아니라, 「반항성(反抗性) 조선 민중의 의기(意氣)여하」라는 도발적 제하의 사설을 통해, 후매(詬罵)의 모욕과 멸시 천대 등의 격렬한 표현으로 "다수민중에 대한 생명 전체에 대한 포학"에 대해 "관서(寬恕)의 도리가 무(無)할지니" "반항의 의기를" 가지자고 촉구했다. 신석현사건을 언급하지 않았으나 이 소식에 격분한 심정을 공감하고, 민족의 각성을 호소하고 있음이 역력했다. 그러나 앞의 기사와 이 사설 또한 연이어 압수처분을 받고 신문 발매가 금지된다.[11] 조선일보의 경우도 이 사건과 관련해 8월 15일자 기사를 압수당했다.[12]

이렇게 일본 내무성과 조선 총독부가 학살 사실을 부인하며 압수처분이라는 강수를 두며 언론제재를 가하자, 동아일보는 이상협을 특파원으로 파견해 후속 보도를 준비했다. 또 조선의 각 사회단체들은 신속히 결집해 '신석현조선인학살사건조사회(이하 조사회로 약함)'를 조직하였다. 청년연합회 신생활사 개벽사 조선교육협회 등 다수 단체의 유지 50여명이 모인 가운데 김명식이 그 모임의 목적을 설명하고 석장으로 박희도가 당선되었으며, 9명의 집행위원도 선정했음을 밝히고 있다. '매우 흥분'되었다는 그날의 모임을 주도한 이가 바로 『신생활』의 주필 김명식이며

11　1922년 동아일보의 압수처분은 15건으로 그 중 3건이 이 신석현 관련 기사이다. 기사의 압수로 발매금지를 당한 당일의 신문은 해당 기사가 삭제된 뒤 호외의 형태로 발행되었다. 해당 기사의 압수 사실은 1932년 경무국 도서과가 이를 일본어로 번역해 작성한 『(秘)諺文新聞差押記事輯錄』을 통해 확인할 수 있다. 朝鮮總督府 警務局 圖書課 『(秘)諺文新聞差押記事輯錄(東亞日報)』 1932, 80~87면.

12　朝鮮總督府 警務局圖書課 『(秘)諺文新聞差押記事輯錄(朝鮮日報)』 1932, 71~73면.

조사회의 대표를 사장 박희도가 맡았다는 점은 신생활사 그룹이 이 신석현사건을 조선사회에 공론화시키려 했음을 확인해 준다.[13]

한편, 이렇게 동아일보와 사회주의 세력이 이끄는 조사회가 직접 현지에서 학살설을 조사하겠다고 나서자 총독부는 '진상조사에 고심'하고 있다며 매일신보를 통해 경무국의 입장을 발표한다. 그해 6월 경무국장으로 취임한 마루야마 쓰루키치(丸山鶴吉)가 직접 담화의 형식으로 학살과 학대는 사실무근이며, 공사현장에서는 차별보다 조선인 노동자의 처신이 문제가 되고 있다고 말한다.[14] 이 신임 경무국장 마루야마는 문화정치 기조에 따른 헌병경찰의 보통경찰로의 변화를 주장하고 주도한 인물이었다.[15] 그는 사이토총독의 취임과 함께 조선에 온 경무국 관료로 부임 초부터 사무관 중의 대장으로 불리며 경무국 내부에서의 영향력을 무시할 수 없는 존재였다. 미디어 정책에 있어서도, 군부와 국가주의자들이 매일 차압해야 할 것이 뻔하다며 맹렬히 비판함에도 불구하고 조선어 신문을 허가하게 된 것은 당시 경무국 국장차석이던 이 마루야마의 강한 주장을 따른 것이었다.[16]

이런 마루야마가 신석현사건의 보도제재를 펼치는 한편으로 직접 언

---

13 조사회의 활동은 신생활사의 사회적 실천의 예로, 이후 활동의 구체적 사항에 대해 분석한 정윤성, 앞의 글을 참조.

14 「진상조사에 고심 조선인 학살건에 대하여 관할하는 신석현에 전보하고 기타 회답을 보아 사실을 부인 마루야마 경무국장담」, 매일신보, 1922.8.8.

15 永島広紀編, 『朝鮮統治秘話』, 植民地帝国人物叢書38, ゆまに書房, 2010, 103~114면. 경찰관료 마루야마의 조선통치 전반에 관해서는, 마쓰다 토시히코, 이종민·이형식·김현 역『일본의 조선식민지 지배와 경찰』, 경인문화사, 2020, 367~421면을 참조.

16 경무국장을 역임한 뒤로는 경찰의 우두머리로 자타가 공인하는 영향력을 경찰조직과 조선사회에 끼쳤다. 그는 조선의 청년회 운동이나 실력양성운동의 영수와 스스로 접촉하여 운동 세력의 분열과 체제로의 흡수를 획책하는 한편, 사회주의 운동에 대해서는 강경한 탄압자세를 보였다. 미야타 세츠코, 정재정 역, 『식민통치의 허상과 실상: 조선총독부 고위관리의 육성증언』, 2002, 혜안, 162~163면.

론을 통해 내선노동자에 대한 소문을 활용하며 학살이 '사실무근'임을 공표한 것이다. 경무국이 "범백의 수단을 강구"해 "자신 아래에 사실이 무근하다 함을 발표하였으나 또 의심을 가진 일부 조선인 간에는 조선인을 위하여 조사회를 만들고 조사원을 파견한다고 하는 운동"으로 자못 세상의 주의를 이끄는 모양이나, 도저히 있을 만한 사실이 아닌 것을 "본문제로 언제까지던지 자꾸 떠든다고 함은 도로(徒勞)에 불과한 일"이라는 경고였다. 과연, 이 담화 이후 조사회의 대표 박희도를 종로경찰서로 소환한 뒤 "조선인 학살조사회라는 '학살' 두 글자가 온당치 못하니" 그 회의 간판을 내리라 명령한다.[17]

그러나 조사회는 집행위원회를 개최해 일본 현지로 나경석과 김사국을 조사원으로 파견하였다.[18] 조사회의 나경석과 동아일보의 특파원 이상협, 동경의 유학생 김약수 세 사람은 함께 니이가타와 동경을 오가며 적극적으로 진상파악에 나섰고 내무성 경보국의 경무과장을 면담해 당국의 대처를 요구했다. 강력한 언론 통제속에 특파원 파견 소식과 조사회의 조직에 관한 단신기사를 싣던 동아일보는 이후 이상협의 '신석현특전'으로 비로소 본격적으로 이를 보도할 수 있었다. 8월 한 달 동안 학살의 정황과 학대의 참상이 속속 드러났다.[19]

그러자 총독부의 기관지라 할 매일신보는 이에 대응해 동경지국 특파원 가쓰무라(勝村)의 조사 내용을 연일 보도하며 마루야마가 담화에서 밝힌 내용들을 재확인하는 기사를 생산했다. 마루야마의 담화가 일종의 보도지침과 같은 역할을 한 것이다.[20]

---

17 「'학살' 이자가 불온」, 동아일보, 1922.8.9.
18 조사회는 이후 연설회를 개최해 직접 민중에게 이 사건을 알리고 관심을 촉구하며 후원금을 모집했다. 「신석현학대사건과 반향 공전의 대연설회」, 동아일보, 1922.9.6.
19 「신석의 살인경 혈등답사기 (1)~(12)」, 동아일보, 1922.8.24.~9.4.

가쓰무라는 8월 16일 밤 11시에 현장에 들어갔다. 그는 가장 먼저 조선의 세 사람이 내무성 사무관 및 경찰들과 함께 조사해 밝혀진 것이라며 인부들이 '학살설에 취하여는 전부 그 사실을 부인' 했다고 쓴다. 그리고 때마침 조선인부 삼십 명이 도주하여, '조선사람에 대한 감정은 악화하고 그들의 신의없고 의리없음에 대한 책망'이 높다고 적었다.[21] 이후 이 탐사기는 계속해서 학살설이 '사실이 전연히 무근'함이 분명히 판명되었다고 반복한다. 심지어는 '내선인 인부간에는 하등의 의사충돌이 없이 극히 친밀히 같은 방에서 같이 먹고 함께 일하며 내선인 간의 구별이 없다'고도 한다.[22]

이상의 사실을 통해, 총독부와 일본 내무성에서 가장 우려한 것이 '학살'의 파급력을 어떻게 잠재우느냐에 있었음을 알 수 있다. 당국은 민족의식과 독립의지의 결집이 3.1운동과 같은 '소요'로 다시 일어날 가능성을 차단해야 했고, 무엇보다 여기에 사회주의 언론인들이 가세해 계급투쟁의 당위를 주장할 터였다. 때는 마침 계급투쟁의 일단들이 조선사회에서 가시화되던 시기였다. 소작쟁의와 노동운동으로서의 파업이 생겨났고 형평사운동도 각지에서 일어났다. 이런 가운데 일본에서 조선인이출 노동자에 대한 학대와 학살이 자행되었음이 드러난 것이다.[23]

---

20   가쓰무라는 총독부의 일본어 신문인 경성일보의 동경지국장으로, 매일신보의 기사는 그가 작성한 경성일보의 기사를 받아 작성한 것이다. 이 두 지면의 논조 차이 등에 관해서는 배영미의 앞의 글, 277~281면을 참조.

21   「신석현 조선인학살설에 대하여; 무근설이 과연확실; 신석현 사건을 조사하여본즉 신석현미장야에서 승촌특파원발전」, 매일신보, 1922.8.19.

22   「신석현 조선인학살설에 대하여; 현대에 부적한 제제도; 고주간의 제도가 부적당할 뿐; 내선인부간은 매우 친밀한터; 미장야에서 승촌특파원발전」, 매일신보, 1922.8.22.

23   이 신석현사건 이외에도 고흥에서 발생한 경찰의 태을교도 총살사건이 일어나 1922년의 여름은 그야말로 "조선사회의 신경을 시험"하며 "그 의분의 감념(感念)을 수련"하고 있었다. 「태을교도총살사건에 대하야」, 동아일보, 1922.8.23.

이에 동아일보는 노동자의 단결은 '사회주의자 공산주의자의 입지로서만 문제'가 아니며 그들의 계급이익만을 주장하는 것도 아니라고 전제하며 신석현사건은 '사회의 관념 인격의 내용을 성(成)하는 도의의 문제'로 보아야 한다고 호소했다.[24] 1922년 초, 파리강화회의에 이어 워싱턴회의에서도 일본 식민지에서 독립할 가능성을 찾을 수 없었던 정세에 절망해 실력양성에 진력해야 한다는 논조를 싣기도 했던 동아일보가 노동자의 단결을 옹호할 만큼 신석현사건이 조선사회에 던진 충격이 컸기 때문이다.[25] 이는 계급투쟁, 다시 말해 소작쟁의와 파업 등의 실제행동에 대해 민중의 이해와 지지를 호소하는 계기로 신석현사건이 작용할 수 있음을 보여준다. 사회주의세력과 사회단체들의 결합이 우려되는 한편, 민족주의 진영 또한 그 세력을 결집시켜 각각 노동자와 민족의 지지를 끌어낼 계기였기에 경무당국은 신석현의 학살이 전혀 사실무근임을 '공표'하고 이를 '불온'한 주의자의 선동으로 규정했다.

그리고 경무국장 마루야마는 8월 12일, 각 신문사의 대표와 특파원을 소집해 과격사상과 공산주의에 대한 언론취체는 행정처분에 더해 "사법당국자의 소견에 의하야 단연한 처치"가 가해질 것인데, "아모러한 경고도 업시 사법당국의 처치만 있는 것도 자미없는 일"이니 먼저 알린다며 언론에 대한 단속이 전보다 더욱 강화될 것을 경고하였다.[26]

---

24 「신석현사건에 감하야 권위있는 노동단결을 희망함」, 동아일보, 1922.8.26.

25 박종린, 「또 하나의 전선-신생활사 그룹의 민족일치론 비판을 중심으로」, 『한국학연구』 61, 인하대 한국학연구소, 2021, 11~12면.

26 「이중으로 언론압박」, 동아일보, 1922.8.13.

3. 『동명』과 『신생활』의 신석현사건에 대한 시선

그런데 이처럼 언론취체를 강화하고, 사법부의 단속도 경고하던 경무국은 돌연 월간잡지 『개벽』, 『신천지』, 『조선지광』과 함께 창간호부터 수차례 발매금지를 당하던 『신생활』에 대해 신문지법에 의한 발행을 허가한다. 이 허가로 해당 잡지들은 보증금 300원을 납부하고 시사문제를 다룰 수 있게 된 것이다. 당시 총독부에 신문지법에 의한 발행허가를 신청한 잡지는 60여 종에 이르렀는데 그 중 시사잡지로 먼저 창간된 최남선의 『동명』과 함께 이 5종의 매체만을 허가한 것이었다.[27] 이 갑작스러운 당국의 허가에 언론들은 그 진의를 의심했다. "한편으로는 자유를 주어놓고 다른 한편으로는 압박의 법망을 늘어놓는" 태도에, "마치 함정을 맨들어 노코 안저서 사람을 청하는" 격을 우려한 것이다.[28] 그리고 이 우려는 두 달여 뒤 『신천지』와 『신생활』의 필화로 현실화했다.

다시 신석현사건으로 돌아가, 이렇게 시사 기사의 게재를 허가받은 잡지 중 『동명』은 9월 3일에 간행한 창간호에서부터 이 사건을 가장 적극적으로 다뤘다. 조선사회의 비상한 관심이 몰린 이 사건을 다루는 것은 시사잡지로써 당연한 판매전략이기도 이기도 했다. 관련기사로는 염상섭이 『동명』의 기자로 처음 쓴 기사 「신석현사건에 감하야 이출노동자에 대한 응급책 상,하」를 비롯해 제1호에는 '실지조사위원' 나경석의 현지 보고서가 실렸다.[29] 나경석은 이출노동자의 유형과 공사장의 위험성, 그리고 필연적으로 노동 착취가 일어날 수밖에 없는 고용형태 등을 자세히 밝히

---

27 정진석, 앞의 책, 472~473면.

28 「주목할 언론계 전도」, 동아일보, 1922.9.16. 「언론계의 신기운 환산(丸山)씨의 제2거(擧) 사(四)잡지의 신허가」, 『동명』 3, 1922.9.17.

29 나공민(나경석), 「기이망측한 신석현사건의 진상」, 『동명』 1, 1922.9.3.

고 도망가다 붙잡힌 조선인 노동자에게 가해지는 사형(私刑)의 참혹함도 열거했다.[30] 또, 제2호에서는 동경에서 조직된 조선인노동자학살사건조사회가 주최한 대연설회가 당국에 의해 해산한 기사, '감옥실'에서 감시와 학대속에 지내는 노동자의 비참한 실상에 대해 자세히 보도한다.[31] 월간『개벽』의 경우 10월호에 학살설이 사실무근이라는 당국 발표에 이의를 제기하는 취재기사를 싣기도 하였다.[32] 그런데『신생활』의 지면에서는 제10호에 실린 김명식의 글「민족주의와 코쓰모포리타니즘 1」이 신석현사건을 언급한 것 외에 직접 취재나 논평한 기사를 확인할 수 없다.[33] 11월이 되어서야 시사주간잡지로 첫 호를 발행한 점을 감안하자면 이 사건이 시의성이 떨어지는 주제였을지도 모른다. 그런데 김명식의 해당 글은 앞서 살펴본 염상섭의 글과 여러모로 대조를 이루고 있어, 이 절에서 둘을 비교해 보고자 한다. 때는 마침『동명』에 대한『신생활』의 민족일치론 비판이 펼쳐지던 때이다. 이 구도를 염두에 두고 신석현사건에 대한 시각과 해결법에서 어떠한 차이를 보이는지 주목해 봄 직하다.

먼저 염상섭의 경우를 보자. 앞에서 언급한 바와 같이 신석현사건은 '학살' 여부를 두고 언론 통제가 이어져 동아일보의 첫 기사와 후속 기사는 압수되어 발매되지 못했다. 이런 사실때문인지 염상섭은 당국의 '신

---

30 학살을 최초 보도한 요미우리의 기자 이와타 레이슈[岩田麗秋]에게 사체유기 목격자의 이름을 요구하자 "나의 국가상 견지로 조선인 당국에게 말할 수 없다"고 답하며 내무성의 보도 통제 사실을 내비쳤다. 나공민, 위의 글.

31 「사실의 발표는 불긴(不緊)하다고」;「『감옥실』의 구조는 어떠한가」,『동명』2, 1922. 9.10.

32 김기전,「신석현출가중(新潟縣出稼中)에서 희생(犧牲)된 동포(同胞)의 유족(遺族)을 찾고」,『개벽』28, 1922.10.1.

33 발매금지된 11, 12호와 13, 14호에 관련기사가 실렸을 가능성도 배제할 수 없지만 현재로서는 확인이 불가능하다. 본고에서는『신천지』와 1922년 11월에 창간한『조선지광』의 지면은 살피지 못했다.

경과민적 극도의 경계와 방알(防遏)'을 의식하며 글을 시작한다.

1. 이 사건의 교훈

일본의 제일장류로 에치고평야를 횡단하야, 일본해에 쏘치는 시나노강에, 거룩한 배달후손의 혈제(血祭)를 드리고, 현대문명의 원천인 수력전기가 일어나게 되리라는, 두고두고 길이길이 전하야 질 신기록이 발생되었다 - 하기도 하고 아니되였다 하기도 하는 이때에, 내가 이러한 문제로 집필하면, 어떠한 일부 인사는 그 치안(鷹眼)을 번쩍거리며 너 나왔구나! 할지도 모르나, 염려를 말지어다 나는 사실이 있다는 것도 아니요 사실이 있으리라는 것도 아니다. 사실의 유무는 방금 조사에 노력하는 제방면의 특파원의 보고를 대(待)하야 미구에 판명될 것이요 또한 나는 사실이 없기를 누구보다도 기축(祈祝)하는 자이다.[34]

이렇게 '학살'의 여부에 대해 판단을 유보함을 여러번 강조하며 그는 어디까지나 이출노동자가 발생한 원인과 해결책을 '응급'으로 제시하는데 주력한다.[35] 이 사건과 관련해 '실제문제'가 허다하다는 염상섭은 이것이 조선노동자의 이출문제와 재일노동자의 조합조직 양대문제라고 진단한다. 그는 노동자의 이출은 폐해가 백출하나 '현상(現狀)과 같은 비경(悲境)'에서만 구출하면 조선노동자의 이출은 경제상으로 보든지 기술 학득(學得)으로 보던지 '어떠한 정도까지는 필요한 것'이라 말한다. 그리고 으레 그 보완책으로 '조합의 조직'이 거론되지만, 조선노동자에게 이는 '상조(尙早)'하다고 말한다. 저급노동을 담당하는 이출노동자들은 자본가

34 염상섭, 「신석현 사건에 감하야 이출노동자의 대한 응급책, 상」, 『동명』 1, 1922.9.3., 5면.
35 염상섭이 요미우리의 보도를 조선신문의 호외로 읽었을 가능성과 동아일보의 보도가 거듭 금지된 사실을 인지했을 가능성 모두를 고려해 볼 수 있다. 그러나 그는 자신이 사실관계를 확인하지 못한 채 글을 쓴다는 점을 재차 강조한다.

에 대한 '권위'를 발휘키 어렵고 아무리 그 원수(員數)가 다대(多大)하다해도 도저히 자기 주장을 관철키 어렵다는 것이다.

그는 조선의 사정이 이출노동자를 생산할 수 밖에 없는 이유로 농촌에서 이출되는 소작농을 지목한다. 그들은 '생계의 방편'과 '화려한 도회생활' 함께 갈망하지만, 소학교 정도의 상식도 없는 무지한 상태로 공장노동자로서의 자격이 없을뿐 아니라 사람으로서도 힘과 가치가 없는 상태이다. 따라서 악랄한 모집원에게 '견기(見欺)'하는 것은 당연한 일로, 소작인의 조직과 단체로 이들의 이출취업 전반을 중개하는 권위 있는 기관이 지금의 '응급책'이라 진단한다. 그가 말하는 이 '중개기관'은 노동조합과 달리 '전투적 행위'를 취하지 않으며, 당국자와 용주(用主)의 '무용한 오해나 혐기(嫌忌)'를 받지 않아 취체(取締)를 받을 일이 없는 것 또한 장점이라는 것이다. 적어도 이 글에서 그는 제국일본과 식민지조선의 견고한 위계가 자본과 노동시장에서도 엄연한 질서로 작용함을 재확인하며 '보완책'으로 다음을 제시한다.

> 누누히 논술하였거니와, 현재의 재외노동자는 기(其) 기술이 비교적 단련되고 그 시기가 절박하여 노동조합의 조직을 촉진케 하는 바이나, 그러나 아직 일본인노동자와 동일한 정도에 달치 못하였을 듯 한 즉, 지도자가 종기형편하여 대(對) 자본주의 태도를 적의히 처치하지 않으면 좌우협공의 난경에 빠지리라 함이다. 하므로 제1의 목적으로는 조직되는 바 조합을 노동쟁의의 예비책으로 삼는 것보다, 우선은 대내적 행정, 즉 노동자의 상호부조 교육 사상계발 기술연마와 및 금전저축 등 사업에 전력을 경주함이 급무라고 나는 생각한다. 8월 17일 상섭 고(稿)[36]

---

36 염상섭, 「신석현 사건에 감하야 이출노동자에 대한 응급책, 하」, 『동명』 2, 1922.9.10., 5면.

염상섭의『만세전』이 최초 연재된 것은 다름아닌 월간『신생활』7호
(1922.7.5 발행)로『묘지』라는 제목이었다.『신생활』9호(1922.9.5발행)에
제3회까지 연재된 뒤 중단되었는데, 그는 이『묘지』제3회에서 식민지
의 농노들이 내지의 노동모집인에게 견기(見欺) 당하는 현실을 사실적으
로 묘사했다.[37] '책상도련님'이 '산문시나 쓰던 공상과 천려(淺慮)를 부끄
럽게' 여기는 모습은, 염상섭이 소설의 형식을 빌려 쓴 신석현사건과 무
력한 지식인에 대한 고발이다.[38] 그러나 같은 시기에 쓰여진 이 논설을
통해서는 조선의 대내적 행정과 노동자의 상호부조 사상계발, 그리고 기
술연마나 저축이 급무라는 대책을 내놓았다. 이것은 쟁의를 예비하는
'노동조합'을 시기상조라 말하며『동명』의 기자로서 이출노동자에게 주
는 '현실적' 해답이었다.[39]

이제 김명식의 신석현사건을 언급한 글을 보자. 그는「민족주의와 코
쓰모포리타니즘 1」이란 글에서 먼저 코스모폴리탄을 조선에 소개하는

---

37 시사를 다루는 주간지의 형태로『신생활』이 체재를 바꾸며 순문학 지면이 사라진 것
    이 연재가 중단된 가장 큰 이유일 것이다. 염상섭의『동명』행 이후『신생활』과 펼친
    논전에 관해서는 박현수, 앞의 글, 289~296면 참조.

38 염상섭,「묘지」제3회,『신생활』9, 1922.9.5., 144~145면. 한기형은『만세전』에서
    염상섭이 피식민자가 겪는 현실의 구조를 중층적이고 전면적으로 해부해 들어가지
    못했다며, 이는 이른바 환멸의 양식이라는 소설의 서사 방법과도 연관된 문제라 분
    석했다. 한기형, 앞의 책, 313~321면.

39 이종호는 전보통신을 통해 조선신문과 동아일보라는 중심과 주변, 제국과 식민지,
    일본어와 조선어로 분절된 거점이 연결되고, 식민지 조선에서 이 사건의 표면화를
    통한 정치적 움직임과 염상섭의 글쓰기가 그 배면에서 형성되었다고 했다. 그러나
    이는 사건 발생 초기 동아일보에 대한 보도제재를 고려하지 않은 분석이다. 또 염상
    섭이 이 글에서 노동자의 주체성에 주목하고 조선과 일본 노동자의 연대를 고려해
    장기적이고 현실적 방안을 모색하였다고 평가했는데, 본고가 분석한 의도와 상반되
    는 해석이다. 이종호,「혈력(血力) 발전(發電/發展)의 제국, 이주노동의 식민지: 니
    가타현(新潟縣) 조선인 학살사건과 염상섭-」,『사이間SAI』16, 국제한국문학문화
    학회, 2014, 9~51면.

이유에 대해 '민족적 자존과 허영'으로 '타(他)를 살(殺)하고서 기(己)만 생(生)하겠다'는 국수주의자나 민족주의자의 국견(局見)을 비판하기 위함이라 말한다.[40]

> 다시말하면 자본주의의 위력 자본의 교취력(絞取力)이 코쓰모포리탄이 되면 이것에 대항하는 노동운동도 또한 코쓰모포리탄이 될 것이오 그리하야 노동운동자의 심리가 스스로 코쓰모포리탄의 그것이 될것이외다. 가까운 예를 들어 말하면 조선의 노동자가 세계로 출가하는 가온데 일본으로도 출가하얐으므로 저 신석현사건과 여(如)한 불상사 (녕(寧)히 필연적 사실)가 출래하얐으며 이 사건이 출래하얐으므로 일본의 노동운동자와 조선의 노동운동자가 다같이 코쓰모포리탄의 심리를 가지고 인간성의 충동으로써 같이 그 문제의 선후책을 논의하는 것은 이 곳 저들 노동운동자의 사상과 감정의 일반을 시(示)하는 것이외다. [41]

조사회를 주도한 바 있는 김명식은 학살에 대한 진실여부를 가리는 소모전에 동참하지 않고 곧바로 이 신석현사건이 노동자의 의식화 즉 코스모폴리타니즘으로 이어지는 계기가 될 수 있음에 주목할 것을 요청한다. 일본의 노동운동자와 조선의 노동운동자가 함께 코스모폴리탄의 심리와 인간성의 충동으로 신석현사건의 선후책을 논의하게 되었다는 것이다. 실제로 동경의 조사회가 개최한 조사보고연설회에 일본인 노동자 천여명이 참가하얐고 사회주의자이자 이들의 노동운동을 이끄는 오스기 사카에와(大杉栄) 사카이 도시히코(堺利彦) 등의 참여를 경찰이 극력 제지한 바 있었다.[42] 여기에 대해서는 후술하기로 하고, 김명식은 뒤이

---

40 김현주는 김명식이 이 글에서 검열을 의식해 '국제주의'를 대신해 '코스모폴리타니즘'을 사용한 것으로 추정했다. 이 책의 2부 1장 김현주의 글, 103면 참고.
41 솔뫼(김명식), 「민족주의와 코스모폴리타니즘(1)」, 『신생활』 10, 1922.11.4., 3면.

어 겨우 생활을 유지하는 노동자와 무산자에게 조국이라는 칭호가 있을
이유를 되묻는다. 국경이란 권세계급과 부르주아를 위해 존재하며 국제
전쟁 또한 자본주의의 종용교사(慫慂咬唆)에서 발생한 것이라는 그는, 러
시아혁명의 주지에 대해 다음과 같이 말한다.

> 이제 우리는 이것으로써 로서아혁명의 진의의를 규지(窺知)할 수 있습
> 니다. 우리가 아는 바와 같이 로서아의 혁명은 민족적혁명이 아니오 코쓰
> 모포리탄의 혁명이외다 다시 말하면 국제전쟁을 근본적으로 부인하고 그
> 대(代)로 계급투쟁을 고조하여서 세계혁명을 목적으로 하는 것이 로서아혁
> 명의 주지이외다. 이러므로 로서아혁명의 진정신은 코쓰모포리탄의 인도
> 주의에 입각한 것이 분명합니다. 그런즉 조선사람에게도 문제가 있으며 또
> 는 일이 있으며 이것이 있을 뿐이오, 이 밖에 것은 모두 이것을 방해하는
> 것이외다. 민족주의자의 완우(頑愚)가 얼마나 레닌으로 하야금 두통케 하
> 였습니까[43]

김명식은 "레닌이 합법적 막쓰주의자와도 싸왓스려니와 이보다도 국
수주의자(포필리쓰트)와 더욱 맹렬히 사홈한 것"을 말하며, "그저 고고학의
소양이 여간 있다고 한갓 이것을 자랑하기 위하야 대국으로 대문제를
타산치 아니하고 민중을 우롱하려" 하는 이를 비판한다. 이는 다름아닌
최남선으로 당시 자신이 감집(監輯)을 맡아 창간한 『동명』에 「민족역사강
화」를 연재중이었다.[44] 김명식은 이 최남선을 염두에 두고 "과거의 역사

---

42 「혁명가(革命歌)리에 해산」, 동아일보, 1922.9.9.
43 솔뫼, 위의 글, 3면.
44 『동명』은 창간호 표지에 '조선민족아 일치합시다', '민족적 자조에 일치합시다'를 표
    어로 내걸었다. 주간 『신생활』은 『동명』의 주장을 민족내의 계급적 이해관계에 침묵
    하며 일치된 민족을 강조하는 것은 부르주아 민족주의 세력을 대변하는 것이라 신랄
    하게 비판한다. 이에 관해서는 박종린, 앞의 글, 34~39면을 참조.

만 다시 말하면 살육과 공벌(攻伐)만 그대로 중복하여 마침내 아무 자각도 자신도 얻지 못하게 될 것"이라 말한다. 이 글 이외에도 신생활 10호에는 『동명』이 주장한 민족일치론을 반박하는 유진희의 「민족·계급 소위 민족일치와 활자마술」 이혁로의 「민족주의와 푸로레타리아 운동 –동명의 조선민시론을 박함」 등의 글이 실렸다.[45] '민족주의자의 완우(頑愚)'는 허상인 '민족일치'를 주장하므로써 '코쓰모포리탄의 진정신을 몰각케'하고, 영원히 '우리의 문제'를 해결하지 못하게 한다는 것이다.[46]

> '우리에게 만일 상대(相對)와 복잡(複雜)을 말하는 자가 있다 하면 이것은 우리로 하여금 총히 만사를 쉬게하는 것'이므로 우리사회의 적막이 뜨려져 싸움이 시작되기를 촉망하므로 어느 시기까지만은 저들이 강참(降參)치 말고 대진하게 되었으면 참으로 현상의 복잡이 통일이 되어 간단하여지며 그리고 간단한 그것은 상대에서 절대로 환원되어 참 의미의 사실이 발생하는 동시에 이로 인하여 코쓰모포리탄의 진정신이 구체적으로 실현이 될까합니다.[47]

자본가와 국가권력이 스스로 모순을 드러내고 착취와 약탈을 자행할수록 우리의 전선이 간단하게 통일될 것임이 다행이라는 말로 김명식은 신석현사건을 은폐하고 부인하는 당국을 비판한다. 이는 민족차별과 인도주의를 말하는 거개의 신석현사건 비판과 결을 달리하는 김명식의 시점으로, 이 사건의 본질이 제국 자본주의의 모순에 있음을 알리고자 한

---

45 유진희와 이혁로는 주간 『신생활』에 새로 영입된 기자였다.

46 김명식은 1922년 10월 30일 『노국혁명사와 레닌』을 출간했다. 동아일보에 연재한 「니콜라이 레닌은 엇더한 사람인가」를 단행본으로 엮은 것으로 사회주의 혁명과 역사의 후진성 극복에 성공한 신러시아에 주목하였다. 이에 관해서는, 이 책의 3부 3장 김현주·가케모토 츠요시의 글, 314~347면 참고.

47 솔뫼, 앞의 글, 3면.

것이었다. 그리고 이 모순은 민족의 단결이 아니라 계급투쟁으로써 해결
할 수 있다는 인식에서 동명의 민족일치론을 비판한 것이다.

4. 잡지 『前衛』에서 보는 조일(朝日)노동자 연대론

신석현사건이 조선사회에 전해지고 신문보도를 저지하려는 당국의 움
직임에 대항해 조사회가 발족된 사실을 앞서 언급하였다. 그런데 이 사
건에 가장 민감하게 반응할 수 밖에 없었던 이는 일본의 조선인노동자들
그리고 사회주의자들이었다. 8월에 조사위원으로 동경에서 신석현에 파
견되었던 대중시보의 김약수와 동경조선인 고학생단장 김형두가 주도해
신농천학살사건조사회를 설립한다. 이들은 일본 각지에 지부를 설립하
고 연설회를 개최하며 조선인 노동자들을 결집해 이 사태에 대한 규탄과
대응책 마련에 나섰다.[48] 그리고 상설기구의 필요성을 절감하고 '일본재
류조선노동자상황조사회(이하 상황조사회로 약함)'가 발족되었다.[49] 이 과

---

48 신석현사건이 재일조선인 사상단체와 노동단체의 성립과정에 끼친 영향을 언급한 연
     구로는, 김광열, 「大正期 일본의 사회사상과 在日韓人−1920년대 초 東京의 黑濤會
     를 중심으로−」, 『일본학보』 42, 한국일본학회, 1999, 347~350면; 김명섭, 「1920
     년대 초기 재일 조선인의 사상단체−흑도회, 흑우회, 북성회를 중심으로−」, 『한일민
     족문제연구』 1(0), 한일민족문제학회, 2001, 22면~31면; 김진웅, 「일본 내 조선인
     '아나−볼' 대립 원인 재검토−1923년 초 舊 黑濤會 주도세력의 분열과 충돌−」, 『한국
     사학보』 83, 고려사학회, 2021, 242~249면.
     한편 본고에서 다루지 못했으나, 신석현사건과 관동대지진이후로 이어지는 사회주
     의자들의 활동도 보다 자세히 조명되어야 할 것이다. 이에 관한 대강의 사정은 야마
     다 쇼지, 이진희 역, 『관동대지진 조선인학살에 대한 일본 국가와 민중의 책임』, 논
     형, 2008, 86~93면을 참조.
49 조선에서도 신석현조사회는 '조선인출가노동자조사회'로 탈바꿈하며 일본뿐만 아니
     라 시베리아와 하와이 멕시코 등으로 이출한 노동자들의 편의와 복리를 위해 창립된
     다. 8월에 발족한 신석현조선인학살사건조사회의 '일절 문부와 회계'를 인계받은 등

정을 주도한 것은 동경의 조선인 사회주의연구단체 흑도회(黑濤會)로 그중 김약수와 박열 백무 등이 활발히 활동하였다.[50]

그런데 이렇게 신석현사건으로 조선인노동자의 인권실태, 열악한 노동 조건 등의 진상이 알려지자, 일본의 사회주의자들도 이를 주목하였다. 앞서 오스기 사카에와 사카이 도시히코 등이 상황조사회가 주최한 조사보고연설회에 연사로 나서는 것을 경찰이 저지했음을 잠시 언급했는데 9월 7일 동경 간다의 YMCA 회관에서 열린 이 대회는 조선과 일본의 사회주의자가 연대한 첫 대중투쟁이었다. 일본의 경찰은 대회를 중지하고 강제해산 시켰고 이 과정에서 충돌이 일어나자 관련자 8명을 검속했다.[51]

이렇게 신석현사건이 촉발한 조선인노동자와 그 처우에 대한 관심은 조선과 일본 노동자계급의 연대를 논의하기에 이른다. 이 연대론의 일단을 당시 일본의 볼셰비즘 잡지 『前衛』를 통해 확인 할 수 있다. 『前衛』는 '사회주의평론잡지'라는 부제를 달고, '학술적 연구잡지'인 『사회주의연구』를 발간하던 야마카와 히토시(山川均)가 신문지법에 의한 발행을 허가 받아 1922년 1월 창간하였다.[52] 『前衛』는 첫 기사로 「당면의 문제」를

조사회의 확장과정을 주도한 이들 또한 박희도와 김명식으로 신생활사를 비롯해 민우회와 무산자동맹회 청년연합회와 교육협회등의 단체가 참여했다. 이에 관한 자세한 사항은, 이책에 실린 정윤성의 앞의 글, 366면과, 「재외조선인 노동자의 조사회」, 동아일보, 1922.10.23.를 참조.

50 김약수를 비롯한 공산주의 계열 인사들은 이 문제를 일본 노동단체와 손잡고 일본내 정치문제로 비화시키자 주장했고 야마카와 히토시, 다카쓰 마사미치 등 일본공산당원의 지원 아래 조·일 노동자의 공동전선 구축을 도모하고 있었다. 직접행동을 주장하는 박열과의 갈등으로 흑도회는 박열·김중한 등의 풍뢰회와 김약수·김종범 등의 북성회로 분열하게 된다. 김진웅 앞의 글, 244~247면.

51 「혁명가리에 해산」, 동아일보, 1922.9.9.

52 '사회주의평론잡지'임을 명기한 이 『前衛』는 마르크스주의의 사상적인 면에 더해, 정치적 운동으로서 진일보한 조직적 전진이 『사회주의연구』와 차별화되는 점이라 평가된다. 日本社會運動史料機關紙誌編, 「解題」, 『社會主義評論雜誌 前衛(1)』, 1972,

배치했다. 이는 일본 국내외의 노동운동과 관련된 시사에 관한 논설기사를 한데 묶은 것으로 야마카와 히토시, 사카이 도시히코, 아라하타 간손(荒畑寒村) 등이 번갈아 집필했다. 신생활의 필진들을 비롯해 조선의 사회주의자들은 주로 이들의 저작과 글쓰기전략을 수용하고 나름대로 해석하며 사회주의의 여러 이론을 소화했다.[53] 그런데 이제 이론이 아닌 당면문제로써 조선과 일본 노동운동을 논의하려는 시도가 시작된 것이었다. 신석현사건을 언급한 것은 이 기사란의 야마카와의 글로 「감옥방 문제」와 이어진 기사 「일선노동자의 단결」이다. 그는 '선인공부' 학살사건으로 갑자기 감옥방 문제가 떠들썩하게 되었는데, 정부당국자는 예와 같이 그 사실을 부인하고 '철저단속'을 말할 뿐이라며 노동계급이 단결해 피착취계급 중에서도 가장 조직이 없고 힘없는 감옥방 노동자를 위해 위력을 발휘해야 한다고 말한다.[54] '지옥곡'의 '선인공부' 학살은, 단순히 감옥방 제도의 일례로 보자면 드문 경우가 아니지만, 이를 '선인노동자 학대'의 예로 보면 특별히 중대한 의의가 있다는 것이다.

> 이번 메이데이에는, 선인노동자의 선각자가 일체의 부르주아적 편견을 버리고 일선 무산계급의 단결이 필요함을 호소했다. 우리는 이 호소에 답해야 한다. 우리는 말로써 만이 아니라 유력한 행동으로 답해야 한다. 선인공부학살인건(鮮人工夫虐殺人件)은 이 호소에 대한 일본 무산계급의 행동과 그들에 대한 열성과 동료로서의 심정을 보여줄 절호의 기회이다. 일선(日鮮)무산계급 단결하라![55]

法政大学出版局.

53 상황조사회의 연설회에 참가한 오스기 사카에의 글도 많은 영향을 끼쳤다. 『신생활』의 경우 레니즘을 비롯해 아나코생디칼리즘 아나키즘과 여성해방과 종교비판 등 많은 주제가 이들의 글과 연결되어 있었다.

54 山川均, 「監獄部屋問題」, 『前衛』, 1922.10. 87면.

　여기서 말하는 '선인노동자의 선각자'는 1922년 동경에서 열린 메이데
이 행사에 참가한 조선고학생동우회를 이르는 것이다.[56] 이들 중 백무는
"부르주아계급에게는 국경이 있을지 모르나 우리에게 무슨 국경이 있으
랴"라며 조선과 일본 노동운동 세력의 연대를 호소한 바 있었다. 당시
이를 기록한 『前衛』의 기사는 중국무산청년단체의 참가도 희망한다는
말과 함께 '특기'하긴 했으나, 그 연대호소의 의미 등에 대해서는 논평하
지 않았다. 그러나 신석현사건 이후에 쓰인 이 글에서는 값싼 임금으로
일본 노동자들의 적이 될수도 있는 조선노동자들을 '전우'이자 '형제'로
부르며 이들을 '진열속에' 끌어들임으로써 부르주아 독재에 함께 대항할
수 있으며, 조선노동자들의 '동일노동 동일임금'을 운동의 표어로 삼아
야 한다고까지 주장한다.

　한편, 야마카와는 이에 앞서 『前衛』 8월호에서 이후 일본 노동운동의
중심역할을 한 '야마카와이즘'을 담은 논문 「무산계급운동의 방향전환」
을 발표한 바 있었다.[57] 이 글은 일본의 노동운동이 일부 선각자들에 의
한 종래의 운동을 탈피해 광범한 대중적 기반의 운동으로 발전해야 하
며, 전무산계급을 정치세력으로 결속시켜야 한다는 주장으로 당시 일본
의 노동운동에 큰 영향을 끼쳤다.[58] 그는 이 글에서 전위(前衛)인 소수자
가 본대인 대중을 멀리에 남겨두고 전진했으나, 이제 철저히 순화된 사

55　山川均, 「日鮮勞働者の団結」, 『前衛』, 1922.10. 88면.

56　「メーデー第三回」, 『前衛』, 1922.6., 357~360면. 한편, 이 고학생동우회가 흑도회
　　가 결성되는 모체가 되었다. 김광열과 김진웅의 앞의 글 참조.

57　山川均, 「無産階級運動の方向転換」, 『前衛』, 1922.8. 20~25면.

58　김광열, 앞의 글, 339면. 한편, 야마카와는, 요시노 사쿠조(吉野作造), 오야마 이쿠오
　　(大山郁夫) 등의 민본주의자에 대해 사회주의자 입장에서 그들의 주장을 '독점 부르주
　　아지의 이론적 대변'이라 비판했다. 이에 대해서는, 김석근, 「야마카와 히토시(山川均)
　　와 후쿠모토 카즈오(福本和夫)」, 『국제지역학논총』 3, 글로벌지역학회, 2009, 33면
　　참조.

상을 가지고 다시 돌아가야 한다며, 당면 생활을 개선하는 운동과 그 실
제화를 주장한다. 그래서 새롭게 제시한 표어가 '대중속으로!'였다. 바로
이때 세상에 알려진 '지옥곡학살사건'이기에 일본과 조선 노동자들의 실
제 문제로 체감되었을 것이다. 그리고 이런 체감은 조선인 운동가들의
구체적 행동으로 이어져 오사카 지역을 중심으로 일본의 조선인노동조
합을 목표로 하는 '조선노동동맹회'가 창립된다.[59] 오사카는 당시 조선인
노동자가 급증한 지역으로 이들의 권익을 보호할 단체가 시급한 상황이
었다. 창립 이전에 사백여 명의 회원이 가입했고 일본의 노동총동맹회와
동경의 상황조사회가 이를 후원했다.[60] 다음은 이를 알리는 『前衛』의 기
사다.

　　「선인노동조합 운동의 제일성(第一聲)」
　　오사카의 이만오천 선인노동자를 결속하려는 조선노동자동맹회(원문대
　로)는 12월 1일 창립대회를 거행했다. […] 동맹회의 창립은 일본의 조선인
　노동자의 순수한 조합운동의 제일성이라 할 것이다. 다이쇼 11년의 노동운
　동이 이 일본의 무산계급운동에 영원히 기억될 뜻깊은 사실로 막을 내린
　것은 더없는 기쁨이다.[61]

59　오사카조선노동동맹회로 불리기도 한다. 일본에서 최초로 조직된 조선인 노동조합
　　으로 1925년 동경에서 재일본조선노동총동맹이 결성되자 그 지부인 오사카연합회로
　　가입해 이후 오사카조선노동조합으로 해소된다.
60　조선노동동맹회의 강령은 다음과 같다.
　　일, 우리는 우리들의 단결의 위력으로써 계급투쟁의 승리를 획득하야서 생활권 확립
　　을 기함.
　　일, 우리는 우리들의 고혈을 착취하는 자본제도를 타파하고 생산자를 본위로 한 신
　　사회건설을 기함.
　　「동맹회창립의 경과 대판조선노동자 삼만명이」, 조선일보, 1922.12.8.
61　「鮮人労働組合運動の第一声」, 『前衛』, 1923.1., 345면.

　　조선의 노동계급은, 일본 노동계급의 협력 없이 해방의 목적을 이룰수 없고, 일본의 노동계급 운동 또한 조선노동자의 협력 없이 유력한 전선을 펼칠 수 없다며, 미국의 노동총동맹 AFL(American Federation of Labor)이 이주 외국노동자에게 취한 태도에 대해서도 비판한다.[62] 또 지금까지 일본의 노동운동이 현저히 국제적 정신이 결여되었다 평가받았으나 이 기회를 통해 '만국의 노동자여 단결하라!'를 실제운동으로 구현해야 한다며, 조일 노동자 연대의 국제노동운동 차원에서의 의의를 강조하기도 한다.

　　그런데 이러한 가운데 1922년 12월 총독부는 조선인 여행취체에 관한규정을 폐지해 여행증명서 없이 조선인이 일본과 만주로 이동할 수 있게했다. 이제 조선의 이출노동자는 더욱 증가하게 될 터였다.[63] 앞서 야마카와는 "선인노동자가 오히려 자본가계급이 일본의 노동계급을 때려부수기 위한 싸움의 도구로 이용"될 가능성을 우려하기도 했는데,[64] 아라하타의 경우 하루에만 800명 내지 1000명의 조선인이 이주하는 추세를'선인(鮮人)의 침입'이라 말하며 일본노동자의 실업 증가를 전망한다. 이렇게 『前衛』의 지면은 제국과 식민지 무산계급의 연대를 당위와 현실 차원에서 함께 다뤘다.[65]

62　이는 가주배일(加洲排日) 문제, 즉 미국의 일본이민자 배척을 그 배경으로 하고 있다. 서해안의 가주(加洲)로 대거 일본의 이민자가 집중되자 미국은 일본인의 토지소유와 대출을 제한하는 법률을 통과시키고 1922년에는 일계1세대의 시민권획득도 금지했다. 일본정부는 1913년에 시작된 이 문제해결을 위해 파리강화회의에 인종차별철폐를 국제연맹규약에 담으려 했지만 부결되었고 일본의 여론은 격앙되었다. 조선에서는 3.1운동에 대한 유혈진압이 한창인 때로, 구미열강과 식민지에 대한 일본의위치와 함께 모순된 두 가지의 대응을 보여주는 사태였다. 小熊英二, 『〈日本人〉の境界』, 新曜社, 1998, 215~261면.

63　「문제되든 여행증명」, 동아일보, 1922.12.12.

64　山川均, 「日鮮労働者の団結」, 『前衛』, 1922.10., 88면.

한편, 이처럼 '실업과 선인의 침입'을 우려한 글이 실린『前衛』23년 2월호에는 조선인 '선각자' 김종범의 글이 함께 실렸다. 사회주의자 김종범은 일본유학 후 부산에서 노동운동을 전개한 인물로 청년연합회 회원으로 장덕수 김명식 김사국 등과 조선교육개선회를 조직해 보통학교의 증설과 조선어를 교수용어로 채용할 것 등을 주장했다.[66] 이 활동을 통해 김명식 김사국 등과 교류했음을 알 수 있는데, 신석현사건 이후 박희도와 김명식이 주도해 '조사회'가 발족되고 김종범은 동경에서 조직된 '상황조사회'에 참여하기 위해 도일했다.

김종범은 글 서두에서 자신의 기고가, "일본의 무산계급에게 조선의 진상을 알리고, 일본의 형제들에게 우리의 신흥운동을 이해하도록 하는 것"이 목적이라 밝힌다. 이어 관헌에 의한 조선민중의 피압박 상황, 제국주의에 의한 노동자의 착취구조를 지적하며 이에 분기한 조선노동운동의 의의와 미래를 제시한다. 그는 동경에서 조선인 볼셰비스트로 조직된 북성회와 아나키스트의 흑우회가 활발히 활동하고 있으며, 관헌의 압박으로 표면화 되지 않았으나 조선무산계급의 신흥운동은 거의가 볼셰비키 단체라 분석한다.[67] 조선인들이 저항정신을 가질 수밖에 없는 정치와 경제 구조에 대해 김종범은 온 나라가 거대한 '감옥실'이라 비유하며

---

65 荒畑寒村, 「失業と鮮人侵入」, 『前衛』, 1923.1., 378~380면. 아라하타는, 다수의 실업자가 더 싼 임금의 조선인 노동자와 경쟁해야 함을 전망하며 자본가와 정부의 '연락'을 의심한다.

66 「교육개선을 위하야 유지 칠십 여명이 기관을 조직」, 동아일보, 1921.4.9. 이 활동을 바탕으로 김종범은 동아일보에 「조선인의 교육문제에 관하여 -교육조사위원회에 대한 오인의 희망」, 동아일보, 1921.5.3.~5.4.을 기고했다. 이후 동아일보 부산지국장으로 근무하며 부두노동자의 총파업을 보도하고 조선가스전기회사의 횡포에 항의했다. 자세한 사항은, 강만길·성대경편, 『한국사회주의운동 인명사전』, 창작과비평사, 2014.

67 김종범은 북성회의 멤버였다. 金鍾範, 「朝鮮に於ける無産階級運動の勃興」, 『前衛』, 1923.2., 431면.

당시 경성에서 일어나고 있는 신생활의 필화에 대해서도 언급한다.

> 특히 경찰관헌의 과민한 신경은 극단적 간섭과 압박을 가하며 무산계급
> 운동의 박멸을 기하고 있다. 현재 경성에는 신생활사의 필화사건과 자유노
> 동자조합의 소위 불온문서사건으로 대검거와 기소가 이루어지고 있다. 그
> 러나 조선 무산계급의 자각에 기반한 필연적 요구와, 시대의 진화에 따른
> 천하의 대세는 어떠한 폭력과 위압으로도 이를 제멸(除滅)할 수 없는 것이
> 다. […] 종래 일본인은 모두 적이라고 했으나 이제 조선의 무산계급은 그
> 오해를 깨닫고, 일본의 무산계급은 우리의 아군이며 조선인 중에도 우리의
> 진짜 적이 있음을 알았다.[68]

그는 자본주의를 토대로 민족적 독립이 이루어진다 해도 무산계급에
게는 어떤 의미도 없으므로 조선과 일본의 노동자들이 지배와 피지배의
민족적 구도를 벗어나 계급의식을 자각하고 이를 바탕으로 연대해야 함
을 주장한다. 그런데 이 김종범은 그가 언급한 '자유노동자조합의 소위
불온문서사건'에 연루된 당사자였다.

5. '지게군 기타 막벌이군'의 자유노동조합과 『신생활』

김종범은 상황조사회의 활동을 바탕으로 김약수와 함께 앞서 살펴본
조선노동동맹회 결성을 도모하고 12월 1일 그 창립총회에 참가하였다.
이 창립대회는 경찰의 철저한 감시 속에 진행되었다.[69] 취지서가 압수되

---

68   金鍾範, 위의 글, 433면.
69   「동맹회창립의 경과 오사카 조선노동자 삼만 명이」, 조선일보, 1922.12.8.
      「노동동맹 수(遂) 성립」, 동아일보, 1922.12.11.

고 집행위원장과 서기 그리고 김종범이 검속되어 구류되었다 풀려난다. 그런데 며칠 후 김종범은 또다시 '상황조사회'의 간부로서 김약수, 정운해와 함께 오사카에서 경찰에 의해 검거된다.[70] 경성지방법원의 영장이 발부된 김종범은 경성으로 호송되었고 김약수와 정운해는 구류되어 조사를 받고 풀려났다. 이후 밝혀진 김종범의 혐의는, 10월 20일 노동대회 간부 이항발(이시우)의 부탁으로 신문관에서 자유노동조합취지서 오백 장을 맞춘 것이었다.[71] 이 취지서는 『신생활』이 전재해 재판에서 쟁점이 된 바로 그 '불온문서'였다.[72] 이후 김종범은 증거불충분으로 방면되는데 주지하듯이 '자유노동조합'을 조직한 이항발과 김사국의 동생 김사민은 기소되어 신생활사 그룹과 함께 처벌된다.

공판의 쟁점이 된 '자유노동조합'은, 경성의 담군(擔軍) 즉 지게꾼들의 권익을 위해 조직된 노동단체였다. 앞서 총독부는 1921년 8월 경기도령 제6호로 담군취체규칙을 발포했다. 이 규칙으로 모든 담군은 관할서에 원서를 제출해 등록번호를 부여받고 영업과 위생상태을 단속받게 되었다.[73] 그런데 조선인 강모(某) 라는 인물이 본정(本町) 경찰서의 허가 아래

---

70 「경계중에 노동자조사 김종범은 경성으로 호송」, 동아일보, 1922.12.12.

71 「김씨 검거내용은」, 동아일보, 1922.12.13.

72 김종범은 정운해 김사국과 함께 10월 26일 경성에서 '상황조사회'의 강연회를 개최한 바 있었다. 그가 일본에 간 노동자들의 비참한 상황과 세계노동운동에 대해 강연했고 김사국의 강연은 경찰의 저지로 중단되었다. 이 때 김종범이 예의 자유노동조합 취지서를 인쇄했다고 오사카에서 검거되어 다시 경성으로 호송된 것이다. 한편, 김사국은 검거를 피해 블라디보스토크로 망명한다. 1절에서 소개한 오사카아사히신문의 기사에서는 김사국을 노동대회의 회장으로 지목했는데 후술할 노동대회의 신간부에게 자유노동자대회를 개최하게 했다는 혐의를 받았다. 망명 후 김사국은 북간도에서 동양학원과 대동학원을 설립해 운동가를 양성했다. 그러나 1926년 귀국 후 병사하고 관헌의 경계 속에서도 그의 영결식은 오백여 명의 동지와 천여 명의 군중이 운집해 치러졌다. 「김사국씨 영면」, 동아일보, 1926.5.10.

73 「담군취체규칙」, 조선일보, 1921.8.4.

'총취체'를 명목으로 몸값 40전과 매월 30전의 삭전을 징수하며 지게꾼들
을 착취했고 이 문제의 해결을 위해 이항발과 김사민이 나선 것이었다.
'노동대회' 소속의 이들은 10월 21일 강연회를 개최해 "천팔백여 명의 지
게꾼을 위해 기염을 토"하고 10월 25일 자유노동자대회를 개최해 사 백
여명에 달하는 지게꾼과 노동자들이 모였다. 그들은 이 자리에서 "일,
지게꾼 취체사무소를 파괴할 일. 이, 그 사무소를 허가한 본정경찰서에
그 허가를 취소케 할 일. 삼, 자유노동자의 단결을 공고히 하기 위하야
자유노동자조합을 조직할 일"을 결의했다.[74] 그리고 10월 29일 "봉두란발
에 혹 수건도 동이고 혹 테업은 모자도 쓰고" 이백여 명이 모여 "어디까지
든지 순전한 노동자끼리만 단결"하며 "부자계급을 때려부수기로 목적하
며" 입회금 30전과 월연금 5전을 내어 조합을 유지할 것이며 이사 70인을
두기로 결정하였다. 이항발과 김사민이 회의를 주도하고 박용태와 나경
석 외에 일터의 십장 68인을 이사로 선출했다. 열흘이 채 안 걸린 '지게꾼
기타 막벌이군'으로 발기된 자유노동조합의 창립이었다.

  그런데 이항발과 김사민은 '노동대회' 소속으로 이 '자유노동조합'을
조직했다. '노동대회'는 노동자의 상호부조를 목적으로 조직된 단체로
친일인물인 문탁이 회장을 맡고 있었다. 그런데 이항발과 김사민을 비롯
한 청년연합회의 사회주의 인사들이 구 간부진을 배척하는 한편 이 '자
유노동조합' 설립에 앞장 선 것이다. 그리고 이러한 정황을 『신생활』 10
호 「노동단체의 소식」란에서 확인할 수 있다.[75] 『신생활』은 시사보도의
형태를 빌어 상호부조와 간부의 지도를 받는 공제회나 상조회 형태의

74 「노동단체의 소식」, 『신생활』 10, 1922.11.4., 6면. 한편 공판의 심문과정에서 주필
    김명식은 이 발기대회에 출석했다고 밝혔다. 「조선초유의 사회주의 재판」, 동아일
    보, 1922.12.12.
75 「자유노동자대회」의 개최소식과 함께 앞에서 언급한 결의문의 전문을 실었다.

노동단체를 '개조'할 것을 주장했다. 해당기사는 이 '노동대회'에 대해, "조선초유의 노동단체로 수개 성상의 역사를 유(有)하였으되 하등의 실적이 무(無)하고 다만 노동자를 우롱하며 노동운동을 병마(病魔)하는 일종의 유민(遊民)구락부"였다고 평한다. 그러면서 현재 구간부를 소탕하고 신간부를 조직해, 양복직공조합과 자유노동자대회를 소집하는 등 "건전하고 충실한 노동자단체"로 거듭나고 있다고 마무리한다.[76] 또 노동공제회에 대한 기사는, 순노동자계급회원들이 "소위 간부가 자(自)계급의 적인 것을 간파하고" "자본가 신사벌의 회원을 제명하고 일면으로는 간부 불신임안을 제출"해 "구간부의 불순분자를 제명" 하였다며 이 개조운동이 공제회의 '진보'임을 전한다. 이렇게 조선의 노동단체들의 움직임, 다시 말해 "지식계급 신사벌을 노동자가 배척"하는 '개조운동'만을 모은 편집의도는 민족일치를 내건 부르주아계급을 무산자계급의 적으로 규정하며 노동자의 단결을 주장한 『신생활』 10호의 기조와 긴밀히 연결되어 있었다.[77] 그리고 바로 이 지점이 '자유노동조합'이 천명한 "순전한 노동자끼리만 단결"한다는 취지와도 맞닿아 있는 것이었다. 앞의 절에서 상황조사회의 김종범이 『前衛』에 발표한 글을 소개했는데, 그는 같은 글에서 다음과 같이 '노동대회'와 『신생활』 그리고 '노동공제회'를 언급하고 있다.

---

[76] 「노동대회의 개혁과 신간부의 활동」, 『신생활』 10, 1922.11.4., 6면. 한편, 이 10호에서는 조선 각지의 소작쟁의 소식도 기사화하며, 소작인들이 농감(農監)을 난타한 소식 등을 전했다. 「수확의 추(秋)! 투쟁의 추(秋)!」, 같은 책, 10면.

[77] 『신생활』 제7호에서 송병준이 조직한 소작인상조회에 대해 비판한 글이 시사를 다뤄 삭제 처분을 받았다. 『신생활』은 이후 이 사실을 다시 게재하며 검열주체를 비판했다. 이에 관해서는 이 책의 2부 4장 정한나의 글, 219~221면 참고.

　　노동대회의 혁신운동이 일어나 드디어 구(舊) 간부중의 노동스파이와 관헌의 주구들을 축출하고, 참신한 계급투쟁단체로 변화했다. 또 고려공산당의 모(某) 부정사건으로 그 불철저한 태도에 대한 비난 공격도 자주 일어났다. 이를 전후해 진주 대구 평양 부산 기타 여러 지방에는 유력한 노동단체가 족생(簇生)하고, 신생활이라는 볼셰비키의 기관지도 생겨, 조선노동공제회원 중의 불순분자를 배제하는 혁신운동이 일어나 두 파로 갈라졌으나 그 일파가 노동동맹이 되어 지방지부도 거의가 독립하였다.[78]

　　조선의 계급투쟁이 활발히 일어나고 있음을 강조하는 취지로 쓰인 단락으로, 앞에서 살펴본 자유노동조합의 창립과 그 배경이 된 노동대회의 분열상황에서 노동스파이와 관헌의 주구들을 축출했다는 발언은 신생활의 기사보다 더욱 직접적으로 당시 상황을 기록했다.[79]

　　한편, 신생활사와 자유노동조합의 인물들이 구속되고 두 달여가 지난 1923년 1월 8일 경무국장 마루야마는 신생활의 발행금지명령을 내리며 "성(盛)히 공산주의를 구가하고 현사회조직을 저주하며 계급투쟁을 고취하여 사회혁명을 종용 선동"함이 "광인의 흉기를 진(振)함과 여한 상태"로, 발행의 금지를 행하여서 언론계의 숙정(肅正)을 기한다고 그 이유를 밝혔다.[80] 이 행정처분에 뒤이어 1월 16일 기소된 여섯 사람에게 조헌문란과 제령 제7호 위반에 따른 징역형이 언도된다.

　　지금까지 이 글은, 신석현사건에서 촉발된 조선과 일본의 노동운동에 초점을 맞추어 신생활사와 '신석현사건조사회', 그리고 '일본재류조선노

78　　金鍾範, 앞의 글, 431면.

79　　김종범은 1922년 초기 조선사상계의 동향을 소개하는이 글에서 『신생활』의 창간을 언급하며 볼셰비키의 '기관지'로 소개한다. 이는 엄밀한 의미의 '기관지'라기 보다 볼셰비즘을 계승한 잡지라는 뜻으로 해석해야 할 듯하다.

80　　「사회의 질서를 문란(紊亂), 신생활 발행금지 이유, 환산(丸山)경무국장담(談)」, 매일신보, 1923.1.10.

동자상황조사회'와 관련한 인물들이 활동하고 논의한 사실들을 살펴보았다. 사건의 진상을 은폐하고 검열을 통해 언론을 압박한 식민당국과 제국권력에 맞서 조선의 사회주의자들은 신석현사건의 본질이 제국주의와 자본주의의 모순이 빚어낸 참상임을 알렸다. 그리고 '지옥곡'의 학살과 학대에 분노하는 '조선민중의 의기(意氣)'를 계급투쟁의 동력으로 삼고자 했다. 그들은 '조사회'와 '상황조사회'의 일원으로 조선과 일본에서 진상을 파악하고 그 대책을 강구하는 한편, 무산자들이 직접 각성하고 단결해야 함을 강조하며 '노동공제회'와 '노동대회'의 '혁신운동'을 이끌었다. 또 조선의 부르주아들을 대변하는 '민족일치론'의 위선을 고발했다. 그리고 이 과정에서 조선노동자의 비참한 현실과 이를 야기한 제국주의의 모순을 일본의 '전위'들에게 알렸고, 『前衛』의 지면을 통해 야마카와 히토시와 아라하타 간손 등은 조일노동자계급의 연대를 논의하였다. 이러한 흐름을 타고 일본에서는 민족과 계급의 이중억압과 차별 상태에 처한 재일조선인 노동자들의 노동단체가 조직되는 한편, 조선에서는 경성의 지게꾼과 막벌이꾼들이 '자유노동자'로 단결해 공권력과 계급의 억압에 저항하는 세력이 될 수 있음을 알렸다. '선각자'이자 '전위'임을 자임한 사회주의 지식인만이 아니라 '노동자'로도 불리지 못했던 이들의 각성과 투쟁이 노동운동의 새로운 지평을 여는 사건이었다.

　　그러나 검열당국과 식민권력은 이 움직임을 좌시하지 않았다. 신생활사와 자유노동조합의 이러한 시도는 조선 초유의 '필화'를 함께 겪게 된 이유가 되었다. 이 필화 이후 관련 인물들은 어떠한 삶을 이어가게 되었을까. 법정에서도 사회주의와 언론의 자유에 대해 판검사를 상대로 '사상강연'을 펼친 김명식은 수감 생활 중의 가혹한 노역으로 심각한 신체장애를 얻었고 형집행정지로 풀려난 이후 극빈생활과 병마의 이중고를 겪으며 문필활동과 노동운동을 이어갔다.[81] 김사민의 경우는 더욱 참혹

했다. 그는 수감 중 일본인 간수의 칼을 빼앗아 머리를 찍으며 저항했는
데 그 대가로 가해진 폭행으로 인해 심신이 모두 망가진 채 만기출소했
다.[82] 전향을 택한 이도 있다. 3.1 운동에 참여해 투옥되기도 했던 사장
박희도는 복역 후 실력양성 운동에 참여하고 30년대 중반부터는 조선인
의 징병을 청원하며 '일선융합'을 위해 진력하는 '협력'의 길로 나아간다.
이들에게 징역을 선고한 재판장은 "금번 피고는 모두 재주가 표일한 사
람들이요 장래 유망한 사람인데 그리된 것이 매우 애석하다"고 감상을
말했다 한다.[83] 그러나 정작 애석한 것은, 이 필화로 이들의 사상과 의지
를 꺾으려 한 식민권력의 장래였다.

• **참고문헌**

[자료]

『신생활』, 『동아일보』, 『조선일보』, 『개벽』, 『동명』, 『大阪朝日新聞』『読売新聞』

강만길·성대경편, 『한국사회주의운동 인명사전』, 창작과비평사, 2014.

한기형·이혜령편, 『염상섭 문장전집 1』, 소망출판, 2013.

日本社會運動史料機關紙誌編, 『社會主義評論雜誌 前衛(1),(2)』 法政大學出版局
　　　　　1972.

永島廣紀編, 『朝鮮統治秘話』, 植民地帝國人物叢書38, ゆまに書房, 2010.

朝鮮總督府 警務局圖書課, 『(秘)諺文新聞差押記事輯錄(東亞日報)』, 1932.

　　　　　　　　　　　　, 『(秘)諺文新聞差押記事輯錄(朝鮮日報)』, 1932.

---

81 「새해에 병우(病友)들은 엇더하신가, 병우 김명식,황옥, 현상윤을 찻고」, 『개벽』 66,
　　 1922.2.1. 한편, 박노자는 김명식이 1939년 일본이 승리를 이어가는 전황속에서 사
　　 실상의 전향을 했다고 평가한다. 박노자, 『조선 사회주의자 열전』, 나무연필, 2021,
　　 148~150면.

82 「재옥중의 김사민 간수의 검으로 간수를 작상(斫傷)」, 조선일보, 1923.2.2.

83 「유창한 신씨의 답변 잡지편집은 전혀 개인의 책임 신생활사건 제일회 공판(속)」,
　　 동아일보, 1922.12.28.

[논저]

김광열, 「大正期 일본의 사회사상과 在日韓人: 1920년대 초 東京의 黑濤會를 중심
　　　으로」, 『일본학보』 42, 한국일본학회, 1999.

김명섭, 「1920 년대 초기 재일 조선인의 사상단체: 흑도회, 흑우회, 북성회를 중심
　　　으로」, 『한일민족문제연구』 1(0), 한일민족문제학회, 2001.

김석근, 「야마카와 히토시(山川均)와 후쿠모토 카즈오(福本和夫)」, 『국제지역학논
　　　총』 3, 글로벌지역학회, 2009.

김진웅, 「일본 내 조선인 '아나-볼' 대립 원인 재검토: 1923년 초 舊 黑濤會 주도세
　　　력의 분열과 충돌」, 『한국사학보』 83, 고려사학회, 2021.

마쓰다 토시히코, 이종민·이형식·김현 역, 『일본의 조선식민지 지배와 경찰』, 경
　　　인문화사, 2020.

미야타 세츠코, 정재정 역, 『식민지통치의 허상과 실상: 조선총독부 고위관리의 육
　　　성증언』, 혜안, 2002.

박노자, 『조선 사회주의자 열전』, 나무연필, 2021.

박종린, 「또 하나의 전선: 신생활사 그룹의 민족일치론 비판을 중심으로」, 『한국학
　　　연구』 61, 인하대 한국학연구소, 2021.

박현수, 「신문지법과 필화의 사이: 『신생활』 10호의 발굴과 연구」, 『민족문학사연
　　　구』 69, 민족문학사학회·민족문학사연구소, 2019.

＿＿＿, 「신생활 필화사건 재고」, 『대동문화연구』 106, 성균관대 대동문화연구원,
　　　2019.

배영미, 「1920년대 두 번의 조선인학살: '나카츠카와 사건, 기모토 사건'의 실태와
　　　관동대지진 때 학살과의 비교 분석」, 『한일관계사연구』 67, 한일관계사
　　　학회, 2020.

야마다 쇼지, 이진희 역, 『관동대지진 조선인학살에 대한 일본 국가와 민중의 책임』,
　　　논형, 2008.

이종호, 「혈력(血力) 발전(發電/發展)의 제국, 이주노동의 식민지: 니가타현(新潟
　　　縣) 조선인 학살사건과 염상섭」, 『사이間SAI』 16, 국제한국문학문화학
　　　회, 2014.

장신, 「1922년 잡지 신천지(新天地) 필화사건(筆禍事件)연구」, 『역사문제연구』
　　　13(0), 역사문제연구소, 2004.

정진석, 『한국언론사』, 나남출판, 1990.

한기형, 『식민지 문역』, 성균관대학교 출판부, 2019.

小熊英二, 『〈日本人〉の境界』, 新曜社, 1998.

[기타자료]

고베대학 디지털아카이브 신문기사문고 https://da.lib.kobe-u.ac.jp/da/np/

네이버 뉴스라이브러리 https://newslibrary.naver.com/

요미우리신문 데이터베이스 https://database.yomiuri.co.jp/

한국사 데이터베이스 https://db.history.go.kr/

(재)현담문고 http://www.hyundammungo.org/

[보론 4] 신생활사의 지역 및 인물 네트워크

조정윤

1. 신생활 지사 네트워크

	봉천(奉天)지사(支社)			
	위치	봉천소서변문 외 호연리(浩然里)		
	관할구역	봉천성(奉天城) 일원(一圓)		
	지사장	조일환(曹日煥)	총무	고시환(高時煥)
6호	기자	이상우(李詳宇), 한하룡(韓河龍)		
	강릉(江陵)지사			
	위치	강원도(江原道) 강릉군(江陵郡) 본정(本町) 12번지		
	관할구역	강릉군 일원		
	지사장	이병두(李丙斗)		
	진남포(鎭南浦)지사			
8호	관할구역	진남포, 강서군(江西郡), 용강군(龍岡郡) 일원		
	지사장	이근식(李根軾)	총무	이영익(李泳翊)
	기자	홍기주(洪箕疇)		
	신의주(新義州)지사			
	위치	노송정(老松町) 6／1번지		
	관할구역	신의주, 구의주, 용천, 철산 일원		
	지사장	장성식(張晟栻)	총무	양세춘(梁世春)
9호	기자	백세엽(白世燁), 한승기(韓承錡)		
	대구(大邱)지사			
	위치	대구부 서성정(西城町) 1정목 17번지		
	관할구역	대구부 달성군(達城郡) 일원		
	지사장	장홍식(張鴻植)		
	기자	박진형(朴晉亨)		
	신의주지사(지사신설)			
	관할구역	신의주부, 의주부, 용천군, 철산군 일원		
10호	지사장	장성식(張晟栻)	총무	양세춘(梁世春)
	기자	백세엽(白世燁), 한승기(韓承錡)		
	봉천지사(직원변동)			
	기자	한하룡, 이상우 양씨는 사정에 의하야 해면한 대에 도해규(涂海圭)씨가 그		

	후임에 취하다.
개성(開城)지사(지사위치 급 직원변동)	
구(舊)위치	개성 북본정 106
신(新)위치	개성 북본정 112 문화관
지사장	박치은(朴致珢)씨는 사정에 의하야 해임한 후 새로 취임된 지사장 하규항(河奎抗)
기자	임계호(林啓鎬)
海州(해주)지사(지사위치 급 직원변동)	
구위치	해주 남문(南門)내(內)
신위치	해주 종로(鐘路)
지사장	노선형(魯善亨)씨는 사정에 의하야 해임한 대에 새로 취임된 지사장 최병은(崔丙殷)

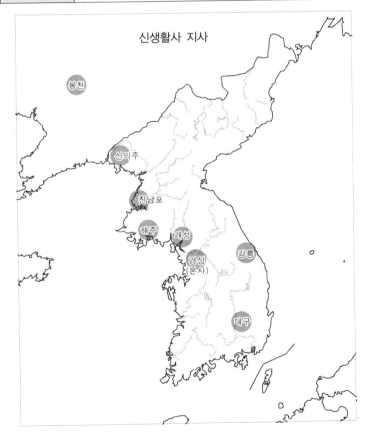

신생활사 지사

* 신생활사의 지사는 『신생활』의 사고(社告) 등을 참조하여 정리하였으며, 이를 바탕으로 지사의 위치를 지도에 표시하였다. (백지도 출처: https://rgm-79.tistory.com/703)
* 10호에 실린 내용에는 특이사항이 있는데, 신의주지사가 9호와 같은 내용으로 관할구역 명칭이 약간 바뀌어 10호 사고에 다시 등장한 것, 그리고 개성과 해주의 지사 위치와 직원 변동을 언급하고 있는 것이다. 『신생활』 4호는 일제 당국에 의해 압수되어 현재 내용을 확인할 수 없는 결호인데, 압수된 4호에서 개성과 해주의 지사가 소개되었던 것으로 추정된다.

2. 김원벽의 「만주여행기-四星其間」를 통해 본 신생활사의 만주의 네트워크

장소	활동	만난 사람	직업/관계	비고
평양 (平壤)	서울에서 출발하여 평양에서 지인과 만나고 다음날 청년회에 방문해 물산장려회 소개받음	김기연(金基淵)		1922.7.7. 경성에서 출발
		김형종(金亨鐘)		
		윤기성(尹基誠)		
		조만식(曺晚植)	청년회 소속	
안주 (安州)	분매국장(分賣局長) 최봉엽을 만나 백상루(白祥樓) 관광 및 오산(五山)학교 방문	최봉엽(崔鳳燁)	신생활사(社) 분매국장	
		조양칠(趙陽七)	오산학교 학생	
		유영모(柳永模)	오산학교 교사	
선천 (宣川)	양전백 목사(牧師)와 예배당 방문, 다음날 청년회 간담회 출석	양전백(梁甸伯)	목사	
신의주 (新義州)	신의주 시가지 방문 후, 구의주(舊義州)에 가서 유여대 목사와 만나 관광한 뒤 신의주로 돌아옴	유여대(劉如大)	목사	
		장재순(張載舜)	친구	
봉천 (奉天)	기차로 세관을 거쳐 안동(安東)을 지나 봉천에 도착, 고시환을 만나 금난전을 관광 인력거를 타고 북릉(北陵=昭陵) 농장에 방문하여 조선인 동포들과 만나 대화, 농채(農債) 문제가 심한 것을 알게 됨. 차를 타고 장춘으로 출발	고시환(高時煥)	봉천지사 기자	
장춘 (長春)	장춘에 도착해 배동의를 만나 마차를 타고 그의 집에 도착, 다음날 시가지에서 관광, 그 다음날 김온후와 만난 뒤 청년회 강연회에 참석하여 조선인 동포들과 만남	배형식(裵亨湜)	목사	장춘 분매국장 허준(許駿)이 활동적인 실업가임을 첨언함
		배동의(裵東宜)	배목사의 아들 (김원벽의 지인)	
		김온후(金溫厚)	길림관립 여자사범학교 학생	
합이빈	고려병원(高麗病院) 의사 박정식과 목	박정식(朴庭植)	고려병원 의사	

(哈爾賓)	사 백영엽과 만남, 다음날 고려병원장 이원재와 다같이 도리(道裡) 예배당에 출석 후 송화강(松花江) 관광 후 그 다음날 노국(露國) 거류지에 방문 뒤 저녁에 조선인 강연회에 참여했다가 노국(露國)극장에서 공연 관람, 공연을 본 뒤 동포들이 열어준 환영회에 참석 후 수요예배에 참석해 강연함	백영엽(白永燁)	합이빈 조선인 교회 목사	
		이원재(李元載)	고려병원장	
		박영구(朴永九)	지인	
		김일원(金一元)	민회장(民會長)	
		김병옥(金秉玉)	전(前)노국대학 문학과 조교수	
합이빈 (哈爾賓)	모두와 인사하고 돌아오는 여정을 시작. 장춘에 내렸다가 봉천을 들러 대련으로 향함			귀로 (歸路)
대련 (大連)	노호탄(老虎灘) 해수욕장을 방문하여 저녁을 보내고 시내로 가서 전차를 탐, 성포(星浦)에서 하루를 보내고 배를 타고 인천항으로 출발			
인천 (仁川)	인천역에 도착해 신홍식 목사의 집으로 가서 하루 지내고 월미도 해수욕장 방문 뒤 순천의원(順天醫院) 임재하 방문 후 미두취인소(米豆取引所) 시찰	신홍식(申洪植)	목사	8월 7일에 여행 마침
		정춘수(鄭春洙)	목사	
		임재하(林在夏)	순천의원 (順天醫院)	
		박창한(朴昌漢)		

* 신생활사의 이사 김원벽은 『신생활』 9호에 「만주여행기」라는 제목으로 30일에 걸쳐 경성에서 출발해 하얼빈까지 갔다가 인천항으로 돌아오는 여정을 기록했다. 김원벽이 방문한 기관과 만난 사람들, 그리고 9호에 등장한 봉천지역 상점 광고(8개)를 고려할 때, 그의 여행은 신생활사의 지역 네트워크 확장과 관련된 것이었음을 알 수 있다.
* 김원벽은 평양에서 만난 김기연, 김형종, 윤기성과 인천에서 만난 박창한을 군(君)으로 칭했는데, 이 호칭으로는 직업/관계를 정확히 알 수 없어 공란으로 남겨두었다.
* 지도는 김원벽의 만주여행의 여정을 간략하게 표시한 것이다.

초출일람

정한나, 자료 『신생활』을 읽는 여러 갈래의 길 [19쪽]
「자료 『신생활』을 읽는 여러 갈래의 길 : 국립중앙도서관 및 국회도서관 디지털 자료와 영인본 비교」, 『우리어문연구』 74, 우리어문학회, 2023.1.

김현주·조정윤, 『신생활』 이후의 신생활사 [44쪽]
「『신생활』 이후의 신생활사 : 1920년대 전반기 사회주의계열 대중출판운동의 편린」, 『대동문화연구』 120, 성균관대학교 대동문화연구원, 2022.12.

김현주, 사회주의 문화 정치의 역사적 참조항, 러시아의 혁명사와 문학 [87쪽]
「잡지 『신생활』의 문화 정치와 러시아혁명사」, 『민족문화연구』 98, 고려대학교 민족문화연구원, 2023.2.

전성규, 『신생활』의 문예론 [124쪽]
「『신생활』의 문예론 : 김명식의 글을 중심으로」, 『한국학연구』 68, 인하대학교 한국학연구소, 2023.2.

전성규, 신일용의 문예론 [158쪽]
「'감정'과 '노동'이라는 의미소(意味素) : 『신생활』에 실린 신일용의 글을 중심으로」, 『사이間SAI』 31, 국제한국문학문화학회, 2021.11.

정한나, 엽서를 통한 운동, 엽서에 담긴 주의 [190쪽]
「엽서를 통한 운동, 엽서에 담긴 주의 : 『신생활』 소재 「엽서운동」, 「사립검사국」 읽기」, 『현대문학의 연구』 79, 한국문학연구학회, 2023.2.

정한나, 『신생활』의 기독교 담론 재독 [237쪽]
「『신생활』의 기독교 담론 재독(1)」, 『인문학연구』 128, 충남대학교 인문과학연구소, 2022.9.
「『신생활』의 기독교 담론 재독(2) : 기독교계와의 논쟁을 중심으로」, 『인문사회과학연구』 24-1, 부경대학교 인문사회과학연구소, 2023.2.

김현주·가게모토 츠요시, 초창기 사회주의 지식인의 러시아혁명 인식 [314쪽]
「초창기 사회주의 지식인의 러시아혁명 인식 : 김명식의 「니콜라이 레닌은 어떠한 사람인가」(1921)를 중심으로」,『동방학지』201, 연세대학교 국학연구원, 2022.12.

정윤성,『신생활』의 역사적 의미 재론 [353쪽]
「『신생활』의 역사적 의미 재론 – 잡지사의 사회적 실천을 중심으로」,『한국학연구』66, 인하대학교 한국학연구소, 2022.8.

백은주, '신석현(新潟縣)사건'이 촉발한 노동운동 [383쪽]
「'신석현(新潟縣)사건'이 촉발한 노동운동 :『신생활』의 필화와『동명』,『前衛』를 중심으로」,『일본문화학보』96, 한국일본문화학회, 2023.2.

찾아보기

저자소개─────────────────────────────────

김현주
연세대학교 국어국문학과 교수
hjkimw@yonsei.ac.kr

정한나
연세대학교 국학연구원 학술연구교수
mysong326@yonsei.ac.kr

가게모토 츠요시
리츠메이칸 대학교 시간강사
kagemotot@gmail.com

김해옥
연세대학교 국어국문학과 석사과정 수료
gluvd@naver.com

백은주
연세대학교 비교사회문화연구소 전문연구원
baekeunju@hotmail.com

조정윤
연세대학교 국어국문학과 석사과정 수료
lavie2020@yonsei.ac.kr

전성규
전남대학교 국어국문학과 학술연구교수
chewing0529@naver.com

정윤성
연세대학교 국어국문학과 박사과정
2pminthemorning@gmail.com

한국 언어·문학·문화 총서 15

사회주의 잡지 『신생활』 연구
-1920년대 초 사상·운동·문예의 교차와 분기

2023년 2월 28일 초판 1쇄 펴냄

저 자 김현주·정한나·가게모토 츠요시·김해옥·백은주·조정윤·전성규·정윤성
펴낸이 김흥국
펴낸곳 보고사

등록 1990년 12월 13일 제6-0429호
주소 경기도 파주시 회동길 337-15 보고사
전화 031-955-9797(대표)
    02-922-5120~1(편집), 02-922-2246(영업)
팩스 02-922-6990
메일 kanapub3@naver.com / bogosabooks@naver.com
http://www.bogosabooks.co.kr

ISBN 979-11-6587-441-4 93910
    979-11-5516-424-2 94080(세트)

ⓒ 김현주·정한나·가게모토 츠요시 외, 2023

정가 30,000원